感覚する人とその物理学　デカルト研究3

感覚する人とその物理学

デカルト研究 3

村上勝三著

知泉書館

凡例

一、引用に際しては下記の略記法を使用する。

二、『省察』本文からの引用については、第二版の頁・行数を記し、その後にAT版の頁・行数を記す。

三、その他のAT版からの引用に際しては、巻数と頁数を併記する。

四、翻訳に際して参照した文献は巻末の文献一覧に掲載した。

五、本論の作成に際して「Text Database René」を利用した。これの詳細についてはデカルト研究会編『現代デカルト論集III』（勁草書房、一九九六年）所収の佐々木周の同名論文を参照。

S: RENATI DES-CARTES, *MEDITAIONES DE PRIMA PHILOSOPHIA, IN QVA DEI EXISTENTIA & animae immortalitas demonstratur*, Paris, Apud MICHALLEM SOLY, 1641.

E: RENATI DES-CARTES, *MEDITATIONES de Prima PHILOSOPHIA, In quibus Dei existentia, & animae humanae à corpore distinctio, demonstrantur*, Amsteldam, Apud Ludovicum Elzevirium, 1642.

AT: *Œuvres de Descartes*, publiées par Charles Adam & Paul Tannery, Nouvelle presentation, Vrin 1964-1973/1996.

Luynes: *LES MEDITATIONS METAPHYSIQVES DE RENE DES-CARTES TOVCHANT LA PREMIERE PHILOSOPHIE*, etc., A PARIS, Chez la Veuue IEAN CAMVSAT, ET PIERRE LE PETIT, 1647, dans AT.IX-1.

GB: René Descartes, *Tutte le lettere 1619-1650*, a cura di Giulia Belgioioso, Bompiani, 2005.

M. Beyssade: *DESCARTES, Méditations métaphysiques*, etc. Présentation et traduction de M. Beyssade, Le Livre de poche, 1990.

Tokoro: Tokoro, Takefumi, *Les textes des «Meditationes»*, Chuo University Press, 1994.

例

判

J.-M. Beyssade Texte x : *DESCARTES, L'entretien avec Burman*, Édition, et annotation, par J.-M. Beyssade, PUF, 1981.

所雄章『訳解』：　所雄章『デカルト『省察』訳解』岩波書店、二〇〇四年

『形而上学の成立』：村上勝三『デカルト形而上学の成立』勁草書房、一九九〇年

『観念と存在』：　村上勝三『観念と存在　デカルト研究1』知泉書館、二〇〇四年

『存在の重み』：　村上勝三『数学あるいは存在の重み　デカルト研究2』知泉書館、二〇〇五年

『新省察』：　村上勝三『新デカルト的省察』知泉書館、二〇〇六年

序

身心の区別と合一、感覚の知識獲得における役割、物体の実在証明、物理学の基礎、身心合一体としての「私」の倫理、つまり、個人倫理、これらが本書において論じられる主要な課題となる。これらの問題は従来デカルト哲学の解釈において否定的に評価されることが多かった。私はこれらを肯定的に解釈し、提起する。否定的に解釈されることの源に「神」の問題がある。彼の哲学の哲学史的に見た革新には「コギト」、つまり、「私が思う」という核心がある。「コギト」が革新の源であるのは被造性をもっていないからである。確実な知識を獲得するための出発点として神なしの「私」が据えられた。これがデカルト哲学の革新性の土台である。しかし、その「私」がすべての「私」であり、「あなた」でも、他人でもあることは「私」を超えて神を設定しなければ理由が与えられない。「私」から出発しても、他人と共有できる確実な知識を獲得するためには、自らを超越する視点を開かなければならない。その超越的視点を超越の側から表現すれば、「必然的実在」、「すべてを知り、すべてを為すことのできるもの」、「最善なるもの」、「無限」、一言でいえば「神」である。理由の探究の末に見出される「神」である。信仰の対象ではない。知識の成り立ちの理由と、実在の根拠と、行為における善さの理由を求めて立ち戻るところ、それらが一点に収斂する。それがデカルトの「神」である。「神」概念なしにデカルト哲学は成り立たない。これはデカルト哲学に対する私の解釈の根幹であるとともに、私の哲学の根幹でもある。この段落で三回引用符なしの「私」を用いた。それには理由がある。これまで私は解釈の場を「われわれ」という共有可能な知識においてきた。

それに対する絶望が私に私という主語を要請したのである。

コギトを認めるが「神」の「実在」は認めることができない。思い（思惟）と広がり（延長）の二元論を認めるが「実体」の二元論は認めることができない。だから、デカルト哲学は誤っている。哲学史的な回顧を試みるとき、昔の哲学者は素朴であり幼稚であり、それゆえに限界だらけ、間違いだらけのように振る舞う。こうして人々は自分を正当化する。古典的な哲学者の誤りを論《あげつら》って、自らの優位を主張する。彼らは、たとえば、デカルトが「神」ということで何を考えていたのか、「実在」ということで何を考えていたのか、「実体」ということで何を考えていたのか、テクストに即して論じたことがあるのだろうか。デカルトは一六三〇年に「神とわれわれ自身から」哲学をはじめた、そのために自分はこれだけの成果を得ることができたと書く（à Mersenne, 15-4-1630, AT. I, 144/BG. 144-146）。一六二九年の『形而上学の小篇』と一六三〇年の「永遠真理創造説」、これらによって特徴づけられる一六三〇年の思索が、デカルト哲学に転回をもたらしたことはデカルト研究者にとって異議のないところであろう。にもかかわらず、デカルト哲学から「神」を引き去ろうとするならば、その人たちは『規則論』を足場にしてデカルト哲学を論じるべきであろう。それをせずに我が身の丈の小ささに合わせてデカルトの記述を切り取り、矮小化して、デカルト哲学を論じることに世過ぎ見過ぎ以外の何を見出すことができるのか。それとも彼らは「哲学研究者」と自称しないのであろうか。もちろん、事情はデカルト哲学研究に留まることではない。

「神」について、もしこの言葉を使いたくないのならば「無限」について論じる場を現代の哲学は提供しているのだろうか。「無限」とは「無際限」と区別される「無限」である。留まるところのない自動進行によって得られる端《はし》、それは「無際限」である。「すべて」という表現をわれわれが限定なしに使用できること、これによって証示されるのが「無限」である。この「無限」の実在は、実在するものである人間の実在のありさまを縁《よすが》に見出されるような実在ではない。それによって有限的実在の意味が明らかになる「それ」である。経験が成立する条件を「超越論的」な仕方で求めても「それ」の実在には至らない。

　人々と共有する知識の成立条件を求めて超越論的探究がなされる。それによって経験を超えた認識の形式が設定される。このときに実在についての探究は別の事として顧みられることがない。人間の実在を範として実在の意味を探るならば、経験を超えた認識形式は人間という拠り所を失い、どこにもなくなる。その「実在」は実在するわれわれの実在と隔絶したままに留まる。実在するこの「私」の働きをとおして経験が得られるのであるのならば、「私」の経験を超えて、それゆえに他人と共有していると主張される形式と「私」の経験との関係は何か。認識の形式が共有であるのに対して、「私」固有の持ち分は素材としての無内容な所与だけなのだろうか。「私」の所与を時間空間にだけ縛られる多様な無内容と看做すことは、私には「私」の所与の結果しか認識されないのであるから、他人の所与を同じく無内容とすることである。ところが「私」の所与は、既に共有の形式に基づいて産出された認識であるのだから無内容ではない。「私」において「私」は素材としての無内容を無内容としてでなければ捉えることができない。内容あるものとして捉えられるのは、「私」の経験を超えた認識形式が適用された所産である。他人の所与は経験を超えた認識形式の適用された所産として表明される。そこでは「私」だけの感覚所与は何重もの隠蔽を蒙る。

　このことは各人の智恵のありさまの差異が経験の違いに結びつかないことを示している。智恵のありさまは世に実在する自らの経験のさまとして現れる。もし、「私」固有の持ち分が無内容な所与だけならば、各人における智恵のありさまの違いの表明である「私」の認識は、何によってその固有性を標《しる》されることになるのか。自らの智恵のありさまを知るとは、また自らの有限性に気づくことでもある。というのも、自らの智恵のありさまは世の中における人々の経験との差異と類似のなかに浮かび上がるからである。繰り返しのなかで差異と類似を身に受け、自らの特有性を生きることになる。それがわれわれの限りあることについての経験の核になる。しかし、既に無限ということに触れているのでなければ、自らの特有性が有限として知られることはない。同一なき差異はわれわれに無謀を強いる。われわれが有限であるということも、われわれは忘れてしまっているのではないのか。

われわれが自らの有限性を確認する思索の道具を見失って以来、倨傲《きょごう》の増進を招き今日に至る。ワーズワースの「我が心の高鳴り My Heart Leaps Up」という詩に「子供は大人の親 The Child is father of the Man」という一節がある。その自らの自然さえもわれわれは忘れてしまったのだろうか。核兵器も原子力発電も持たないことが野蛮なことなのか。大量虐殺を繰り返し、弱者から自由を奪い取って憚らないわれわれの時代こそ野蛮なのではないか。相対主義はその野蛮さの中心に居座る利己主義を追い出すことができない。理論的観点から言って追い出すことができない。なぜならば、相対主義はいつでも自分だけは違うという主張を許すからである。われわれは絶対主義に怯える。絶対主義を全体主義と重ねて怯える。その一方では自らの意志の行使を放棄して、時代の要請に安住したがる。自由に怯えながら、気儘《きまま》を欲する。われわれに求められているのは、方向としての絶対主義である。この点を真理についてだけ述べておく。絶対的真理という概念は本当のことを知ろうとするわれわれの営みを一つの方向にむける。一つの方向の下に無数の議論、探究が成り立つ。それゆえに、われわれは説得したり、納得したりしながら真理を求める。一つの方向であればよい。その方向を、「真の方へ」という以外に規定する必要は何もない。われわれが同じく有限的な〈思うもの〉であることを共有すればよい。真理の探究のためにはそれだけでよい。その上に立って、自らを信頼しつつ、探究を行えばよい。真理とは、人々との連帯の下にだんだんわかってくる何か、次第に明らかになって行く何かである。われわれは常に真理への途上にいる。しかし、それが真理への途上であることをわれわれは知っている。他人とともに自らを信頼し、怯えることがなければ、という条件が必要になる。傲慢は弱さである。信頼は強さである。傲慢は無知を招き、智恵なき無知は野蛮に堕《だ》す。信頼はわれわれを真理に向ける。

最後に本書の構成について記しておく。本書は二部構成をなす。「第一部」は「第六省察」の研究に捧げられている。「第二部」では「第一部」の成果が哲学史的広がりに向かって適用される。これまでの著者の研究と本書の関連は「第一部第一章予備的考察」に記されている。「第六省察」についてのテクストに即した研究はあまり多くない。「第一部」では、まず、先行研究を助けにしながら「第六省察」の構成を明らかにする。その上に立ってテクスト解読に入る。テクストの流れを追いながら、「第六省察」の『省察』全体における役割、「想像力」、「感覚」、「実象的区別 distinctio realis」、「物体の実在証明」、「身心の合一」、いわゆる「身心問題」、身心の合一として一人の人である「私」の振る舞い、つまりは個人倫理の基礎を論じる。これら個別的課題については『省察』の枠を越えることも多い。「第二部「感覚」論の諸相と物体の実在証明」では、とりわけても一七世紀という哲学史的空間のなかで、デカルト哲学の特有性を明らかにする。四つの主題を論じる。第一に、物体の実在証明について、第二に、感覚の三段階について、第三に、デカルトを発祥とする「意識」概念について、第四に、デカルト特有の「内的感覚」について論じる。デカルト哲学について先入見をもっていない読者にとっては、抵抗のあまりない解釈が提起されるであろう。これで著者の「デカルト研究」三部作は完了する。

目次

第Ⅰ部 「第六省察」研究

第Ⅰ部　「第六省察」研究

第一章　予備的考察

序

「第六省察」の構成は『省察』の構成に制約され、『省察』はデカルトの思索史のなかに位置をもつ。「第六省察」の論述は物理学から実践的倫理までの、言い換えれば、『哲学の原理』「第二部」から「第四部」、さらに『情念論』までの広がりをその裾野のなかに含んでいる。そういう点で内容豊富であるとともに、視点の移行も複雑になる。記述の作り出す褶曲と断層から目を逸らすと、たとえ集中していても不注意をおかすことになってしまう。そういう点で解読作業に際して、特有な緊張感が要求される。それとともに「第一省察」から「第五省察」において得られた果実を栄養にしているのであるから、どこにどのような果実が稔っていたのか、このことに迂闊であるわけにはゆかない。われわれは既に『デカルト形而上学の成立』、『観念と存在』、『数学あるいは存在の重み』において「第一省察」から「第五省察」までの論述を辿り、それらの稔りについても論究を捧げてきた。「第六省察」にいざ取り組もうとする、その準備は整っているとしても、今一度われわれが出で立つ地点を確認するとともに、「第六省察」を読み解くために特有の支度も必要になる。その上、「第六省察」の提起するさまざまな問題については、研究史的に見て、いまだ踏み固められていないところが残っているとも考えられる。そういうわけで予備的考察として、第一に、「第六省察」の内部構成へと迫るために、デカルト哲学における『省察』の位置について、その書物としての特有性について、さらに流れを摑むために弁えておくべき段落構成について、最後に流れについての一つの範型としてルネ・フェデ René Fédé が『省察』の仏訳（一六七三年）につけた目次を記す（第一章）。第二に、「第六省察」の内部構成について五人のデカルト研究者による分節化を参照し、その問題点を示す（第二章）。最後に、以後展開する解釈に大枠を与えることになる「第六省察」についてのわれわれなりの目次と構成を提起する（第三章）。以下、第四章から第六章まで「想像力」の問題、第七章から第一〇章まで「感覚」について論じる。

第一節　デカルト哲学における『省察』の位置

デカルト哲学の成立と展開についてさまざまな観方を設定することができる。デカルトの記述が伝記的な色彩を強く残していることが多いという点から、伝記的事象を重ねながらデカルト哲学の展開を構想することもできよう。あるいは、たとえば『情念論』を到達点として、そこを基点にデカルト哲学の全体像を見直すこともできるであろう。あるいは、方法による諸学の制覇を試みた「普遍数学」から根を形而上学に持つ「哲学の樹」への展開として捉えることもできよう。あるいは、物理数学的研究から「コギト」の哲学へ、そしてそこに近代哲学の確立を見るという哲学史家によってよくなされるような仕方もある。しかし、デカルトの思索の展開に即して彼の哲学的思考を捉えようとするならば、一六二九年の「形而上学の小篇」と一六三〇年の「永遠真理創造説」という一組になった理説の役割は決定的である。大きな流れとして見た場合に、おそらく、この点について反論を招くことはないであろう。この転機より前の思索を残す『理知能力指導のための諸規則 *Regulae ad directionem ingenii*』（以下『規則論』と略記する）を参照軸に設定するならば、このことはいっそう明らかになる。既にわれわれが論じたことを、やや繰り返しながら、この点について要点だけを述べてみよう。『規則論』における「観念」は身体の一部でもある両義的な想像力に刻み込まれた「観念あるいは像」である。『規則論』に「思いの様態 modus cogitandi」としての「観念」を見出すことはできない。『省察』における想像力は身体の一部ではない。この展開が一六二九年から三〇年にかけて一挙になされたというわけではない。「観念」についての理説を軸に据えるならば、『宇宙論』から『方法序説』を経て『省察』へと変わりゆくさまを追いかけることができる。それに対して、一六二九年から三〇年にかけての思索は、デカルト哲学を『省察』に向けて大きく展開して行く梃子の役割をする。その点を少し振り返ってみよう（これらの点、および、以下については『デカルト形而上学の成立』を参照）。

一六二九年から三〇年にかけて起こったことの核心には次のことがある。すなわち、「神を認識し自分たち自身を認識する à le [*scil.* Dieu] connaître et à se connaître eux-mêmes」（à Mersenne, 15-4-1630, AT. I, 144/GB. 144-145）ことから出発したために物理学上の大きな成果が得られた、という反省である。「自分たち自身」とは神によって理性を与えられた人間のことである。三〇年の書簡において展開される「永遠真理創造説」についてのデカルトの思索は、「私の精神の容量 capacité de mon esprit を越えているにもかかわらず」メルセンヌによる「神学についての質問」（*op. cit.*, AT. I, 143/GB. 144）に答えるという枠組みをもつ。この「永遠真理創造説」の核心を次の三点に纏めることができる。第一に、神は「作用的かつ全体的原因 efficiens & totalis causa」（à Mersenne, 27-5-1630, AT. I, 152/GB. 152）として、本質と異なることのない永遠真理を創造したとする点、第二に、神について「知ること savoir」ないしは「認識すること connaître」はできるが、「概念すること concevoir」および「包括的に把握すること comprendre」はできない（*ibid.*）とする点、第三に、神は自由であり、神においては「意志すること、知解すること、創造すること」は同じ一つのことである（*ibid.*）とする点である。ここでは詳述しないが、これらによって晩年まで用いられる神についての説明方式が見出される。デカルト的「無限」概念にとって肝心な点は「包括的把握の不可能性 incomprehensibilitas」にある。神については、神の何であるかを知解することはできるが、神を包括的に把握することはできない、つまり、すっかりはわからない。神が無限であると知ることはできるが、神の意志・意図を把握することはできない。これらは『省察』において確立される神についての理論の萌芽になっている。しかし、もう一つの契機が『省察』に向けての動きには必要である。「自分たち自身を認識する」ことから「私」を認識することへの深化である。

『省察』は「人間精神の本性」（「第二省察」表題。E. 14/AT. 23. 20）を具現する「私」の認識から「神」の認識（「第三省察」）へという探究の順序を踏む。「自分たち自身」の一人である「私」が『省察』の出発点になる。この順序が示しているのは神によって創造されたという被造性の刻印が「私」において露わになっていないことである。確かさを求めて「私」が神の認識に直面するということは、「私」がもつ認識の確かさが神の保証を求めることになるにせよ、確かさの出発点が「私」にあることを不可避にする。被造性の刻印が露わになっていないとはこのことである。ここに循環を見てしまうのは、真理に導かれて真理に向かうというアウグスティヌス的思想の伝統の下においてであろう。しかし、デカルトは、真理に導かれることよりも、真理探究の場が確かであることを求める。この確かさを支えるのは「私」の思いに他ならない。疑う理由が尽きるという確かさである。「第一省察」の冒頭、「既に何年か前に気がついた、どれほど多くの偽なることごとを、子供の頃に真なることとして受け容れてしまっていたのか」（E. 7. 01-03/AT. 17. 02-03）、それに「気がついた」のは人間、つまり、人々のなかの「私」である。「第二省察」の表題はそのことを顕わに示している。「人間精神の本性」こそ「第二省察」で解明されるべきことなのである。疑いの末に、確実性の礎として〈思うのでなければあることもない比類なき存在〉（*cf. DM*. AT. VI, 32-33）としての「私」が見出される。なぜ「私」なのか。繰り返しになるが、神についての認識以前に人間精神についての認識を求めるからである。それはまたなぜか。神による創造物であるという地平の開かれていないときの人間精神についての認識は、認識が「私」の認識であり、精神の事柄であるからには、「私」の精神の探究でなければならないからである。なぜ、被造としての〈ある〉が開かれていない地平で、人間精神についての認識を求めるのか。「私」の真理に対する「並外れた欲望 extrême désir」（*DM*. AT. VI, 4）だけでは足りない。少なくとも、「私の可能なかぎり私の行為においてもっとも堅固でもっとも決然たること」（*DM*. AT. VI, 24）を自分に求めるということがあるであろう。二つの順序がある。第一は、世界に立ち向かう前に、自分の何たるかを知ろうとするという順序、第二は、世界の何たるかを知って、そのなかで自分の役割を明らかにするという順序である。デカルトは前者を選んだ。この順序を仮想的にであれ共有するのでなければ、デカルトと「ともに省察する mecum meditari」（*MM*. Præfatio/AT. 9. 25. 第二版では頁番号は「概要」から振られている）ことはできないであろう。

次に、『省察』における「第三省察」から「第六省察」までの道筋について、存在論的側面に焦点を絞ってその展開を概観する。「第三省察」の表題は「神について、神が実在すること」（E. 27/AT. 24. 11）である。そこにおける第一の神証明は「作用的で全体的な原因」（E. 35. 03-04/AT. 40. 22-23）を求めるものである。この証明を通して〈私の思いに条件づけられた一般存在論〉という場が拓かれる。この〈一般存在論〉は、「〈あること・あるもの〉を〈あること・あるもの〉の限りで ens quantum ens」論じるという伝統的な意味での「一般存在論」ではない。われわれが〈一般存在論〉と呼ぶのは、「実在 existentia」と「本質 essentia」を「存在 esse」として捉える存在論のことである。言い換えれば、〈があること〉と〈であること〉を一つに捉える場をもつ存在論である。「第三省察」の第一の神証明はこれへの第一歩を標す。そこで「私」が突き当たる「無限」を、「私」は知解していても、それについてすっかりわかるわけではない。そうでなければ、概念的に矛盾を含む。なぜならば、「無限」が無際限ではなく、超越的なものであるのならば、有限との間には存在についてだけではなく、認識についても、渡ることのできない隔たりが認められなければならないからである。「包括的把握の不可能性」に肯定的表現を与えるのならば、「優越的に eminenter」(E. 35. 19-20/AT. 41. 7-8)ということになる。存在の度合いに係わるこの用語を用いるならば、「包括的把握の不可能性」を肯定的に表現することができる。知ることに係わる用語では否定的な表現しか得られない。それはデカルトの開いた形而上学において認識するものは「私」だからである。認識する有限なる「私」が無限に突き当たるさまは否定的表現によらなければ記述することができない。無限も有限も存在として捉える場において初めて肯定的表現が可能になる。こうして見出されるのは「私」の思いを辿り、上に抜けて開ける存在論である。「私」の思いを超えなければ、思われているのではない存在は開かれない。これが存在論に焦点を絞った「第三省察」の核心である(以上の点については、『存在の重み』「序」および「第Ⅳ部第二章」以下を参照)。

「第二省察」を経て「第三省察」、「第四省察」において形而上学が確立される。それをかつてわれわれは次のように表現した。「第三省察」が形而上学の立論を構成する。「第四省察」はこの立論を事実世界へと展開する場合の誤りの由来を明らかにする。そのことによって、明晰判明知の適用妥当性が示される、と(『形而上学の成立』二八七頁)。形而上学的立論の成立は次のことを帰結する。すなわち、自己開披がすべての「私」の自己開披となることである。それは「知性」の場の確立として示される。知性を特徴づけているのは、知る働きの形式が「私」から乖離したものであるという非-私性である。「第四省察」は、判断するとはこの非-私性の行使であることを明らかにする。真・偽の成り立ちの解明は、他における自ら知って納得することの当理性を照らす。「私」が判断して真なることを表明するということは、他なる「私」が真なることを表明することでもなければならない。明晰判明に知ることについて「私」が判断を下すならば、その「私」は消え失せてよい「私」である。「私」が誤り、間違うということは、その「私」が消え失せることがないことを示す。「私のうち」なる知性の働く形式の非-私性と意志の働きによる脱-私性が学問的知識の普遍性の基礎になる（『形而上学の成立』「第三部第五章「観念（イデア）」論としての形而上学」二七四頁以下を参照）。通常の哲学用語を用いるならば、認識の客観的妥当性の基礎が明らかになり、学問的知識の成立基盤が整う。このように、デカルト形而上学は「私の思いに条件づけられた一般存在論」の中核をなす。その上に立って「第五省察」では「必然的実在」を「実在」と「本質」の一体化として明かす。このことを通して、実在の必然性が本質の必然性、つまり論理的必然性の源であることが開披される。それとともに本質領域として「可能的実在」という場が拓かれる。「第六省察」は、以下において論じられることであるが、物体の「実在」を直接的感覚との同事性として摑むことを通して、物体の（現実的）実在の意味を明らかにする。視点を変えれば、「第五省察」は数学に基礎を、「第六省察」は物理学に基礎を与える。数学はまず想像力が空間を開くことを通して幾何学として成立する（この次第については『存在の重み』「第Ⅰ部」を参照）。「第六省察」においては、以下に論じるように、感覚の確かさが、数学とともに、物理学を支えることになる次第が示される。形而上学は知性によって構築され、数学的探究は想像力に助けられた知性によって、物理学的探究は感覚と想像力に助けられた知性によって遂行される。知ることがなければ、何も留まることがなく、すべてが流れ去るだけである。

第二節　『省察』の書物としての特有性

『省察』は天地創造の六日を仄示する六つの省察からなる。しかし、その一日一日の仕事については一つ一つ章立て、節立てをしていない。付け加えられた「概要」がそれぞれの「省察」の課題を伝える。書物の体裁について見れば、『省察』は他の書物といささか違っていることに気づく。一六四一年の初版と一六四二年の第二版とでは段落の区切り方が異なる。われわれはデカルトが出版した『省察』の内で最もよい版である第二版を底本にする（アダン・タンヌリ版との差異については、『存在の重み』「第Ⅰ部第一章第一節」を参照）。第二版に従えば、「第四省察」には改行が一つ、「第五省察」には五つの段落、「第六省察」には二一の段落が与えられている。「第五省察」の半ばになって、初めて段落区切りに気づいたかのようである。なぜこのように不自然な姿になっているのかわかってはいない。デカルトがそうしたのか、印刷工がそうしたのか、正確なところはわかっていない。『方法序説 *Discours de la méthode*』と『省察』を書物の体裁という点で較べてみる。『方法序説』も六部からなる。これに方法の成果として「三試論」、つまり「屈折光学」、「気象学」、「幾何学」が付け加えられている。『方法序説』本文の各部分には表題が記されていない。「第一部 PREMIERE PARTIE.」のように欄外に記されているだけである。ただし、エティエンヌ・ド・クルセル（Étienne de Courcelles）によるそれのラテン訳、一六四四年に出版されたそのタイトルは『理性を正しく用いるための、そして諸学において真理を探究するための方法についての叙説 *Dissertatio de menthode recte utendi ratione et veritatem in scientiis investigandi*』であるが、これには、それぞれの部に表題が記されている。『方法序説』初版の段落は「第一部」一五、「第二部」一三、「第三部」七、「第四部」八、「第五部」一〇（ただし、AT版は一二の段落に区切っているが、その理由は不明である。ラテン訳の段落区切り方はフランス語初版と全部が同じというわけではない）、「第六部」一二と区切られており、『省察』のような不自然さはない。『方法序説』の「三試論」の部分には目次が付けられているが、本文には目次がない。次に『哲学の原理 *Principia philosophiae*』を見てみる。これは一六四四年に出版され、四部構成をもつ。たとえば形而上学への導きを与えるその「第一部」は七六項目からなり、そのそれぞれに表題をもっている。自然学（物理学）の記述が始まる「第二部」以降も同じである。最後に『情念論 *Les passions de l'âme*』は、一六四九年に出版されたが、それは三部二一二項からなっている。この書物においても、それぞれの部、それぞれの節に表題が付けられている。このように見てみれば、『省察』の段落区切りには、何かしらわからぬところがあることに気づく。単なる印刷の事情かも知れない。このことは『省察』の解読に際してはその段落区切りを頼りにすることができないということを教える。アダン・タンヌリ版第七巻所収の『省察』における段落区切りについては、便利ではあるが、編者の解釈が、ほんのりとでも含まれているので、全面的な信頼をおくわけにはゆかない（『存在の重み』「第Ⅰ部第一章第二節」を参照）。第二版を底本にして「第六省察」を解読する場合には幸いかなりの段落で区切られているので、それに準拠しながら論述の纏まりを探すことができる。しかし、論述の纏まりの理由については、それを読み解く側で与えなければならない。これが『省察』第二版という書物の体裁に関するわれわれの方針である。

次に、論述の方式について簡潔に要点を述べておく。『方法序説』本文は自伝的という叙述形式で書かれている。「幼少の頃から文字による学問のなかで育てられてきた」（AT. VI, p. 4）と記す「第一部」から、「生きるために残っている時間を」（AT. VI, p. 78）と書く「第六部」末尾まで実時間に応ずるかのように記述は展開されている。『省察』は探究の道筋を見つけ出すままに提示するという形式で書かれている。つまり、「叙述の分析的様式

modus scribendi analyticus」(AT. VII, 249) に従って書かれている。この「分析」とは「第二答弁」によれば、「ものが、それを通して方法的に、いわばア・プリオリに〔先立つものから後へと〕発見された真なる途を示す」(AT. VII, 155 また、Entretien avec Burman, AT. V, 153/Beyssade, texte 11, p. 43 には「発見の順序 ordo inveniendi」という表現が見出される)。この叙述様式と章立てのなさとは関連するのかもしれない。『哲学の原理』は既に見つけ出されて得られている事柄を順序よく教えるという形式で展開する。(1)『情念論』「第一部」の表題は「総じて情念について。そして折に触れ人間本性全体について」、「第二部」は「情念の数と順序について、そして六つの始元的情念の説明」、「第三部」は「個別的情念について」である。見つけ出されたことが、類的なことから個別的なことへという道筋と、始元的なことからそれらによって組み合わされたものへという二筋で一つの道に従って記述されている。しかし、『省察』の場合には、行きつ戻りつしながらも新たなことを見出し、見出されたものを確認し、踏み固めながら、また先に進む。このように書かれているのは、生前に書物として出版された四冊のうちでは『省察』だけである。『省察』はまた、初版では六つの「反論と答弁」と共に、第二版ではそれに「第七反論答弁」と「ディネ師宛書簡」とがさらに付け加えられて出版された。デカルトは「読者への序言」において「それらの反論とそれに対する解決のすべて」を読み通してから、『省察』について判断を下すように求めている。なぜならば、既に寄せられている反論よりも重要なものを思いつくことは容易ではないとデカルトが看做しているからである(Præfatio, AT. 10. 14-23)。『省察』が自らの経験を立ち戻りの場にしながら、獲得された知見を足場にして先へと探究を進めているという論述方式をもっていること、その連続と断絶とをいつも念頭におきながら読み解いていかなければならない。『省察』は、上に挙げた読み解く上での難しさとともに、思索をともにする積極性を読者に要求する。デカルト哲学が『省察』よりも、『方法序説』と『哲学の原理』の記述に基づいて後世にいっそう伝わったということも肯けるところである。そういうわけで「第六省察」の解釈には、その内部構成の解明が要求されるだけではなく、『省察』全体の締めくくりとして、形而上学的『省察』全体のなかでの「第六省察」の位置、さらにそれだけではなく『省察』形而上学の解明、つまりはデカルト哲学の全体像の提起をも要求されることになる。幸いわれわれは既に『デカルト形而上学の成立』、『観念と存在』、『存在の重み』において「第五省察」までの流れを示し、また『新省察』においてその全体像を提起しているのであるから、それらを足場にして「第六省察」の検討に入ることができるであろう。もちろん、その足場の強度が保証ずみというわけではない。われわれは「第六省察」の内部構成の問題から取りかかることにしよう。第一に、そのテクストについて段落などの形式的側面について考察し、第二に、一七世紀に『省察』の仏訳に小見出しをつけることによって分節化を示したフェデの表題を紹介しながら検討し、第三に、研究史上の先人の成果を確認し、第四に、われわれが見出した構成を提起することにしよう。

第三節　「第六省察」の段落構成

「第六省察」の表題は「物質的なものの実在と精神の身体（物体）からの区別について *De rerum materialium existentia, & reali mentis a corpore distinctione*」(E. 72＊2-3/AT. 71. 11-12) である。既に述べたように、『省察』はそれぞれの「省察」の内部に章をもたない書物である。また、段落の区切りについても、「第四省察」までは読み解いて行く上でそれらを頼りにすることもできなかった。「第六省察」の段落について簡単に前著で記したところを繰り返すならば次のようになる。「第六省察」には、初版によれば、二八の改行箇所が見出される。第二版によれば、改行は二〇箇所、二一の段落に区切られている。初版と第二版との段落区切りに関する差異は以下の通りである。すなわち、初版で段落を区切り、第二版と一六八五年の版では段落を区切っていない箇所は一一箇所に見出される（(1) S. 89. 15《Si vero de pentagono》、(2) S. 93. 24《Atque etiam quia recordabar》、(3) S. 94. 15《Cur vero ex isto nescio quo》、(4) S. 99. 01《Sed manifestum est has,》、(5) S. 100. 09《Cum enim nullam plane facultatem》、(6)S. 102. 15《Nam certe isti sensus sitis, famis,》、(7) S. 104. 27《Ita quamvis stella non magis》、(8) S. 107. 12《Ita si considerem hominis corpus》、(9) S. 108. 03《Et quamvis respiciens ad praeconceptum》、(10) S. 111. 05《Nec sissimili ratione, cum sentio》、(11) S. 112. 13《Ita, exempli causa, cum nervi qui》）。これに対して、初版には段落区切りが見出されず、初版以外の二つの版が段落を区切っている箇所は次の三箇所に見出される（(1) S. 102. 19《Præterea etiam doceor》＝E. 84. 26: 1685. 17、(2) S. 113. 11《Ex quibus omnino namifestum est,》＝E. 93. 12: 1685, 45. 17、(3) S. 114. 10《Atque hæc consideratio plurimum》＝E. 94. 06: 45. 31）。

　これに対して、アダンは二三箇所で段落を区切っている。第二版との違いは次の三箇所に現れている。(1) AT. VII, 73. 05: E. 74. 18《Ad hæc considero istam vim》、(2) AT. VII, 74. 11: E. 76. 01《Et primo quidem apud》、(3) AT. VII, 74. 17: E. 76. 08《Primo itaque sensi me habere》。順に見て行くことにしよう。(1)については、想像力と知性の違いから、想像力に着目した物体の実在証明へと向かうところであり、段落が長く、内容に応じて二つに分けられていると思われる。このアダンの段落入れは読み易くするものであり、穏当ではあるが、なくてもよいであろう。また、この区切り方はリュインヌ候の仏訳の区切りに応じているとも考えられる（AT. IX, p. 58)。(2)について見れば、想像力に比べて感覚の方が物体に近いことに依拠しながら、感覚に着目する物体の実在証明が可能ではないのかと問う文から、感覚について以前にはどのように考えていたのかという振り返りの初めへと移る部分で、アダンは段落を区切る。(3)の部分では、その大きな「第一にprimo」の内部の「第一にprimo」の前でさらに区切っている。ここでもアダンはリュインヌ侯による仏訳の区切りを採用している。リュインヌ侯は「第六省察」に四二の段落を与えている。アダンの区切りはリュインヌ侯の区切りよりも、第二版の区切りに遥かに近い。フェデは六箇所でリュインヌ侯の段落をさらに区切り、二箇所でリュインヌ侯が切っているところをつないでいる。要するに、それぞれの編者、翻訳者が分かり易いようにそれぞれなりに区切っているということである。これらに基づいて次のように言うことができる。われわれは段落区切りについても第二版を基礎に、仏訳も参考にし、われわれなりの読み方と分節化とを提起しながら、「第六省察」の解読作業を進めるべきだということである。

内部構成が著者によって明示されていないのであるから、読者は自らの読み方に依拠しながら、書物の内部構成を見つけて行くことになる。そのようにして見出された内部構成がいわば定説となって提起されていて、道標として与えられているのならば、われわれは六つの「省察」それぞれの内部構成に関する解釈を積み上げて行くことができる。しかしながら、そのような解釈の積み重ねを、以下に見るように数多く期待することはできない。われわれは、『形而上学の成立』において「第一省察」から「第四省察」まで、『存在の重み』では「第五省察」について、それぞれの「省察」の内部構成を明らかにしながら、デカルトの思索を追い、問題を明らかにするという試みをしてきた。「第六省察」についても同じ方法を適用する。先人の業績を踏まえつつも、自らテクストのなかに踏み入り、デカルトの思索を追いながら構成を創出する。そしてその結果としての解釈を提起する。テクストを小さな器で鵜呑みにし、自らの垢で染めながらそれを吐き出し、批判が降りかかってくれば、それをデカルトに転嫁するということは避けなければならない。内部構成の創出はテクストの外に出るという危険を冒すことでもあろう。『省察』の解釈にはその冒険が求められる。できるだけ理にかなった冒険をするために、以下、「第四節」でフェデの分節化を検討し、「第五節」において「第六省察」分節化についての諸解釈を検討しよう。

第四節　フェデの版の段落区切り

段落区切りについて、今一度一七世紀に立ち戻り、フェデの版における段落の区切り方と表題の付け方から何を知ることができるのか、見ることにしよう。フェデ（René Fédé）の『ルネ・デカルトの形而上学的省察 *Les Méditations métaphysiques de René Des-Cartes*』は一六七三年にパリで出版された。この仏訳は、わずかな差異があるにせよ、リュインヌ侯の仏訳にほぼ準拠していると見ることができる。しかし、段落区切りについてはフェデなりの工夫が見られ、リュインヌ侯の区切り方とは幾つかの部分で異なるとともに、段落ごとに小見出しがつけられている。われわれの考察対象にしている「第六省察」という範囲に限って段落区切りの纏めをしておこう。リュインヌ侯が四二箇所で段落を区切って四三の段落を作っているのに対して、フェデは四八箇所で段落を区切っている。アダンは二三箇所（段落は二四）（山田弘明「「第六省察」をどう読むか」日本哲学会編『哲学』四五号、一九九五年四月、七三頁から七四頁参照）、第二版は二〇箇所（段落は二一）で段落を区切っている。(2) 第二版とAT版との段落区切りの差異は三箇所に見られるということになる。それはAT版の第三、第五、第六段落であり、リュインヌ侯訳の第四、第六、第七段落であり、フェデの版の第五、第七、第八段落である。つまり、アダンが第二版に加えた段落は、リュインヌ侯の区切り、フェデの区切りに支えられていると見ることができる。

いずれにせよ、第二版第五段落のもつ視覚的効果は失われることになる。この第五段落は、これまでの諸「省察」のなかで感覚について得られたことを振り返り、「第六省察」の「今」を設定する五行の短い段落である。五行で一つの段落が構成されているという他の例を『省察』のなかに探すことはできない。『省察』本文のなかで最少の段落である。五つの段落をもつ「第五省察」に続いて、「第六省察」が始まり、ゆったりした段落四つを経て、「今はしかし、私自身と私の起源をいっそうよく識りはじめている」と書き始められる。この「第六省察」における大きな転換点を刻む五行は第二版では頁の中央に現れる。デカルトその人がどこまで意図したのか推測は許されないが、この視覚的効果は初版と第二版以外の参照したどの版によっても与えられない強さをもつ。もしかしたら、デカルト哲学における「感覚」の役割が、長く、あるいは今も、低く見積もられてきたことの誘因になっているのかもしれないと想われるほどである。この段落の言うところは次のことである。この「今」、「感覚から得られると私に思われるすべてを、なるほど受け容れるべきであると私が考えるのは無謀だが、しかし、そのすべてを疑いに呼び戻すべきだとも私は考えない」。感覚の有用性と確実性についてのはっきりした宣言である。一六四一年の初版でも書物の体裁上六行（九七頁）になっているが、同じ効果をもっている。

リュインヌ侯の区切り方であれ、フェデの区切り方であれ、アダンの区切り方であれ、長い時間をかけて『省察』の読者に影響を与えてきたと考えてよい。これらの段落は、それぞれがそれぞれの読み方、理解の仕方に応じて区切ったものである。段落の区切りは内容的な区切りをも示しているのであるから、われわれはそれらの段落区切りから内容のまとまりの付け方について学ぶことができる。しかし、「第六省察」についてはわれわれの底本とする第二版に多くの段落が現れており、この点の困難は少ない。われわれの解釈の参考にするために、フェデが各段落に与えた小見出しを以下に掲げておこう。

フェデは「第六省察」を四九の部分に分けている。リュインヌ侯は四三の段落に区切っている。リュインヌ侯の第四〇段落と四一段落を、フェデは一つの段落に纏めている。逆に、リュインヌ侯の第一、第一九、第二一、第二

七、第二八、第三六、第四二段落を、フェデは二つの部分に分けている。以下においてF. でフェデの版の頁数を表記し、E. とAT. で第二版とAT版の対応する頁数・行数を挙げる。フェデのつけた表題に基づくならば、「第六省察」は大きく言って、次の三つの部分をもつ（本節における⑴、⑵などはフェデの版の段落を示す番号である）。

I　⑴から㉕まで、物体の実在と物体の認識について（F. 73-84/E. 72. 17-83. 22/AT. 71. 13-80. 20）。より小さい項目に従えば、①想像力、②感覚、③実象的区別と物体の実在、④物体認識の四項目になる。

II　㉖から㊺まで、身心合一体である人間の自然（F. 85-94/E. 84. 01-93. 04/AT. 80. 27-88. 13）。同じくより小さい項目に従えば、①自然の教えと真理、②合一体の自然、③合一体における自然の誤謬の三項目。

III　㊻から㊾まで、「第六省察」と『省察』のまとめ（F. 94-97/E. 93. 12-95. 15/AT. 88. 19-90. 12）。

フェデによる表題が上記の三つの部分に大別できるということが示しているのは次のことである。すなわち、第一に「第六省察」全体の中心が感覚の問題に据えられていること、第二に、その前半では物理学の基礎として、物理的現象を感覚によってどのように捉えるのかという点が核心とされていること、第三に、その後半は身心合一体としての人間の自然が感覚のありさまに基づいて明らかになる箇所とされていること、この三点である。その流れを辿るために、以下に表題をすべて訳出してみよう（以下〔　〕内の付け加えは、本書筆者によるものである）。

I・⑴から㉕まで、物体の実在と物体の認識について（F. 73-84/E. 72. 17-83. 22/AT. 71. 13-80. 20）。

⑴　「物質的なものがありうるということ」（F. 73/E. 72. 17: AT. 71. 13）。

〔想像力〕

(2)「われわれの想像する能力は、物質的なものの実在をわれわれに納得させうること」(F. 73/E. 73. 04: AT. 71. 20)。

(3)「想像力と純粋知性作用 pure intellection の間にはどのような差異があるのか」(F. 74/E. 73. 12/AT. 72. 04)。

(4)「この差異はどのようにして明証的に認識されるか」(F. 74/E. 74. 06/AT. 72. 23)。

(5)「想像力は何らかの物体的なものに依存しているように見えるにもかかわらず、想像力は物質的なものの実在を絶対的には証明しない」(F. 75/E. 74. 18/AT. 73. 05)。

〈感覚〉

(6)「物質的なものの実在を発見するためには、感覚するということを吟味するのが適切である」(F. 76/E. 75. 19/AT. 74. 01)。

(7)「この吟味においてなさねばならないこと」(F. 75/E. 76. 01/AT. 74. 11)。

(8)「われわれが感覚したものすべての枚挙」(F. 75/E. 76. 08/AT. 74. 17)。

(9)「そこから、感覚することによって、われわれの外にあって思いとは異なっているものを感覚するとわれわれは信じた、ということが生じる」(F. 77/E. 76. 29/AT. 75. 05)。

(10)「そこから、これらの〈われわれの外にある〉ものがわれわれのうちに引き起こす観念に似ているとわれわれが判断した、ということが生じる」(F. 78/E. 77. 10/AT. 75. 14)。

(11)「そして感覚を通して入ってこなかった何ものも、われわれが精神のうちにもっていなかったと判断していた、ということもそうである」(F. 78/E. 77. 22/AT. 75. 23)。

(12)「われわれが自分たちのものと呼ぶ物体（身体）が、他の物体よりもいっそう特有な仕方でわれわれに属すると認識したのは、どのようにしてなのか」(F. 78/E. 77. 29/AT. 75. 29)。

(13)「感覚の対象に関してわれわれの判断するすべてのことを自然から教わったと、われわれが信じたのはなぜか」(F. 79/E. 78. 08/AT. 76. 06)。

(14)「経験によって、われわれが感覚に結びつけていた信頼のいっさいを次第次第に失っていった」(F. 79/E. 78. 27/AT. 76. 21)。

(15)「われわれの感覚への信用をわれわれに疑わせた二つの大きな理由 raisons générales」(F. 79/E. 79. 14/AT. 77. 07)。

(16)「これらの理由によって、感覚的なものの真理性について以前に納得していた理由に応じるのは容易であった」(F. 79/E. 79. 30/AT. 77. 18)。

(17)「諸感覚がわれわれに表象することのすべてを総じて généralement 疑いへと呼び戻す必要は、今はない」(F. 81/E. 80. 12/AT. 77. 28)。

〔実象的区別、物体の実在〕

(18)「精神の本質は思うことであり、物体(身体)から実象的に区別されること」(F. 81/E. 80. 17/AT. 78. 02)。

(19)「どのようにして想像する能力と感覚する能力とは精神に属するのか」(F. 82/E. 81. 11/AT. 78. 21)。

(20)「場所を移動する能力、さまざまな状態をとる能力などは精神にはけっして属さず、物体(身体)に属すること」(F. 82/E. 81. 20/AT. 78. 28)。

(21)「われわれの内に感覚的なものの観念を産出することのできる何らかの実体が、われわれの外にあること」(F. 82/E. 81. 30/AT. 79. 06)。

(22)「この実体は物体的であること、かくして物体はあること」(F. 83/E. 82. 20/AT. 79. 22)。

〔物体認識〕

(23)「われわれが物体のなかにあると明晰判明に概念するすべてのものは物体において真に出会われること」(F. 84/E. 83. 03/AT. 80. 04)。

(24)「われわれは、物体において未だきわめて不分明にしか概念していないものについても、明晰判明な認識を獲得することができること」(F. 84/E. 83. 11/AT. 80. 11)。

(25)「自然がわれわれに教えることのすべては何らかの真理を含んでいること」(F. 84/E. 83. 22/AT. 80. 20)。

II. (26)から(45)まで、身心合一体である人間の自然 (F. 85–94/E. 84. 01–93. 04/AT. 80. 27–88. 13)。

〔合一体〕

(26)「したがって、自然が、痛み、飢え、渇きなどに関して、われわれに教えることのなかにも何らかの真理があること」(F. 85/E. 84. 01/AT. 80. 27)。

(27)「自然はわれわれにこれらの感得 sentiment を通して精神と身体（物体）との緊密な合一を教えること」(F. 85/E. 84. 08/AT. 81. 01)。

(28)「身体の周囲にあって、有害 nuisible であったり有益 profitable であったりする多くの物体の実在に関して、自然がわれわれに教えることのなかにも真理のあること」(F. 85/E. 84. 26/AT. 81. 15)。

(29)「先入見に他ならないにもかかわらず、自然によって教えられたように見える多くの意見の枚挙」(F. 86/E. 85. 12/AT. 82. 01)。

〔合一体の自然〕

(30)「自然という語によってここで理解されなければならないこと」(F. 86/E. 85. 26/AT. 82. 12)。

(31)「自然は、感覚によって、ものの自然について判断しないように教えるが、われわれにとって有用 utile か有害かを判断するように教えるということ」(F. 87/E. 86. 12/AT. 82. 25)。

(32)「星の方が蠟燭 chandelle の炎よりも大きいわけではないということを、われわれは何の理由もなく信じ込んだ、ということ」(F. 87/E. 86. 21/AT. 83. 02)。

(33)「そして、われわれのうちに引き起こされる熱と似た何らかのものを火はもっていると、われわれは何の理由もなく信じ込んだということ」(F. 87/E. 86. 26/AT. 83. 06)。

(34)「そして、空間は空虚である、つまりは空間はわれわれの感覚に何の印象もつくらないと、われわれは何の理由もなく信じ込んだということ」(F. 88/E. 87. 04/AT. 83. 12)。

〔合一体における自然の誤謬〕

(35)「肉にまぎれ込んだ毒を食べるという事態に出会った人々は、自然によって直接的に欺かれたのではないということ」(F. 88/E. 87. 19/AT. 83. 24)。

(36)「にもかかわらず、自然がわれわれをそちらへと直接的にうながすものにおいて、かなりしばしばわれわれは間違えるということ」(F. 89/E. 88. 06/AT. 84. 08)。

(37)「かくして、水腫病患者における喉の渇きは自然の誤謬であるということ」(F. 91/E. 89. 25/AT. 85. 18)。

(38)「このことが神の善性に反しないということを認識するためには、第一に、精神が不可分であり身体が可分的であるということに気がつかねばならない」(F. 91/E. 90. 06/AT. 85. 28)。

(39)「第二に、精神は脳を介してでなければ何の印象も受け取らないということに気づかねばならない」(F. 92/E. 90. 28/AT. 86. 16)。

(40)「身体が何ら傷ついてもいないのに身体のどこかに痛みを感じるということが、われわれの身体器官の作り fabrique de nos organes から生じるのはどのようにしてか」(F. 92/E. 91. 08/AT. 86. 24)。

(41)「飢えているときに脳にもたらされる印象は、その人にとってもっとも普通に役に立つような感得を引き起こすのであるが、このことよりもいっそうよいことは何も望まれえない」(F. 92/E. 92. 07/AT. 87. 19)。

(42)「このことがいつもこのようになされるというのは神の善性の印の一つであること」(F. 92/E. 2. 15: AT. 87. 25)。

(43)「われわれの感得が役に立つように作られていることの例」(F. 94/E. 92. 19/AT. 87. 28)。

(44)「他の仕方はみな身体の維持にとってあまり相応しくなかったであろう、ということ(F. 94/E. 92. 27/AT. 88. 07)。

(45)「われわれの感得が役に立つように作られていることの他の例」(F. 94/E. 93. 04/AT. 88. 13)。

III・(46)から(49)まで、「第六省察」と『省察』のまとめ(F. 94-97/E. 93. 12-95. 15/AT. 88. 19-90. 12)。

(46)「そこから、神の善性にもかかわらず、人間の自然が時として誤りうるということが生じる」(F. 94/E. 93. 12/AT. 88. 19)。

(47)「この考察は、われわれのさまざまな誤謬を認識し直して避けるためにとても役に立つ」(F. 95/E. 94. 06/AT. 89. 08)。

(48)「覚醒と睡眠とを区別するためにもとても役に立つ」(F. 96/E. 94. 19/AT. 89. 19)。

(49)「しかし最後に、われわれの自然の弱さと脆さを受け容れ、認識し直さなければならない」(F. 97/E. 95. 15/AT. 90. 12)。

（1）『哲学の原理』における叙述の順序、および、それと『省察』との比較については、『存在の重み』「第II部第三章」とりわけ「第四節」一四四頁以下参照。

（2）段落区切りと段落との数字の差異は、各「省察」冒頭を段落区切りに含めないからである。なぜ含めないのかと言われるならば、各「省察」において冒頭の一文字が飾り文字として大きく印字されており、通常の段落区切りのような桁落ちがないからである。また、これを段落区切りに含めるならば、「第一省察」から「第三省察」までにも段落区切りが一つだけあるということになり、事情の説明を煩瑣にするからである。

第二章 「第六省察」構成についての諸解釈

序

「第六省察」における物体の実在証明は『省察』全体の締めくくりという役割をも果たしている。それはまた、物質的事物についての学としての物理学が、数学と形而上学に基礎をもつ結構の開披でもある。さらに、知性と想像力に対する感覚の、身心合一体としての人間における有用性の解明、『情念論』において具現される個人倫理の出発点を標す場でもある。この複雑さに直面してさまざまな解釈が生まれる。それを以下に紹介しながら、「第六省察」のもっている含意をさらに追い詰めて行くことにしよう。「第六省察」の内部構成について、L・J・ベック、M・ゲルー、G・ロディス・レヴィス、G・ディッカー、山田弘明の説を順に見ていこう。

第一節 L・Jベックの解釈

ベック（L. J. Beck, *The metaphysics of Descartes: A Study of the Meditations*, Oxford University Press, 1965, pp. 248-280）は、「第六省察」を大きく三つに分節化している。㈠物質的なものの実在証明、㈡「身心合一」の証明 The

Proof of the Substantial Union」(*op. cit.*, p. 262)、㈢感覚知覚についての判断の信頼性についての三つである。身心の実象的区別が独立の項目にならないのは、次の理由による。すなわち、ベックによれば、実象的区別は「第二省察」において「可能的本質の領域 realm of possible essences」のなかでは既に確立されているが、いまだ「形相的実象性としての価値 value as formal reality」をもっておらず、これをもつために神の保証が求められるだけである(*op. cit.*, pp. 250-251)。それゆえ「第六省察」で身心の実象的区別は証明される必要はない。このことが、ベックの分節化のなかでこの区別についての議論が独立の項目をなしていないことの理由である。実象的区別は物質の実在証明のなかには組み込まれているということになる。また、㈢も「第四省察において解き明かされた真と偽の解明を補完するもの」(p. 249) と捉えられており、ベックはこの問題を別の節を立てて論じるようなことをしていない。したがって、ベックのまとめによれば、「第六省察」固有の問題は㈠と㈡の二つの問題に縮約されることになる。第一の問題は、物体的な事物の実在が帰結される AT. 80. 10 で論じ終えられるのではなく、感覚知覚の問題にかかわるのに応じて、AT. 83. 24、つまり、合一体における諸感覚の知覚の意義としての「具合がよい、具合がわるい commoda, incommoda」にまで及ぶことになる。その部分、つまり、AT. 80. 11 から 83. 24 までは、物理学の対象としての「もろもろの個別的なもの particularia」が、内的感覚を引き離して、外的感覚によって捉えられるべきことが論じ終えられる箇所である。デカルトの論述の、これ以降が身心の合一という事態に的を絞った論述であるということを考えるならば、ここまでを「物質的な事物の実在証明」の射程に含めることは、その限りで正しいと言える。しかし、その一方で、ベックは㈡の問題を、AT. 80. 11 から始まっているとする。そうすると当該の AT. 80. 11 から 83. 24 までという部分は、㈠と㈡の二つの「証明」を支えるべきテクストとして交錯していることになる。この交錯が何を示しているのかという点について、ベックは論じていない。

以上について、われわれは当面三つの指摘をしておこう。第一点は、「実象的区別」が「第二省察」において既に可能的にはなされているという解釈についてである。このことは「第三省察」における第二の神証明によって「私」の「実体」たるありさまが設定されることを論外にする。また、物質の本質が「第五省察」において確定することにも抵触する。その他にも理由を挙げることはできるが、「実象的区別」は既に確立されており、「第六省察」において現実化されるだけだという解釈は成り立たないであろう。指摘すべき第二の点は、ベックが物体の実在証明と合一という二つに絞って「第六省察」の問題を捉えるときに、「第四省察」の補完としての位置を与えられる㈢の意義についてである。この㈢の問題の中心がベックの㈠と㈡の重なりの部分に埋もれてしまう。言い換えるならば、「第六省察」の主たる任務を物体の実在証明と合一に大別した場合に、物理学研究における感覚知覚の役割を見定める場所が見えなくなるということである。第三に指摘されるべきは、その結果として、「第六省察」の『省察』全体のなかでの役割としての物理学の基礎づけということが見逃されることになる。ベックの解釈に対する以上の批判的検討から、われわれは「第六省察」の課題を大きく物体の実在証明と合一の「証明」という二つに分ける場合に逢着せざるをえない問題点を抽出したことになる。

第二節　M・ゲルーの解釈

次にM・ゲルーの解釈を見ることにしよう（M. Gueroult, *Descartes selon l'ordre des raisons*, Aubier, 2vols, 1953/1968）。ゲルーのこの二巻本の書物の「第二巻」全体が「心と身体（物体）」という表題をもつ。三〇〇頁あまりのすべてが「第六省察」の研究に当てられている。彼によれば、これまでの五つの「省察」のなかで別々に論じられていた六つの問題が「第六省察」においては、緊密に結合したものとして論じられると同時に解決される。その六つの問題とは、㈠「物体の実在（と身心の合一）の問題」、㈡「感得 sentiment の客観的価値とその価値の限界の問題」、㈢「感覚 sens に関する〔判断に関わる〕形相的誤謬の心理学的解明の問題」（〔　〕内は本書筆者の補足）、㈣「この誤謬についての神学的正当化の問題」、㈤「感覚の内在的な虚偽についての心理・生理学的解明の問題」、㈥「この虚偽についての神学的正当化の問題」である（t. II, p. 20）。ゲルーは「第六省察」を解釈する上で、二つの視点を立てる。㈠「物体の実在に関する課題と諸学の基礎に関する課題 problèmes relatif à l'existence des corps et au fondement des sciences」（t. II, p. 7, *sqq.*）、㈡「批判的課題（感覚的観念の客観的価値）problèmes critiques (valeur objective des idées sensibles)」（t. II, p. 14, *sqq.*）である。この「二つの視点の再統合 réunion des deux perspectives」が「諸理由の結び目 nexus rationum」として現出する。「第六省察」は「同時に à la fois」この二つの視点によって「性格づけられなければならない doit être caractérisée」（t. II, p. 18 *sqq.*）。「第六省察」の基本構造は、彼によれば、六つの問題が二つの視点から統合されると捉えられることになる。ゲルーが「第六省察」の叙述に従って論を展開しているのは、彼の書物の「第一一章」から「第一八章」までである。その表題を、煩瑣を厭わず、彼が対応させていると推定される第二版とAT版の頁数・行数を添付しながら紹介してみれば、次のようになる。「第一一章　想像力の領域――物質的なものの実在の可能性」（E. 72. 17-76. 01/AT. 71. 13-74. 10）、「第一二章　感覚の領域――物質的なものの実在の確実性」（E. 76. 01-84. 01/AT. 74. 11-80. 26）、「第一三章　心と身体（物体）の実象的区別の証明」（E. 80. 17-81. 30/AT. 78. 02-79. 06）、「第一四章　物質的なものの実在証明」（E. 81. 11-83. 10/AT. 78. 21-80. 10）、「第一五章　心と身体（物体）の合一の証明」（E. 84. 26-87. 18/AT. 81. 15-83. 24）、「第一六章　感覚の領域における真なるものと偽なるものについて」（E. 85. 26-88. 06/AT. 82. 12-84.

07)、「第一七章　感覚の領域における真なるものと偽なるものについて（続き）」（E. 87. 21–89. 24/AT. 83. 26–85. 17)、「第一八章　感覚の領域における真なるものと偽なるものについて（続き）」（E. 89. 25–95. 20/AT. 85. 18–90. 17)。以上の「第一一章」から「第一五章」までが第一の課題に対応し、「第一六章」から「第一八章」が第二の課題に応える。

　ゲルーは六つの問題を二つの視点から統合するという眺望の下に、テクストを二つの大きな部分に分けて論じる。多岐にわたって複雑であるとともに、「第六省察」の成果を物理学、心理学、医学、道徳へと展開する積極的な解釈であると言えよう。その根底にはこの書物の「第一巻」から通して流れている認識批判、われわれの認識能力の客観的妥当性への着眼がある。そのいささかカント主義的な底流を別にして、テクストを順序を追って解明するという点に学ぶところは多い。しかしながら、「第六省察」についても、テクストの順序をはずして「可能性についての一般理論」を論じるなどの逸脱には注意を払う必要がある[1]。また、身心の合一について「証明」という表現を用いている点、そして「感覚的観念」という表現についても、以下にわれわれが述べるように警戒しなければならない。これら二つの表現は少なくとも『省察』本文ではデカルトの使っていない表現である。それらの細かい点と、デカルト解釈全体に関わる大きな点を別にして、「第六省察」の内部構造をどのように摑むのかという点にだけ焦点を合わせて、幾つかの指摘をすることにしよう。第一に、二つの視点の重なり合いが要点になるにもかかわらず、テクストの分析においてはその二つが前後関係をもってしまうということがある。そのことは物体の実在証明が感覚知覚の役割を顕在化するという役割をもっていることを見逃すことに通じるであろう。別の言い方をするならば、物体の実在証明が物理学の基礎になるのはなぜかという問いが見失われるということである。それはまた、「感得の対象的価値一般は合成された私の自然の領域へと厳密に限られているであろう」（t. II, p. 60）という予見と、「認識するのはいつも知性である。感覚は認識しない」(t. II, p. 47) という奇妙な言い方に裏打ちされている。奇妙というのは、周知のように「感覚能力」は、その「形相的概念」に知解する働きを含んでいるとされているからである (E. 81. 11-18/AT. 78. 21-28)。このような感覚の捉え方が彼を「感覚的観念」という感覚を知性化する表現へと導き、かくして物体の実在と感覚との回路が閉ざされることになるのであろう。第二に、「第一二章」で感覚の領域において議論がなされ、「第一六章」以降で再び感覚の領域に戻るという複雑さを指摘することができる。あたかも合一の領域と感覚の問題の領域が重なるかのようでありながら、別のようでもある。先の指摘と重なるが、ゲルーの感覚についての解釈に即するならば、物理学研究における感覚の積極的役割が正当化されえないと考えられる。このような通説的「感覚」理解がデカルト哲学のなかに取り込まれてしまってきたという流れ、それはおそらくマルブランシュの「感覚」理解に発するのであろうが、ゲルーはその流れに棹さしていることになる。その結果、第三に、彼は「感覚」を「第六省察」の中心問題に据えながら、その物理学の基礎と物理学研究の遂行における感覚の役割を、それゆえに『哲学の原理』仏訳「序文」の表現に従うならば、物理学という幹を支えるべき形而上学の役割を捉え損なうことになるであろう。われわれによるゲルーの読み方に対する批判的検討が示していることは、「第六省察」における知性と想像力と感覚の関係のなかで、実象的区別も物体の実在も、身心合一も捉えることができるような読み方がなされるべきだということである。「感覚によって知覚された観念」とその明証性 (E. 77. 11-118/AT. 75. 14-20) によって示されていることは何であるのか。われわれはその点から注意を逸らしてはならない。

第三節　G・ロディス・レヴィスの解釈

次にG・ロディス・レヴィス（G. Rodis-Lewis, *L'Œuvre de Descartes*, J. Vrin, 1971）の読み方を見て行くことにしよう。ロディス・レヴィスは「第六省察」の主題を5つに分節化している。すなわち、㈠想像力と感覚の問題（E. 72. 17-80. 11/AT. 71. 13-77. 27/AT. IX, 57-61）、㈡精神と物体（身体）との実象的区別（E. 80. 17-81. 10/AT. 78. 01-20/AT. IX, 62）、㈢物体の実在証明（E. 81. 11-83. 03/AT. 73. 21-80. 04/AT. IX, 62-63）、㈣身心の合一（E. 83. 03-84. 09, 90. 29-91. 02/AT. 80. 04-81. 01, 86. 19/AT. IX, 63-64, 69）、㈤感覚の働きと情念の働きである。テクストを追求して行く順序としては、㈠から㈣まではほぼ順を追っているが、㈤は「第六省察」の最初の方から順を追いなおして『省察』の最終頁にいたる。このことは㈠から㈣までが一纏まりの分析であり、㈤はそれとは系列を異にする分析であることを示している。また、㈤の次に「物体認識についての一般的原理」という節がもうけられているが、ここは『哲学の原理』からの引用によって多くが占められている。ロディス・レヴィスは大きく見た場合に二つの課題へと「第六省察」を分節化していることになる。二つの部分に分けているという点ではゲルーの纏めと軌を一にしている。一つは物体の実在証明と身心の合一であり、もう一つは情念の問題と物理学の基礎の問題である。㈠から㈣までの主題の提示の仕方は、ゲルーのそれと重なっている。もう一つの視点である㈤については、ゲルーとは大きく異なる。ゲルーが「感覚的観念」の客観的価値という視点から感覚の問題を捉えていたのに対して、ロディス・レヴィスは感覚と情念とを並列的に、情念については『情念論』を拠り所にしながらその機能について解明して行く。ロディス・レヴィスの解釈において『省察』から『情念論』への繋がりが強化されている点に着目しておくべきであろう。

第四節　G・ディッカーの解釈

G・ディッカー（G. Dicker, *Descartes: An Analytical and Historical Introduction*, Oxford University Press, 1993, p. 177）は「第六省察」を以下の八つの項目に分節化する。彼はAT版の段落区切り（次の八つの文末の（　）の中の数字は段落を示す）をそのまま用い、段落に応じて議論を纏めている。すなわち、㈠「想像力についての議論と、この能力によって物質的なものの実在が蓋然的になるのはどのようにしてかということについての議論」（(1-3) AT. 71. 13-73. 28/E, 72. 17-75. 18）。㈡「デカルトが最初に感覚について信じていたことの見直し、および彼がその後でそれらを疑うために見出した理由の見直し」（(4-7) AT. 74. 01-77. 27/E. 75. 19-78. 29）。㈢「精神と身体との間の実象的区別（すなわち、デカルト的二元論）の証明」（(9)（AT. 78. 07-20/E. 80. 01-81. 10）。㈣「物質的な世界の実在証明」（(10) AT. 78. 21-80. 10/81. 11-83. 10）。㈤「この証明を光として、物質的なものについて確かに獲得されうる個別的な信念 particular beliefs についての説明」（(11-14) AT. 80. 11-81. 27/E. 83. 11-85. 11）。㈥「物質的なものについての尤もらしいにもかかわらず間違っている信念についての説明」（(15) AT. 82. 01-83. 23/85. 12-87. 18）。㈦「われわれが時として不都合な目的を追い求めるのはなぜなのかについての、および、この事実が神の完全性にとって不利な仕方で反映することがないのは何故なのかということについての生理学的解明」（(16-23) AT. 83. 24-89. 07/E. 87. 19-94. 05）。㈧「夢問題の解決」（(24) AT. 89. 08-90. 16/E. 94. 06-95. 20）。この分節化について、第一に指摘すべきは、第二版の区切りが考慮されていないということ、第二にすぐにも気のつくことであるが、AT版第八段落が欠落しているということである。

彼はこれらすべての項目について議論しようとはせず、二元論と物理的世界についてのデカルトの理説に焦点を定めて検討を進める（p. 177）。これに基づいて、ディッカーはその著作において次のような節を立てながら「第六省察」を論じる。すなわち、導入部をなす「第一節」の後に、「第二節」で実象的区別の証明を、「第三節」で「物質的な世界のデカルトによる証明」を、「第四節」で「物質的な世界の自然」についてのデカルトの説を、「第五節」で「二元論と相互作用の問題」を検討し、その上で「第六節」でデカルト的二元論の評定を行う（pp. 177-234）。その「第二節」および「第三節」において彼は、先立つ上記の㈠と㈡の部分に展開されている論述をそれぞれの証明の支えとして用いることがない。「第四節」の多くは『哲学の原理』の叙述に支えられており、「第六省察」が引用されてはいない。「第五節」は導入としてAT. 81. 01-14を引用することから始める。彼の項目分けでは、この段落は㈤として纏められる諸段落の最後から二番目の段落に相当する。しかし、何故このような「信念についての説明」と身心の相互作用の問題が結びつくことになるのかということについての釈明は見出されない。「第六節」ではこれまでに得られた成果の上に立ってデカルト的二元論が評定される。以上から次のことが見て取れる。ディッカーは、「第六省察」をテクストの流れに即して八つに分けながらその流れを自分の解釈に用いてはいないということである。彼の物体の実在証明に関する解釈と二元論に関する解釈のテクスト的支えは、AT版の第九段落（AT. 78. 02-20）、第一〇段落（AT. 78. 21-80. 10）、第一三段落（AT. 81. 01-14）から得られるということになる。彼のそれぞれの問題についての解釈にここでは踏み込まないことにして、纏め方の特徴だけを指摘しておくことにする。身心の相互作用が問題として主題化されているのに対して、身心の合一については上の八つの分節化にも、節立てにおいても主題化されてはいないということがある。彼の分節化の㈦は、われわれの読みによれば、デカルトが身心合一体としての人間を論じる場所なのである。また、㈤と㈥の部分は、やはりわれわれの読み方に沿えば、物理学的探究に内的感覚が介入してはならないということを示す部分である。とりわけても彼が「或る尤もらしいが、にもかかわらず間違っている信念についての説明」と主題化する箇所では、自然から教えられるということが、理由の捉え直しなしに受け入れてきた「しきたり consuetudo」(E. 85. 14/AT. 82. 02)との区別のもとに規定される。この規定を通して合一体としての自然、この限りでの感覚の知覚は「知性による吟味が先行することなしには」(E. 86. 17-18/AT. 82. 29)、物体の本質を教えないとされる。ディッカーは、物質的な世界の実在証明が物質的なものについての「個別的信念」の正しさを照らし出すと纏めており、テクストの論述が自然の教えへと展開して行っていることを見ていない。少なくとも彼の項目列挙からは、「第六省察」の後半部分でデカルトが何を狙っているのかということが浮き出してこない。「二元論」という枠に入らないところが抜け落ちるのである。

第五節　山田弘明の解釈

山田弘明(「「第六省察」をどう読むか」日本哲学会編『哲学』四五号、一九九五年、七三頁から八六頁)はアダン・タヌリ版の二四の段落区切りを利用しながら、「第六省察」を、大きくは二つに、小さくは「七つのグループ」に分節化する(七三頁から七四頁)。それは以下の二つと七つである。

(A)「感覚を見直すなかで物体の存在証明がなされる」

(1)「物体の存在証明の可能性」(2)「感覚の見直し」(3)「心身の区別」(4)「物体の存在証明」

(B)「感覚の誤謬について弁神論を展開しながら感覚的真理に場所を与え、最後に懐疑を解いて終わっている」

(5)「自然の教え」(6)「自然の教えと神の善性」(7)「懐疑の解除」

この山田の区切り方について、三点だけを指摘しておこう。第一に、「第六省察」を大きく二つに分けたときの分け方についてである。山田の纏めにおける前半部分の最後は、AT. 80. 10/E. 83. 11である。ゲルーはAT. 83. 24/E. 87. 18を前半の終わりにしていた。ゲルーが心と身体との合一の「証明」をも前半に含めているからである。ロディス・レヴィスは明示的にではないが、合一の問題と感覚（情念）の問題との間に切れ目を見ている、つまり、合一の問題を前半に含めているように思われる。山田はAT. 81. 01-14/E. 84. 08-25に「心身合一」という纏めを与えている。これに対して、ゲルーは「心と身体の合一の証明」の中心部をAT. 81. 15-83. 24に求めている（「第一五章」）。この両者の捉え方が両立しないというわけではない。なぜならば、山田は、身心がきわめて緊密に結びつけられていること、内的感覚が「心と身体と合一していていわば混じり合っていることから」生じる「思惟の不分明な様態」である、という点に合一の徴表を見ており、それに対してゲルーは合一の「証明」が終えられるまでを収めようとしているからである。この二人の区切り方にはそれぞれ問題が含まれている。山田の区分については「自然の教え」がどのように「身心合一」の場を開いて行くのか、このことの説明が求められることになる。ゲルーの場合には、前半の最後で神の誠実が身心という「集合体」にも適用可能であることが示される（Gueroult, t. II, p. 155)。彼はそのことによって医学や道徳が基礎を得るとする。この解釈は「内的合目的性 finalité interne」「最善律 principe de meilleur」という概念を用いて説明され（*ibid.*)、問題を含んでいるが、それとともに、ゲルーの纏め方によると後半部分は「感覚的観念の客観的価値」の問題になるが、合一体への神の保証とこの問題とが同じ水準で語られうるのか、疑問である。

第二に指摘すべき点は、「今はしかし」という短い段落の処理の仕方についてである。山田は、「第八段落」を

「感覚の見直し」の最後の段落であるとする（*cf.* 山田、一九九五、七九頁から八〇頁）。ここに基づいて彼は「「第六省察」全体を新しい感覚論として読む」という構想を提示する（八〇頁）。しかし、彼自身も認めているように（八五頁、註二二）「第九段」、「第一〇段」は、感覚論という流れからはずれてしまう。しかし、彼自身は「物体の存在証明は、感覚の見直しというラインから生み出された最初の成果である」（八〇頁）としているように、「第一〇段」は「ライン」に乗っていると考えている。そして「第九段」はこれを用意するという役割を果たしているのであるから、その点ではやはり「ライン」に乗っているとされる。しかし、感覚の見直しの第一の成果が「物体の存在証明」であるということに、段落の近さ以外の理由が見いだされているとは考えられない。この二つの連続した段落の前者が感覚の見直しを確定し、後者が知性の場で身心の区別を主張するという、この隔たりが彼の言う「形而上学の文脈」と「経験的生の文脈」の断絶を示していることになろう。そうとなれば、つまるところ「心身の実在的区別」と「物体の存在証明」は「第六省察」の一つの中心からの距離では測られていないことになる。この二つの「文脈」の隔離が解消されない限り、「第六省察」は二重中心のままであり、後者の「文脈」は他の諸「省察」から孤立することになるであろう。さらに、彼がこの二つの「文脈」を「心身区別の世界」と「心身合一の世界」に重ねるとき、彼は「二重生活」者というG・ライルのデカルト批判を受け入れることになる。[2] しかし、「今はしかし」で始まるこの短い段落の重要性を指摘した山田の功績は認めなければならない。この或る種の転換点をなす段落についてこれまで着目されてこなかったように思われるからである。この点については後述する。

第三に指摘されるべきは、「第六省察」最終段落についてである。山田は「第六省察」の最終段落をディッカーとともに、「懐疑の解除」と纏める（ディッカーは「夢問題の解決」）。ロディス・レヴィスのつけた道筋の上に立って、山田は「人間学」の始まりを「第六省察」に汲み取ろうとする（八二頁から八三頁）のであるが、この最終段落に合一体としての人間の問題を見てはいないように思われる。この最終段落を「懐疑の解除」として纏めるということは、水準としては「第一省察」の懐疑の始まりに戻っているということになるであろう。つまり、彼の解釈は「人間学」の始まりには届いていないということになる。そのことは次の言い方からも窺える。山田は「「第六省察」には感覚の評価に正負両義の背反があり、それと連動して二つの文脈が折り合わないまま交錯していると思われる」とする（八一頁）。これはむしろ「人間学」の不成立を示しているのではないのか。また、彼は「概要」における「第六省察」についての叙述、「第六省察」が『省察』の締めくくりであることを表明している叙述（AT. 15. 27-16. 10）に「当惑」している（七五頁）。このことも『省察』全体の最終段落であるというこの段落の役割が捉えられていないことを示している。山田は、AT版の段落の一つ一つに表題を付けていっているのであるが、だからといってそれらの標題相互を連関づけようとしているわけではない。その前半部分(A)についての表題の付け方は、これまで見てきた他の研究者と比べても、妥当であろう。つまり、想像力の問題から始まり、感覚の問題を経過して、身心の実象的区別を確認し、その上に立って物体の実在証明をなす。この前半の流れの把握自体については、異論を提起する必要はないであろう。このことからも「第六省察」の「読み方」において後半部分が如何に重要であるかということが浮かび上がってくる。ゲルーは『省察』以降を学問としての物理学、心理学、医学、道徳学という、『哲学の原理』仏訳「序文」に示されている「哲学の樹」になぞらえ、それら諸学を学問として基礎づけるものとして『省察』をみたであろう。これに対して、ロディス・レヴィスは「第六省察」から『情念論』への道筋を示した。そこで見られているのは、「智恵の探究」として繋がれるべき、精神の場としての形而上学と身心合一としての生活の場であろう。山田の解釈は、学の基礎づけと智恵の探究という二筋が未だ別個な構想に止まっているということを示している。山田のこの論文が公刊されたのは一九九五年であった。その同じ年にカンブシュネルの『情念の人間』(D. Kambouchner, *L'homme des passions*, Albin Michel, 1995) が出版された。『情念論』に関するこの研究が公刊されて以降、デカルト哲学を研究する者は、この二筋は一筋のものであるという眺望の下に「第六省察」を読まざるをえない。その点でも、「第六省察」後半部分をどのように読むのかということが避けることのできない重たい課題になる。後半部分をどのように読むのかということは、また、前半から後半への、視点を変えるのではない、その意味で繋ぎ目のない流れを提示することでもある。しかし、デカルト研究としては、今のところほぼ手のついていない状況であろうと思われる。

補論

福居純『デカルトの「観念」論』知泉書館、二〇〇五年における「第六省察」の分節化に触れておく(「VI第六省察」一八〇頁から二三一頁)。「第一節　物質的事物の本質規定」(AT. 71. 14-20)、「第二節　想像作用に依拠した〈物体の存在証明〉」(AT. 71. 20-73. 28)、「第三節　感覚の再検討」(AT. 74. 01-77. 27)、「第四節　精神と物体〔としての身体〕との実在的区別」(AT. 77. 28-78. 20)、「第五節　感覚に依拠した〈物体の存在証明〉」(AT. 78. 21-80. 10) という分節化については妥当と考える。それ以降 (AT. 80. 11-90. 12) を「第六節　精神と物〔身〕体との「実体的合一」」として一括していることが特徴になるであろう。テクストを紹介しながら、解釈が挟まれて行く。解釈は「実在的区別」(一八九頁から一九三頁) について、「物体の存在証明」(一九五頁から一九九頁) について、「〈身心合一〉」について (二〇六頁から二〇八頁)、「自然の誤謬」について (二一一頁から二一三頁) が主なものと考えられる。「実在的区別」(われわれの表現では「実象的区別」) についての解釈の特徴は「実体的合一」との表裏関係への着目にあるであろう。「物体の存在証明」については、「傾向性」（一八八頁）を「大いなる傾向性」に結びつけ、「明証的で自然的「傾向性」」（一九六頁）と「〈自然的傾向性〉」（一九七頁）を対比的に捉え、「第六節」における「心身合一態」（二〇七頁）における「〈自然的な誤謬〉」（二一一頁）の問題に結びつける。福居は身心合一の強さに着目する。そこで福居はメラン宛の二つの書簡から引用している（à Mesland, 9-1-1645, AT. IV, 162-172/GB. 1960-1968 & 1645 ou 1646, AT. IV, 345-348/GB. 2129-2130）。これらの書簡には次の考えが見出される。同じ心が身体に「形相を与える informer」、このことが「一人の人間 un homme」の「一性 unité」の根拠になる。「聖体の秘蹟」の説明という論脈のなかで示されているデカルトのこのような議論から、「或る〈内的目的性〉、〈自然の目的性〉」を引き出すことができるかどうかはわからないが、このテクストが人間の「統一性」についてのデカルト的見方を捉える上で重要であることは、福居の指摘どおりである。それに対して、レッヒウス（レギウス H. Regius）宛て一六四二年一月の書簡からも引用されている。「人間の真なる実体形相である心の例によって確認されること Qoud confirmatur exemplo Animæ, quæ est vera forma substantialis hominis」（à Regius, 1-1642, AT. III, 505/GB. 1600/Erik-Jan Bos, *The Correspondence between Descartes and Henricus Regius*, Zeno, The Leiden-Utrecht Research Institute of Philosophy, 2002, p. 115）を引用しながら、「統一性を生ぜしめる精神の働きを、デカルトは「人間の真なる実体形相」とみなす」（二〇七頁）と福居は記す。この引用は福居の説にとっては傍証にすぎないのであるが、この引用文で示されていることはデカルトが否定する立場の表現である（*cf*. V. Chappell, L'homme cartésien, in *Descartes: Objecter et répondre*, publié sous la direction de J.-M. Beyssade et J.L. Marion, PUF, 1994, p. 413 & A. Bitbol-Hespériès, Réponse à Vere Chappell: L'union substantielle, *op. cit.*, pp. 441-442. また、少し時代を遡るが、B. Baertschi, *Les rapports de l'âme et du corps: Descartes, Diderot et Maine de Biran*, J. Vrin, 1992, pp. 93-96参照)。デカルトは「実体形相」という表現方式を棄てることができた。その代わりに「形相を与える informer」という表現が採用された。このことは議論の対象になるであろう(*cf.* André Robinet, *Descartes, La lumère naturelle, Intuition Disposition, Complexion*, Vrin, 1999, p. 394. また、メラン宛の当該書簡については後で論じる)。「第六省察」の解釈全体として次のことを指摘できるであろう。福居には「第六省察」を自然学の基礎づけに関連づけるという視点が見られない。「第五節」から「第六節」の連続性について、「実在的区別」が既に「実体的合一」と表裏一体であること、「〈自然的傾向性〉」のやや難しい橋渡しが議論の対象になるであろう。

最後に、谷川多佳子(『デカルト研究——理性の境界と周縁——』岩波書店、一九九五年)の解釈について触れておく。彼女は「心身結合」を問題にする。「精神と結合した人間身体を説明する第三の次元の因果性は、デカルトの二元論の体系内では説明し難いものだった。まず自然がどのようにして精神と結びついた人間の身体をつくりだしたかがわかれば、この自然によって生み出される因果性を知ることができるかもしれない。しかしこの発生の仕組みが見出されるに至らなかったことはデカルト自身が語っている」(一五六頁)。デカルトがあたかも精神と身体とが結びつくに至る過程を動物生成論、ないしは、胎児生成論に求めたかのように記されている。しかし、そのことを支えるテクスト的根拠は挙げられていない。その上で谷川は「だがたとえ、デカルトがこの試みに成功し、十分な実験をもって人間の身体の発生を探ることに成功したとしても、はたして心身結合を解明できたのであろうか」(同頁)と書く。「人間の身体の発生」の途中で精神と結びつくと考えているのは誰か。少なくともデカルトではない。この考えをデカルトに帰す典拠は示されていない。それだけではなく「思う」ということが物理的過程のなかで身体と結びつくという考え方は、デカルトの批判した立場であろう。谷川は「実象的区別」を心と身体とが空間的に位置を異にしていることを含むと考えたのであろうか。谷川にとっては「区別」よりも「心身結合」が中心的な課題であり、「結局デカルトにとっては、自然学においても、形而上学においてと同様、心身結合を説明する道は原理上閉ざされている」ことになる（一五三頁）。「形而上学」とは、おそらく、「理性だけで論理的に解決」することなのであろう（一五〇頁）。「心身結合の問題は「自然」の名によって、神の創造にまで遡る。それはもはや人間の理性による説明は不可能な次元なのだ」というのが谷川の結論である（一五七頁）。「心身結合は理性だけでは理解できず経験にゆだねる」（原文のまま。一五六頁から一五七頁）とされるのであるから、谷川の結論は「経験」の神秘化に通じることになるであろう。この結論を用意するのが、船と船乗りのたとえが提出されるときの表現《adeo ut unum quid cum illo componam》(E. 84. 12-13/AT. 81. 4-5) の読み方である。これをリュインヌ侯の仏訳に従って「「一体のように」comme un tout」と解したとする。つまり、デカルトはここで一体性を主張していないと、谷川は言うのである。しかし、リュインヌ侯の訳は《que je compose comme un seul tout avec lui》と一体性が強調されている。M・ベサッドは《au point que je compose avec lui quelque chose d'un》と訳している。所『訳解』の訳（「そうすると、一つなる何かを、身体と相俟って、私は複合《こしらえ》あげている」）が示しているように（四五六頁）、ここでのラテン語の《adeo ut》はデカルトがよく用いる結果節を示す表現である。J・ラポルトが《je compose un seul tout avec lui》(J. Laporte, *Le rationalisme de Descartes*, PUF, 1945, p. 229) と仏訳して引用しているのは、「誤植」でも「思い違い」でもなく（谷川、一五〇頁）、ラテン語に忠実だからだと考えられる。「結合」を強調したい谷川にとっては「一体のように」でなければならなかったのであろう。

（1）ゲルーはこの問題を「第一〇章」で論じている。しかし、彼のここでの叙述はテクストの進行にはかかわっていない。「第六省察」のなかで引証されている箇所は、AT. 71. 13-20 だけである。『省察』全体についてその「可能性」概念を問題にしている。

（2） *cf*. G. Ryle, *The Concept of Mind*, Hutchinson, 1949/1969, p. 18. また、本書「第二部第二章第三節」参照。

第三章　「第六省察」の構成

序

われわれに求められているのは、元に戻ってデカルトが初版に訂正を加えて一六四二年に出版した第二版の段落区切りに準拠して内容を分析すること以外ではない。そこで、われわれの読み方を支えるために、最小単位を文に取りながら「第六省察」の展開を見て行こう。以下において、(1)、(2)などは文の番号を表している。全部で七六の文から構成されている。第二版では「第六省察」は二一の段落に分けられている。各段落、各文に第二版の頁数と行数、AT 版の頁数と行数を付け加える。

第一節　「第六省察」の詳細目次

(A)　物質的なものの実在証明に向けての課題の提示と問題の整理。

第１段落（E. 72. 20-73. 11/AT. 71. 11-72. 03）

(1)　課題の提示。出発点。物質的なものが実在しうるということを知っている（E. 72. 20-25/AT. 71. 11-16）。

(2) 明晰判明に知覚されるものが「実在しうる」ということの理由が示される（E. 72. 25–73. 04/AT. 71. 16–20）。

(3) 想像することの能力から、それら物質的なものの実在することが帰結するのか（E. 73. 04–11/AT. 71. 20–72. 03）。

(B) 想像力の問題

第二段落（E. 73. 12–75. 18/AT. 72. 04–73. 28）

(4) 第一に、想像作用と純粋な知解作用との間にある差異（E. 73. 12–14/AT. 72. 04–05）。

(5) 「想像すること」の定義（E. 73. 12–20/AT. 72. 06–10）。

(6) 千角形の例。千角形と一万角形は知性によって区別される（E. 73. 20–74. 06/AT. 72. 10–23）。

(7) 想像力と知解の差異。五角形の例（E. 74. 06–18/AT. 72. 23–73. 04）。

(8) 想像力と知解との差異。振り向ける方向（E. 74. 18–75. 07/AT. 73. 05–20）。

(9) 想像力からは蓋然的な立論しか得られないこと（E. 75. 07–18/AT. 73. 20–28）。

(C) 感覚の問題

第三段落（E. 75. 19–78. 26/AT. 74. 01–76. 20）

①振り返り

(10) 感覚をとおして知覚されるものから立論が得られるか（E. 75. 19–76. 01/AT. 74. 01–10）。

(11) 感覚についての振り返りの順序（E. 76. 01–07/AT. 74. 11–16）。

⑿　身体をもつこと、身体が多くの物体によって取り囲まれていることを感覚した（E. 76. 08–76. 16/AT. 74. 17–28）。

⒀　かつて何を感覚していると思っていたのか、そう思っていた理由は何か（E. 76. 17–77. 21/AT. 74. 23–75. 23）。

⒁　感覚に前以てなかった何ものも知性のうちにはないと自分を説得していた（E. 77. 22–29/AT. 75. 23–29）。

⒂　身体が自分のものであると裁量していた三つの理由（E. 77. 29–78. 08/AT. 75. 29–76. 06）。

⒃　痛みの感覚と思いとの間には何の親縁性もないので、自然によって教えられたということを理由にしていた（E. 78. 08–21/AT. 76. 06–16）。

⒄　証明するための理由を考量する以前に、自然によって教えられたと思っていた（E. 78. 21–26/AT. 76. 16–20）。

第四段落（E. 78. 27–80. 03/AT. 76. 21–77. 27）

②疑うに至った理由

⒅　感覚による知覚を後になって疑いに呼び戻した理由。数多くの経験、外的感覚についてと内的感覚についての判断の誤り（E. 78. 27–79. 14/AT. 76. 21–77. 07）。

⒆　以上に付け加えられた二つの理由のうちの第一、夢という疑い（E. 79. 14–24/AT. 77. 07–14）。

⒇　以上に付け加えられた二つの理由のうちの第二、どれほど真と思われても誤ることがある。起源への疑い（E. 79. 24–30/AT. 77. 14–18）。

(21)　感覚的なものについて納得していた理由については困難なく答えることができる（E. 79. 30–80. 03/AT. 77.

18-21)。

(22) 上の(21)に答えることのできる理由の第一。自然的衝動と自然によって教えられること（E. 80. 03-06/AT. 77. 21-23)。

(23) 同じく(21)に答えることのできる理由の第二。意志に依存しないから別個なものから出来するとは結論できない。未だ私の識らぬ能力があるかもしれない（E. 80. 03-11/AT. 77. 23-27)。

第五段落（E. 80. 12-16/AT. 77. 28-78. 01)

③「今」の規定

(24) 私と私の起源の作者をいっそう識りはじめている今（E. 80. 12-16/AT. 77. 28-78. 01)。

第六段落（E. 80. 17-81. 10/AT. 78. 02-20)

④実象的区別

(25) 「第六省察」の「今」、知解のレヴェルで物体の実在証明に向けての第一のことの前半。明晰判明な知解という水準における「思うもの res cogitans」と「広がるもの res extensa」との区別へ向けての前半。（E. 80. 17-30/AT. 78. 02-12)

(26) 「第六省察」の「今」、知解のレヴェルで物体の実在証明に向けての第一のことの後半。明晰判明な知解というレヴェルでの思うものと広がるものとの区別へ向けての後半。（E. 80. 30-81. 10/AT. 78. 13-20)

第七段落（E. 81. 11-83. 10/AT. 78. 21-80. 10)

⑤感覚能力と物体の実在証明

(27) 「第六省察」の「今」、知解のレヴェルで物体の実在証明に向けての第二のことの前半。想像する能力、感覚する能力が外向きの能力であること（E. 81. 11-19/AT. 78. 21-28）。

(28)「第六省察」の「今」、知解のレヴェルで物体の実在証明に向けての第二のことの後半の第一。場所を変える能力、さまざまな形を纏う能力は、想像する能力、感覚する能力と同じように、或る実体なしには知解されえず、実在しえない（E. 81. 20-25/AT. 78. 28-79. 02）。

(29)「第六省察」の「今」、知解のレヴェルで物体の実在証明に向けての第二のことの後半の第二。場所を変える能力、さまざまな形を纏う能力は、広がる実体に内在する（E. 81. 25-30/AT. 79. 02-06）。

(30)感覚する受動的能力、つまり感覚的な事物の観念を受け取り認識する能力（E. 81. 30-82. 06/AT. 79. 06-11）。

(31)物体の実在証明１（E. 82. 07-82. 26/AT. 79. 11-27）。

(32)物体の実在証明２（感覚の直接性の意義の確定）（E. 82. 26-83. 02/AT. 79. 27-80. 04）。

(33)物体の実在証明３（物体的な事物が実在することの意味の確定。感覚と物体との間の直接性の確立）（E. 83. 02-03/AT. 80. 04）。

(34)物体の実在証明４（物理学の基礎としての純粋数学の確立）（E. 83. 03-10/AT. 80. 04-10）。

第八段落（E. 83. 11-30/AT. 80. 11-26）

⑥自然について

(35)物理学の対象について（E. 83. 11-22/AT. 80. 11-19）。

(36)自然によって教えられたすべてが何らかの真理性をもつこと（E. 83. 22-24/AT. 80. 20-21）。

(37)自然の三つの意味。神、法則、私の自然（E. 83. 24-30/AT. 80. 21-26）。

第九段落（E. 84. 01-07/AT. 80. 27-31）

⑦身心の複合

(38) 自然が教える第一のこと。身体をもつこと（E. 84. 01-07/AT. 80. 27-31）。

第一〇段落（E. 84. 08-25/AT. 81. 01-14）

(39) 自然の教える第二のことの(1)。私が身体と一つの何かを構成していること（E. 84. 08-20/AT. 81. 01-11）。

(40) 自然の教える第二のことの(2)。渇き、飢え、痛みは合一から生じる不分明な思いの様態（E. 84. 21-25/AT. 81. 11-14）。

第一一段落（E. 84. 26-85. 11: AT. 81. 15-27）

(41) 自然の教える第三のことの(1)。私の身体の回りには他の物体が実在すること（E. 84. 26-29/AT. 81. 15-17）。

(42) 自然の教える第三のことの(2)。感覚の知覚がそこから到来する或る種の多様が物体の内にあること、私が諸物体に取り囲まれていること（E. 84. 29-85. 11/AT. 81. 17-27）。

第一二段落（E. 85. 12-87. 18/AT. 82. 01-83. 23）

⑧自然の教えの定義としきたりの区別

(43) 自然に教えられたように思われるが、実はしきたりから受け取ったもの（E. 85. 12-26/AT. 82. 01-12）。

(44) 自然から教えられるということの定義。「自然」の広い意味。三つの狭い意味（E. 85. 26-86. 21/AT. 82. 12-83. 02）。

(45) 合一体としての自然、この限りでの感覚の知覚は物体の本質を教えない。しきたり側の三つの例（E. 86. 21-87. 18/AT. 83. 02-23）。

(D)　身心合一体における感覚の問題

第一三段落（E. 87. 19-88. 05/AT. 83. 24-84. 07）

①神の善性と合一体の自然

(46)　神の善性と私の判断における虚偽との関係については既に洞察した（E. 87. 19-21/AT. 83. 24-25）。

(47)　追求するべきもの・避けるべきものと内的感覚についての虚偽と神の善性（E. 87. 22-27/AT. 83. 26-29）。

(48)　おいしい味にだまされて毒を食う（E. 87. 25-27/AT. 83. 29-30）。

(49)　それは無知なものへの衝動であり、合一体としての自然が全知ではないことを示している（E. 87. 27-88. 05/AT. 84. 01-07）。

第一四段落（E. 88. 06-89. 24/AT. 84. 08-85. 17）

②外的名称としての自然

(50)　自然の衝動で間違える。病人が自分に害を与えるものを求める（E. 88. 06-09/AT. 84. 08-10）。

(51)　病気の人間が欺く自然を与えられているということは、神の善性に背反している（E. 88. 09-15/AT. 84. 10-15）。

(52)　時計は自然の法則を遵守している（E. 88. 15-20/AT. 84. 15-19）。

(53)　人間身体を機械とみなした場合に、水腫病の患者が水を求めるのも、健康人が水を求めるのも等しく自然である（E. 88. 21-89. 05/AT. 84. 19-85. 02）。

(54)　水腫病の患者が水を求める。外的名称は思いに依拠する命名であり、神の善性との関係を生じない（E. 89. 05-24/AT. 85. 02-17）。

第一五段落（E. 89. 25-90. 05/AT. 85. 18-27）

③自然の誤謬

(55) 水腫病を例に取り、身心関係について外的名称ではない自然の誤謬が論じられる（E. 89. 25-90. 05/AT. 85. 18-85. 27）。

第一六段落（E. 90. 06-27/AT. 85. 28-86. 15）

④精神と身体の差異

(56) 身心の区別と関係に関して、第一に気づかれるのは、可分・不可分ということ（E. 90. 06-21/AT. 85. 28-86. 09）。

(57) 可分的であると知解されない物体的なものはない、ということで身心の別個性には十分である（E. 90. 21-27/AT. 86. 10-15）。

第一七段落（E. 90. 28-91. 07/AT. 86. 16-23）

⑤身体と精神の連関と神経系

(58) 気づくことの第二。精神は脳の極小部分によって触発されるということ。その脳の極小部分は、それが同じ仕方で配される度毎に、精神に同じことを表示する（E. 90. 28-91. 07/AT. 86. 16-23）。

第一八段落（E. 91. 08-92. 06/AT. 86. 24-87. 18）

⑥神経系の中間部分の問題

(59) 第三に気づくこと。物体の自然として離れた部分によって動かされる場合には、中間の部分によっても同じように動かされる（E. 91. 08-13/AT. 86. 24-28）。

(60)　前の文(59)の例として、綱の例が提出される（E. 91. 13–18/AT. 86. 28–87. 04）。

(61)　痛みの成立の物理学的・生理学的説明。運動が精神をどのように変様するのかということは自然による設定として実験を通して見出される（E. 91. 18–27（ここは「：」で区切られている/AT. 87. 04–11）。

(62)　足から脳までの中間の神経の部分が、足がまずく変様されたときと同じ運動を脳のうちに引き起こすということがありうる。そのとき精神は足がまずく変様されたときと同じ痛みを感じる（E. 91. 27–92. 06/AT. 87. 04–18）。

第一九段落（E. 92. 07–93. 11/AT. 87. 19–88. 18）

⑦運動と（内的）感覚との出来事としての一対一の対応の意義

(63)　第四に、最後に気づくこと。脳の部分に生じる諸運動のなかの一つ一つは直接に精神を変様し、ただ一つだけの何らかの感覚を精神にもたらす（E. 92. 07–18/AT. 87. 19–28）。

(64)　たとえば、神経の運動が精神に或る何かを感覚するための合図を与える（E. 92. 19–27/AT. 87. 28–88. 07）。

(65)　運動と感覚との一対一の対応は、偶然的なもの（神によって別様に定められうるもの）であるが、現状の対応関係が身体の維持に相応しい（E. 92. 27–93. 04/AT. 88. 07–13）。

(66)　飲み物をほしがる→喉の渇きが生じる→神経を動かす→脳のいっそう内部を動かす→運動が渇きの感覚によって精神を変様する。これが健康維持にとって最も有用である（E. 93. 04–93. 11/AT. 88. 13–18）。

第二〇段落（E. 93. 12–94. 05/AT. 88. 19–89. 07）

⑧合一体の自然は時として欺く

(67)　以上のことから、合一体としての人間の自然は、神の善性にもかかわらず、時として欺くということは明白である（E. 93. 12-15/AT. 88. 19-22）。

(68) 人間の自然が時として欺く理由（E. 93. 16-28/AT. 88. 19-89. 02）。

(69) 〈喉の渇き〉・〈飲み物が健康によい〉が、水腫病患者の場合には、〈喉の渇き〉・〈飲み物が健康にわるい〉というようになっている（E. 93. 28-94. 05/AT. 89. 02-07）。

第二一段落（E. 94. 06-95. 20/AT. 89. 08-90. 16）

⑨合一体の自然が晒されている誤りの避け方

(70) (46)以来の考察の纏め（E. 94. 06-94. 10/AT. 89. 08-11）。

(71) 合一体としての私の誤りの避け方。多くの感覚を用いる。記憶力、知性を用いる（E. 94. 10-21/AT. 89. 11-20）。

(72) 夢と現実の区別。記憶による生活との結合（E. 94. 21-95. 03/AT. 89. 20-90. 02）。

(73) 夢と現実の区別。残りの全生活との連結（E. 95. 03-08/AT. 90. 02-06）。

(74) 日常的なものについての真理の確保の仕方（E. 95. 08-13/AT. 90. 07-10）。

(75) 神は欺く者ではないということから、感覚を正しく用いれば誤らないということが帰結する（E. 95. 13-15/AT. 90. 10-12）。

(76) 吟味の猶予が与えられるとは限らないので、誤らざるをえないということを容認しなければならない（E. 95. 15-20/AT. 90. 12-16）。

第二節　「第六省察」の構成

「第六省察」の課題は「概要 Synopsis」に示されている（E. 05. 13-06. 06/AT. 15. 20-16. 10）。そして本文はその通りに分節化されている。「概要」に示されている課題は次の五項目に纏められる。㈠知性作用と想像作用の区別（「知性が想像力から分けられ、それらの区別の印が記述される intellectio ab imaginatione secernitur; distinctionum signa describuntur」）、㈡身心（物心）の「実象的区別 distinctio realis」（「精神が身体から実象的に区別されると証明される mentem realiter a corpore distingui, probatur」）、㈢身心の合一（「精神が身体ときわめて緊密に結びつけられていて、身体は精神と一緒になって一つの何かを構成することが示される eandem（*scil.* mentem）tam arcte illi（*scil.* corpori）esse conjunctam, ut unum quid cum ipsa componat, ostenditur」）、㈣感覚から生じる誤りの避け方（「諸感覚から生じるのが常である誤謬のすべてが数え上げられ、それら誤謬が避けられうる仕方が提起される omnes errores qui a sensibus oriri solente recensentur, modi quibus vitari possint exponuntur, modi quibus vitari possint exponuntur」）。㈤物質的なものの実在証明（「物質的なものの実在が結論づけられうるすべての理由が提示される rationes omnes ex quibus rerum materialium existentia possit concludi, afferuntur」）。

第一に、それぞれの項目について何が為されるのか、その動詞の差異に注目しなければならない。㈠知性作用と想像作用は「分けられ」、その区別が「記述される」、㈡実象的区別は「証明される」、㈢合一は「示される」、㈣感覚から生じる誤謬については「数え上げられ」、「提起される」、㈤物体の実在については「理由」に基づいて「結論される」。身心の合一については「証明される」のでも、「結論される」のでもなく、「示される」。後にはっきりさせることができるように、合一については証明されない。物体と精神との実象的区別の証明と物体の実在証明とに並んで、「身心合一の証明 preuve de l'union de l'âme et du corps」がなされているかのような解釈は、そもそもの第一歩から誤っていたことになる[1]。

第二に、記述の順序の問題について述べなければならない。㈠から㈣までの順序は本文と同じと考えることができる。それに対して、物体の実在証明は、㈢（「私は身体と一緒に一つの何かを構成している unum quid cum illo (*scil.* corpore) componam」E. 84. 12–13/AT. 81. 04–05）に先立って結論が得られている（「したがって、物体的なものは実在する Ac proinde res corporeæ existunt」E. 83. 03–04/AT. 80. 04）。「概要」において物体の実在証明が最後の課題として示されているのは、これが『省察』全体の意図と係わり、『省察』を締めくくる役割をするからである。同じく「概要」によれば、この物体の実在証明の『省察』全体に関わる役割は、「われわれの精神と神との認識にわれわれが至り着くことになる理由 per quas (*scil.* rationes) in mentis nostræ & Dei cognitionem devenimus」の方が、物体の実在を証明するための理由よりも、「堅固 firmas」で「はっきりしている perspicuas」からである（E. 05. 28/AT. 16. 04）。「われわれの精神」の認識と「神」の認識から出発しなければ、物体の確実な認識にまでは至り着くことができない[2]。この順序の不可避性を示すことが、『省察』全体を締めくくる課題とされたのである。このようにわかってみるならば、私たちは「第六省察」の課題に即した問題論的構造を、㈠想像力の問題、㈡実象的区別の問題、㈢物体の実在証明、㈣合一という事実の確定、㈤感覚に由来する誤謬を避ける仕方の提示というように捉えることができる。

しかし、第三に、記述の順序とは別に捉えることのできる論述の筋道は、(A)物質的なものの実在証明に向けての課題の提示と問題の整理、(B)想像力の問題、(C)感覚の問題、(D)合一体における感覚の問題という分節をもっている。

「第五省察」までの成果を確認し、引き継ぐ部分を別にするならば、「第六省察」は数学と物理学を結びつける「想像力」の問題と、「感覚」の問題に大きく分けることができる。この二つの問題のなかでも、感覚の問題が「第六省察」の中心であり、この問題が物理学の基礎の構築と、身心合一体としての人間、つまり、世界内に実在する〈この私〉における感覚の問題とに大別される。この論述に即した構造分析がこれまで見出されてこなかったために、「第六省察」全体の理解に不充分を来してきた。この分節に従って解読するときに、たとえば「内的感覚」と「外的感覚」の区別と対比的関係が(C)で論じられ、(D)では論じられないことが明らかになる。そしてこのことが、物理学的研究における外的感覚の有用性と知性に助けられた外的感覚の確かさ、それに対して物理学の研究を遂行する上で内的感覚の使用は避けられるべきこと、を示していることに気づく。デカルト哲学を「知性主義」的に理解し、感覚と想像力を無力なものと解する理解は、この論述の筋道を辿らなかったことに起因すると思われる。そのことがまた、『省察』から『情念論』への道、それはまた『省察』を智恵の探究と跡づける道でもあるが、その道を切断することになったのである。この道に気づくならば、自由が人間的行為にまで届いており、想像力が広がるものの探究としての数学を開き、外的感覚が物理学に素材を与え、合一体における内的感覚が人と人との間の関係としての個人倫理に核心を提供し、かくて「真理の探究」が「生き方」の土台になる、これらのことが一気に見通される。

第四に、記述の順序と論述の道筋を合わせて、もう一度流れを捉えてみよう。第一に、「想像作用から知性作用が選り分けられ、その幾つかの区別の印 distinctionum signa が記述される」(E. 5. 13-14/AT. 15. 20-21)。このことが該当するのは、第二版第一段落途中から第二段落の途中までに相当する。もう少し精確に記せば、E. 73. 04/AT. 71. 20 から E. 74. 18/AT. 73. 28 までである。しかし、物体の実在証明への流れという点からみて、想像力の働きに依拠する証明までを含めて考えるのならば、E. 75. 18: AT. 73. 28、つまり、第二版第二段落の終わりまでということになる。そのようにみれば、この部分が想像作用と知性作用の区別だけを課題にしているわけではなく、物体の実在証明への道筋の一部分でもあることがわかる。第二に、「精神が身体から実象的に区別されることが証明される」(E. 5. 15/T. 15. 21-22) のは、E. 81. 09-10/AT. 78. 19-20 においてである。しかし、そこでは「私が私の身体から実際に区別され、身体なしに実在しうることは確実である certum est me a corpore meo revera esse distinctum & absque illo posse existere」と表現されている。このことが獲得されるのは、感覚に着目した物体の実在証明への最終局面の一歩手前、感覚的意見についての疑いに入る前が振り返られ、「私と私の起源の作者を識りはじめている」(E. 80. 12-13/AT. 77. 28) 今の状況が確認された後のことである。感覚についての見直しが終わり、知性の水準に問題が据え直されて、身心の区別が論証される。つまり、この「第六省察」二番目の課題は、感覚の働きを手立てに物体の実在証明へと進んで行く最終段階としての知性の場での巻き直しにおいて成し遂げられている。「かくてそれゆえ、物体的事物は実在する Ac proinde res corporeae existunt」と記されるのは E. 83. 02-03/AT. 80. 04 においてである。第三の課題「にもかかわらず、精神は身体にきわめて緊密に結び付けられていて、身体は精神と一つの何かを構成していることが示される」(E. 5. 16-17/AT. 15. 22-24) に至るのは、E. 84. 12-13/AT. 81. 04-05 においてである(「したがって、私は身体と一つの何かを構成する adeo ut unum quid cum illo componam」)。身心の区別から物体の実在証明を中継点にして身心の合一へと移るように見える。しかし、この展開がこれまでの「省察」で得られたことを摑み直し、据え直したことから出発していることを見逃すことができない。そのように見れば、感覚の問題という一筋が辿られることになる。第四の課題、つまり、「諸感覚から生じるすべての誤り errores が列挙され、それらの誤りから免れることのできる幾つかの仕方が開陳される」(E. 5. 18-

20/AT. 15. 24-25)、その終わりは『省察』全体の終わりと一致する。「われわれの自然の弱さが認識されるべきである」(E. 95. 19-20/AT. 90. 15-16)。「概要」は「第六省察」第五の課題として「最後に、そこから物質的な事物の実在が結論されうるすべての理由が呈示される」(E. 5. 20-22/AT. 15. 26-27) と記していた。これらの理由が役に立つのは、「物質的事物の実在」、「何らかの世界が実際にあること、人間たちが身体をもつことなど」を証明するためではない。それでは何のためにデカルトは物体が実在することの理由を探究したのか。既に述べたように、それはこれらの理由が「われわれの精神と神との認識 mentis nostræ & Dei cognitio」に至るための理由ほどには「堅固でも明瞭」でもないことを明らかにするためであり、そのことによって「人間的知能 humanum ingenium によって知られうるすべてのうちで」精神と神の認識をもたらす理由が「最も確実かつ最も明証的である」と認知されるためである (E. 5. 22-6. 02/AT. 15. 27-16. 06)。物体の実在証明に用いられる理由が有用であるのは、それらの理由よりも、われわれの精神と神についての認識に至り着くための理由の方がいっそう確実で明証的であることを明らかにするためである。物体の実在証明を成し遂げることと『省察』を仕上げることとが一致する。

(1)　たとえば、É・ジルソン (É. Gilson, *Études sur le rôle de la pensée médiévale dans la formation du système cartésien*, J. Vrin, 1930, p. 311) とM・ゲルー (*Descartres selon l'ordre des raisons*, 1953/1968, Aubier-Montaigne, 2vols, t. II, chapitre XV (title)) は身心合一を「証明」とする。しかし、H・グイエ (H. Gouhier, *La pensée métaphysique de Descartes*, J. Vrin, 1969 p. 364) は「身心合一の証明」というこの言い方を批判し、「証明」であることを否定している (「「身心合一の証明 preuve de l'union de l'âme et du corps」と言うのは適切なのか。デカルトは意識の裸の眼に見えるものを証明する必要はない」)。G・ロディス-レヴィスもこの表現を使用しない。というもの、彼女も「合一」という不可疑の事実 le fait indubitable de l'union」と捉える点ではグイエと同じだからである (G. Rodis-Lewis, *L'Œuvre de Descartes*, J. Vrin, 1971, p.

354)。もちろん、「証明」とみなす論者は「第四答弁」における次の記述を典拠に持ち出すであろう。「第六省察」で心身の区別を論じるとともに、精神が「身体と実体的に合一していると私は証明した probavi substantialiter illi esse unitam」（AT. VII, 228)。しかし、「実体的合一」という表現は「第六省察」に使用されていない。そのことよりも大事なことは事柄として「証明」ではないということである。後に見るように、われわれはH・グイエとG・ロディス・レヴィスの指摘を肯定することができる。

（2） デカルトは一六二九年の「形而上学の小篇」の頃にもそのように考えていたであろう。『形而上学の成立』一一頁参照、「神を認識し、自分たち自身を認識する」ことからこそ、「物理学の基礎」に至ることができたとされる（à Mersenne, 15. 4. 1630, AT. I, 144-146/GB. 144-146)。『規則論』にこのような「われわれ」と「神」との中心性を窺うことはできない。

第四章　想像力に向かって

第一節　明証性

「第六省察」は『省察』全体のなかで残っている課題、つまり、「物質的な事物が実在するかどうかを吟味する」。この課題を成し遂げるために「第五省察」で得られて「第六省察」の出発点になるのは、物質的な事物が「純粋数学の対象 puræ Matheseos objectum」である限り、実在しうるということである。これとともに「第五省察」の成果が纏められるときに、明証性の規則の『省察』における最終的な表現が得られる。この規則は「私が明晰判明に知覚する」ものは「実在しうる」と纏められる。(1)「第三省察」、「第四省察」、「第五省察」に示されている明証性の規則を振り返ってみれば、次のようになる。「第三省察」において手懸かり的な基準として提示されていたのは次のことである。「きわめて valde 明晰判明に私が知覚する percipio ことはすべて真であるということを、一般的な規則として立てることができると思われる videor pro regula generali posse statuere」(E. 28. 20-22/AT. 35. 13-15)。この手掛かりを出発点にして、観念の領野において神の実在証明がなされる。この証明の完成を裏付けにして観念の明晰判明性つまり明証性が真理到達の方途として保証される。つまり、神の誠実によって「私」の知ることの能力が、真理発見のための人間精神の能力として保証を得る。「第三省察」で開かれる〈知ることが知られることである〉形而上学の領域において、観念の明証性が真理に至る導きの糸であることが定まる。[2] かく知られたことに対して意志を働かせ、判断として脱自を果たす、つまり、思考を世界内化する。こうして公共性の下に真と偽とが成立する。その次第を明らかにする「第四省察」における明証性に関する到達点は次のように示されていた。すなわち、「すべての明晰判明な知覚は疑いもなく何かであり、したがって、何ものにも由来しないということはありえず a nihilo esse non potest、必然的に、神、神と私が言うのは、この上なく完全なもの、欺瞞的であるということがそれに背反するものであるが、それを創作者 author としてもち、したがって、疑いものなく真である」(E. 61. 27-62. 03/AT. 62. 15-20)。この表現は「第三省察」と「第四省察」で得られたことを包括的に示している。明晰判明な知覚は何かであり、「創作者」として神をもつ。このことによって、明晰判明な知覚に従いながら意志を働かせ、肯定するときに、その判断は欠如である偽から判別されて「疑いもなく真である」ということが保証される。[3] 明晰判明な知覚が「創作者」として神をもつということは、一つ一つの明晰判明な知覚内容が、その一つ一つについて神によってその真理性が保証されることを意味してはいない。なぜならば、この捉え方は一個一個の知覚内容が、明晰判明に捉えられる以前に既にして真であるということを含んでしまうからである。そのことはわれわれにとって不知のことである。このことが不知であるというわれわれの認識は、神についての「包括的把握の不可能性 incompréhensibilité」を支えとしてもつ。神の意志、しようとすることに、われわれの知は届かない。真なるものを求めて、われわれの至り着く明証性が真理基準になるということは、個々の知覚内容が真であると、あるいは、偽であると予め保証されていることを示してはいない。そうではなく、知性に基づく知覚能力が正しく用いられるのならば真理を捉えることができるということが保証されている。[4] ここで「正しく用いる」とは、明証性を基準にして知性が探究を遂行することである。[5] また、次のことも指摘しておかねばならない。何を求めているのかわかっているのならば、求める必要はなく、何を求めるのかわかっていなければ、求めることさえできない。探究のパラドックスと呼ばれるものである。確かさ、本当らしさ、明らかさ、何であれ真理に到達するまでの道の途中を認めなければ、探究のパラドックスを解消できない。デカルト的「明証性」が「いっそう」という程度を包含することは、真理探究を巡るパラドックスを無用なものとし、真理への道を開く。

第二節　純粋数学の対象

「第六省察」では、繰り返しになるが、この明証性という基準を用いて「純粋数学の対象」である限りの物質的な事物について可能的実在を帰結することがその冒頭で確認される。これは「第五省察」で得られたことの帰結をそのまま表現したものである。「純粋数学《マテーシス》 pura Mathesis」とここで言われているのは、「第五省察」の記述を受けて（E. 72. 15/AT. 71. 08）物体的本性を対象にする学問のことである。この学問は「第五省察」で「数論 Arithmetica、幾何学 Geometria、総じて純粋にして抽象的な数学《マテーシス》 pura atque abstracta Mathesis」（E. 65. 09-10/AT. 65. 19-14）と展開されている。「第六省察」では「色、音、味、痛みのようなもの」は物体的本性から取り除かれ（E. 75. 19-23/AT. 74. 01-04）、この学問が限定される。そしてこの「純粋数学《マテーシス》」は「第五省察」の「数学 Mathematica」という表現に呼応する。そこでは、ア・プリオリな神証明が「これまで数学の真理 hactenus Mathematicæ veritates」（E. 65. 29-30/AT. 66. 01）がもっているのと「少なくとも確実性の同じ度合い」にあるとされていた。(6) この「純粋数学《マテーシス》」でどのような学問が考えられているのか、「物理学 Physica」との関連はどのようであるのか。考察を加えることにする。

デカルトの「マテーシスMathesis」という語の使用はさほど多くなく、その使用方法からこの語の意味内容を汲み出すことは難しい。それでも、この語の出現場所に少し当たってみることにしよう。「純粋」あるいは「抽象的」あるいはその両方を形容詞としてもたない「マテーシス」という表現はあまり見出されないので、通常は「純粋」、あるいは、「抽象的」「マテーシス」は「純粋」、あるいは、「抽象的」「数学」と訳されており、それで「マテマティカMathematica」（数学）との用語上の混同は生じない。しかし、以下において「マテーシス」の単独使用をも検討することになるので、その限りで「マテーシス」と表記しておくことにする。デカルトは、スコラ学者（学院）からの攻撃に応答するなかで、「マテーシス」を「私こそ最始的praecipueに用いていると私は言われている」（Epistola ad P. Dinet, AT. VII, 571. 12-19）と主張し、スコラ学者たちは「マテーシス」と哲学の間を区別するが、自分にとっては哲学の問題に「数学的証明Mathematica probatio」を与えることが重要である（à Mersenne, 30-8-1640, AT. III, 173/=à Mersenne per X***, 30-8-1640, GB. 1274-1276）とも述べる。「物理学あるいはマテーシス」という表現も見出されるが、これがどこまで対立を表しているのかは明らかではない（Epistola ad P. Dinet, AT. VII, 573. 12-13）。『哲学の原理』「第二部第六四項」には「幾何学における、あるいは、抽象数学《マテーシス》Mathesis abstractaにおける以外に、物理学におけるどんな他の原理も私によって認められないし望まれもしないこと」と書かれている（AT. VIII, 78）。オランダの若い研究者に向けての書簡で、「マテーシス」を「記誌historia」と「学知scientia」に区別し、前者は発見されたもののすべてであり、後者は問題を解決し、「人間の理知能力によって」発見できるものを独力で見出すための「技法industria」とされ、「マテーシスの理論」の重要性が説かれている（à Hogelande, 8-2-1640, AT. III, 721-724/GB. 1154-1156）。ガサンディは「第五反論」において「純粋数学《マテーシス》」と「混合数学《マテーシス》mixta mathesis」の区別（AT. VII, 329. 02）を持ち出している。デカルトはこの言い方を受け容れるか否かについては答えていない（AT. VII, 384）。ガサンディもこの点に関してはそれ以上に深入りをしていない（P. Gassendi, *Disquisitio metaphysicae*, texte êabli, traduit et annoté par Bernard Rochot, 1962, J. Vrin, p. 525 *sqq.*）。デカルトにとってガサンディの区別は反論の必要を感じないものであったのであろう。しかし、「純粋数学《マテーシス》」の対象を「物体的本性」とするデカルトからすれば、個別的な（時間空間中に生じる）物体的現象も物体的本性に支えられていることは確かであるのだから、「純粋数学《マテーシス》」と「混合数学《マテーシス》」という区分をデカルトが受け容れようとはしなかったことを示しているのかもしれない。いまは、『規則論』における「普遍数学《マテーシス》 Mathesis universalis」の問題を別にして、以上のことから「マテーシス」のデカルト的使用について何を結論することができるのか。そのままの結びつきは見出されないが、「純粋」ないし「抽象的」「マテーシス」が数学、幾何学とほぼ対応し、ただし、その場合でもデカルトの使用には方法的な力が強調されていると看做すことができよう。「純粋数学《マテーシス》 pura Mahtesis」はデカルト的「数学」・「幾何学」の対象である物体的な本性、つまりは、物質的諸事物の諸特性を対象にする。それに応じて考えるのならば、単独の「マテーシス」という表現は感覚の対象までもその射程に含む学問のことを示していると考えてよいであろう。そういう意味で、「純粋数学《マテーシス》」という表現は、われわれの言葉遣いにおける数学から物理学をつなぐ役割を果たしている。「純粋数学《マテーシス》」という表現が「第五省察」から「第六省察」を橋渡ししているという位置価をもっていることも確かである。そのことに応じて「マテーシス」は物理学をも含んでいると考えるべきであろう。[7]「第五省察」において、想像力の働きとして空間性が開かれ、そこに幾何学の素地が、この連続量を分けることによって離散量が得られるという仕方で、代数学の素地が示される。それとともに、物質的事物についての個別的な諸特性の論証可能性は、その本質が「不変にして永遠である」（E. 64. 05-06, *cf*. 63. 29-30/AT. 64. 16, *cf*. 64. 11）ことを基盤にして開披され、推論の必然性の範型は、神における本質と実在の引き離しがたさとして提起され、最後に、学問的知識の集積の妥当性が記憶力の保証として示される。(8) こうして基礎づけられた「純粋数学《マテーシス》」が「第六省察」に引き渡され、「第六省察」は物理学ないしは「マテーシス」の基礎づけの解明に向かう。

第三節　判明な知覚の矛盾

「第六省察」は先に示した明証性が成り立つことの理由を、入り組んだ文章を用いて示している。その部分を引用すれば以下のようになる。すなわち、「というのも、私がそのように〔つまり、明晰判明に〕知覚することを受け容れるすべてを、神が作成することを受け容れるということに疑いはないからであり、そして、それが私によって判明に知覚されるということが背反になるということのためでないとしたならば、何ものも神によって為されないということはありえない、と私は判断したからである Non enim dubium est quin Deus sit capax ea omnia efficiendi quæ ego sic percipiendi sum capax; nihilque unquam ab illo fieri non posse judicavi, nisi propter hoc quod illud a me distincte percipi repugnaret」(E. 72. 23-73. 04/AT. 71. 16-20)、と(〔 〕内は本書筆者の補足)。文意を汲んで纏めれば、明晰判明に知覚されるものの実在しうることの理由が、二つ挙げられていることになる。第一の理由は次のことを示している。㈠「私」の知覚する能力が神の誠実によって保証されているのであるから、明晰判明に知覚されたことの創造可能性もそのことから帰結する。さらにこれを言い換えるならば、私の明晰判明に知覚することの容量は、神の作成することの容量によって覆われている。われわれの側から言えば、「私」が明晰判明に知覚するものはすべて実在可能である。当該の知覚、つまりは、観念によって表象されている内容は論証可能な事柄として本質領域にある。この理解に困難はないであろう。しかし、これに付け加えられたもう一つの理由は何を示しているのか。この第二の理由を次のように言い直すことができる。㈡何かを「私」が判明に知覚することが背反する、つまりは矛盾を来す。その場合だけは、神がその何かを作ることはない。そうではない場合には、私の判明に知覚するものを神はすべて作る。そのように「私」は判断した。この㈠と㈡の違いは何か。もし㈡が、「私」の判明に知覚するもののすべてを神は作ることができるということを示しているのならば、㈠と㈡は少なくとも覆い合うことになる。もちろん、㈠は「疑いのない」ことであり、㈡についてはそれを「私は判断した」とされているという違いはある。「判断した」とされているのは「第五省察」の成果を受けた「私」による脱自的再確認を示していると解することができる。いま、この違いを別にして、両者の意味内容が覆い合うとするならば、〈私が何かを判明に知覚することが背反になる〉ということを考慮の外においてしまうことになる。この「背反する repugnare」は何を伝えているのか。Xを明晰判明に知覚し、Yを明晰判明に知覚する。このXとYとが相互に背反するということなのか。物質的事物の特性が論じられる本質領域において問題が捉えられているのであるから、この背反という関係を、反対が矛盾になるような矛盾の関係として捉えてよいのだろうか。まず、その点から確認して行こう。物理学の基礎を確立しようとする地点でこのことが問題になっていることが解釈に示唆を与えてくれる。なぜならば、デカルトは「真空」と「アトム」の不可能性を示す際に、神にとって相対立することが等しく可能であるという問題にぶつかっているからである。「真空」と「アトム」はデカルト物理学においてともに否定される。その否定の根拠を示すことにおいて神の全能の問題が生じざるをえない。まず「真空」の問題から考察しよう。

モルス宛て一六四九年二月五日とされている書簡（à Morus, 5-2-1649, AT. V, pp. 267-279/GB. 2614-2624）を参

照する。この書簡で取り扱われている主に四つの問題の内、第二は「真空」に関するもの、第三は「アトム」に関するものである。「真空」に関しての肝要な部分は次の二点に纏められる。すなわち、第一に、「神の力能potentia Dei」は無限で私の知性は有限であり、それゆえ、「私の概念に背反することを神は為しうるillum [*scil.* Deum] posse id, quod conceptui meo repugnat」ということを、「私」は否定しない。そういうことを神が為した場合に、「私は矛盾を含むとだけ言うdico tantum implicare contradictionem」。第二に、「私は私の判断が知覚に反しないように慎重に用心するcaveo diligenter ne judicium ullum meum a perceptione dissentiat」。その点では「私が可能であると知覚するすべてを神は為しうる、と敢えて肯定するaudacter affirmo Deum posse id omne, quod possibile esse percipio」。「真空」ということを「私」が不可能であると知覚する。この意味で「真空」は矛盾を含む（AT. V, 272/GB. 2618）。われわれが先に取り出した(二)は、この二つの点のどちらかにそのまま引き戻すことができるということにはならない。むしろ、一見すると対立しそうな表現を見つける。というのも、この書簡においては「私の概念に」矛盾する何らかのことを神は為しうる、その場合には「矛盾を含むとだけ言う」からである。(二)は何らかの判明な知覚が矛盾する場合には、その何かを神は作らない、と言う。(二)は知覚が矛盾するという場合の生起そのものをなくしている。この点で、当面しているテクストと(二)の間に齟齬はない。書簡の場合には神の力能を制限しないということに力点がおかれている。書簡は次のようにも書いている。神の力能が無限だということについて「私は何も規定しない、せいぜい私が考察するのは、私によって何が知覚されえ、あるいは、何が知覚されえないのか、ということである」(*ibid.*)。このように考えてみると、(二)は書簡のこの部分に記されていないことを述べていることになる。(二)は神の全能に反するということとは、別のことを言おうとしている。別言すれば、(二)は、神の全能に係わる問題と直面しつつも、神の人間知性を超えた無限性のありさまに焦点を合わせて述べられているのではない。

次に、「アトム atomus」の不可能性に関する同じ書簡の第三の問題を、引用を重ねながら見て行くことにする（à Morus, 5－2－1649, AT. V, 273－274/GB. 2620）。「アトム」という考えは「矛盾を含む implicare contradictionem」。なぜならば、物質は広がるものであるのだから、「アトム」は「広がっていて同時に simul 不可分」であるということになるからである。しかし、神はそういう矛盾を含むものも創造できたのではないのか。にもかかわらず、「アトム」を作らなかったとしたならば、神が「アトム」を「分割する能力 facultas dividendi」を欠いているということになるのではないのか。しかし、われわれが、神の能力に欠けるところがあると知覚できないのは確実である。「もし、アトムが神によって分割されえないとわれわれが判断するならば」、そのことは次のような判断にわれわれを導く。つまり、「われわれが可能であると知覚する或る何かを、神は為すことができない」という判断である。しかし、この判断は誤りである。こうして、われわれにとって知覚可能でありながら、神が作らないということが否定されたことになる。このことと対比的な事態として「為されたことが為されていない quod factum est sit infectum」ということが例に出される。しかし、この事態はわれわれにとって知覚可能ではない。この場合と「アトム」の場合とは同じではない。「というのも、私が、可分的であるすべての部分を数えることができず、したがってそれらの数は無際限であると私が言うとしても、しかし、それらの分割が神からけっして免れていないということを私は肯定することができる」。われわれにとって知覚不可能である「為されたことが為されていない」という事態を神が作らなくとも、それは「神における何らの力能の欠陥にもならない non esse ullum potentiæ defectum in Deo」。つまり、「アトム」を神は作らなかったのではない。「アトム」は「矛盾を含ま」ない。「第四省察」の表現を用いれば、「アトム」がないということは、神については「欠如 privatio」ではなく「否定negatio」である（E. 52. 16/AT. 55. 01）。『哲学の原理』「第二部第二〇項」における解決の仕方も同じである。最終的には「分割する能力dividendæ facultas」の欠如が否定される（AT. VIII, 51）。言い換えれば、分割しないということは「ない」ことなのである。「真空」についても同様である。広がりのうちに広がりでないところがないのである。「アトム」も「真空」も〈作るということがない〉のだから、神の全能に抵触することなしに「ない」と言える。その「アトム」のないことも、「真空」のないことも、それが矛盾を含むこととして、その「ない」ことの理由を示すことができる。その点で「為されたことが為されていない」という矛盾とは異なる。この場合には、そもそも知覚不可能、つまり、理解不可能である。しかし、「ない」という点では同じである。そうすると矛盾の理由を示すことができる場合と、自明的としか言えない場合とがあることになる。後者の場合には神の力能とは接点がない。有限的知性という場に立つ限り、接点の付けようがない。

以上のことの上に(二)を考えてみよう。〈Xを判明に知覚すること〉はそれだけで矛盾とは言えない。論理的矛盾というよりも、「真空」や「アトム」の側に位置している。しかし、「真空」や「アトム」と同じとも言えない。なぜならば、「真空」にしろ「アトム」にしろ物体の本質が広がりであることを前提にして否定されたが、〈Xを判明に知覚すること〉が矛盾を来すという場合には、さらにこの事態を分解する方向が見えないからである。もう一つの書簡を参照しよう（pour Arnauld, 29-7-1648, AT. V, 223-226/GB. 2580）。やはり「真空」の問題を入口にして、次のように記されている。「何についてであれ、神によって作られえないと言われるべきではないと思われる。というのも、真なるものと善なるものすべての根拠は神の全能に依存している」からである。「谷なしに山があること、あるいは、一足す二が三でないこと」、これらさえ神が作ることができないとは言わない。しかし、これらは「私の概念において矛盾を含むimplicare contradictionem in meo conceptu」。神が「そういう精神を私に植え込んだ talem mentem mihi indidisse」とデカルトは言う。この二つの例は、物体の本質をどのように解するのかということと独立した例であるが、ともに論理的矛盾ではない[9]。このことは物理学の土台、数学の土台をどこに定めるのかということに係わるであろう。「山と谷」の対立、「一足す二が三であること」、これらは物理学と数学にとっては基礎概念として本有観念の位置に来ると考えてよい。われわれが明らかにしようとしている〈Xを判明に知覚すること〉が矛盾を起こすということは、これともまた異なる。「真空」も「アトム」も「山は谷でないこと」も「一足す二が三であること」も、命題のかたちを採るかどうかは別にして、いずれにせよ〈Xを判明に知覚すること〉の〈X〉に入る事態である。以上に得られたことを纏めてみよう。(二)は、第一に、神の全能に係わる問題と直面しつつ、神の人間知性を超えた無限性のありさまに焦点を合わせて述べられているのではなかった。第二に、有限的知性という場に立つ限り、神の全能と接点の付けようがない問題ではなかった。しかしながら、第三に、学問的知識の対象に関わることではなかった。この三つとも、否定的な表現になってしまう。つまり、(二)〈Xを判明に知覚することが矛盾を引き起こす〉ということの含意を明らかにしようとすれば、神の全能を制限するか、しないか、という問題系を離れなければならないということである。それればかりではない。この問題を「この上なき無差別 summa indifferentia」(AT. VII, 432. 23-25)という問題系の一環として捉えようとするならば、(二)はまたしても対立する表現に出会うことになる[10]。或る書簡に次のように述べられているからである。神は「対立する事態が一緒にありえない les contradictoires ne peuvent être ensemble」ということに拘束されない。したがって、「神は対立する事態を作ることができた il [*scil.* Dieu] a pu faire le contraire」。神の力能の広大さを認識し、その知性とその意志との間にある「どのような選好あるいは先行性 préférence ou priorité」もない、と知ることがここの要点である(Au P. Mesland, 2-5-1644?, AT. IV, 118-119/GB. 1912-1913)。この問題系から離れるために、M・ゲルーの言い方をやや変容させて借用して、探索を前進させよう。デカルトが〈Xを判明に知覚することが矛盾を引き起こす〉ということで直面しているのは、創造に係わる「存在と非存在との両立不可能性 l'incompatibilité de l'être et du non-être」という問題系ではなく、「観念相互の両立不可能性」の問題系、いやもっと精確に言えば、〈判明な知覚の両立不可能性〉の問題であるということになるであろう。(11) そう解さなければ、判明な知覚が〈矛盾する〉ということの問題に迫ることができない。

そのように押さえた上で、(二)の含意を探ってみなければならない。「私」が何かを判明に知覚する。このことが矛盾を招く。矛盾を招くとはいつも何かと矛盾することである。そういう理由を除けば、神はどのようなことでも為すことができる、と「私」は判断した。〈何かを私が判明に知覚する〉ということが矛盾的事態を引き起こすとする。それ以外の場合には、「私」が判明に知覚して、かつ、神によって作られないものは決して何もありえない。必ず、神は私の判明に知覚したものを生ぜしめる。一方には神についての「包括的把握の不可能性」ということがある。神において「意志することと認識することは一つ」(AT. I, 149/GB. 150) であり、そして神の意志をわれわれは知ることができない。(12) このことは、何が真であるかということを、われわれは、われわれのこととして、探究をとおして明らかにしなければならないことを示している。そこに明証性の規則の役割があり、そしてこの探究を推進する知性の能力は保証されている。この地点から(二)を捉え直してみなければならない。つまり、探究するわれわれの側からもう一度言い直してみなければならない。明晰判明な知覚に従って判断を下せば真なる言明が得られる。「第六省察」の冒頭において、知性能力が保証されているとは、このように知覚された内容は「広がる事物 res extensa」つまり物体の諸特性であり、その特性について論証することができるということを示している。(二)が教えているのは、われわれの側から見れば、明晰判明に知覚することが矛盾的事態に陥ることの排除である。(二)

で示されていることは、〈私がXを判明に知覚する〉ことと〈私がXを判明に知覚しない〉ということとの両立不可能性ではない。というのも、これは論理的矛盾に他ならないからである。

〈私がXを判明に知覚する〉ことが矛盾を来すという場合の、この〈矛盾する〉ということはどのようなことか、神の全能、無差別、無限ということとは、いったん離れて考えなければ、その孕んでいる問題性に迫ることができない。回り道をしながらも、このことがわかった。ところで、そもそも〈私がXを判明に知覚することが矛盾になる〉ということは、自立した、ないしは、孤立した事態だとは考えられない。〈Xを判明に知覚し、かつ、Xを判明に知覚しない〉という事態の創出は、先に述べたように論外のことである。また、〈私がXを判明に知覚することが矛盾になる〉という事態をさらに分解してこの表現の矛盾の理由を示すことができるというわけでもない。考えられることは、たとえば、Yを判明に知覚することとの関係で、Xを判明に知覚することは矛盾になりうる。もっと精確に言えば、矛盾するのは〈Sという判明な知覚〉と〈Tという判明な知覚〉である。このなかに任意の対象が取り込まれる。どのような対象について判明に知覚しようとも、矛盾関係として問われているのは二つ、あるいは、それ以上の判明な知覚である。無駄を省くために単純化して二つの判明な知覚を採用しよう。この二つの知覚が矛盾関係にあり、かつ、この両者が判明に知覚される。このことが除外されている当の事態である。繰り返せば、判明な知覚相互の矛盾的関係こそが問題の当の事態である。このことから㈡の示していることを言い直すならば、「私」の判明な知覚が相互に矛盾になるという場合を除いて、神はあらゆることを為しうる、ということである。しかし、それでも判明な知覚が相互に矛盾するとはどのような事態か。

相互に矛盾するといっても、或る対象についての判明な知覚と矛盾する別の対象についての判明な知覚が一つ、ないしは、幾つかあるということではない。というのも、このこと、つまり、対象そのものの矛盾関係を想定することはできないからである。いま考察しようとしている事態には、仮定上、具体的な例が与えられない。というのも、二つ、あるいは、それ以上の相互に矛盾を来す判明な知覚は、神によって作られないことになっているからである。可能的実在も与えられないのであるから、相互に矛盾する当該の二つの組みを例として挙げることができない。それではわれわれはどのような場合を想定することができるのだろうか。もう一度確認しよう。排除されているのは「私」が明晰判明に知覚しているということが何らかの明晰判明な知覚と矛盾するということである。想定できるのは、Xの判明な知覚が無規定的な何らかについての判明な知覚と矛盾する、もっと言えば、当該の判明な知覚が何らかの領域のなかで矛盾という位置を占めるということである。何らかの領域と言っても、いまは限定されている。つまり、物質的な事物の諸特性が可能的に実在するという領域である。その諸特性は論証されることをとおして判明に知覚される。しかし、その特性が予め定まっているのでも、数に限定があるわけでもない。つまり、当の〈何らかの領域〉は物質的な事物の諸特性が構成する領域であるということはわかっているが、その内部構造については今のところ何もわかっていない。㈡によって示されていることは、その領域のなかでは判明な知覚が矛盾するということとの可能性が排除されている、ということとである。なぜデカルトはこのことを要求したのか。物質的な事物の特性が構成する領域が、一定のシステム構造をなしているとしてみよう。このシステム構造の成り立つための条件を、いまは問うことができない。われわれに与えられていることが、或る判明な知覚がそのシステムとは矛盾するということだけだからである。言い換えれば、判明な知覚のなかにもこのシステムから排除されるものがある、ということになる。

これがデカルトの求めたことなのだろうか。つまり、判明な知覚によって表される特性で、システムからはじき出されるような特性を神は作らない、と。しかし、そのような場合にデカルトはモルス宛書簡で「単に矛盾を含む」と言っていた。このことが示しているのは、システムからはじき出されるような内容をもつ知覚は判明な知覚ではないということである。それはわれわれが求めている想定ではない。われわれが求めているのは、判明な知覚がシステムからはじき出される場合である。判明な知覚がはじき出されるとはどのような想定なのか。システムから判明な知覚がはじき出されるならば、その場合にはもう一つ別のシステムが見出される。なぜならば、われわれは判明な知覚を得ることなしには、システムを開くことはできないからである。或る判明な知覚が一つのシステムからはじき出されるならば、もう一つのシステムの可能性が探られ、その結果、この二つのシステムを包含するようなシステムが構築されることになる。デカルトが消したかったのはこの想定ではないのか。判明な知覚が矛盾になることを容認するとは、システムの無際限な増殖を許すことである。いわばシステムの底が抜けることになる。物質的事物の特性という領域を構成する諸システムが底抜けになるならば、それは物質的特性という領域も、ひいては物質という括りも、底抜けになる。なぜならば、知性能力の行使である判明な知覚にとって物質領域を越境することは難しいことではないからである。こうして収斂する領域を見失って、あらゆる矛盾する判明な知覚が両立する、つまりは底抜けの相対主義に陥る。デカルト形而上学における神の役割の肝心な点は、論証可能性という点で人間の真理探究における相対的な営みが成り立ちながらも、その探究が一つの真理へと収斂するということを明かすことにあった。しかし、判明な知覚と矛盾する知覚も判明であるとするならば、一つの真理への収斂を探究のどの段階からでも展望できるという意味での真理の絶対主義は崩壊する。複数のシステムがどこまでも可能になる。

われわれはデカルトの思索を追って、追いすぎたかもしれない。われわれの解釈をデカルトの記述に差し戻してみよう。『哲学の原理』「第二部第二二項」において物質的世界が一つであることをデカルトは論じている。まず、その一つ前の「第二一項」は「世界、いうなら物体的実体の宇宙 mundus, sive substantiæ corporeæ universitas」

が「広がり extensio」以外の何ものでもなく、広がりとしての「諸空間 spatia」が「無際限」であることを示している。その理由は、どこまでも先に続く無際限な空間を「われわれが想像するだけではなく、またその空間が想像可能、言い換えれば、実象的であると知覚している sed etiam vere imaginabilia, hoc est, realia esse percipimus」ことである。想像力による想像可能性が実象的であることにまで届くのは、この想像力が知性に支えられているからである。空間は想像力の働きによって初めて開かれる。その空間は空間の観念として、言い換えれば、広がりの観念として、「物体的実体の観念とすっかり同じである」(AT. VIII, 52)。このことの上に立って、想像された空間が「実象的であると知覚する」ということが成り立つ。さらに「第二二項」はどのような空間においても物質が広がるものであることを示しながら次のように言われる。「たとえ世界が無(限)数であるなどということがあったとしても、それらの世界が一つの同じ物質からなっていないということはありえず、またしたがって、複数ではなく、ただ一つでないことはありえない」。「一つの同じ物質」という表現は数的な単一性ではなく、類的な単一性、つまり、同じく「広がるもの」であることを示している[13]。この宇宙における物体の類的同一性は、空間が広がりであることを示し、広がりであるということは物体であるのだから、この宇宙における同質性は形而上学的に既に裏付けをもっている。そして、どれほど多くの空間があろうとも、この空間の同質性に支えられて、同じ法則がすべての空間において適用可能であることも理由をもつ。しかし、このことは相互に対立部分をもつ複数の法則が、矛盾することなく、宇宙に適用可能であることを妨げない。もちろん、物理学の出発点となる土台を構築しつつあるこの「第二二項」にこのことの根拠を求めることはできない。なぜならば、そのことは物理学的探究の可能性の問題ではなく、物理学的真理に底を与えることだからである。言い換えれば、どのような法則に基づいて物理学的探究がなされようとも、その探究は一つの真理という収束点に向かっての運動であるということは物理学が明らかにすることではない。形而上学が「明晰判明な知覚」の問題として答えなければならない。「第六省察」の冒頭で論じられているのはこの問題である。

もう一度得られたことを確認して、この点についての探索を切り上げることにしよう。出発点は、「それが私によって判明に知覚されるということが背反になるということのためでないとしたならば、何ものも神によって為されないということはありえない」という記述であった。到達したところは、このことがシステムの無際限な多数化を無効にするということであった。一つの判明な知覚は本質領域を開く。もう一つ判明な知覚を得たとする。この知覚も、既に開けている本質領域のなかに位置を探すことができる。そのように進んで行き、本質領域は一つのシステムとして立ち現れる。判明な知覚が矛盾するという想定をなくすことは、学的探究の可能性の基本的条件を成している。本質領域が一つのシステムを為していることは、複数の公理系、複数の理論系、複数の説明の体系が一緒に存立することを否定するのではない。それら複数のシステムがそれらを包含する一つの大きなシステムの部分を作るということである。底が閉じて、物質領域として包含できるということである。思うことをやめるとあることをやめる比類なき存在である「私」を出発点にもつということは、そこを出発点にする限り、開かれる形而上学も比類なきものだということである。つまり、比類なき「私」から出発する限り見出される形而上学は、既に開かれ、始められたもの以外ではない。その比類なき形而上学において物質の本質は広がりとして見出された。しかし、物質を空間的に捉えるということ以外に、対象についての制約のない物理学、すべてが広がりである世界についての探究、そのなかで或る判明な知覚と別の判明な知覚が対立しても、矛盾するということは生じない。この確認の上に立って物理学がどのように成立するのか検討する。デカルトがここで㈡を明証性の規則の理由に挙げたのは、このことのためであった。

(1)「可能的実在existentia possibilis」については『存在の重み』「第二章」五二頁註一二参照。

(2)「第三省察」の解釈については『形而上学の成立』「第三部第三章」参照。

(3)「第四省察」の解釈については『形而上学の成立』「第三部第四章」参照。

(4)「神の誠実」が能力の保証に向かうという点については、『観念と存在』二三〇頁を参照。「本有観念」の本有性については『存在の重み』「第三部第三章」参照。「永遠真理創造説」の解釈として、「本有観念」が物理学の基礎づけになるという説に対する批判については『デカルト形而上学』三五頁以下参照。

(5)『哲学の原理』「第一部第四五項、四六項、五四項」における「明晰」と「判明」の規定については、拙論「保証された記憶と形而上学的探求——デカルト『省察』の再検討に向けて」『哲学』(日本哲学会編)四五号、一九九五年、九二頁から九四頁参照。

(6)ア・プリオリな証明と数学の証明の確実性をめぐる問題については『存在の重み』六六頁、註(1)参照。

(7)『規則論』における「普遍数学Mathesis universalis」については、佐々木力『デカルトの数学思想』(東京大学出版会、二〇〇三年)「第一部第四章第三節」に詳細な記述がある。また、数学史におけるこの概念の展開については、同書「第二部」の特に「第七章」二三四頁に主張されていることをわれわれは評価する。最後にこの概念の包括性については、四一九頁以降に述べられていること、また、「ファン・ローメンによる数学の分類」(四二〇頁)にも明らかにされている。さらに、この概念の普遍性と第一性に着目した存在論との関係については、J. F. Courtine, *Suarez et le système de la métaphysique*, PUF, 1990, pp. 484-495と、これを足場にしたG. Olivo, *Descartes et l'essence de la vérité*, PUF, 2005, pp. 778-80の議論を参照。「純粋数学の対象」という表現をタイトルにもつ以下の論文について言えば、この論文には当該の表現がおかれている位置に着目した解釈を見出すことはできなかったことを報告しておく(David R. Lachterman, "Objectum Puræ Matheseos: Mathematical Construction and the Passage from Essence to Existens" in A. O. Rorty (ed.), *Essays on Descartes' Meditations*, University of California Press, 1986, pp. 435-458)。また、F. de Buzon, La *mathesis* des *Principia*: Remarque sur II, 64, in *Descartes: Principia Philosophiæ (1644-1994)*, Vivarium, Napoli, 1996, pp. 304-320の、とりわけても、「第六省察」における《mathesis pura》についての彼の解釈は、「個別的なもの」への着眼とともに、われわれの支えになる(*op. cit.*, pp. 312-313)。*Cf.* David Rabouin, *Mathesis Universalis: L'idée de «mathématique universelle» d'Aristote à Descartes*, PUF, 2009.

最後に、小泉義之『デカルトの哲学』（人文書院、二〇〇九年）「Ⅳ」（特に、一九七頁から一九八頁、二一一頁から二一五頁）に述べられていることはデカルトの「マテーシス」概念についての解釈というよりも、デカルト哲学を解釈する一つの視点の提起と看做すべきであろう。

（8）「第五省察」の流れと解釈については『存在の重み』「第Ⅰ部「第五省察」研究」を参照。

（9）「第五省察」におけるア・プリオリな神証明における「山と谷」と「三角形」の例は、形而上学と数学と物理学との接点でこの証明が行われていることを示している。『存在の重み』五七頁以下参照。また、「第六答弁」には「四の二倍は八である」ことを偽にすることもできた（AT. VII, 436. 14）という例が提出されている。

（10）相対立するものの創造可能性と「無差別（非決定）」については、J.-M. Beyssade, *La philosophie première de Descartes*, Flammarion, 1979, p. 108 & p. 113 参照。また、ベイサッドによる意志の「無差別（非決定）の自由」を「反対をとる能力 *potestas ad opposita*」と解する説に対する批判については大西克智「デカルトにおける《indifferentia》と自由の度合い――意志の「力の行使」が求めるもの――」『哲学雑誌』第一二一巻七九三号『レヴィナス』、有斐閣二〇〇六年、一二二から一三八頁、註一四参照。この註は出版されたものでは紙数の関係で削られている。しかし、重要な指摘であるので、著者の許しを得て、少し長いがここに草稿に基づいて引用しておく。「14　ベイサッドの解釈が断絶の鋭さで際立つ。「自由の二つのかたちあるいは二つの領域」が、「選びと真と善の明証性のうちにおける意志の誤りなき決定と一体となった、最も高次の自由」と、選びが「非決定状態及び過誤の危険と堅く一体になった、選択能力へと堕落した最低次の自由」に、「区別」される（J.-M. Beyssade, *La philosophie première de Descartes*, p. 188)。この解釈の多岐にわたる問題点は省いて、誤りの核心だけ指摘する。ベイサッドは、*ph.* 1が上の「堕落」態、つまり「非決定の自由」ないし「反対をとる能力 *potestas ad opposita*」を表現し、かつ、この *ph.* 1をデカルト自身がすぐ斥ける、と考える（*ibid.* et n. 4)。その根拠は挙げて *ph.* 2に続く一文、「自由であるためには、己を何れの側にも赴かしうることは必要ない *Neque enim opus est me in utramque partem ferri posse, ut sim liber*」に懸かる。これが「恣意的に選択できる必要はない」ことを言い、かつ *ph.* 1が恣意的選択能力を指すならば、たしかに *ph.* 1は棄てられるに他ない（*cf.* J.-M. Beyssade "*Des Méditations métaphysiques aux Méditations de philosophie première*. Pourquoi retraduire Descartes" in *Études sur Descartes L'histoire d'un esprit*, Seuil, 2001, p. 109)。この解釈はしかし、まったく転倒している。デカルトがおそらく一度も用いたことのない《*potestas ad opposita*》なる能力を *ph.* 1に宛がってかかるから、上の一文が選択能力の問題と見えるにすぎない。寧ろ「何れの側にも赴かしうることは必要ない」とは正反対に、「予め決定されていない必要はない」こと、つまり「非決定の自由」が求めるジェズイット的条件の破棄をこそ伝える。今は言及できない優れた知見をデカルトの意志についても述べているベイサッドを捉える程に、ジェズイット的発想は根深い」。「*ph.* 1」とは、「第四省察」における「意志とは、同じ一つのことを、するか、しないかが（言い換えれば、肯定し或いは否定する、追求し或いは忌避することが）われわれにできる」という文であり、「*ph.* 2」とは、「或いは寧ろ、われわれに知性によって提示されるものを、肯定し或いは否定するのに、言うなら追求し或いは忌避するのに、いかなる外的な力にもよらずそうするよう決定されている、と感ずるように、我々が己を赴かしゆくことに、存立する」（前掲論文、一〇頁より）という文である。大西は、《indifferentia》が決定する以前の状況を示し、それゆえにどちら側にも決めることができる、そこに自由のいわば原型を見るという「ジェズイット的」伝統によってデカルトの「意志」概念が歪めて捉えられてきたとする。最後に、『形而上学の成立』五五頁から五七頁、二五九頁註（七八）も参照していただけると幸いである。

（11） M. Guerout, *Descartes selon l'ordre des raisons*, t. II, L'âme et le corps, Aubier, 1953/1968, p. 32. ゲルーは「矛盾」に二つの秩序（神の全能に帰着するものと知性の能力とその原理に帰着するもの aux capacités de notre entendement et à ses principes）を想定し、一方を、「存在と非存在との両立不可能性」、もう一方を、「特定の観念相互の、あるいは、特定の存在者相互の両立不可能性 l'incompatibilité réciproque de certaines idées ou de certaines êtres」としている。われわれは、彼によって提起された上記の二つの視点に若干の変更を加えた上で使用する。ただしかし、二番目の「両立不可能性」における「特定の存在者」という表現は〈事物の側 a parte rei〉から問題を立てていることを示すことになり、誤解に誘う言い方だと考え、採用しない。

（12）「それらの理由を私が知解しない何らかのものが神から生じても、驚くべきではない」（M. IV, E. 53. 03-04/AT. 55. 14-19）、および、『形而上学の成立』二五〇頁から二五一頁参照。

（13） 小林道夫の言う《le holisme physico-cosmologique》（Michio Kobayashi, La philosophie naturelle de Descartes, Vrin, 1993, *e.g.*, p. 127）、また、「天空の世界と地上の世界との等質化」（小林道夫『デカルトの自然哲学』岩波書店、一九九六年、九二頁。）、さらに「デカルトの全体論的宇宙論の構想」（小林道夫『デカルト哲学とその射程』弘文堂、二〇〇〇年、三〇一頁）は、この類的な単一性に対して系の位置に来るであろう。

第五章　想像力とは何であるのか

第一節　想像作用と純粋な知解作用との差異

物質的事物の研究は、明証性に導かれながら物質世界の数学的構造を明らかにする。このことの根拠は示された。この数学的構造が実在する物質的現象にどのように届いているのかという問題、言い換えれば、自然現象を数学的に（「マテーシス」として）解明することの妥当性という問題は、未だ残されている。この問題の核心に物体が実在することの意味の解明がある。物体の実在証明に向かって、「第六省察」は「想像力」の検討から出発する。なぜならば、「想像する能力 imaginandi facultas」が物質的事物に係わっていることは既に「第五省察」において見出されているのだから、物質の実在に向けて、知性から、「想像する」という認識能力に移るのは当然のことである。その知性と区別された「想像する」とは一体何をすることなのか。既に得られていることに基づいてこのことを「いっそう注意深く」考察すれば、この認識する働きが物体に向かうということがわかる。ということは、その働きが適用されるのは、これに対して直《じか》に「現前している præsens」、その意味で「実在している existens」物体に対してであるという点も明らかである（E. 73. 04-11/AT. 71. 20-03）。その想像することの働きは、知性作用、つまり、知解するという働きから区別されることをとおして明らかになしうる。このことを組み込んだ「想像力」という働きに依拠する物体の実在証明に向けての議論は、次の四つの段階を踏むことになる。第一に、知性と想像力との差異にどのようにして気がつくのか（E. 73. 12–14/AT. 72. 04–05）、第二に、知性との差異に基づいて想像力の働きを規定し（E. 73. 14–20/AT. 72. 06–10）、第三に、知性と想像力の区別を明らかにし（E. 73. 20–75. 07/AT. 72. 10–73. 20）、第四に、想像力と物体との関係を解明する（E. 75. 07–75. 18/AT. 73. 20–28）。われわれもこの順にデカルトの論究を追うことにしよう。

知解することと想像することとの差異、それは「三角形を想像する」こととそれを「知解すること」との差異を導きにする。三角形を想像するとは、通常われわれがするように、三つの線によって囲まれた形、つまり、図形を思い描くことである。三角形を想像するとは、その図形をいわば「私が精神の眼で直視する intueor」ことである(1)。もっと言葉をゆるめて言えば、〈頭のなかに〉図形を描いて、その図形を看ていることである。看ると言ってもこの場合には、肉体の眼を要しない、精神が直《じか》に見る、「精神の眼で直視する」。図形を描くこととこの図形を看ることのために別の働きが要請されることはない。三角形を精神の眼で直視することが描くことである。この一つの働きである描き看ることがデカルトのここで言う「想像する imaginari」ことである（E. 73. 14–73. 20/AT. 72. 06–10）。上に、〈頭のなかに〉と加えたが、この余剰表現がどのような役割をもっているのかということは、『省察』という場を通り越して明らかになる。この点については後に論じる。いまは、この余剰表現を取り去り、想像するとは図形を描き看ることであるとわかる。それでは三角形を知解するとは何をすることなのか。三角形を知解するとは三角形の何であるかを知解することである。或る何らかの図形が三角形であるとわかっているということである。このことなしにわれわれは三角形を描き看ることはできない。「三つの線によって囲まれた図形」が三角形であることを知解しているからこそ、われわれは当の三角形を想像する。三角形についての知解なしには三角形を想像することはない。液晶の画面に描かれた、あるいは、紙に描かれた或る図形がどのような図形かということを、われわれは問うているのではない。いわば〈頭のなかで〉精神の眼によって直視している図形について問うている。不定形の図形を描き看ているのならば、それが不定型な図形であることが知解されていなければならない。何角形かわからない図形を描き看ているのならば、それは何角形かわからない図形であるに他ならない。三角形が描き看られている場合には、三角形が描き看られている以外ではない。つまり、三角形であると知解されている。このことは一体どのようなことなのだろうか。

第二節　想像力は特性を教えない

さらにこの知解することと想像することとの差異を追い詰めて、想像することの働きを判明にしよう。そのために千角形を例にとる。三角形を知解するのも、千角形を知解するのも、その何であるかを捉えることに他ならない。これに対して、千角形を形、つまり、図形として想像するというのは如何にも困難である。しかし、だからといって何も想像していないわけではない。「物体的な事物について私が思う度に常に何かを想像するというしきたりの consuetudo ために、私はおそらく何らかの図形（形）を不分明に自分に表象する」（E. 73. 26-29/AT. 72. 15-18）。「しきたり」とは「第一省察」の分析をとおして明らかになったように、「私」が選び採るということなしに習い性になってしまっていることである。(2) そのように何か物体的なことを思ってみると、それに伴って何かを想像している。しかし、そのようにして想像されているものが他の形・図形からはっきりと区切られているような図形・形を表しているわけではない。千角形を想像してみるならば、その千の辺を辿ってみることができるような図形が思い描かれているのではない。それでもそれが千角形であるということは知解されている。千角形と千一角形を、〈頭のなかで〉想像して、そうして描かれた形の限りで、区別はできない。もちろん、人による。何角形までを精確に描ききるのかということには個体差がある。どれほどの訓練を重ねているかによっても異なる。しかし、千角形までを判明に想像できる人がいたとするならば、その人は一万角形を判明に想像できないであろう。もし、一万角形までを判明に想像できる人がいたとしても、百万角形を判明に想像することはできないであろう。どれほどまでを想像力の限りで、物質的媒体を使って表出することなしに、判明に描き出せるのかということには事実として必ず限界がある。これに対して三角形についても、千角形についても、千一角形についても、一万角形についても、百万角形についても、知解するという点で何か事新たな注意力を要するわけではない。同じく同じ仕方でそれらの何であるかは摑まえられる。三角形が三つの辺からなる平面図形であれば、百万角形は百万の辺からなる平面図形である。〈頭のなかに〉想像された正一万角形の一つの角を、正千角形の一つの角と比較することは人間的事実としてできない。知解されたこれら二つの図形についてならば、計算して知ることができる。想像された図形は、当の図形の特性を知解するために寄与することがない。

第三節　新たな緊張

〈頭のなかで〉その像を思い描くことができそうな、それでも少しは難しいかもしれない五角形を例にとってみる。そうすると知解することと想像することの差異として次のことが見出される。五角形について「私」は千角形の場合と同じく、その特性を想像することの助けなしに知解することができる。そのように知解することは物体の特性を教えるが、知性から切り離されたいわば「純粋な」想像することは特性を教えない。しかし、想像力の働きがなければ空間を開くことができず、空間が開かれなければ、知解されたことが物体の特性となる理由を失う。そのように「純粋知性作用 pura intellectio」（E. 74. 17/AT. 73. 04）は五角形の特性を、想像力の助けなしに捉えることはできるが、しかし想像力を伴わない五角形は空間性をもたない。空間性をもたないということは物体に届かないということである。空間性なしに捉えられた五角形とは五つの辺によって囲まれた平面図形という概念に他ならない。この五角形が図形として描かれるためには想像力の働きがなければならない。想像力から切り離された「純粋」知性の働きと、知性から切り離されて空間を張る「純粋」想像力の働きの違いはどのように見出されるのだろうか。空間を張るとは、たとえば「五角形を精神の眼でその五つの辺と同時にそれらによって張られた面へと向ける」（E. 74. 09-12/AT. 72. 25-28）ことである。そのことは、五角形の何であるかを探ることとは異なる。ここに「新たな心の緊張 nova animi contentio」（E. 74. 15-16/AT. 73. 02-03）が見出される。デカルトがこの言葉つまり「緊張 contentio」という言葉で想像力を特徴づける局面は、他には見出しがたい。「心の緊張」という、精神のありさまを自らの心に問いただして得られる表現が使われているのは、後の展開までも懐に込めて言えば、合一体における感覚の問題を除いて、『省察』という場が心の働きを身体との係わりなしに明らかにする、そういう点で特有な場だからである。この《contentio》という語のデカルト的含意を探るのは用例の少なさのためにきわめて困難である。(3) しかし、さいわいガサンディがこの点について反論を提起しているので、その応答を参照することによって、デカルトの考えにもう少し探りを入れてみよう。

ガサンディは「第五反論」「第六省察第一項」において次のような反論を提示している。「なぜあなたは一種類以上の内的認識 cur plusquam unum genus internæ cognitionis」を作るのか。「緊張」の違いは認識の違いを増やすことの理由にはならない、とガサンディは言う。彼は、「わずかな緊張しか伴わない」方を知性と、いっそう緊張を要するものを想像力と、デカルトが呼んでいると誤解する。そうなるとデカルトは「判明性と緊張 distinctio & contentio」とが失われたものとして、低く知解作用を評価し、想像作用を高く評価することになる、とする（AT. VII, 330-331）。これに対する応答においてデカルトは「緊張 contentio」という語を用いていない。想像力を行使する際に「新たな緊張」がどのように特有なものとして付け加わるのかという点に基づいて答弁を作ってはいない。彼は「知解する力 vis intelligendi」と「想像する力 vis imaginandi」とが「二つの全く別個な働き方」であることを主張するとともに、「千角形の知解が」明晰判明であると言う。「知性作用において精神は自分だけを用いるが、想像することにおいて精神は物体的な形相（形）forma を観想する」（AT. VII, 384-385）。そうであるならば、そのどちらの働きにも「緊張」が必要であるように思われるが、デカルトはこの点について答えていない。その一方で、知解することと想像することとを緊張の程度の差異とすることについては明確に否定している。デカルトに従えば「緊張」に基づいて知性と想像力の働きが区別されるわけではない。それゆえ「新しい心の緊張」とは、想像するに際して経験される知解作用との差異としてのみ解されるべきであろう。知解する場合に比べて、想像する場合には特別に緊張感を高めるということではなく、心が物体の形態にむけて張る、その張るときの経験として「新たな心の緊張」が考えられている。(4)

第四節　振り向ける方向の違い

三角形について知解する場合に、われわれは三角形の特性について知解している。三角形を想像する場合には物体の形としての三角形を思い描いている。もちろん、未だ物体の実在の意味の解明には至っていないのであるから、この想像力によって思い描かれた物体の形としての三角形も、感覚器官を介して観察可能な物体の形ではない。しかし、この三角形も広がりを本質とする物体である。想像された三角形は純粋知解としての「三角形」という概念ではない。反対に、知性が働いていないならば、想像力が描き看る図形が三角形とは知解されない。想像力が働いていなくとも、知性は概念としての三角形を捉えている。このことは、三角形を思い描くのであるが、描かれたものを三角形と知解するのではない、ということを示している。先に述べたように、何でもないものを想像力によって描き看ることはできない。もし、それが可能であるとしたならば、そのときには「何でもないもの」を思い描いたのである。その「何でもないもの」は知解された内容を示す。そのことがデカルトによって次のように表現される。「私は、私のうちにある想像することの当の力を、知解することの力から異なるに応じて、私自身の、言い換えれば、私の精神の、本質にとっては要求されない」、と（E. 74. 18-21/AT. 73. 05-07）。後に到達する身心合一体としての「私」という視点から振り返ってみれば、ここでの「私」が「精神」であることに曖昧な点はない。これから先に到達する地点を、行き着く地点として繰り込みながら、いまの今の「私」のありさまがここに表現されている。「思うもの」である「私」の思う働きとして、「第四省察」で知性と意志とが区分され、この「第六省察」で知性から想像力が区分される。そういうわけで、もし、物体的なものを何も思い描くことがなくとも、いまの「私」は「思うもの」としての「私」でなくなることはない。だからといって、「知解する力」さえあれば、それで「私」は「現に今ある私と同じ idem qui nunc sum」（E. 74. 23-4/AT. 73. 09）であるか否か、それが問われているわけではない。繰り返しになるが、物体的な事柄の思い描きを欠いていても、つまり、「私のうちにある想像する力 vis imaginandi quæ in me est」を欠いていても、「現に今ある私と同じ」であると主張されている。「力 vis」

を独立的に考えて、その欠如態を想定してはならない。想像力を「力」と呼び、「能力 facultas」と呼んだとしても、それは「思う私」の「思うこと cogitatio」における「力」であり「能力」である。それの働いているさまの〈ないこと〉が「想像する力が私に欠けているとしても illa (*scil.* vis imaginandi) a me abesset」ということである（E. 74. 18-24/AT. 73. 05-09）。想像するとは空間的ではない精神としての「私」が空間を開くことである。「第四省察」までの「私」がそうであったように、「私」は空間を張らなくとも、図形・形を描くことがなくとも、「私」であることに変わりはない。そのように、それの働いていない場合を想定できるということは、それなしに「私の精神の本質」を捉えることができるということである。だからといって「純粋な知解すること pura intellectio」が「私の精神の本質」とされているわけではない。想像するということは空間を開くという点で、精神ではない何かに依存する。それとともに、想像するときには想像された内容の何であるかが摑まれているという点で、知解することに依存する。こうして、想像する場合には、「私」は精神である「私とは別個の或る何らかの事物に ab aliqua re a me diversa」依存していると思われるに至る（E. 74. 24-25/AT. 73. 09-10）。

これらのことが明らかになってみれば、次のことを「私は容易に知解する」。つまり、「もし、精神が、物体＝身体をあたかも洞観することと ad illud veluti inspiciendum へと、随意に自分を適用するために結合されている、その何らかの物体＝身体 corpus aliquod が実在するならば、まさしくこのことによって、物体的な諸事物を私が想像する res corporeas imaginer ということが生じうると私は容易に知解する」（E. 74. 25-29/AT. 73. 10-13）。この文章には明らかにしなければならない点が二つある。一つは、ここに現れる「洞観 inspectio」についてである。もう一つは、「物体＝身体＝corpus」と想像力との関係についてである。一番目の問題から解き明かして行こう。この箇所について、ビュルマンは次のように問うている（AT. V, pp. 162-163: Beyssade, Texte 31, pp. 83-87）。問いの内容を繰り広げながらこれを纏めてみる。第一の問いは次のものである。「洞観する inspicere」は「知解する intelligere」ことなのか。もし、両者が同じであるならば、なぜここで知解することとは異なるものとして洞観するということが言われているのか。もし、両者が異なるのならば、精神は「知解するもの、ないしは、思うもの res intelligens seu cogitans」以上のものになる。そうすると、第二の問いが生じる。つまり、身体＝物体以前に、「物体＝身体を洞観する力能」をもつことになる。それとも、この「物体＝身体を洞察する力能 potentia inspiciendi」は「精神と身体＝物体の合一 unio から結果するのか」。「第二省察」の所謂「蜜蠟の例」で述べられていた「精神の洞観 mentis inspectio」（E. 24. 25/AT. 32. 05-06）は「第三省察」の冒頭でもう一度現れ（E. 27. 19/AT. 34. 16-17）、神の実在を証明して行く際の精神の働きである「知解すること」へと引き継がれる。それが「第六省察」で「想像する」ことを説明する言葉として用いられるのはどうしてなのか。この「洞観すること」が「知解すること」と別の働きとして身体＝物体に依存するというのならば、予め物体の実在を前提することにはならないのか。ビュルマンの問いをこの二点に纏め上げることができる。これに対するデカルトの答弁はビュルマンの「疑問を晴らしうるものとは言いがたい」（所『訳解』四一六頁）のだろうか。ビュルマンによって控えられたデカルトの応答を次に見て行こう。

デカルトは第一に、想像（力）と感覚の区別を示している。想像（力）は「思いの或る特殊な様態である specialis quidam modus cogitandi」。この点では感覚も同じである。両者の説明のために、外的な対象が感覚に働きかけ、「それの観念、というよりもむしろ形 sui ideam seu potius figuram」を描くという状況が設定される。その状況のなかで、「精神が小さな腺 glandula のなかに、そこから〔つまり、外的な対象によって〕描かれる幾つかの像 imagines に気づくとき感覚すると言われる」（〔　〕内は本書筆者の補足。以下同じ）。この「小さな腺」とは脳のなかにあるとされる松果腺のことである。これに対して想像（力）と呼ばれるのは、「それらの像がこの腺のうちに外的事物そのものによってでなく、精神そのものによって描かれ、精神が外的な事物が不在であってもそれらの像を脳の中に描き出し形成する effingit et format 場合」である。想像（力）と感覚の差異は次の点にだけ存するとされている。つまり、感覚の場合には、「像が外的対象によって描かれ、外的対象が現前している」。これに対して想像（力）の場合は「外的対象なしにいわば窓が閉ざされているかのような」状態で描き出される。このように捉えれば、三角形は想像しやすく、千角形が想像できないという事情をよく説明できる。「三本の線を脳の中に形成」して「それらを洞観する inspicere」のが容易であるのに対して「千本の線を細かく引いて脳の中に形成することはでき」ない。そういうわけで「千角形を判明に想像することはなく、ただ不分明に想像するだけ」なのである。こうして「どのようにして私たちがそれらの細かい線を現前しているかのように直視する intueri のか、どのようにして心の緊張 animi contentio が想像するために、また物体をそのように洞観するために inspiciere 必要であるのかも明らかである」。このようにデカルトは述べたとされている（AT. V, pp. 162–163/Beyssade, Texte 31, pp. 83–87）。

ビュルマンは、「知解すること」と「洞観すること」との差異を尋ねている。デカルトは「感覚」と「想像（力）」との差異について答えている。それはその通りである。感覚と言われる場合には、像が外的対象によって描かれ、外的対象が現前している。想像（力）の場合には、外的対象なしに精神そのものによって像が描かれている。デカルトの答えは「洞観する inspicere」という働きが、感覚することではないことを示している。その点で想像するということは知解することの方に通じている。たとえば、目の前にある三角形の線を見ながら目で三角形をなぞっている場合に、私たちは（想像力と知性に助けられて）感覚している。目をつむって三角形を〈頭のなかに〉

思い描いている場合には、(知性に助けられて) 想像している。三つの辺に囲まれた平面図形がどのようであるかと思っている場合には、知解している。知解することと洞観することとが異なる思いの様態であるとしても、ビュルマンが問うたようには、「思うもの以上」にはならない。想像することも思うことだからである。ビュルマンが言っていてデカルトが述べていないとされている「洞観する力能」は、未だその実在の意味が明らかになっていない物体＝身体との合一ないし連携の結果ではない。というのも、想像力は外的対象なしに働くと言われているからである。「第二省察」の蜜蠟の例解的分析においては、「精神の洞観」と想像力とは確かに区別されていた。「第三省察」の冒頭では感覚も、外から入ってきたと思われる物体的な事物の像も取り除いて「私のみ」を「洞観する」と言われる。デカルトの答えから窺えるのは、洞観することが「あたかも外に開いた窓を閉ざして tanquam clausis fenestris」ものを見るとされていることである。そのかぎりでは、知解することも想像することも洞観することである。しかし、想像することは閉じた窓の方に心を向けるという点で知解することとは異なる。想像することは思いの一つとして精神を超えて物体の方向へと向かう。このように考えるならば、デカルトはビュルマンの問いに答えていることになるのではないのか。つまり、洞観することは、外的対象の実在をあらかじめ立てることなく為される心の働きであるという点で、知解することでも想像することでもありうる。しかし、想像することは形の把握として物体の方へと、外へと向かう働きである。蜜蠟の例解的分析における想像力は、現にある蜜蠟の形を追いかけるという点で窓を開いた想像力、感覚を助けながら働く想像力である。窓を開いて変化する形を追いかけるかぎり、蜜蠟の何であるかはつかまらない。「第二省察」において想像力が「第六省察」と同じように把握されていると考えることはできない。というのも、「第六省察」のここでは、知性から区別され、感覚の働きを予想しない、いわば「純粋」想像力の働きが問われているからである。

また、「ビュルマンとの対話」で生理学的説明がなされているのは「後からの科学的再構成 une reconstruction scientifique postérieure」であるのに違いない。(5) もちろんこの「後からの」というのは、けっして時間的・年代的「後」ではない。この「後から」で示されているのは、形而上学が確立され、身心合一の場が定まり、そこから開けてくる物理学・生理学の観点から見れば、ということである。その観点から見られた「想像力」について、つまり、想像力と身体との関係について、われわれは後ほど見ることになる。最後に答えておかなければならないのは、先に提示した第一の問題である。繰り返しになるが、当該の文をもう一度引用しておこう。「もし、精神が、物体＝身体をあたかも洞観することad illud veluti inspiciendumへと、随意に、自分を適用することのために結合されている、その何らかの物体＝身体 corpus aliquodが実在するならば、まさしくこのことによって、物体的な諸事物を私が想像するres corporeas imaginerということが、生じうると私は容易に知解する」(E. 74. 25-29/AT. 73. 10-13)。この文章でわれわれが「物体＝身体」と訳している箇所の問題である。日本語に訳すと順序が逆になるので、わかりにくくなるかもしれないが、ラテン語では《illud》が《corpus》を指していることは明らかである。両者を「物体」に統一してみるならば、物体を想像するために物体に結合されているという筋が見える。そうすると、どうしても、物体を想像するには身体に結合されていることが求められる、と解したくなる。ビュルマンに対する応答から表現を採ってくるならば、精神が像を描く場である「腺」が実在するならば、言い換えれば、脳が実在するならば想像力の働きについての説明が成立する。こう考えると、想像力の働きに着目した物体の実在証明で証明されるのは、例えば、脳のような身体の実在のことである、と言いたくなるかもしれない。しかし、ビュルマンとの対話が教えているのは、このように身体と物体を区別するのは「後からの」観点であるということである。「第六省察」の想像力の働きに着目する物体の実在証明の試みにおいて、物体と身体との区別は見出されていない。それが見出されるのは感覚について振り返ってみるときである（E. 76. 08-16/AT. 74. 17-23）。逆に言えば「第六省察」の現に検討している箇所においては、物体と身体は無判別であるということになる。それゆえ、《corpus》と《illud》のどちらを「身体」にしても、どちらを「物体」にしても、「身体」と「物体」に訳し分けても、間違いになる。日本語の表現としては困難であるが、デカルトの述べているのは身体でもある物体、物体でもある身体なのである。物体であり、身体であるのは「純粋数学」の対象を構成する「広がるもの」である。

第五節　蓋然的結論

物体＝身体が実在すると認めることができるのならば、想像力の働きは十分に説明される。想像作用は知解作用を含んでいるが、知解作用は想像作用を含まない。知解作用に新たな緊張が付け加わることによって想像作用が経験される。外へ、物体へと向かうという作用がこの緊張によって付け加わることである。この緊張は付け加わる何かであり、それなしでも「私」であることに変わりがない。その意味でこの緊張は様態的である。精神の発動としての知解することと想像することは異なる働き方である。そのことは「私」とは「思うもの」であり「広がるもの」ではないことを引き込む。なぜならば、「第五省察」において物体的特性は「私」をいわば横に超えて、それの実在可能性が明らかにされたからである。このことが知られている今、想像される内容が図形的な把握内容である限り、それは「私」を思いの内容にしたものではないことも明らかである。その点で想像することによって「私」は「私」ではない内容を獲得することになる。逆に見れば、想像することがなくとも「私」は「私」としての内容を獲得できる。「想像する力」がなくとも「私」は現にある「私」であるとは、このことを示していた。「想像する力」がある場合とない場合とでは、思われる内容は異なるが「私」であることに変わりはない。これがまた、想像力が外向きの働きであることにもつながっていた。「私」の内に「私」ではない何かを知らしめる働きがあるということになる。そのことを「私」は物体の実在を知ることなしに知ることができる。なぜならば、想像力は「私」でない何かを「私」に与えるからである。空間を開くということが外向きであることは確かである。したがって、想像力の働きは、その〈何か〉が「私」の外に実在するならば、飽和した説明が与えられうる。しかし、窓は閉じている。想像力は物体的世界の投錨点にはならない。想像力は物体的世界を開くが、投錨点を求めて彷徨う。それが「蓋然的に probabiliter」ということの示している事態である。「想像力を説明するためのこれと等しく適合する他のどんな仕方も立ち現れないのだから、そこから私は物体が実在すると蓋然的に推量する」（E. 75. 09-12/AT. 73. 21-23）。しかし、「蓋然的に推量する」、つまり、ありそうなこととして理由を挙げることはできるが、物体の本性に基づいてそれの実在を想像力の働きに着目しながら「必然的に結論する」ための「立論 argumentum」は得られていない（E. 75. 14-18/AT. 73. 25-18）。想像力は物体の本性を判明に捉えた。その物体の本性は「広がり」と表現される。この「広がり」から物体の実在は帰結しない。「広がるもの」が実在すれば、想像力の働きの説明が飽和される、その意味で説明は完成される。このことは理由に基づいて解明された。これが「私は物体が実在すると蓋然的に推量する」ということである。「第六省察」の記述は、次に、感覚の問題に移る。その前に、われわれはデカルト的「想像力」理論がどのように展開してきて、どのような特徴をもっているのか、検討することにしよう。

（1）「直視する intueri」という表現について若干だけを付け加えておく。『省察』のなかでこの動詞《intueri》は七箇所で用いられている。「醒めた目で私は直視する vigilantibus oculis intueor」（「第一省察」、E. 9. 18/AT. 19. 14）、「十分に透明な仕方で直視していた satis perspicue intuebar」（「第三省察」、E. 29. 14/AT. 36. 03）、「精神の眼でもっとも明証的に直視する mentis oculis quam evidentissime intueri」（「第三省察」、E. 29. 25/36. 12）、「私の知能の眼が眩みながらも耐えられうるであろう限りで、直視し、賛嘆し、崇める quantum caligantis ingenii mei acies ferre poterit, intueri, admirari, adorare」（「第三省察」、E. 49. 14/AT. 52. 15）、「当の三つの線を精神の眼に現前するように私は直視する istas tres lineas tanquam præsentes acie mentis intueor」（「第六省察」、E. 73. 19/AT. 72. 09）、「その千の辺を私は想像する、いうなら、現前しているように直視する illa mille latera imaginor, sive tanquam præsentia intueor」（「第六省察」、E. 73. 25/AT. 72. 15）「精神によって知解された、あるいは、感覚によって知覚された観念に合致する或る何かを物体において直視する aliquid in eo ideæ vel a se intellectæ vel sensu perceptæ conforme intueatur」（「第六省察」、E. 75. 07/AT. 73. 19-20）。われわれは、これらにおける《intueri》を「隙間なく直に看る」と説明的に言い換えることもできる。この語の使用について、三つの点を指摘しておく。第一に、『規則論』と『省察』での使用についての連続性、第二に、スコラ的認識説との関係、第三に、『省察』内部での問題点である。

　第一に、この語の使用についてよく知られているのは、『規則論』「第二規則」（AT. X, 364. 26-365. 06）と「第三規則」の場合（AT. X, 368. 08-12）である。そこでは「直観（直視）intuitus」と「演繹 deductio」が対で用いられている。この「演繹」は、「経験」が「しばしば欺く」のに対して確かな認識に至る方途であり、「演繹言うなら或るものを他のものから純粋に引き出すこと deductio, sive illatio pura unius ab altero」ともされている。あるいは、「確実に認識された何らかの他のものどもから必然的に結論されるすべてのものを、われわれは演繹と解する」（AT. X, 369. 20-22）。それに対して「直観（直視）」されるのは、「精神の純粋にして注意されたきわめて容易で判明な概念」（AT. X, 368. 15-16）であり、さらに「直観（直視）の明証性と確実性は、単に命題 enuntiatio のためだけではなく、任意の推論 discursus にも求められる」（AT. X, 369. 11-13）とされる。「確実な演繹」には「運動、いうなら何らかの継続が概念されるが、精神の直観（直視）においては同様ではないというこのことから、両者は確実に区別される」。「演繹には直観（直視）に対するような現前的な明証性 præsens evidentia は必要ではなく、むしろ演繹はその確実性を或る仕方で記憶から借りている」（AT. X, 370. 04-09）。要するに、『規則論』における「直観（直視）」と「演繹」の対比は、働きとしてみた場合に、一纏めに看て取るという働きと、系列的に捉えるという働きの対比と言い換えることができる。デカルトが「第三規則」で「直観（直視）」という概念の「新しい使用 novus usus」(AT. X, 369. 01) について触れているのであるから、スコラ的な尾ひれを引き込まないで、デカルトの言うところを聴いてこの語の理解を得ればよい。マリオンが《intuitus/intueri》を、デカルトの語彙を用いて《regard/regarder》（よく看る、熟視）と訳しているのにもこのような事情があるであろう（René Descartes, *Règles utiles et claires pour la direction de l'esprit en la recherche de la vérité*, Traduction selon le lexique cartésien, et annotation conceptuell par Jena-Luc Marion, Martinus Nijhoff, 1977, pp. 3-10 & Annexes, pp. 296-297）。それは本文で直面している「第六省察」の局面でも同断である。

第二に、神との直面を示す所謂「至福直観」を別にして、たとえば、ドゥンス・スコトゥスによる「抽象的知解」に対する「直覚的（直観的）知解 intellectio intitiva」(*e.g.*, Duns Scotus, *Opera Omnia*, t. VII, præside P. C. Balic, *Ordinatio II*, dist. 3, p. 2, t. 7, pp. 552-554)、あるいは、オッカムにおける「直覚知 notitia intuitiva」と「抽象知 notitia abstractiva」の区別（清水哲郎『オッカムの言語哲学』（勁草書房、一九九〇年）、一一五頁以下、Joël Biard, *Guillaume d'Ockham*, PUF, 1997, p. 52 *sqq.* 参照）などは、デカルト「観念」論を中世スコラ哲学における認識説との断絶と連続との下に捉える上で重要になる（『観念と存在』「第III部第一章」参照）が、この「第六省察」の論脈には直接食い込んで来るわけではない。また、「直観」についてのおおよその概念史的流れについては、永井均他編『事典　哲学の木』（講談社、二〇〇二年）の「直観」の項（七一九頁から七二二頁）を見ていただきたい。

第三の、『省察』内部での《intueri》という語の使用について言えば、「第三省察」において知性の働きについて「直視する」とされ、「第六省察」においては想像力の働きも「直視する」と表現されている点が問われるかもしれない。しかし、この問題は次に本文中に論じるビュルマンの《inspectio》についての問いと同断である。その要点だけを予め述べれば、デカルトにとって知解することも想像することも同じく精神の働き、「思うこと cogitatio」だという点にある

（2）「しきたり」については『形而上学の成立』一五四頁から一五六頁、『新省察』六頁から七頁参照。

（3）LTL, Oxford, Blaise1, Blaise2, Gaffiot,『羅葡日』などを当たってみるに、この語のここでの意味は「緊張、懸命、衝突、論争、争い、訴訟」など、〈やや荒々しく勢いよく向かってゆく〉という気分を伴っていると思われるが、しかし〈一点への集中〉という気分をあまりもっていないように思われる。われわれとしては〈頭のなかで〉やや複雑な図形を思い描く場合に感じる、緊張を思い浮かべればよいわけで、それ以上に追求してこの語のデカルト的使用を詳細に記述しようとする必要はな

いと考える。

LTL：A. Forcelini, *Lexicon Totius Latinitatis*, 1864-1926.

Oxford：P. G. W. Glaire, *Oxford Latin Dictionary*, Oxford, 1982.

Blaise1：A. Blaise, *Dictionnaire latin-francais des auteurs du moyen-age*, Brepols, 1975.

Blaise2：A. Blaise, *Dictionnaire latin-francais des auteurs chrêtiens*, Brepols, 1954.

Gaffiot：F. Gaffiot, *Dictionnaire illustré latin francais*, Hachette, 1934.

『羅葡日』：*Dictionarium latino lusitanicum ac iaponicum*, 1595, 勉誠社、一九七九年。

（4）所『訳解』四一二頁から四一三頁にこの点が論じられている。そこで挙げられている二つの疑問はたしかにその通りの疑問を抱くことができる。それは(a)「緊張 contentio」は、知解するためには不要で想像するためには必要なのか、それとも(b)両方とも緊張を要するが「別種」のものなのか、という疑問である。しかし、この選択肢に決着をつけることがデカルトの「想像力」理論について考える上で新たな知見を加えることにはならないと思われる。

（5）G・ロディス・レヴィスは、ここで想像力を「デカルトは心が脳のうちに形成する痕跡によって説明しているが、それは、感得 sentiment ということから独立した後からの科学的再構成である」。そして、想像力が複雑な多角形を捉えることができないということは、想像力が純粋な思いとは別な事物に依存しているということを示している、と述べている（G. Rodis-Lewis, *L'Œuvre de Descartes*, J. Vrin, 1971, t. 1, p. 331)。

第六章　「想像力」理論の展開

第一節　理性を超える想像力の働き

『思索私記 *Cogitationes Privatae*』はデカルトのごく若い頃の思索を伝えている。そこに次のようなことが記されている。「想像力 imaginatio は物体を概念する concipere ために形を用いる」。詩人たちは「熱狂と想像することの力 vis imaginatio」によって詩を書く。哲学者は「学問の種子 semen scientiae」を「理性 ratio」によって開き出すが、詩人たちは「想像力」によって開き出す、とも記されている（AT. X, 217. 12-22）[1]。ここから読み取れるのは、「想像力」が何かしら物体的な形と係わりながらも、その詩的な使用について言及されているということである。後者の場合に「想像力」という表現は、ありそうなこと、ありそうにもないことを超えて思いが働く、あるいは、理由や推論に則って働かない場合の思い方を示しているであろう。前者の形との係わりは、想像することが形を用いて安定した理解になることを示しているが、『省察』において確立されるように、形を思い看るという働きであるとはされていない。さらに、詩的な使用という後者の面は、一六四九年の或る書簡に以下のように記されていることとも通じるであろう。つまり、「何かを拵え上げ、いうなら、想像して、その後でこの拵え上げたことを喜ぶ aliquid commentati sive imaginati sumus, & postea nobis commentum placet」ことは「真理の道から」

きわめて離れている（à Morus, 8-1649, AT. V, 405. 16/GB. 2746）。また、或る人についてその人は「私の想像に en mon imagination 入らなかったことを書いている」、つまり、思いもしないことを書いている、というように述べている（à X***, 1648 ou 1649, AT. V, 259. 07/GB. 2610 あるいは、à Chanut, 6-6-1647, AT. V, 51. 15/BG. 2468 など参照）。しかし、それは必ずしも悪い面ばかりではなく、「あなたの美しい叙述を私の想像力によって」読み直す（à Chanut, 5, 1648, AT. V, 182/GB. 2546）、「音楽についての私の（幾つかの）想像に関して touchant mes imaginations de Musique」（à Huygens, 4-2-1647, AT. IV, 790/GB. 2398）という表現も見られる。理性的な、あるいは、知性的な制約を超えて働くという、局面によっては肯定的にも否定的にもなる想像力の役割については晩年まで辿ることができる。その否定的局面、つまり、想像力の誤用については、物理・数学的側面にまずは看て取られる。

たとえば、理由のない、あるいは、基礎のない単なる思いつきによる仮定や断言についてデカルトは「一つの誤った想像に過ぎない une fausse imagination」という表現をする（à Mersenne, 1-1630, AT. I, 112/GB. 120）。学院（スコラ）の学者たちに対する批判についても「それは学院の想像である c'est une imagination de l'École」と言われたりする（à Mersenne, 25-2-1630, AT. I, 117/GB. 124）。デカルトが「幾何学」に記したことへの非難について、それが「彼らの純粋な想像 ses pures imaginations に基づいていて、〔それらを〕証明しないのは、彼らにとって都合のよいことである」（à Mersenne, 3-5-1638, AT. II, 157/GB. 692）と述べられる。ガリレオの『新科学対話 *Dialoghi delle Nuove Scienza*』に対する批判のなかにも「容易に斥けられる想像にすぎない une imagination fort aisée à réfuter」（à Mersenne, 11-10-1638, AT. II, 383/GB. 882）という表現が見られる。デカルトが、物理・数学的問題を解決したという人に対して、あるいは、自分の理論に対する批判に際して、このように「純粋な想像（力）」あるいは「想像力」という表現を使う場合は多く見られる（*e.g.*, à Mersenne, 4-1637, AT. I, 351/GB. 366: à

Mersenne, 11-10-1638, AT. II, 384/GB. 882: à Mersenne, 15-11-1638, AT. II, 433/GB. 922: à Mersenne, 30-7-1640, AT. III, 130/GB. 1236: à Mersenne, 28-10-1640, AT. III, 209/GB. 1304: à Mersenne, 4-4-1648, AT. V, 141/GB. 2542: à Mersenne, 6 ou 7-1648, AT. V, 208. 04/GB. 2566)。この場合の「想像力」ないし「想像」は「真なる原因を見ない人々のある純粋な想像 une pure imagination に他ならない」（à Mersenne, 29-1-1640, AT. III, 12/GB. 1140）のであり、「立派な人が、蓋然的な何らかのものを求めて、もっと知性的な思考よりも、不分明で不可能な想像力の方を好むのに、びっくりする」（à Mersenne, 30-7-1640, AT. III, 124/GB. 1232）、そういう「想像力」である。「純粋想像力」と言われるのは「基礎のない或る想像 une imagination sans fondement」を作り出す働きのことである（au Marquis de Newcastle, 23-11-1646, AT. IV, 570/GB. 2348）。「誤った想像力」で思い込まれたことの例としては、たとえば、「重さや熱やその他のことをわれわれが実象的である réelles と想像していた」（à Elisabeth, 21-5-1643, AT. III, 667/GB. 1750）ような場合があり、「速さ」と「力」の関係について（à Mersenne, 15-11-1638, AT. II, 433/GB. 922: à Mersenne, 29-1-1640, AT. III, 11/GB. 1140）、子供の頃に「星をとても小さいものと想像していた」（*PP.*, p. I, art. 72, AT. VIII-1, 36-37）、「真空」（*PP.*, p. III, art. 25, AT. VIII-1, 89）などの場合がある。要するに、物理・数学的領域において、誤った、基礎のない「原理」（à Mersenne, 30-7-1640, AT. III, 130/GB. 1236）をもたらすのは「誤った想像力」であり、「純粋な想像（力）」である。言い換えれば、基礎なしに用いられた「想像力」が誤用をもたらすのである。想像力に基礎を与えるのは理由であり、理由を支えるのは知性である。その肯定的な「想像力」の働き、理由に基づいて仮定を提示するという力についても、デカルトは述べている。たとえば、地動説も天動説も「想像力」を用いて提示されるが、天動説は「彼らの想像力だけによってしつらえられた a sola illorum imaginatione efficta」、基礎のない仮定とされる（*PP.*, p. III, art. 30, AT. VIII

−1, 97)。「デモクリトスもさまざまな形と大きさと運動をもつ或る微小物体を想像していた」(*PP.*, p. IV, art. 202, AT. VIII, 325)という場合、やはり分割に関してであるが「少なくともわれわれの想像力によって par notre imagination それを分割することができるであろう」(à Mersenne, 28-10-1640, AT. III, 214/GB. 1308)、最後に「聖体変化における表面」について「しかるべく概念しない人々の想像力」(à Mersenne, 23-6-1641, AT. III, 387/GB. 1478)という表現で念頭におかれているのは知性に支えられた想像力の場合である。また、「空虚(真空)vide」は「われわれの想像力の及びうる」限りで知覚されない、ともされる(*Le Monde*, ch. 6, AT. XI, 32)。この場合に感覚される、あるいは、観察される領域を想像力によって拡張することが認められている。「屈折光学」には、距離の大きさが「全く単純な一つの想像 vne imagination toute simple に過ぎなくとも」、測量士のするのと「類似した推論をそのうちに含まざるをえない」とも記されている(AT. VI, 138)。要するに、物理・数学的領域において、知性に助けられて想像力が行使される場合には肯定的な働きをするが、知性に助けられない場合には「純粋な想像」、つまりは根拠なき思いなしとして否定的に捉えられる。(2) 書簡におけるこの「誤った想像(力)」に関する記述が一六三〇年以降に見出されるということには何らかの理由があるのかもしれない。この年は、周知のように一六二九年の「形而上学の小篇」と三〇年の「永遠真理創造説」とが書簡において言及される年である。一六三〇年の四つの書簡はデカルトが『規則論』的思索を抜け出していることを示しているのは先に見たところである(à Mersenne, 15-4-1630, AT. I, 135-147/GB. 138-148: à Mersenne, 6-5-1630, AT. I, 149-150/GB. 148-150: à Mersenne, 27-5-1630, AT. I, 151-153/GB. 152-154: à Mersenne, 25-11-1630, AT. I, 177-182/GB. 172-178. この点については『形而上学の成立』「第一部第一章」を参照)。このデカルトの思索史的展開を、以上に見た書簡における「想像(力)」についての使用例からも窺うことができるかもしれない。

第二節　形と想像力

デカルト的「想像力」と形との係わりは既に『思索私記』に見出され、もちろん『世界論』にもこの繋がりは見出される（AT. XI, 34「われわれが想像しうるすべての形」）。その意味では〈形を想像する〉というのはデカルトにとって通常の使い方であろう。だが、数学および物質との係わりが見えてくるのは『方法序説』（一六三七年公刊）においてであると思われる。その「第二部」において「解析 Analyse」と「代数（数論）Algèbre」との差異が、前者は「いつも図形の考察に縛られているので、知性 entendement を働かせようと思うと想像力を大変疲れさせずにおれない」とされる（AT. VI, 17-18）。「第四部」では、もっと明確に「想像力は物質的な事物のための特有な思い方 une façon de penser particulière pour les choses materièlles」であるとされる。この想像力の働きの明確化は、同時に、「神と心の観念 les idées de Dieu & de l'âme」を感覚でも想像力でも捉えることができないという認識をもたらす（AT. VI, 37）。この想像力はキマエラを「きわめて判明に想像することのできる nous pouvons bien imaginer distinctement」働きでもある（AT. VI, 40）。ここから『省察』的「想像力」への道のりは近い。数学と形而上学における想像力の役割も一六三九年の書簡には示されている。「数学にもっともよく導く精神の部分、すなわち、想像力は、形而上学的な思弁にとっては役に立つというよりも害になる」（à Mersenne, 13-11-1639, AT. II, 622/GB. 1070）。「想像力は大きさ、形、運動しか考察しない」（à Mersenne, 7-1641, AT. III, 395/GB. 1484）。知性との関係も明らかになる。「物体、すなわち、広がり、形と運動は、知性だけによっても認識されうるが、想像力に助けられた知性によっていっそうよく認識される」（à Elisabeth, 28-6-1643, AT. III, 691-692/GB. 1780）。数学の研究は「形や運動を考察することにおいて主に想像力を行使し」、「物体についてのとても判明な基礎概念にわれわれを慣らす」(à Elisabeth, 28-6-1643, AT. III, 692/GB. 1780)。想像力は形を捉える心の働きとして、知性との差異をもち、「われわれの想像力は、諸感覚に落ちてくる事物を自分に表象することにだけ相応しい n'est propre qu'à se représenter des choses qui tombent sous les sens」というように感覚との差異の下に考えられる(à Mersenne, 7-1641, AT. III, 394/GB. 1484)。想像力が空間を開いて物体を形として描く。そのことは物体の本質を「広がり」とすることである。この点についての機微は「第五省察」から「第六省察」への展開において示されなければならない。われわれはその仕事を既に終えている。ここでは、「大きさと形のさまざまな部分を、相互に異なるものとして、想像力によって区別することができる」(à Morus, 5-2-1649, AT. V, 270/GB. 2616) という知見がデカルトの晩年まで変わらないという点を指摘するだけで十分であろう。

第三節　知性と想像力と脳

想像力と知性との違いについての代表的な言い方を見ておこう。一つは対象という点から見た、知性、想像力、感覚の違いである。「実体は想像力によってではなく、知性によって知覚され」(Resp. 5, AT. VII, 364)、「神には想像可能な何もなく」(à Chanut, 1-1-1647, AT. IV, 607/GB. 2388)、神を大きな人間のように想像するのは、「知性作用と想像作用との混同」によっている (Resp. 5, AT. VII, 365)(3)。想像することによってわれわれは無際限な広がりに到達できるけれども、「それ以上大きいものがありうると知解することができる」(*PP.*, p. I, art. 26, AT. VIII-1, 15)。言い換えれば、「概念する concevoir」範囲に比べると、想像する範囲はきわめて限られている (à Mersenne, 7-1641, AT. III, 395/GB. 1484)。そのように世界は「無際限に広がる何らかの諸空間 aliqua spatia indefinite extensa」であり、これは「真に想像可能なもの、つまり、実象的なものであるとわれわれは知覚する vere imaginabilia, hoc est, realia esse percipimus」(*PP*., p. II, art. 21, AT. VIII-1, 52)。物質の分割は無際限に可能であり、「その微小部分はすべて想像可能」である、たとえ、その微少部分が「われわれにとって包括的に把握不可能 incomprehensibilis」であっても (*PP*., p. II, art. 34, AT. VIII-1, 60 & Title)、知性に裏付けられていれば「実象的」であると知覚される。もっと形而上学的対象についてみれば、「心の本性を概念するのに想像力を使おうとするのは」誤りである (à Elisabeth, 21-5-1643, AT. III, 666/GB. 1748)。「われわれの心 Ame は、色も、香りも、味も、物体に帰属するすべてのうちの何ももたないのだから、心が自分を想像すること、あるいは心の像を形成することはできない」(à Mersenne, 7-1641, AT. III, 394/GB. 1484)。よく引用される箇所で繰り返しになるが、「心は純粋知性によってのみ概念され、物体、すなわち、広がり、形と運動は、知性だけによっても認識されうるが、想像力に助けられた知性によっていっそうよく認識される、最後に、心と身体の合一に属することごとは知性だけでも、想像力に助けられた知性によってさえ曖昧にしか認識されず、感覚によってきわめて明晰に認識される」(à Elisabeth, 28-6-1643, AT. III, 691-692/GB. 1780)。「純粋知性を行使する形而上学的思考は心という基礎概念を親しみやすくし、形や運動を考察することにおいて主に想像力を行使する数学の研究は、われわれに物体についてのとても判明な知見にわれわれを慣らし、最後に、心と身体の合一を概念することを学ぶのは、生活と日常の付き合いに携わり、省察することを差し控え、想像力を行使する事物についての研究を差し控えることにおいてである」(à Elisabeth, 28-6-1643, AT. III, 692/GB. 1782)。纏めるまでもないことであるが、対象とその広がりにおける知性と想像力との違いは明らかである。神、心 (精神)、普遍は知性によって捉えられる (concipere/intelligere)。物体、およびどれほど微小になろうともその部分は想像可能である。知性の働きが神である「無限 infinitum」を捉えるのに対して、想像力の働きは「無際限 indefinitum」なる物質世界を捉える（*PP*. p. I, art. 28, AT. VIII-1, 15)。

もう一つは、身体の係わりという点から見られた想像力と知性の差異である。まず、想像力と身体の係わりについて「人間論」の説明を見てみよう。そこでは想像力と「共通感覚」とはほとんど並列的な位置におかれ、これら二つの「座 siège」は「腺Hの表面 superficie de la glande H」であり、身体という機械に「合一」されているので理性的な心 âme raisonnable は何らかの対象を想像する、あるいは、感覚する」とされている（AT. XI, 176-177)。「人間論」には、たとえば、「目覚めて夢を見る人の想像力」（AT. VI, 198）にどのようなことが生じているのか、あるいは、「想像力のうちにキマエラとかヒュポグリフィスが構成される」（AT. XI, 184)、というように松果腺に座をもつ想像力についての身体的・解剖学的記述が与えられている。「人間論」は「理性的心の記述」（AT. XI, 200）に移る前で中断されている。それゆえ、思うことの働きとしての想像力と、ここで身体の変化の下に捉えられた想像力との関係がどのようであるのかということの説明を「人間論」に求めることはできない。この「人間論」については中断されたままに終わったという過渡性を評価しなければならない。しかしながら、『規則論』では想像力は身体の一部とされていたが、「人間論」ではその「座」が松果腺であるとされている。このことは以後も変わらないであろう。しかし、その「座」というのはどのようなことなのか。「座」である松果腺が脳の一部であるのならば、その「座」も身体の一部であり、『規則論』の表現と変わるところがないのではないか。「人間論」を見る限りそのようにも思えてくる。「共通感覚」が「想像力」と並べて論究されているという点と、その点で「人間論」の記述は過渡的であると言える。

それでは想像力と身体との関係はその後どのように捉えられていったのか。「第五答弁」には次のように記されている。「純粋に知解するためにはどんな脳の使用もありえないが」想像すること、あるいは、感覚することには脳が係わることになる（Resp. 5, AT. VII, 358）。「純粋な知解作用 pura intellectio」の場合には、物体的事物であれ、非物体的事物であれ、「どんな物体的形質も species corporalis なしに」知解される。しかし、想像力の場合には、「物体的事物についてでなければありえない non nisi de rebus corporeis esse potest のだから、なるほど、真に物体である形質を必要とし、それに向けて精神は自分を振り向ける ad quam mens se applicet が、しかし、その形質が精神のなかに受け取られるのではない」（Resp. 5, AT. VII, 387）。想像力は物体的事物を捉える。だから物体的事物の「形質」を必要とする。しかし、物体的な何かが精神のなかに受け容れられるのではない。これが、先の想像力の「座 siège」が脳にあるということの説明になる。微妙な言い方に思われるかもしれないが、明確に規定されている。或る書簡には次のように記されている。「脳の内にわれわれが想像する何かとしてあらねばならない物体的形相ないし形質 formæ sive species corporeæ は思うということではない。そうではなく、想像する精神の働き、ないし当の形質へと精神を向ける働き operatio mentis imaginantis, sive ad istas species se convertentis, est cogitatio、それが思うということである」（à Mersenne, 21-4-1641, AT. III, 361/GB. 1446）。この「形相ないし形質 forma sive species」について、それがどのようなものであるのか、そこでデカルトは規定していない。しかし、それが脳における「さまざまな印象 diverses impressions」あるいは、それらの「痕跡 traces」と言われるものに違いはない（*PA.*, art. 21, AT. XI, 344. *Cf.* art. 26, AT. XI, 348）。しかし、以上の説明は『哲学の原理』「第四部一八九項」における次の表現を受け容れるのでなければならない。そこには次のように記されている。「人間の心は身体全体に形相を与える informare が、自分の最始的座 præcipuam sedem suam を脳にもつ、そこにおいてだけ心は知解し、想像し、感覚もする。このことは、細糸のように、脳から残りのすべての身体部分に張り巡らされている神経の働きによって」（AT. VIII-1, 315）なされる。「私の意見は、この腺が心の最始的座であり、われわれのすべての思いがなされる場である le lieu où se font toutes nos pensées ということである」。その理由は「脳の全体において、ここだけを除いて、二重ではないただ一つという他のどんな部分も私は見つけない」（à Meysommier, 29-1-1640, AT. III, 19/BG. 1144）から、とされている。

第四節　心の最始的座と想像力

心の「最始的座」は脳にあるということについて、二つの点を指摘しなければならない。第一に、心が身体全体に「形相を与える」、その意味では心は身体のすべてであるということ、第二に、「知解する」ことと脳の関係である。第一の点から始める。「形相を与える」と訳したのは《informare》という動詞である。この動詞の役割についてメラン宛の二つの書簡を参照することができる（à Mesland, 9-1-1645, AT. IV, 162-172/GB. 1960-1968 & à Mesland, 1645 ou 1646, AT. IV, 345-348/GB. 2129-2130）。結論から言えば、聖体の秘蹟における「実体変化」の説明という論脈のなかで、この動詞は心が人間の身体をすっかり一つの全体にすることを意味するとされている。デカルトは「第四答弁」において、アルノーからの問いかけに応じて、「聖体の秘蹟 Sacramentum Eucharistiae」についての考え方を提起する（AT. VII, 248-256）。聖体の秘蹟においてはパンであり、葡萄酒であるものが、キリストの肉であり血であるということの説明である。これをデカルトは「偶性 accidens」に他ならない「表面 superficies」あるいは「境界 terminus」が変わらずに「実体 substantia」が変化するという仕方で示す。簡潔にのみ言えば、「感覚を動かすのは偶性」であり、実体でも、実体と別個とされる「実象的な何か」でもない（AT. VII, 253）。そういうわけで実体が変わっても表面が同じということが可能になる。デカルトは一六四一年の初版に、さらに第二版では説明を付け加えている（AT. VII, 252-256）。メラン宛の書簡では「実体変化 transsubstantiation」についてさらに新しい見解を提示している。これも要点だけを引用すれば次のようになる。われわれがパンを食べ、葡萄酒を飲むと、「それらはわれわれの胃の中で分解して、そこからわれわれの血管の中を絶えず流れ、そのことによってだけ、パンや葡萄酒の微細な部分は、血液と混ざり合い、自然的に実体変化をし elles se transsubstantient naturellement、われわれの身体の一部になる」（AT. IV, 167-168/GB. 1966）。「この実体変化は奇蹟なしに生じる Cette transsubstantiation se fait sans miracle」（AT. IV, 168/GB. 1966）。「一人の人間の身体の数的な一性 unité numerique du corps は、身体の物質には依存せず、心である身体の形相 sa forme に依存するからである」（AT. IV, 346/GB. 2128）。このように考えれば、聖体の秘蹟についても容易に理解できる。この論脈のなかで「形相を与える informer」という動詞が用いられる。われわれの身体が歳を経たり、新陳代謝によって、「もはや同じ形でなくとも」、「それら身体は、同じ心に形相を与えられている ils sont informés de la même âme がゆえにだけ、数において同じ eadem numero である」（AT. VI, 167/GB. 1965）。同じ心と合一されている限り、「われわれはその物質を同じ人間の身体と、すっかり身体全体と常に看做す nous la prenons toujours pour le corps du même homme, & pour le corps tout entier」（AT. IV, 167/GB. 1965）。「大きかろうが、小さかろうが、同じ人間の心によって一緒に形相を与えられた est ensemble informée すべての物質が、すっかり一つの人間身体全体と解されるのである」（AT. IV, 168/GB. 1966）。要するに、心が身体に形相を与えるということは、合一体としての人間身体が一個の身体としてその合一体の身体の全体をなすということである(4)。メラン宛の書簡で使われている「形相を与える」という動詞の使い方は先に見た『哲学の原理』「第四部一八九項」と同じである。この動詞は「第二答弁」「諸根拠」の「観念」の定義において使われている。少し長くなるがその部分を引用すると以下のようになる。「私は構像力phantasiaのなかに描き出された像の数々をけっして観念と呼んではいない。そうではなく実に、ここでそれら、身体的構像力のなかにある限りの像を、言い換えれば、脳の或る部分に描き出された限りの、像をけっして観念と私は呼ばない。そうではなく、ただ、それら像が脳のその部分に振り向けられた精神そのものに形相を与えるinformare限りで観念と呼ぶ」(AT. VII, 160)。ここでは「身体的構像力phantasia corporea」と言われており、「想像力imaginatio」とは言われていない。それは「想像力」を心の働きとして捉え、それに対応する脳の部分を「構像力」と呼んだからと考えられる。『哲学の原理』でも、『省察』本文中でも「構像力」という表現が使われることはない。このように考えてみれば、この「観念」の定義において、《informare》という言葉は『哲学の原理』「第四部一八九項」、メラン宛書簡とちょうど反対向きに用いられていることに気づく。この「諸根拠」では、精神が構像力に描かれた像に自分を振り向けると、像が精神に「形相を与える」。『哲学の原理』では、心が身体全体に「形相を与える」。デカルトはこの語を〈心が身体に〉という方向だけではなく、〈身体が心に〉という方向にも用いている。この点がきわめて特徴的な使い方である。(5) いずれにせよ、心と身体との関係を表す語として用いている。『哲学の原理』においてこの語は、見逃しがなければ、ここでしか用いられていない。また、「諸答弁」においてもデカルトは上記の箇所以外では、やはり見逃しがなければ、この語を用いていない。この《informare》という言葉は、デカルトにとって、そのように心と身体との関係を示す滅多に使うことのない特有な表現であったと考えられる。繰り返して強調できることは、デカルトは「形相を与える」ということを双方向で考えていたということである。「形相を与える」と訳さざるをえないが、スコラ的な質料形相論のなかで使われているわけではない。心が身体に「形相を与える」にせよ、脳に描き出された像が精神に「形相を与える」にせよ、身体が質料の位置に来るのでも、精神が質料の位置に来るのでもない。或る像が精神に「形相を与える」とは、精神が或る観念という〈或るかたち〉を与えられるということである。つまり、精神が或る特定の様態をとるということである。心が身体に「形相を与える」というのも、当の物体＝身体が、身心合一体としての「私」の身体であることは、心に基づいてのみ示されるということを示している。

この点にもう少し探りを入れてみよう。或る書簡において「人間の真なる実体形相である心の例によって確認されること Qoud confirmatur exemplo Animæ, quæ est vera forma substantialis hominis」(à Regius, 1-1642, AT. III, 505/1600/Erik-Jan Bos, 115) と記されている。「実体形相」とは言うまでもなく、スコラ的な用語であり、デカルトが物理学研究において、また形而上学においても放逐した概念である。デカルトは同じ書簡で「実体形相」を「作用の直接的原理」であるとするスコラ的な立場の不合理について述べている (à Regius, 1-1642, AT. III, 503/GB. 1598)。また、別の書簡には「実体形相」と「実象的性質」について「私はそれらをすっかり拒絶しなければならないと信ずる」と述べている (à de Launoy, 22-7-1641, AT. III, 420/BG 1510)。この語の意味するところを簡潔に言えば、質料と形相を統合して実体に仕上げる形相のことである。その点で本質と重なるとされる場合もある。アリストテレス・トミスム的な質料形相論からの拘束を離れて、デカルトは身心合一の表現として「真なる実体的合一」という方式を提示する (à Regius, 1-1642, AT. III, 508/1602, *cf*. A Robinet, *Descartes, La lumère naturelle, Intuition Disposition, Complexion*, Vrin, 1999, p. 394.)(6) その「実体的合一」について「第四答弁」は次のように記す。つまり、「人間である」ということが単に「心が身体を使う」と考えられてしまうことを避けるために、「第六省察」において自分は「精神の身体からの区別を論じると同時に、精神が身体と実体的に合一していることをも証明した」(Resp. 4, AT. VII, 228-229)、と。この部分は、「実象的区別」と「実体的合一」とがどのように整合的に解釈されるのかという問題と、合一体としての「人間」における身体の役割の問題とに係わって、多くの解釈者に論究されている。(7) 次の点を指摘しておかねばならない。つまり、第一に、実象的区別と実体的合一が概念として両立不可能ではないこと、第二に、《informare》という語の理解についてである。先に明らかにしたことを踏まえた上で、後者から見て行くならば、この語の含意をスコラ哲学から汲み出すことをやめ、少ないながらもデカルト的使用を参照するならば、身心合一体としての人間における心と身体との関係を示す表現として解することができる。心が身体に「形相を与え」、身体が心に「形相を与える」ということは、脳における「印象」と心の働きとしての「想像力」の関係を考えれば、その言わんとするところが理解できる。

身心合一体としての人間という場に立つならば、「形相を与える informare」ということによって表されていることが身体と心の働き合いであることが明らかになる。その意味で人間であることが、つまり身心の合一体であることが、物体である身体の身体性の土台になる。精神が身体を使うのではない。身心が一体となっている人間の心が一体となっている身体を身体として見出し、身体を当の人間自らの身体として気遣う。心と身体が「形相を与え informare」合う。その観点に立てば、第一の点は、次のように解決される。実象的区別とは「もの res」と「もの」との区別のことである(『観念と存在』「第I部第1章」参照)。「第六省察」で確立されるのは、「広がるもの」という実体と「思うもの」という実体との区別である。「広がるもの」は「広がり」という視点の下で捉えられ、けっして「思い」ということによっては捉えられない。「思うもの」はけっして「広がり」によっては捉えられない。そういう意味で相互に独立の「もの」である。「思うもの」も「広がるもの」も、それ自身によってあるもの、もっと言えば「実体」である。哲学史的には周知のことではあるにもかかわらず、現今の思想的状況を考えると、次のことを言っておかなければならない。ここで扱っている「実体」と「物体」とを概念として置き換えることはできない。もちろん「実体」は時空的な規定をもつ個物でもない。生活状況のなかで個物として扱われる「この机」は、物体として実体である。地球全体も実体であり、宇宙全体も実体である。広がっていればすべて物体的実体と看做される。実体であることが観察可能性に依存するわけでもない。精神は見えないけれども実体である。神も見えないけれども実体である。精神である限り、「思うもの」である限り、実体である。(8) 誰ということでもない。身心合一体としての人間の心も実体である。その場合には、人間の心であるということは、誰かの心ということである。その誰かの心も実体である。「一つの身体と一つの思いを一緒にもっていて、この思いが身体を動かすことができ、この思いが身体に生じる出来事を感覚することができる、そういう自然をもっているのは、ただ一人の人である une seule personne」(à Elisabeth, 28-6-1643, AT. III, 694/GB. 1782)。

実象的区別と実体的合一については、なかなか理解に困難であるとこれまで思われてきた。たとえば、デカルトが繰り返して説明しているにもかかわらず、エリザベト王女も結局のところ心身の区別と心身合一との区別と連関を呑み込むことはできなかった。それはデカルトが言うように区別を証明する「諸理由が強く精神に現前している」からであると考えられる(à Elisabeth, 28-6-1643, AT. III, 693/GB. 1782)。エリザベトの躓きの一つは「重さpesanteur」の「比較（譬え）comparaison」にあった。エリザベトは「人間の心は、思う実体に他ならないのですから、意志行為 actions volontaires を為すためにはどのようにして身体の精気を規定しうるのでしょうか」(Elisabeth à Descartes, 6/16-5-1643, AT. III, 661/GB. 1744-1746) と問う。デカルトはまず、「思い」、「広がり」、「合一」という三つの「始元的基礎概念 notions primitives」を提起する (à Elisabeth, 21-5-1643, AT. III, 665/GB. 1748)。そこで「重さ」という「比較（譬え）」を提示する (AT. III, 667/GB. 1750)。この「比較（譬え）」は「第六答弁」「第一〇項」を踏まえたものである。「第六答弁」の当該箇所の「重さ」についての論旨を次の二点に纏めることができる。第一に、かつて「私」は「重さ gravitas」を「実象的性質 qualitas realis」のように概念していた。そのときには重さが物体に内在すると看做し、それを「性質」と呼んでいたが、それに「実象的」と付け加えていたからには、実際には、「重さ」を実体と看做していたことになる。衣服が衣服を纏った人間に関係づけられる場合には性質であるが、それ自身で見られるならば実体であるのと同じように。第二に、「重さ」が重くある物体の全体に分散しているからといって、「重さ」を物体の本性だとは考えていなかった。なぜならば、「物体の真なる本性 vera corporis natura」は不可侵入性である。つまり、或る何らかの広がりの限界が当該の物体の限界である。ところが、重さは一点に集まることがある。或る物体を糸でつり下げるならば、その物体の重さは一点に集中する。第一の点は、そのように精神と物体の関係が考えられていたということである。説明的に言い換えれば、精神と物体=身体とのどちらがどちらの性質にも、また、それらのどちらも実体にもなるように考えていた。精神の本質を「思い」として捉えることによって、このような誤りは斥けられる。しかし、第二の点は否定的な面だけではなく、肯定的な面ももっている。「可分的とか測定可能であるなど divisibilis, mensurabilis &c. ということを」重さに帰していたという点は今もそうであるし、「今ももちろん、精神が身体と広がりをともにし、全体が全体においてあり、全体が任意の部分にあるということを、異なる理由で知解しているわけではない Nec sane jam mentem alia ratione corpori coextensam, totamque in toto, & totam in qualibet ejus parte esse intelligo」(AT. VII, 441-442)。「広がりをともにする coixtensus」ということは、精神に空間的広がりを帰すことはできないのは当然であるから、次に示されるように身体全体が心であることを示している。その身体における心にとっての「最始的座」が脳の微少部分である。この箇所を下敷きに、デカルトはエリザベトに「重さ pesanteur」と「力

force」を使いながら心身の関係を説明する（à Elisabeth, 21-5-1643, A.T. III, 667-668/GB. 1750）。しかし、エリザベトは区別についてはよくわかっているが、重さの例をなぜ心身関係に使うのかということがわからない。重さを精神的なものでもあるかのように思っている（Elisabeth à Descartes, 10/20-6-1643, A.T. III, 683-685/GB. 1768-1770）。デカルトは、「思い」と「広がり」と「合一」の間には「比較（譬え）」は成り立たないのに、なぜ「重さ」という「比較（譬え）」を使ったのかという理由を示す。しかし、それでも理解は難しいと考えたのであろう。第一に、三つの始元的基礎概念を繰り返し、次のことを示す。「純粋知性」によって心は捉えられる。「広がり、形、運動」は知性だけでも捉えられるが、「想像力によって助けられた知性」によっていっそうよく捉えられる。心身の合一に関することは知性だけでも、想像力に助けられた知性によっても、曖昧にしか認識されず、「感覚によってきわめて明晰に認識される」。第二に、そこから次のことが帰結するとデカルトは言う。哲学せずに感覚だけを用いる者は心身の相互作用を疑わない。「形而上学的な思い pensées Métaphysiques」（省察によって得られることごと）は心についての基礎概念を馴染み深いものにする。「数学の研究 étude des Mathematiques」は物体についての基礎概念を馴染み深いものにする。「省察する méditer ことも研究することも控えて」、「日々生活して人々と付き合っているだけならば en usant seulement de la vie & des conversations ordinaires」、合一のことがよくわかる（à Elisabeth, 28-6-1643, A.T. III, 692/GB. 1780）。要するに、デカルトは、エリザベトが区別を理解して合一を理解しないのは「これらの省察」によって合一を捉えようとしたためであると考えた（à Elisabeth, 28-6-1643, A.T. III, 693/GB. 1782）。そういう状況の下で、身心の区別とそれらの合一について考え、このことを区別と合一として「同時に en même temps」概念することができないのは当然である。身体を「ただ一つのものとして comme une seule chose」、心を「ただ一つのものとして」概念し、それらを「一緒 ensemble」にした一つのものを二つと把握すれば、一つでかつ二つになるのであるから、「それが矛盾する」のも当然である(*ibid.*)。[9]

形而上学的省察をしたり、数学の問題を研究したりせずに、日々の生活に身を浸しているときに、われわれは自分が一個の人間であることをわかっている。以上のことがこのことをも示していることは確かである。しかし、それは実象的区別を念頭において心身の合一を理解できずに困っている人に対しての説明である。形而上学的に省察すると実象的区別と心身の合一との間に矛盾が生じるということではない。そもそも、心と身体とが本質を異にする別種の実体であることと、心と身体との合一が一人の人間であることとは、何も矛盾することではない。このことが肝要な点である。精神と物体は相互に独立であり、物体が実在することは精神の実在に依存しない。逆も然りである。しかし、実象的区別は、二つの実体のうち、片方が現になくとも、片方は現にあるということを意味してはいない。デカルトの主張は片方なしに片方が実在しうるということである。ここでも本質領域における可能的実在を見逃すと誤りを犯すことになる。[10] この点を「第四答弁」の記述によって補うことができる。身心の実象的区別について、アルノーは「この立論は過度に証明していると思われる」と記す(AT. VII, 203)。そして「人間は心だけであり、だが身体は心の乗り物にすぎない ut homo sit solus animus, corpus vero non nisi vehiculum animi」という意見へと傾くことになると指摘する(Obj. 4, AT. VII, 203)。それに対してデカルトは次のように答える。実象的区別で示されていることは、「二つの事物が他の事物から実象的に区別されるということを示すためには、神的な力能によって当の事物から分離されうる possit ab ipsa separari ということ以上の何も言われえない」(Resp. 4, AT. VII, 227)。つまり、当該の二つの事物は神の力能によって分離されていないが、分離可能だということである。神の力能による分離可能性が身心の実象的区別の可能的実在の根拠である。精神が広がりなしに知解され、身体が思いなしに知解されるということが実象的区別の明証性の根拠である。「実体的合一」は「精神だけの明晰判明な概念がもたれることを妨げない」(Resp. 4, AT. VII, 228)。実体的合一の内容は人間の腕を例にとって説明される (Resp. 4, AT. VII, 228)。つまり、身心合一体である人間の腕は人間の欠けるところない自然の内に含まれているが、腕は物体＝身体としては足とは別な事物である。

ここで形而上学の対象としての物体と実象的に区別して論じられる精神を、「精神」と呼び、身心合一体の精神を「心」と呼んでみよう。しかし、「第六省察」には《animus》という語は用いられていないので、テクストの言葉としては「精神」という語を用い、それを解釈する場では、たとえば、心身問題というように、「心」という語を適宜使うことにする。そのように言い分けてみるならば、精神と物体との関係として考えられることと同じようには、身体と心について考えることのできないことがわかる。合一体としての人間において精神という実体と物体という実体とが合一している。実体である精神と実体である物体が合一しているのが人間である。その人間において身体と心とは実体的に合一している。そのことは「私」の身体を「私」から切り離すことも、「私」の心を「私」から切り離すこともできないことを示している。身体と心とが一つになった一個の人間の身体を物体と解して、その構造、構成を解明することができる。一人の人間の心を精神として、その傾向性を明らかにすることもできる。一人の人間の心をとおして、精神のありさまと物体のありさまを解明することができる。しかし、一個の人間としての「私」は身体にも心にも、どちらにも還元できない。一個の人間としての「私」は過去から現在に至る身体変様と精神変様との集積である。これが実象的区別と実体的合一の意義である。

第五節　知性と脳

第二に指摘しなければならないことは、ここで「知解する」ことも脳に関係づけられているということであった。これまでに見出されたことは、想像力は脳の物質的変化と係わりながらも心の働きとされていたのは、その物質的変化へと向かう心の働きだったから、ということであった。想像力という心の働きに応じた物体的現象が実在すれば、想像力の働きの説明は飽和する。しかし、それは蓋然的な推測であった。そのように想像力が働くときに、身体側から見るならば、脳のうちに何らかの物質としての、「第五答弁」と一六四一年における先の書簡では「形質」、そして『情念論』では「印象」の実在が要請される。繰り返すことになるが、しかし、この「形質」・「印象」の実在は心の側から見れば、その実在が蓋然的に推測される何かである。このことが先の書簡における表現と『哲学の原理』「第四部一八九項」から得られる知見であった。それでは「知解する」場合の脳との関係はどのように考えられるのか。脳は心の「最始的座」と言われる、この「最始的」という用語の意味を確定しよう。『哲学の原理』「第一部第五三項」において「物体に属する他のすべてのものが広がりを前提する」ことが、「広がり」が物体の「最始的属性 praecipuum attributum」であることの内実を示している（AT. VIII-1, 25）。「最始的」とは〈それ〉なしには、〈それ〉に基づく他のことが成り立たないということを示している。[11] 心の最始的座が脳にあるということについても同断である。身体と心との係わりは脳への着目なしには探られることがない。心が身体全体と係わるということと、脳の中枢性とは対立しない。この「最始的」という用語の意味が「知解する」ことについても整合的な説明を与える。「第五答弁」の先に引用した箇所によれば、物体的事物であれ、非物体的事物であれ、「どんな物体的形質もspecies corporalisなしに」知解される。知解することの説明は脳における物質的変化に言及することなしに説明が与えられる。言い換えれば、心の働きのなかでの知性の役割を指定すれば、知解することの説明は飽和する。脳の変化は知解内容を説明しない。その一方で脳の変化は想像された内容に影響を与える。『情念論』「第二〇、二一項」を参照してこの点にもう少し探りを入れるならば、次のようになる。そこで想像力の働きは、心を原因とするものと、「精気の偶然的運動にだけ依存するもの」とに分けられる。そして前者（たとえば、魔法の宮殿とキマエラなど）は情念から外される。心を原因にし、その意味で「受動・情念passion」ではなく能動だからである。また、「ただ知解可能だけで想像可能ではないものseulement intelligible, et non point imaginable」も心を原因とするものとして情念から外される。両方とも意志に依存するという点で能動とされる（*PA.* a. 20, AT. X, 344）。それに対して想像力の働きのなかには「精気がさまざまに刺激されるles esprits étant diversement agités」ことから生じるものがある（*PA.* a. 21, AT. X, 344）[12]。このように想像力には心の能動と解されるものと、心の受動（情念）と考えられるものがある。しかし、知解することには心の受動と解される余地はない。このことを身体側から言えば、先ほどの表現、すなわち、脳の変化は知解内容を説明しないが、想像された内容には影響を与えるということになる。このことと、「そこにおいてだけ、心は知解し想像するだけではなく、感覚しもするin quo solo non modo intelligit & imaginatur, sed etiam sentit」、つまり、心は知解するために脳を要するということの意味するところは同じである。心の最始的座が脳にあるとされていたことからすれば、当然の帰結である。なぜならば、知解することは心の働きだからである。脳が心の最始的座であり、知解することが心の働きであるかぎり、知解することにも脳という身体的支えが求められる。このことは、身心合一体としての人間の心の働きであるかぎり、何であれ身体という土台を要することを示している。

人間の心が身心合一体について言われる心である限り、身体と係わる。それは「重さgravias」が或る物体全体に広がりながら、重心において纏め上げられるように、精神と身体との関係は全体と全体の関係でありながら（*cf*. Resp. 6, AT. VII, 442)[13]、脳を最始的な座とする。その限りでは知性の働きも身体と係わる。しかし、繰り返しになるが、何を知解するかということ、知解された内容については、脳の変化からの解明を許さない。そう考えるならば、知解するためには脳を要するということは、〈知解することが人間のなすことである〉ということと同じことを示していることもわかる。もう一度繰り返してみるならば、知解内容が物質的事物についてのものであれ、物質的事物からの伝達によって知解内容を説明することはできない。その一方で、知解することは人間の知解することである。その意味では、身心合一体として、身体をもっていることを事実としている。その身体をもっている合一体としての「私」が知解する。これを心が知解すると表現した場合に、その心が合一体の心である限り、身体という支えを求める。その支えが収斂するところを脳に見出す。脳の働きへの着眼を含めるのでなければ、身体の心への影響、心の身体への影響を調べることはできない。知解することと脳の変化との間に、類の共有に基づく因果関係はない。つまり、片方の内容が他方の内容を説明するような因果関係はない。知解するとは、先に見たように、心と神について知ることである。これらについても、大抵は物質的媒体を用いて知解する。その場合には、感覚と想像力を伴いながら知解している。知解された内容を表出するには、再び、何らかの物質的媒体が必要である。しかし、その物質的媒体の解明は知解内容の解明ではない。想像する場合にも身体と心の因果関係を利用して脳における「印象」と想像された内容との関係を解明することはできない。脳のなかにある物体の形と精神がその形へと向かうこととの間には、何らかの内容を含むような因果関係はない。心は「思うもの」であり、身体は「広がる」ものである。思いから広がりを引き出すことも、その逆もできない。それが心と物体=身体の「実象的区別

distinctio realis」が示していることである。以下に見るように心と身体の関係は、観察可能な現象と観察不可能な、しかし心の表出である現象との〈同事性〉として捉えられる。さて、もとに戻れば、「第五答弁」と上の書簡に見出された表現形式は『省察』には見出すことのできない身心合一体における想像力の規定である、と言える。思いとしての想像するということは、脳のなかに受け容れられた物質的形質に精神を振り向けることである。このようにして「想像することと感覚することが心âmeに属する機能であることを理解するのには何も困難はないと私は思っている。にもかかわらず、この二つの機能は、心が身体に結びついている限りの心に属している。この二つの機能なしに純粋な心をすっかり概念することができる」(au P. [Gibieuf], 19-1-1642, AT. III, 479)。これが身心合一体としての「私」における想像力の規定であるからこそ、未だ「実象的区別」に到達していない段階での「第六省察」の想像力についての記述のなかには与えられていなかったのである。しかし、上に調べられた考え方が既に成立していたのも確かであろう。

(1)　所雄章『知られざるデカルト』(知泉書館、二〇〇八年)の「第一章」は『思索私記』のきわめて緻密で詳細な註解に当てられている。そこにおいて、本文中にわれわれの引用した箇所は次のように訳されている。「想像力は［その性《さが》として］、物体［ども］を構像《あらわ》すのに、図形を使用するが、恰もそのように、知性は［その性《さが》として］、〈精神的なもの［ども］を象徴《あらわ》すのに、或る種の感覚的な物体［ども］を使用する。例えば、風とか、光とか。かくして、そうした仕様でもっていっそう高く哲学することによって精神を、認識により、われわれは［哲学の］極致へと高めゆくことができる［ことになる］のである〉」(七九頁)。《Concipere》という語については、同書「第二章」「第三節」に吟味があり、「第一章第三節」においてもこの「語のデカルト的使用」に「時期的変動」が見られるとされている(八〇頁)。《Imaginari》と《concipere》が「語義的に相覆い合う」ことが指摘され、その点が『規則論』「第一二規則」における《imaginari vel concipere》という表現(「想像する、あるいは構像する」と訳されている）においても確認されている。この解釈は『省察』において「想像力」が「物体的な事物の像（imago）」を「思い浮かべ」、「思い描く」という意味で使われていることを拠り所の一つにしている（一八七頁から一八九頁、あるいは、八〇頁参照）。「想像力」は『省察』において物体的事物の像を思い描くこととされているのだから『思索私記』の当該箇所において、「想像力は物体をconcipereするのに図形を使用する」という文言の《concipere》は「構像《あらわ》す」と訳すべきである。所による議論の道筋はおおよそこのように解される。おそらく、《imaginari vel concipere》という表現が困惑を与えたと思われる。この表現の出現する『規則論』「第一二規則」では「共通感覚と呼ばれる身体の部分」（AT. X, 414. 02-03）と表現され、「構像力あるいは想像力 phantasia vel imaginatio」と言われる「この構像力は身体の真なる部分である hanc phantasiam esse veram partem corporis」とされている（AT. X, 17-20）。この「想像力」に「形あるいは観念 figura vel idea」が刻印される。拙著『観念と存在』「第II部第二章」で明らかにしたように、ここでは認知の成立が身体過程とともに示されている。「想像力」は身体器官の一つでありながら、そういう捉え方では収まらないということも明らかになっている。「形あるいは観念」という両義性は「想像力」をも染め上げている。そのような状況のなかで《imaginari vel concipere》という表現に出会う。この表現を「想像するあるいは概念する」と訳さなければ、デカルトの直面している困難に向かい合う機会を逃すことになるであろう。スコラ的認識説において最後に得られる認識に対する表現は「概念 conceptus」である。デカルトは《idea》という語でその段階を示したであろう。われわれからすれば、『規則論』における《imaginari》を《concipere》に重ね合わせる必要はない。重ね合わせると、重要な問題を見逃すことになる。この「第一二規則」には「第一に概念されるべきこと concipiendum est」と表現され、同じ表現が「第五に」まで繰り返されている（AT. X, 412. 14, 413. 21, 414. 16, 414. 25 et 415. 13）。同じ「第一二規則」に現れる《imaginari vel concipere》の《concipere》も、《concipiendum est》の《concipere》もわれわれは同じ意味に解することができる。『思索私記』の当該部分も「想像力は物体を概念するために形を用いる」、つまりは、想像力を使って物体をしっかりと摑むために形を用いるということである。想像力が形の把握に係わっているという点では、確かに『省察』まで変わってはいないと言える。

（2）「幾何学 Géométrie」における「想像力」の使用については次の研究を参照。M. A. Silva, "L'imagination dans la *Géométrie* de Descartes: retour sur une question ouverte", dans M. Serfati & D. Descotes (sous la direction de), *Mathématicians français du XVIIe siècle*, Presses Universitaires Blaise Pascal, pp. 69-119. 彼は結論において、『規則論』

と『幾何学』におけるデカルトの目的が「知性的操作によって想像力がよく規制されて、すなわち、馴化されて使用される方法を見出すこと」と記している（*op. cit.* p. 118）。

（3）神についての認識方式については主に以下の部分を参照。(1) *MM.*, M3, E. 42. 08-13/AT. 46. 18-22、(2) *MM.*, M3, E. 48. 28-49. 03/AT. 52. 02-06、(3) PP. I. 1, a. 19, AT. VIII, 12. 12-16、(4) à Mersenne, 15-4-1630, AT. I, 146/GB. 146、(5) à Mersenne, 27-05-1630, AT. I, 152/GB. 152、(6) à Mersenne, 21-01-1641, AT. III, 284/GB. 1380、(7) Entretien avec Burman, AT. V, p. 154: Beyssade texte 15, pp. 47-49、(8) à Clerselier, 23-04-1649, AT. V, 356/GB. 2694.

（4）ここでデカルトは「同じ心 la même âme」の「同じ」ということに基準を与えてはいない。その必要はなかったと考えられる。なぜならば、「思うもの」である「私」の心は「私」にとって絶えず変化しつつも、常に「私」だからである。その「私」の同一性が問われるのは他人から見られた場合である。そのときには「私」は身心合一体としての一人の人間である。変わって行くなかでの人間の同一性、同じ人であるということは他人から見られたその人の経験の連続性において捉えられる。「思うもの」の限りでの「私」の同一性の基準は不要である。「私」が別人格になってしまったと知ることがあるとするならば、それは経験・行動の痕跡によって以外ではない。心の同一性の問題はＪ・ロックにおいて人格の同一性の問題とされることになる。これについては本書「第二部第二章」参照。

（5）《Informer》というフランス語について、*Dictionnaire de L'Académie française* の一六九四年初版は、「形相を与える」という意味では「哲学の用語としてだけ使われる」とし、《L'âme informe le corps》「心が身体に形相を与える」という例を挙げている。また、同じ辞書の一七六二年版（第四版）には、「或る物体の実体形相であること。学院の哲学においてのみ使われる」と記されており、同じ例が挙げられている。この例は、R. Goclenius, *Lexicon philosophicum*, 1613/1980, Olms の《Informare》の項にも挙げられている。「魂は何らかの物体に形相を与える Anima informat corpus quoddam」という例である。この動詞の意味内容はどのように心と身体の関係を捉えるかによって異なる。しかし、少なくとも《anima》と《corpus》を繋ぐ動詞として使われるのが、「哲学者たちにとって philosophis」代表的な例になることはこの項における例の挙げられ方からわかる。「諸根拠」における本文での引用箇所での《informare》を仏訳は《informer》としている（AT. IX, 124）。

（6）レッヒィウス（レギウス H. Regius）への教育的配慮と論争的性格をそなえたこの書簡については、Erik-Jan Bos, *The*

Correspondence between Descartes and Henricus Regius, Zeno, The Leiden-Utrecht Research Institute of Philosophy, 2002, *xv-liv* を参照。また、デカルトとレッヒイウスとの交流の概要については『デカルト著作集４』所収「掲貼文書への覚え書 Notae in programma」の「解説」参照。*Cf*. Vere Chappell, “L'homme cartésien”, in *Descartes: Objecter et rêpndre*, publié sous la direction de J.-M. Beyssade et J.L. Marion, p. 413 & A. Bitbol-Hespériès, “Reponse a Vere Chappell: L'union substantielle”, *op. cit*., pp. 441-442.

（７） たとえば、古典的論争の経過が丁寧に紹介されている坂井昭宏「デカルトの二元論――心身分離と心身結合の同時的存立について」『現代デカルト論集Ⅲ　日本篇』勁草書房、一九九六年、六〇から九〇頁、福居純「デカルトにおける物・心の「実在的区別」と「実体的合一」――「第六省察」の分析試論――」（『思想』岩波書店、一九九六年一一月号、二二四頁から二四一頁）、松田克進「デカルト心身関係論の構造論的再検討――「実体的合一」を中心に――」前掲『思想』一八八頁から二〇五頁など。

（８） 「実体」については、『存在の重み』「第四部第一章　デカルト的「実体」論」を参照。

（９） このような読み方は、ロビネに従った読み方である（A Robinet, *Descartes, La lumère naturelle, Intuition Disposition, Complexion*, Vrin, 1999, p. 396）。ここの「それが矛盾する」とわれわれが訳した《ce qui se contrarie》を彼は「矛盾 contradiction」と言い換えている。辞書を見れば、《Vous vous contrariez vous-même. Cela se contrarie.》という用例は、*Dictionnaire de L'Académie française*, 1st édition（1694）から *Dictionnaire de L'Académie française*, 6th edition（1832-5）まで掲載されており、*Dictionnaire de L'Académie française*, 8th édition（1932-5）には掲載されていない。《Se contrarier》は、現代の仏和辞典（『ロワイヤル仏和中辞典』）によれば、「互いに妨げ合う、邪魔し合う」、「残念がる、いらだつ」、「引き立つ」などの訳語が挙がっている。*Encyclopédie universelle Larousse* においても同様である（仏和辞典以外の辞典についてはインターネットに掲載のものを利用した。アドレスは文末の文献表に記す）。一七世紀では「矛盾する」という意味の方で用いられたと思われる（坂井昭宏の前掲論文（一九九六）七七頁から七八頁参照）。G. Rodis-Lewis, *L'œuvre de Descartes*, Vrin, 1971, p. 354 と M. D. Wilson, *Descartes*, Routledge & Kegan Paul, 1978, p. 207 などの解釈によれば、デカルトが自分であたかも矛盾を認めたかのようになる。それはとても奇妙なことである。そうではなく、本文中に示したロビネの読み方が正しいと考える。繰り返せば、二つのものを一つにしておいて、二つかつ一つと考えれば、矛盾である。そうではなく、「思い」と「広がり」と「合一」はそれぞれ一つである。

(10) F. Sommers, Dualism in Descartes: The Logical Ground, in M. Hooker (ed.), *Descartes-Critical and Interpretive Essays*, The Johns Hopkins U. Pr., 1978, pp. 223-233 の言う「独立実在の二元論 dualism of independent existence」は精神が現に身体なしに実在していることを意味するものであり、デカルトの実象的区別はこれに適合しない。また、彼の「タイプ異型的 heterotypical」な合一体という理解においては、「思い」と「広がり」の最始性が欠落している。

(11) 『省察』本文の用例においても、このことは確認できる。*E.g.*, E./AT., 31. 15/37. 22: 36. 25-26/42. 06《primis & præcipuis》: 47. 03-04/50. 18《præcipuis perfectionibus》: 61. 04/61. 25《omnium præcipua & maxime perfecta》: 61. 18-19/62. 08《maxima & præcipua hominis perfectio》: 68. 23-24/68. 09《prima & præcipua》. 所雄章「『省察』的用語の一考察―「pæcise」について」(デカルト研究会編『現代デカルト論III』勁草書房、一九九六年、一三頁から三八頁、初出は一九八六年)によってこの解釈の方向が開かれた。

(12) また「精気の偶然的運動にだけ依存する想像力は、神経に依存する知覚と同様に、真なる情念に属する」(*PA*, a. 26, AT. X, 348, Title) ともされている。カンブシュネルは能動としての想像力と受動・情念としての想像力を「意志的想像力」および「非意志的想像力」と呼んでいる (D. Kambouchner, *L'homme des passions*, Albin Michel, 1995, 2vols, t. I, p. 107)

(13) 「もとよりいまや精神が他の観点によって身体と広がりをともにするとではなく、全体が全体において、全体がその任意の部分において〔という観点によって精神は身体と広がりをともにすると〕私は知解する Nec sane jam mentem alia ratione corpori coextensam, totamque in toto, & totam in qualibet ejus parte esse intelligo」(Resp. 6, AT. VII, 442)
(〔 〕内補足筆者)

第七章　「感覚」論への出で立ち

序

デカルトの「感覚」についての理説は哲学史のなかでどのような位置におかれているのか。これをやや巨視的に捉えようとする際には、当然のことながら、彼の「感覚」説を中世スコラ哲学の哲学史的に標準的な知識理論における感覚の役割と、カント哲学のそれにおける感覚の役割との間においてみるというのが適切であろう。受容性ないしは受動性を感覚の特性として捉えるという点では両者に変わりはない。しかし、中世のアリストテレス・トミスムと呼ばれる立場においては、「感覚 sensus」は対象の実質を保存し、感覚に与えられたものを基にして、そこから知性の抽象によって対象の概念が形成される。カントの認識論においては、これも周知のように、「感性 Sinnlichkeit」（感覚）は時間・空間を形式として対象の多様を受け取る。前者において、「知性 intellectus」は与えられたものを与えられているとおりに解きほぐし本質的なものを受け取ることを仕事にする。きわめて単純化すれば、後者において「悟性 Verstand」は、経験に先立ってわれわれに与えられたカテゴリーに従って、感性に与えられたものをいわば整理し、一つのまとまりを与えるということになるであろう。前者において感覚内容は対象の本質を携えている。後者において感覚内容が縛られているのは時間と空間という形式においてであり、感覚内容は多様として与えられる。そこから対象の何であるかが抜き出されるわけではない。しかしながら、前者の場合に、抽象ということで知識成立に関する説明がすっかり完結するわけでも、後者の場合に、構成ということでその説明が完結するわけでもない。大きな視点から言うならば、抽象の場合には抽象の枠組みそのものは説明方式から逃れることになり、構成の場合には与件の実質的差異が説明方式から逃れることになるであろう。ここに身体の問題がかかわってくることになる。抽象の場合には、与えられたものを与えられるとおりに受け取った後は、いわば濾過装置が正常に働けば、正しく対象の概念が形成されることになる。構成の場合には、いわば既知であるはずの自前の装置の可動域のなかでしか知るということが成立しないにもかかわらず、何故とはわからぬままに、いつもわからぬもの、つまり、感覚的素材に面前することになる。感覚与件に対して感覚の素材がいつも余剰を抱え込んでいるということが捉えられない。感覚は身体と連動している。このことはいわば自明のことのように思われている。だが、感覚が身体と連動しているということは身体と精神との区別と連関の上に立ってこそ十分な意義をもつ。所謂「身心問題」という問題の立て方は大鉈を振りかざして、心と身体の区別と連関を見失う。「心」という言葉を、われわれは以下において、人間の、つまり、身心合一体の心について使うことにする。「神」と「精神」は形而上学の対象であるが、「心」は精神病理学、心理学などの学問の対象であるばかりでなく、人間の行為について論じるすべての言説の対象である。われわれの日常経験のほとんどは説明のために「心」についての考察を必要とする。心と身体の区別と連関のなかで人間的行為について問う。ここに現代哲学の受け継ぎ損なった遺産がある。デカルト哲学における「感覚」説は心身の区別と連関の上に立てられている。以下、第一に、「第一省察」における「疑い」のなかでの感覚の問題を見直した上で、「第六省察」第三部分と第四部分の検討に入ることにしよう。

第一節　夢と感覚

デカルトが確実な知識に至るための準備として「第一省察」において辿った疑いの道は、感覚的意見を疑いにさらすために物理学（＝自然学）的意見に身を置き、物理学的意見を疑うために数学的意見を秤にし、数学的意見の基礎のなさを暴くために神についての意見を重石にし、神についての意見をも伝承という位置におくものであった。このなかでも感覚的意見に焦点を合わせることによって、われわれにとって一つの知である感覚の一面を浮かび上がらせることにしよう。なぜ通常言われているように「感覚を疑う」とは書かずに「感覚的意見を疑う」と書くのか。この表現の差異は何を意味するのか。このことから始めよう。われわれには、或る人の見たことをその人の視力に即して疑うという場合がある。たとえば、細かい文字を見るために老眼鏡を必要とする人が、裸眼で細かい模様を見てかくかくであると述べ立てる。そのとき、われわれは彼の言うことを疑わしいと思うことがある。その場合にわれわれは何を疑わしいと思っているのであろう。その人が何を見ているのかという意味での視覚を疑っているのではない。なぜならば、その人に見られていることは、その人に見られていること以上でも、以下でもないからである。デカルトの言葉を用いれば、その人にとって「見ていると思われている videre videor」（E. 21. 16/AT. 29. 14-15）内容を、われわれが疑っているわけではない。それは、われわれがその人の見ていると思っていることを見ることができないからなのだろうか。言い換えるならば、その人の現にもっている視覚が対象を映し出すとおりに、われわれが同じ対象を映し出すことができないからなのか。そうではない。というのも、他人の感覚内容を私が感覚することはできないという、感覚について言われる秘私性は、単なる経験的事実に過ぎないからである。

そのことと感覚からわれわれが受け取る情報の知識としての価値の問題とは、別個の問題である。別言すれば、この場合の疑わしいかどうかということは、われわれの目がその人の目ではないという偶然的な事実に依存することではない。われわれの身体的な条件の違いに応じて生じるこの種の疑いを、身体的条件の無際限さゆえに、われわれはすっかり免れるということはできない。もし、この種の疑いを脱しようとするならば、それはその都度その都度変化する状況の下で、よりいっそう確からしいものを求めることによってでしかない。つまり、視覚の場合ならば、いっそう適切な環境の下に、何人かの人が確かめることによって、相対的に確かな意見に至る。こうして確かさに至るための条件の収束点は、いつでもそれを越えた理論値をもつ実際的状況に制約された仮の収束点に他ならない。こういう疑いから、個々の状況に依存しない確実な知識に至り着くことはできない。要するに、見ていると思われている内容を疑うことは確実な知識を求めることへと上昇して行かない。デカルト的疑いのなかで或る人の現実の視覚内容を疑うことは役割をもたない。デカルトが疑いにかけているのは、「見ていると思われる」その内容ではなく、「見えているとおりになっている」という意見、思い込みである。私が目覚めた目で見るならば、本当のところを捉えることができる、と思っているその思い込みが疑われている。

第二節　物理学と感覚的意見への疑い

だからこそ、夢を見ているのではないのか、と問われたときに、この思い込みを正当化することができなくなる。感覚器官の性能を疑うのでも、その都度その都度の感覚内容が対象を射抜いているのかどうかということを疑うのでもない。私の感覚内容が対象を射抜いてると思っているその意見が疑われる。同じことを物理学的意見に適用するならば、感覚内容が対象に届いているのかという点で物理学が疑われているのではなく、物理学の与える知見が確実であるという思い込みが疑われる。数学的意見、神についての意見についても同じである（『形而上学の成立』一九九〇年、勁草書房、一三六頁から一五八頁を参照）。夢という想定で崩れるのは感覚的意見と物理学的意見である。というのも、ともに目覚めた目で現実の世界を見ているということを、それぞれの意見の確かさの始まりにしているからである。日々のなかで、目の前にあるこの草花が見えているとおりにあると思っているときには、いま現に目覚めた目で見ているという思い込みの上に立って、そう思っている。個物について私が見たり、その音を聞いたり、それに触れたり、その香りをかいだり、それを味わったりすることによって、私が得たものの本当らしさは目覚めているということを条件にしている。それに対して、自然的・物理的現象を対象とする学問を総じて「物理学 Physica」と呼ぶ[(1)]。それゆえ量子物理学、生物学、天文学、工学などなどをすべて総括する学問として「物理学」という名称を用いる。この学問は、たとえば水素原子であろうが、心臓の弁膜であろうが、マロニエの木であろうが、羊であろうが、感覚に基づかなければ捉えられないのであるから、その対象は個物ということになる。しかし、物理学は個物を類としてみなすところに成立する。「この羊」の今の瞬間の振る舞いを永遠文に書き留めたとしても、それだけでは物理学的記述にはならない。そのように物理学における一般化が個物の一般化であり、個物が感覚の対象である以上、類的把握も感覚的意見を巻き込むことになり、夢という想定に巻き込まれる。物理学的意見は夢という想定によって現実世界との繋がりを断たれる。現実世界と繋がっているのでなければ、その繋がりを表すと思われている感覚内容の評価はできない。しかし、今現に見ているのが現実世界であるということ、繋がっているということを示す何ものをも感覚それ自体は与えることができない。物理学的意見についても同じことが言える。この、あの自然現象の説明として、かくかくの理論が妥当するかどうか、それは、どのようにかけ離れていようとも、どれほどの迂路を辿ろうとも、どこかで現実の変化と切り結ぶことによってはじめて、評価の領域に入ってくる。目覚めたことのない物理学者は夢の世界の物理学者でしかない（『新省察』二七頁以下参照）。要するに、何をもって現実世界とするのかということが、予め獲得されているか、与えられているのでなければ、感覚的意見も物理学的意見も意見として、つまり、それに基づいて社会的と呼ぶことのできる行動が可能になる知識としての、別の角度から言えば、各々が自分の行動を導き出す際の指針となる知識としての資格をもたない。

これに対して数学的意見と神についての意見は夢ではないかという疑いにたじろぐことがない。二足す三は今見ているのが夢であろうと、現実であろうと、五を答えとする。神が全能であると言われてきて、それを聞いて知っているとするならば、夢であろうと現実であろうと神は全能である。二足す三は五であるということを教わるときに感覚器官を用いる。しかし、二足す三が五であって六ではないということは、私が感覚器官をもっているかどうかということには一切係わらない。それと同じように、私が神は全能であると伝え聞いて知っているとしても、神が全能であるのか否かということは私が感覚器官をもっているかどうかということに一切係わらない。二足す三が五であるということが真であるのか偽であるのか、神が全能であるという命題が真であるのか偽であるのか、これらのことの真偽は感覚器官の実在を前提にしてはいない。これらについての知は現実世界についてのさまざまな知が確定してから定まるような知ではない。このことは、今夢を見ていると想定してみても、これらの意見が偽に転じてしまうわけではないということを示している。少し回りくどい言い方になるが、これらの意見については、「現実世界は感覚されたとおりにある」ということが確保されてからでなければ、それの真偽について語ることができない、ということがないのである。これに反して、私の見ているものが本当に見えているとおりであるのかどうかということは、何をもって現実とするのかということが了解されていて初めて評価されうる問いである。「感覚の下にまずあったものでなければ、知性の内にあることはない Nihil est in intellectu quod non præfuerit sub sensu」（*cf*. Thomas Aquinas, *Summa Theologiæ*, p. I, q. 84, a. 6, a. 7 et qu. 85, a. 1）というテーゼの射程を超えた問いである。感覚的意見が本当かどうかと問うことができるのは、現実世界ということの意味が理由をもって与えられた後なのである。『省察』の探究が示している一つのことは、上のテーゼの逆転である。或る書簡のなかの表現を借りれば、「私は、自分のうちにもつ観念を介してでなければ、私の外にあるものについてどんな認識ももちえない」（à Gibieuf, 19-1-1642, AT. III, 474/GB. 1560-1562）。知ることの仕組みの解明は、〈存在から知ることへ〉という対象認知の解明という方向を指針とするならば、いつも余剰を残すことになる。対象の受容は受容の能動性には届かないからである。デカルトは「識ることからあることへ a nosse ad esse」という方向を妥当であるとする（Resp. 7, AT. VII, 520）。「第六省察」における「物体の実在証明」は、精神と神についての形而上学が成立し、数学の基礎が明らかになった後で遂行される。こうして初めて感覚知の評価も可能になる。

（1）　現代的言葉遣いからすれば、「科学 Science」という表現の方が相応しいと思われるかもしれない。しかし、ラテン語で《scio》に由来する《scientia》という語は「知られていること」、「知識」を、デカルト哲学では理由に基づいて論証された知識、「学知」を意味する場合が多い。それに対して「物理学 Physica」という名称はその名のギリシャ語からの由来通り自然現象を対象にする学問を表す。日本の哲学研究のなかでは一七世紀の《Physica》に対して、「自然学」という訳語が当てられることが多い。しかしながら、近代自然科学の成立を一七世紀に見ながら、ギリシャ以来の《Physica》を「自然学」と呼ぶことが適切ではないように、一七世紀のこの学問を「自然学」と呼ぶのは適切と思われない。技術の進展と学問理論の変化とを、つまり、前者は「進歩」という名に値するが、後者について「進歩」を語るときには一定の価値の前提が必要になり、何にいっそう高い価値をおくのかということに「進歩」はないのであるから、学問理論の変遷を「進歩」のことばで語ることはできない。それゆえ、ギリシャ世界における自然現象を対象にする学問を自然学と呼ぶならば、その表現をどの時代にも適用するべきであろう。「自然学」が自然現象を総じて対象にし、「物理学」という呼び方はそれに対してもっと狭い対象領域をもつとされるかもしれない。しかし、「哲学」という名称は一七世紀では総じて理性をもって探究される学問すべての領域を覆うと考えられていたが、現代この名称はきわめて狭い意味でしか使われない。とするならば、「物理学」という名称についても事情は同断である。一七世紀の自然現象を対象にする学問を「自然学」と呼び、日本語の場合だけであるが、現代の「物理学」とは異なるものと見せかけることは一七世紀の「物理学」に対する批判の刃をなまくらにすることになるであろう。以上の理由によって、われわれは「物理学」という名称を用いる。『新デカルト的省察』において「科学的意見」という表現を用いたのは、上記の《scientia》との混同が生じないからであった。

第八章　感覚のこれまで

序

「第六省察」は、本書「第I部」において明らかにされたように、大きく分けて四つの部分に分かれる。すなわち、第一に物質的なものの実在証明に向けての課題の提示と問題の整理、第二に想像力の問題、第三に感覚の問題、第四に合一体における感覚の問題である。「第四章」から「第六章」までにおいて最初の二つの部分の検討を終えた。これから第三、第四の部分について論じることにする。「第六省察」の第三部分は、第二版の段落区切りにおいて、第三段落から第一二段落までの長い部分である（E. 75. 19-87. 18/AT. 74. 01-83. 23）。この部分の大きな流れを辿れば、次のようになる。第三段落（E. 75. 19-78. 26/AT. 74. 01-76. 20）は、疑いの道に入る以前の感覚についての思考が振り返えられる部分である。第四段落（E. 78. 27-80. 03/AT. 76. 21-77. 27）は、その後感覚的意見を疑った理由を捉え直す部分である。第五段落（E. 80. 12-16/AT. 77. 28-78. 01）は、「第六省察」の「いま」を確認する短い部分である。第六段落（E. 80. 17-81. 10/AT. 78. 02-20）と第七段落（E. 81. 11-83. 10/AT. 78. 21-80. 10）において、感覚の働きに着目しながら物体の実在証明に向かうときに、まず、知解のレヴェルにおいて問題が設定され、そこから物体の実在証明が遂行される。第八段落（E. 83. 11-30/AT. 80. 11-26）、第九段落（E. 84. 01-07/AT.

80. 27–31)、第一〇段落（E. 84. 08–25/AT. 81. 01–14)、第一一段落（E. 84. 26–85. 11: AT. 81. 15–27）では、物理学の対象が何であり、その探究はどのような感覚に支えられているのか、どのような感覚を除外しなければならないのかが明らかにされる。そして第一二段落（E. 85. 12–87. 18/AT. 82. 01–83. 23）において合一体における「自然natura」のありさまが明らかにされ、第四部分へ入って行く。身心の実象的区別の確立、物体の実在証明はこの第三部分でなされる。この部分の最初から見て行くことにしよう。

第一節　身体と物体

論究は懐古的でありつつ、前進的である。この進み方は『省察』のさまざまな局面で見られる。過去の経験をいま振り返り、そこからまた先に進む。「第六省察」第三段落はこれからの論究の課題を次のように設定する。「感覚と私が呼ぶこの思いの様態によって知覚される事柄のなかから、物体的事物の実在のための確実な何らかの立論を、私がもつことができるかどうか」（E. 75. 27–76. 01/AT. 74. 07–10）を探索する、と。想像力の働きを調べ、そこから物体の実在は蓋然的に推測されるばかりで、証明の立論をそこに求めることはできないということははっきりした。そこから感覚の検討へと移ってゆく理由は次の点にある。想像力は「純粋数学の対象である物体的本性」を判明に捉えるが、「色、音、味、痛み、およびこれに類すること」については「さほど判明には」捉えないからである。これらは感覚をとおしていっそうよく知覚される。想像力がこれら色、音などを捉える場合には、感覚を介して、それがいったん留められ、形象化されることになる。つまり、「感覚から記憶の助けを借りて想像力にまで到ったと思われる」。そういうわけで物体の個別的性質にいっそう近いと思われている感覚に物体の実在を証明するための立論を求める（E. 75. 19-76. 01/AT. 74. 01-10）。ここを出発点にして、先に述べたように、疑いの道に入る前に感覚についてどのように考えていたのかを振り返る。振り返りながら先への用意を調える。ここでの要点は次の三つの点にある。第一に、身体と物体の区別である。第二に、それに伴って後に「内的感覚」および「外的感覚」と呼ばれる（E. 79. 06-07/AT. 76. 28-77. 01）感覚の区別が開き出されることである。第三に、身体変状である内的感覚から思いの変状が帰結すると看做されていた理由、および、「感覚によって知覚された観念」が物体と似ている何かを表象していると看做されていた理由、これが共に「自然によって教えられた」とされることである。この段落は、身体と内的感覚、物体と外的感覚という対のもとに論じられる。その最初に身体が物体より先に見出される。第一に「頭、手、足、そのほかの部分membraをもっていると私は感覚した」。デカルトは文法的に言えば、不定法句で示される事態を「感覚する」と記す。[1]これは「第一省察」においても見られたところである。次に、「この身体（＝物体corpus）がその他の多くの物体（＝身体corpus）の間に囲まれていることを私は感覚した」とされる。この身体の物体からの刺激が「具合がよいcommodum」と「具合がわるいincommodum」に配分される。つまり、物体に対する「私」の身体の関係が「具合がよい・わるい」ということである（E. 76. 08-13/AT. 74. 11-16）。

第二節　内に外に

それに伴って感覚されていたことも、「私のうちにin me」と「外にforis」というように分けられる。「私のうちに」感覚されていたものは二種類に分けられる。一つは、痛さ、心地よさ、飢え、渇きのような「衝動

appetitus」である。もう一つは、喜びや悲しみ、怒りなどの感情へと向かうもろもろの「身体的傾向 corporeæ propensiones」である。前者は、いずれ「第六省察」のなかで身心の混ざり合った状態から生じる「内的感覚」と呼ばれ、後者は、やはり、いずれは例えば『情念論』において「心の情念 passion de l'âme」における心と身体の関係として統括される。[2]

「外に」、つまり、外的対象との関係のなかで感覚されていたものは、想像力が感覚よりもいっそう判明に捉える「広がり、さまざまな形、さまざまな運動」を別にすれば、触覚的性質、光、色、香り、音、つまり、通常五感に振り分けられる対象である。後の展開まで含めて整理すれば、かつて感じられていたこととして、「私のうちに」内的感覚と感情が、「外に」形や運動など五感に受け止められる性質が挙げられている（E. 76. 17–29/AT. 74. 23–75. 05）。その「外に」感覚すると思われていたのは「それらすべての性質の観念 ideæ istarum omnium qualitatum」である。「もともと直接的にそれだけを私が感覚していたのは」それら観念であり、それらの観念は「私の思いとは全く別個な或る事物、つまりは物体」に由来していると思っていた。つまり、それら性質の観念は物体から到来すると考えられていたのである（E. 76. 29–77. 05/AT. 75. 05–10）[3]。その理由としては次の二つ経験があった。第一に、「私の同意 meus consensus」なしに生じることであり、第二に、対象が感覚器官に現前していなければ、意志を発動しても感覚できず、現前していれば、感覚しないことができないということである（E. 77. 05–77. 10/AT. 75. 10–14）。そして「感覚によって知覚されたもろもろの観念 ideæ sensu pereceptæ」は、想像力による観念と知性による観念に比べて「はるかにいっそう生き生きとしていて際立っており、またそれなりに判明でもあった multo magis vividæ & expressæ, & suo etiam modo magis distinctæ」[4]。それゆえ、「私自身」からそれらの観念が由来するということが生じうるとは思われなかった。それらの観念はそれらと「似ている」事物からやって来たということだけが残ったのであった（E. 77. 06–21/AT. 75. 14–23）。

第三節　自然によって教えられた

以上が「外に」感覚していたものについてである。次に、「私のうちに」感覚していたものを振り返る。「私のうちに」つまり自分の身体において感覚する。どうして「私」は自分の身体を「特別な権利」でもって他のどんなものよりも「私に属する」ものと決めていたのか。その理由は三つであった。第一に「私」は自分の身体を、他の物体を離すように離すことができなかったからである。第二に、「衝動と感情を身体において、身体のために（身体に向けて）感覚していた」からである。第三に、「痛みとくすぐったさ」を身体の部分にあると気づいていたからである（E. 77. 29–78. 08/AT. 75. 29–76. 06）。しかし、なぜ、痛みの感覚に「心の悲しみ」が続き、くすぐったさの感覚の後に喜びが続くのか、なぜ飢えと「私」が呼んでいる胃の引き攣れたような感じが、摂食へと促すのか、喉の渇きが飲むことへと向かわせるのか、「自然によって教えられた doctus sum a natura」としかわかっていなかった。というのも、痛みと悲しみ、くすぐったさと喜び、飢えと摂食、喉の渇きと飲むこと、これらの間には何の「親しい関係 affinitas」もない、疎遠なことであり、少なくとも両者を結ぶ関係を知解していなかったからである（E. 78. 08–21/AT. 76. 06–16）。要するに、外的感覚と事物との関係も、内的感覚とそこから生じることとの関係も、「自然によって教えられた」ということでしかなく、証明する理由を考える以前に「自分で納得してしまっていた mihi persuaseram」のである。つまり、ここでの「自然によって教えられた」ということは、未だその正当性が論証されていないという意味で、理由のなさを示しているに他ならない（E. 78. 21–26/AT. 76. 16–20）。このことを言い換えれば、「私が前もって感覚のうちにもっていなかったいかなる観念をも知性のうちにもつことはない」（E. 77. 27-29/AT. 75. 28-29）と納得していたということである。つまり、アリストテレス・トミスムの認知理論の根幹をなすことが理由に裏付けられないまま受け容れられていたということを示している。この「自然によって教えられた」というのは「第三省察」における「自然によって教えられた」（E. 32. 11-12/AT. 38. 14-15）と同じことを示している。すなわち、「或る種の自発的傾動性 spontaneus quidam impetus」であり、「自然の光」ではない（E. 32. 22-26/AT. 38. 23-27）(5)。「第六省察」のここでは「第三省察」と同じ批判の仕方が身体と心との関係にも適用されているのである。

第四節　疑うにいたった理由

この部分の論述は時間的に二段階になっている。先に見たように、感覚的意見を信頼していた時期があり、その後に、疑うことになった理由をもつという段階が来る。この後者の段階がまた二段階になっている。まず、第一の段階では数多くの「経験 experimenta」が感覚的意見への信頼を失わせる。その経験のうちの三つが例としてあげられている。第一は、「遠くからは円いと思われていた塔が、近づいてみると四角であった」ということが明らかになるというもの、第二は、「塔の頂に立つ巨大な彫像が、地上からは大きくはない」と看取られたように思われていた、というものである。これらは「さまざまな外的感覚の判断 sensuum externorum judicia」が「時折 interdum」間違えることの多くの経験のうちの一部とされる。第三の例は「さまざまな内的感覚の（sensuum) internorum」判断から採られる。「痛み dolor を感覚する」という例である。痛みの例の特徴は二つある。一つめは、痛みが「私」にとって「それよりもいっそう内々な intimius 何もありえない」ということ、二つめは、失った身体の部分に痛みを感じることがある、つまり、痛みの非局在性である。外的感覚の判断と内的感覚は、外向きと内向きという点では逆方向でありながら、「私」にとってよそよそしい事柄から、もっとも親密な事柄まで程度の差異で結びつけられる。それがさまざまな物体に取り巻かれている「私」の身体のありさまである。そして、もっとも親しいそして近しい、「私」にとってもっとも生命に係わる「痛み」においてさえ、「すっかり確実である plane certum とは思えないでいた」。ましてや外的感覚に依存する判断においては、その信頼はいっそう薄いものになるであろう。これが後で疑うに至った第一の段階である（E. 78. 27-79. 14/AT. 76. 21-77. 07）。第二の段階は「第一省察」の段階である。感覚的意見をすっかり覆うという意味で「最も一般的な二つの疑うことの原因 duas maxime generales dubitandi causas」がここに付け加えられる。[6] そのうちの第一のものは、「夢」という言葉は使われていないが、「第一省察」では夢という疑いに対応する。ここで展開されるのは、次のような議論である。目覚めている間に感覚していることで、眠っている間に感覚することができないような何もない。そして、眠っている間に感覚されることが、「私」の外に存する事物から「私」にやってくると信じることはできない。だから、目覚めているときに感覚すると思われるものについて、そちら側だけが、外に存する事物から「私」にやって来ると信じるわけにはいかない（E. 79. 14-79. 24/AT. 77. 07-14）。第二のものは、「私の起源の作者」を識らなかった、「あるいは少なくとも識らないと仮想していた」という疑いである。「第一省察」における起源への問いは数学的意見の信憑性に係わって提出された「私」の本性に係わる疑いの理由である。それに対してここでは「起源の作者を識らない」という表現によって、神についての意見に対する疑いの理由も含まれることになる。その「私」の意見を総じて疑う理由が、ここでは感覚への信頼をぐらつかせる理由として提示されている（E. 79. 24-30/AT. 77. 14-

18)。先に述べたように、「第一省察」において、感覚的意見が物理学的（自然学的）意見によって疑われ、物理学的意見が数学的意見によって疑われ、数学的意見が神についての意見によって疑われるという階層性が明らかになった(7)。そして、「第三省察」と「第四省察」における形而上学的思索が「第五省察」において数学に基礎を与え、さらにそれらが「第六省察」において物理学に基礎を提供する。起源を知らないことが感覚への信頼をも総じて疑う理由になるのは、この階層性の上に立ってである。つまり、形而上学的思索がぐらつけば、感覚的意見も巻き添えになる。

疑いの道に踏み込む以前に、感覚的意見の信頼をぐらつかせる外的感覚と内的感覚についての経験的事実、その後に二つの疑いの理由・原因が付け加えられたとされる。その一つは「第一省察」における感覚的意見と物理学的意見を纏めて疑う「睡眠」と「覚醒」の問題であり、もう一つは「私」の意見を総じて疑わしいものに変える起源の作者についての不知である。その上に立って「以前に感覚的事物の真理を私に説得していたさまざまな理由に対して困難なく応じていた non difficulter ad illas respondebam」と述べられる（E. 79. 30-80. 03/AT. 77. 18-21）。感覚的意見が本当だと「私」に思い込ませていた理由は、先に見たように「自然によって教えられた」ということであった。そのような理由に基づく感覚的意見は疑わしいと容易に応じることができた。この理由に対する応答も過去の事実として述べられている。いつの過去のことなのか。困難に応えることが容易であることの理由は二つ挙げられている。第一に、自然によって教えられるものを「余り信頼してはならないと考えていた」からである（E. 80. 03-06/AT. 77. 21-23）。これは先に見たように、「第三省察」における観念の第一の途において得られた成果の一つである。つまり、「自然によって教えられる」ということを、「自然の光」から区別し、「自然的傾動性」に類別していたことである（E. 32. 22-33. 07/AT. 38. 23-39. 05）。説明的に言い換えれば、「自然の光」が理性的行いを支えるのに対して、「自然によって教えられる」ということは論証するための理由について考え量ってはいないにもかかわらず、教えられるがままに向かってしまうということである。先の応答が容易である理由の第二は、「さまざまな感覚の知覚が私の意志に依存しないにもかかわらず、私とは別個な事物に由来する」と結論してはならないと考えていたことである。なぜそう考えていたのか、当の感覚知覚を作り出しているのが「私」ではないということを識らなかったからである（E. 80. 03-11/AT. 77. 23-27）。ここでもやはり過去の事実が述べられている。「第三省察」における観念の第一の途に次のように記されている。「観念を作り出している私にはまだ十分に認識されていない何らかの他の能力があるかも知れない」（E. 33. 13-15/AT. 39. 10-12）、と。観念の第一の途では「外来観念」という説明方式によって「私」を抜け出すことができるのかということが吟味され、この説明方式が無効であることが摑まれる。「自然によって教えられる」という理由への応答が容易であったのは、「第三省察」における観念の第二の途が拓かれる前であったということが判明する。[8]感覚への振り返りは、『省察』の始まる前から、「第三省察」における観念の表象する内容に着目する「他の途 alia via」（E. 34. 11-12/AT. 40. 05）の拓かれる直前までを辿り直す。そして「私と私の起源の作者をいっそう識りはじめている今」に至り着く。これまでの諸「省察」において、その神によって「私」の知性、意志、想像力という能力を正しく用いれば、間違わないで済むということが保証されている。そのことは「諸感覚から得られると私に思われるすべて」について、その全部を受け容れるべきでもないが、全部を疑うべきでもないという状況に、いまや至っていることを示している（E. 80. 12-80. 16/AT. 77. 28-78. 01）。疑うべきでないのは、知性、意志、想像力という能力が保証されているからであり、受け容れるべきでないのは感覚の正しい使い方がまだ明らかになっていないからである。このことは「自然によって教えられる」ということの見直しをも含むことになる。

（1）　われわれは通常「赤い色を見る」、「赤い色を感覚する」、「暖かく感じる」、「暖かさを感じる」、「ざらざらだと感じる」と言う。これに対して、デカルトはたとえば、「脚を持っていると感覚する」、「身体が他のさまざまな物体にとりまかれていると感覚する」という表現も受け容れる。通常は自分の手を所有しているという感覚を五つの感覚から区別して語ることはわれわれにはない。頭の重みを感じることはあっても、頭を持っているという感じを、通常は感じない。デカルトはそのような感じをもつと言っているのだろうか。そんなことはない。とするならば、「手を持っていると感覚する」ということによって、デカルトは何を言おうとしているのだろうか。少なくとも、ここで言われていることは一つの感覚器官によって感じられているという事態ではない。むしろ、アンスコムの言う「観察によらぬ知識 knowledge without observation」に相応する。彼女は（G. E. M. Anscombe, *Intention*, Oxford, 1976, p. 13 で、）"(b) The odd sort of jerk or jump that one's whole body sometimes gives when one is falling asleep"、つまり、「うつらうつらしていて、ときどきはっとして身体全体を反射的に動かす動作」という事態を、'intended' or 'willed' or 'voluntary' and 'involuntary' という概念を用いないで規定するためにこの「観察によらぬ知識」という概念を導入した（訳文は、G・E・M・アンスコム（菅豊彦訳）『インテンション―実践知の考察―』産業図書、一九八四年、二四頁から二五頁による）。アンスコムは、この概念を「自分の四肢の位置や運動の知識 knowledge of the position and movements of one's limbs」というよりも「意志行為のすべてはこの概念の下に包摂される all intentional action as falling under ths concept」とする（*Intention*, p. 50, 訳書九五頁）。アンスコムの基本的立場は記述の下に意志的行為を捉えるということである。それゆえデカルトの場合とは異なる。デカルトの場合は、むしろ、アンスコムにとっては記述に基づかない知識と重なるであろう。それゆえ、アンスコムの「観察によらぬ知識」という概念に示唆を受けて、この概念を別の仕方で導入することになる。たとえば、自分が椅子に座っているということを、他人の視点に立って観察し、その結果知るに至るということはない。このことをわれわれは、観察によらず、いわば直に知っている。この場合の観察とは、ほぼ「見ること・触れること」と言ってもよいであろう。このアンスコムの概念を援用することによって、デカルトが言おうとしている「手を持っていると感覚する」ということが、五感の働きそのままの結果として成立する事態ではない、ということが判る。五感ではなく感じる、いわば「感覚によらぬ知識」とはどのようなことなのか。先の表現で何が言われているのか。「感じる」ということの特性、感覚的意見の特質を考えてみれば、この場合の「感覚によらぬ知識」とは、理由が明らかにされることなく思いこんでいる、ということ以外ではあるまい。しかし、同じく理由も問われずに信じられているとしても、神が実在するというような思い込みとは異なる。もっと、生命維持ということの近くにおける出来事でなければならない。「見ること・触れること」の近くでもなければならない。「見ること・触れること」によって確認できることではあっても、「見ること・触れること」によって確認するまでもないことである。推論によって知られることではない。像を思い浮かべることによって捉えられることでもない。直に知っている、というよりも、直にわかっている。そのような事態をデカルトは、ここで「感覚する」と言っている。このことを見逃すと、陸続と非現実的な「感覚」概念が生じる。身体感覚で、ここで問いたいのは、身のこなし方、動かし方、運動感覚の訓練、総じて身体の動かし方に係わる感覚ではなく、「手を持っている」、「脚を持っている」ことを感じている、知っている、こうしたことがどのように感覚に係わっているのか、ということである。しかし、「第六省察」のここでは、感覚についての分節化、あるいは、感覚の認識価値の評定などがなされているわけではない。かつての経験を振り返っているという局面である。そういう原初的事実として、物体ではなく、身体が感じられる。

（2）この「身体的傾向」という表現、および、これのフランス語表現（inclination corporelle）は、『哲学の原理』「第四部」にも、『情念論』にも見出されない。『哲学の原理』「第四部」あるいは『情念論』において、もし、感情への身体的傾向を感じるという事態が取り上げられるのならば、それは情念（感情）としてであると考えられる。しかし、『情念論』「第一八項」から「第二五項」までに述べられている「思い」ないし「知覚」の分類のなかで、本文中の「身体的傾向」について感じられて得られる感覚は「身体に関係づけられる知覚」以外に入る余地はないであろう。そう考えるならば、「悲しみに向かう或る身体的傾向 corpoea quaedam propensio ad tristitiam」という表現は思いの仕組みが分節化されていない段階、疑いに入る前の段階を示していると思われる

（3）ここでの「観念」という語の使い方は、もちろん、「第三省察」において初めて確立された「思いの様態」としての観念を示している。

（4）「精神が念を入れて省察することによって描き出した観念、あるいは、私の記憶に刻印されているのに気づいた観念 iis quas ipse prudens & sciens meditando effingebam, vel memoriæ meæ impressas advertebam」をそれぞれ〈想像力による観念〉、〈知性による観念〉と解釈したのは、次の理由による。《Effingere》は、「第二省察」において想像することを規定する言葉であること（E. 19. 26/AT. 28. 02）、「記憶に刻印されているのに気づいた」というのが外的な影響を受けないことを示しているということである。最後にこのように解するならば、丁度符丁が合うからである。こうして想像力、知性と並べて

感覚の特有性が述べられていることが判明する。

(5) 『第三省察』「観念の第一の途」における「外来観念」という説明方式の理由のなさと、「第六省察」のこの箇所との並行性は強い。それは神の実在証明も、物体の実在証明も、「私」からの超越だからである。「自然によって教えられた」という点をも含めて『形而上学の成立』一九一頁以下を参照のこと。

(6) 当該部分で「疑うことの原因 causa」と言われ、「疑うことの理由 ratio dubitandi」(*e.g.*, E. 09. 11/AT. 18. 09) と言われていないことに気をつけなければならないが、この二つの表現の違いを事細かに詮索する必要はない。ここでは、「私」を疑いへと向ける、促す、動かす原因というように思いが向かっていると考えられる。デカルト哲学における「原因」と「理由」については『存在の重み』「第III部第二章」を参照のこと

(7) 「第一省察」における疑いの道については『形而上学の成立』「第III部第1章」参照。

(8) この点については『形而上学の成立』「第III部第三章」参照。

第九章　物体の実在証明と物理学

第一節　精神と物体の実象的区別

感覚についての振り返りが終わり、「第六省察」における感覚についての知の現在が見定められた。ここから、感覚という働きを考察することによって、物体の実在証明をするための立論が得られるかどうかを求めてゆく。このことは、想像力の働きから物体が実在するという結論が蓋然的に推量された、その場に戻り直すことを意味している。この結論は知性とは異なる想像力特有の働きを探り出すことをとおしてなされた。その場に戻り直すとは、感覚の働きを、知性と想像力から区別しながら見定めていくという場に探究を再設定するということである。そこへと戻る前に、われわれが追求することになるデカルトによる証明の道筋において迷わないように、物体の実在と感覚との関係についてわれわれなりの見晴らしを提示しておくことにしよう。このために、D・ヒュームに扉を開いてもらう。

彼は次のように書いている。すなわち「何が物体の実在を信じるようにわれわれを促すのかと問うのはわるくないが、物体があるかどうかと問うても無駄である」(D. Hume, *Treatise of Human Nature*, Bk. I, P. IV, § 2)、と。目の前にノートがあってそれに私は文字を刻み込んでいる。そのノートがあるかどうか、私は問わない。「あると信じているのか」と問われるならば、「信じている」と答えるであろうが、そうした事態が浮かび上がる以前に、目の前のノートはあると思ってしまっている。そういう表立たない思いを表立てないままにノートの上に文章を刻み込む。その一方で、引き出しにまだノートの買い置きがあるかどうか、ふと不安になることがある。しかし、それは事物の実在にかかわる問いとしては、「いつか購入したと思っているノートがそこにあるかないか」という問いである。どちらの場合にも、その問いは、ノートがあるということがどのようなことか、ノートの実在をどのようにして確かめることができるのか、私にわかっているからこそ問うことのできる問いである。言い換えれば、ノートが現にあるということが私の生活においてどのような役割を果たすのか私にはわかっている。もっと突き詰めて言えば、ノートが実在することの意味が私には了解されている。私が「その」ノートを見、「それ」に触れ、「それ」の上に書くことができれば、たいていの場合、私にとってノートの実在条件は満たされていることになる。このときに私は「ノート」という類について、それがどのようなものであるかを問うているわけではない。いまは引き出しのなかにあるとしても、私が問うているのは「その」ノートがあるかどうか、ということである。「その」ノートがあるかどうかということは、「この」ノートがあるかどうか、「この」ノートが実在するとはどのようなことなのか、この了解に支えられている。「ノート」というものがどのようなものであるのか、このことを理解しているだけでは、「この」ノートの実在条件の了解には至らない。「この」ノートが実在することが私にわかるためには、それが見られたり、触れられたりする必要がある。通常、そのように私は感覚への信頼の上に立って、個別的な物体の実在を了解する。このように物体の実在が感覚の信頼の上に成り立つのであるのならば、物体の実在を証明するとは、感覚の信頼性を測ることである。感覚を介してわれわれは物体的世界と出会い、交流する。物体の実在を証明するとは、個々の物体とわれわれの出会いにおいて、感覚に与えられてしかるべき信頼を一般的に見定めるということである。デカルトが「第六省察」において為している物体の実在証明とはそのような営みである。

感覚の働きに着目することをとおして物体の実在を証明する途は、先に述べたように感覚についてかつて何を信頼し、次にどのような理由で疑い、神について識ったいまはどうであるのか、この感覚についての振り返りを迂回としてもっていた。言い換えれば、証明の途を証明の道筋のかぎりで辿るならば、知性と想像力から区別されて感覚がどのように捉えられるのかという地点に、言い換えれば「知解する」という知性の場に戻る。知性の場で感覚するという働きを明らかにする。そういう場に立って物体の実在証明を行うということは精神と物体の区別の上に立ってのことである。なぜ、想像力に着目する物体の実在証明の場合にはこの区別が使用されなかったのか。それはこの区別をすることによって想像力の働きがいっそう明らかになるということがないからである。逆に言えば、この区別が感覚の働きに着目しつつなされる証明において、まず明らかにされるのは、感覚することにおける精神の働きと身体の寄与分とが区分されなければならないからである。物体の実在証明は精神の働きとしての感覚することの特有性を浮き出させることをとおしてなされる。

そのために「第一に primo」(E. 80. 17/AT. 78. 02) 精神と物体との実象的区別がまず確認されなければならなかったのである。そして先に述べたように、デカルト哲学の基本的方向を「識ることからあることへ」と捉える場合に、精神と物体の区別を確定し、その後に物体の実在の意味が探られるという順序は必然である。[1] それゆえに、物体の実在証明に向けての第一歩は精神と物体の区別のありさまを明確にすることである。そのために「第六省察」の冒頭で確認された明証性の規則が適用される。それの核心は「私が明晰判明に知覚するものは実在しうる」という点にあった (E. 72. 20-25/AT. 71. 11-16)。ここでの表現は次のようである。「私が明晰判明に知解するすべては、私がそれを知解するように神から生じうる」(E. 80. 17-19/AT. 78. 02-03)。この二つの表現は確かに異なり、後者は前者をはみ出しているように見えるかもしれない。しかし、「第五省察」において与えられている明証性の規則を並べればこの疑念は消える。「第五省察」では次のように述べられている。「当の事物に属すると私が明晰判明に知覚するものはすべて実際にその事物に属する」(E. 65. 14-16/AT. 65. 17-19)、と。「第六省察」冒頭の表現はこの「第五省察」で獲得された内容を含みつつ、「純粋数学」の対象の実在へと拡張されたものである。

「私が明晰判明に知解するすべては」「私」が知解するように実在しうる。或る事物を明晰判明に知解する。さらに、別の事物を明晰判明に知解する。そして、それぞれが他方なしに、明晰判明に知解される。その場合には、この二つの事物の間に知解するという点での依存関係はない。知解の上では相互に独立である。この二つの事物が相互に独立であると知解されるのならば、当の二つの事物は別個に実在しうる。つまり、別個な可能的実在をもつとは、本質領域において別個だということ、つまり、別個な本質をもつということである。「第二省察」と「第三省察」の成果に基づくならば、「私が実在する me existere と知ること」は「私が思うもの res cogitans だけである」と気づくことであった。「第二省察」の表現を借りれば、「抽き出してのみ言えば思うものである sum præcise tantum res cogitans」ということになる(E. 19. 03/AT. 27. 13)[2]。つまり、本質表示方式を採って引き剝がせないところだけを表示すれば、「私」は「思うもの」である。さらに、「私が実在すると知ること」は「私」が神によって創られた「思うもの、いうなら、実体 res sive substantia cogitans」であると知ることである(E. 44. 15/AT. 48. 14)。こうして「私は、私の本質が思うものであるというこの一つのことに存すると、正しく結論する」(E. 80. 29-30/AT. 78. 11-12)[3]。このことは「私が私の身体(=物体)から実際に区別されており me corpore meo revera esse distincum、身体なしに実在しうる、ということは確実である」ことをも示す(E. 81. 08-10/AT. 78. 19-20)。まず第一に、ここで言われている「私」は精神、つまり、思うもののことである。このことは物体の実在証明に向けての現段階が「知解する」という次元における精神と物体（＝身体）の区別を明確にする場であることが理解されるならば、疑問の生じる余地はない。第二に、「精神が身体なしに実在しうる absque illo posse existere」とは、精神と身体のそれぞれが二つの別個な事物として現に実在しているということを意味しない。可能的実在は本質領域におけるあり方を示しているからである。「思うもの」が「広がるもの」に依存することなく実在可能であるということは、本質が異なり、それゆえに実在可能性という点で相互に依存しないということを示している。このことは、第三に、ここで「おそらく fortasse」「私がきわめて緊密に私と結びつけられている身体をもつ」ということによっても示されている（E. 81. 01-03/AT. 78. 13-15）。このことは物体の実在が証明されていない現段階においては「おそらく」としか言えない。そういう段階においても、「思うもの」である「私」と「私の身体」とは相互に独立した実在可能性をもつことは、明証性の規則をこれらの本質に適用することから帰結する。第四に、これまでの省察を振り返ってみれば、「私」である精神が実在することの意味は〈与えられてある〉という点を核心にもっていた。言い換えれば、自らが自らの実在の原因ではないという被造性に基づいて、複数の実体が実在する世界の一員として実在することであった(4)。肝要な点は、有限的世界のなかに与えられたものとして実在することと、「思うもの」ないし「広がるもの」として可能的に実在することとは、〈あること〉において異なるありさまだという点にある。このことを踏まえるならば、物体の実在証明の現段階において、「私と私の身体とが実際に区別されている」ということが、精神が世界のうちに実在することと、物体が世界のうちに実在することを含意していないことは明らかである。現実的に、つまり、有限世界のなかに実在することの意味が見定められているのは、精神である「私」だけである。念押しになるが、精神と身体＝物体の「実象的区別」が成り立つのは、両者が可能的実在として看做されている限りにおいてである。第五に、「実象的区別 distinctio realis」という表現はここには出現していないが、「第六省察」の表題において使われている。「区別」についての理論は、「答弁」(*e.g.*, Resp. 1, AT. 120, Resp. 2, AT. 169-170) を経て『哲学の原理』「第一部六〇、六一、六二項」において整理される。(5) 繰り返しになるが、現在の状況を次のように捉えておけばよい。「ただ思うものであり、広がるものではない」という「私自身の判明な観念」を一方で私がもち、他方で「ただ広がるものであり、思うものではない物体の判明な観念をもつ」ということから、明証性の規則に基づいて、「私が私の身体=物体と実際に区別されている」ということが帰結する (E. 80. 30-81. 10/AT. 78. 13-20)。このことを「実象的区別」と理解すればよい。

第二節　「私」という実体の能力

「それに加えて præterea」、つまり、知解の次元での物体の実在証明に向けて〈第二に〉述べられるべきことは三つに分節化できる。その第一は、「感覚する能力 facultas sentiendi」がもっている「私」の「思うことの様態」としての位置である (E. 81. 11-19/AT. 78. 21-28)。第二は、「場所を変え、さまざまに形を取る能力」への着目である (E. 81. 20-25/AT. 78. 28-79. 02)。第三は、第二の能力が「知解する実体」には内在しないことである (E. 81. 25-30/AT. 79. 02-06)。第一のことは、「想像力と純粋な知解作用」とが区別され、想像力の特有性が取り出された局面と並行した展開と考えてよい (*cf.* E. 74. 18-25/AT. 73. 05-10)。ここでは感覚する能力と想像する能力に関して、「知解する実体なしにはそれらの能力を明晰判明に知解することはできない」とされる。その理由は「この二つの能力がその形相的概念 conceptus formalis のうちにいかほどかの知解することを含んでいる」ということである。これらの働きとしての能力が「私」という「知解する実体」から様態のように区別される。想像力に着目する物体の実在証明の場合には、想像力が外向きに働く能力であることが肝要な点であった。しかし、同じく外向きに働く能力である感覚の場合には、それが実体の様態であることが肝要な点になる。つまり、精神である「私」の外向きの働きということではなく、実体である「私」の様態という点に、感覚に着目する証明の核心がある（E. 81. 11-19/AT. 78. 21-28)。第二に、「おそらく」精神にきわめて緊密に結びつけられた身体をもつ「私」（E. 81. 01-03/AT. 78. 13-15）というこの実体の働き方として、「私は他の或る種の能力、たとえば、場所を変える能力、さまざまな形を取る能力 locum mutandi, varias figuras induendi、そのような能力を認知する」。空間的に移動したり、さまざまに形を変える、つまりは姿態を変える、そのような働きはその能力が内在する実体なしには知解されも、実在することもありえない（E. 81. 20-25/AT. 78. 28-79. 02)。それゆえ、第三に、これらの能力が仮に現に実在するならば、物体的な実体に内在しなければならない。「これらの能力の明晰判明な概念のうちには、何らかの或る広がりが含まれていて、一方しかし、どんな知解作用も全く含まれていない、からである」（E. 81. 25-30/AT. 79. 02-06)。神についての認識を得ている「今は」「感覚から得ていると思われるすべてを」闇雲に受け容れるわけにはいかないが、すべてを疑わしいとするべきでもない（E. 80. 12-16/AT. 77. 28-78. 01)。飢えれば食物を摂る、喉が渇けば水の入った容器に手を伸ばす。そのように感覚して知っている。そのように食物や容器に手を伸ばす能力を認めているが、その能力は「知解する実体」の様態ではない。感覚する働きとしての能力も、想像する働きとしての能力も、その何であるかを説明しようとすると、「知解する」ということを含めなければ説明できない。「熱い」と感覚するにせよ、「三角形」を想像するにせよ、既に明らかになっているように、知性の働きなしにはこのような表現は成立しない。その核心をなす精神の働きを表に出して「知解する実体」と言う。しかし、水を飲もうとして手が動いていることを感覚しても、その手が動くという空間移動能力は「思うもの」の働きではない。身体が動いていると思うことは精神の様態である。それに対して、身体ないし身体の一部が空間的に移動しているということは、広がりの世界で起こることであり、広がることの様態、つまり、物体の様態であって然るべきである。もし、そのような空間移動能力が現に働いて、実在するとしたならば、その能力は「広がる実体」に内在していることになる。

第三節　受け取る能力

（一）　感覚する能力とは「感覚可能な事物の観念を受け取り認識する ideas rerum sensibilium recipiendi & cognoscendi」能力である。しかし、それが「受動的能力」であるかぎり、「こうした観念を産出するか、作り出す何らかの能動的な能力が、あるいは私のうちか、あるいは他のもののなかにか、実在」しなければならない（E. 81. 30-82. 06/AT. 79. 06-11)。受け取ることができるためには与える何かがなければならない。何が受け取られていたのか、もう一度捉え直しておこう。受け取られていたのは「観念」である。どのような観念かと言えば、「それらすべての性質の観念 ideæ istarum omnium qualitatum」であった（E. 76. 30/AT. 75. 05-06)。「それら」とは、文脈を離れて内容をとって言えば、「外的感覚」として捉えられる事柄である。つまり、「外に」感覚される「広がり、さまざまな形、さまざまな運動」、触覚的性質、光、色、香り、音、つまり、通常五感に振り分けられる対象であった（E. 76. 22-76. 29/AT. 74. 27-75. 05)。物体の実在証明が「外に」向かうのであるのだから、「内的感覚」が証明のための足場にされないのは当然である。さて、それら「感覚可能な事物の観念」は精神の様態である限りにおいて、精神が作り出す。そういう意味での観念の原因は「私」であり、それは「私の」能動的な能力に依存する。しかし、ここで問われているのは、「感覚可能な事物の観念」を産出する能力、たとえば、「赤い」という観念を「私」のうちに生じさせる能力である。つまり、何の観念かということ、観念の表象する内容の原因が問われている。その表されている内容は精神の様態ではない。その内容、たとえば、「あの五角形の家」は、その内容の点で「思い」を前提にせず、「広がり」の上に成り立っている。そのような内容を産出する能力は、「私」のうちにか、他の実体のうちにかなければならない。

（二）しかし、「広がり」を前提にする内容をもつ観念を産出する能力が、「思うもの」である「私」のうちにないのは、先に確立された実象的区別に基づいて明らかである。「思い」は「広がり」を産出することはできない。感覚によって知覚されたこれら観念の内容は、「まったく知解作用を前提にせず nullam plane intellectionem præsupponit、私が協力もしないのに、しばしば不意に invito さえ産出される」。これらの内容を産出する能力は「私のうち」にはありえない（E. 82. 07-10/AT. 79. 11-14）。「ゆえに、残るところは、この能力は私とは別個の何らかの或る実体のうちにあるということである」。その実体のなかには、「当の能力によって産出されたもろもろの観念のなかに対象的にあるすべての実象性が形相的にか優越的にか内在しなければならない omnis realitas vel formaliter vel eminenter inesse debet quæ est objective in ideis ab ista facultate productis」（E. 82. 10-15/AT. 79. 14-18）。このことは「第三省察」における〈形而上学の立論〉に従って主張されている。まず、さまざまな「観念のうちに」対象的にある「実象性」が単数形で書かれていることに注意しておこう。〈熱いという観念〉、〈赤いという観念〉、〈この四角の紙という観念〉などなど感覚されることによって知覚された観念がさまざまであっても、それらの観念が表象する「実象性」は単数形で示される。つまり、少なくともこの「実象性」を捉える上で多種、あるいは多様なものを想定してはならないということである。「第三省察」において「対象的実象性 realitas objectiva」は観念が表象する内容に着目しながら、「様態いうなら偶性 modus, sive accidens」と実体の差異、有限実体と無限実体の差異を示す概念として導入された（E. 34. 20-25/AT. 40. 12-15）。〈赤いという観念〉と〈この四角の紙という観念〉、それぞれの表す対象的実象性の差異が問われる局面はまったくない。感覚によって知覚された観念の表象する対象的実象性は先の三つの段階、つまり、様態か（有限）実体か無限実体かという三つの段階のどれかに帰着する。それゆえに、諸観念に対して実象性が単数形で示されている。「諸観念のうちに対象的にある」実象性とは、対象的実象性のことである。実象性とは事物の肯定的規定性のことであり、対象的実象性とは観念のうちにあるそれ、つまりは、対象についての表象内容のことである。この考えに基づいて、いわゆる「因果の原理」が観念に適用される。その「因果の原理」とは次のものであった。「作用的かつ全体的原因 causa efficiens & totalis のうちには、この原因の結果のうちにあるのと少なくとも同じだけの実象性があらねばならない」というものである（E. 35. 01-04/AT. 40. 21-25）。この原理が「自然の光によって明瞭」であるのは、原因が「作用的かつ全体的」だからである。つまり、結果を作成するために具えなければならないすべてを具えていて、その結果を作成する、そのような原因のなかには、結果のなかにあるすべての肯定的規定性、つまり、実象性が含まれているのは当然だからである。言い換えれば、「作用的かつ全体的原因」とはその結果が原因を超えることのない原因だからである。この原理が「観念の第二の途」に適用される。神の実在を証明する〈形而上学の立論〉とは次のものを内容とする。すなわち、観念の表す対象的実象性は、原因を求め、その原因は結果に対して少なくとも同じか、それ以上の実象性をもつのでなければならない。結果の実象性を「形相的 formaliter」に含むとは、同じく実象性を含むことであり、「優越的 eminenter」に含むとは、原因が結果よりいっそうの実象性をもつ、言い換えれば、凌駕する実象性をもつということである。形而上学の立論について「第三省察」から次の箇所を引用しておくことにする。「この〔結果の〕観念が、他の対象的実象性というよりは、むしろこの、あるいは、あの対象的実象性を含んでいるということ、このことは、当の観念が対象的実象性を含んでいるだけ、少なくともそれだけの形相的実象性がそのうちにある或る原因から得なければならないというのは、事の上から当然のことである」(E. 36. 06–11/AT. 41. 20–24)(6)。

（三）　この形而上学の立論を感覚によって知覚された観念に適用する。物体的事物を表象する観念内容を産出する能力がそのうちにある実体は、第一に、当の「諸観念のうちに対象的にあるすべてが、そのうちに形相的に含まれている物体、言うなら物体的自然」であるか、第二に、「神」であるのか、第三に、当の実象性が「そのうちに優越的に含まれている物体よりもいっそう高貴な何らかの被造物」、つまり、物体と神との間の被造物である（E. 82. 15–82. 20/AT. 79. 18–22)。一つだけ留意しておかなければならないことがある。それはデカルトにとっては当然であっても、われわれの時代では一定の哲学史的知識をもっていなければ間違えることになる、そういう点である。表象内容の原因となる実体が「物体、言うなら物体的自然（本性）corpus, sive natura corporea」と表現されている点である。先にも示したとおり、「実体」とは哲学史的には「それ自身によってあるもの ens per se」を意味内容にもつ表現である。「自然」ないし「本性」であろうが、「本質」であろうが、それ自身によってあるもの、言い換えれば、他の何かに依存しなければ説明できないというわけではないもの、それがそれの説明原理になっているもの、それも「実体」と言われる。このように注意を喚起して何を示したいのか。これも明らかなことであるが、ここで原因として目指されている物体が時空的に規定されて感覚されている「あの」あるいは「この」物体ではないということである。ここでその現実的実在の意味が問われているのは、すでに、それが可能的に実在することは明証性の規則によって明らかにされている、そういう「物体」であり、「物体的自然（本性）」である。「純粋数学」の対象として可能的に実在する物体的自然（本性）が現実的に実在するかどうか、物理学の対象として現に実在すると言えるのかどうか、それが問われていることなのである。このことさえ理解されているのならば、原因となる物体の候補が上の三つであり、それに尽きているということも理解されるであろう。なぜならば、候補として除かれている「思うもの」である「私」を含めれば、合わせて四つの実体で存在者の分類は尽きるからである。

（四）次の段階は神の誠実を論拠にする。これを論拠にして、第一に、神が「無媒介的に immediate」私に当該の観念を送り込むのではないこと、第二に、物体的事物の観念が表象する対象的実象性を、そのうちに形相的にではなく優越的にだけ含んでいる何らかの或る被造物が「媒介して mediante」それらの観念を私に送り込むのでもないことが主張される（E. 82. 20-26/AT. 79. 22-17）。要するに、上に挙げられていた三つの候補のうちの二つが否定される。なぜこの主張を神の誠実が支えるのか。このことは次の文を参照しなければわからない。上の主張が「およそ明白である omnino manifestum est」（E. 82. 21/AT. 79. 23）ことの理由は次の二点にある。第一は、神が「このことを認知するために ad hoc agnoscendum 何の能力もまったく私に与えなかった」ということである。「このこと」とは何か。それは、神が物体的事物の観念内容を無媒介的に「私」に送り込んでいるということ、そして、物体よりも「いっそう高貴な」つまりは精神をもつ被造物が媒介して当該のものを送り込んでいるということ、これが「このこと」の内容である。神が「私」に直接送り込んでいると認知する能力も、神が他の被造物を介して「私」に送り込んでいると認知する能力も、神は与えなかった。これが神の誠実の支える内容である。神の誠実はいつも「私」の能力を、「私」を超えて保証する。「第一省察」における数学的意見への疑いは起源への問いとして、神についての意見を引き出してくる。そこでそもそも「私」の能力が真理に至ることができるという保証を失う。「第三省察」、「第四省察」、「第五省察」において神の誠実によって、つまり、「私」が与えられているものであるという有限性と引き換えに、「私」の能力が、知性について、意志について、想像力について保証される。このことを再認した上で元に戻るならば、神から直接送り込まれるのを認知する能力も、神から他の被造物を介して送り込まれるのを認知する能力もない。前者の能力とは啓示のことと考えればよい。「恩寵の光」によって教えられると考えてもよい。物体的事物の観念内容がそのような仕方で得られる、そのような能力を「私」は認知しない。物体的事物について啓示によって知ることを否定する。それでは「私」以外の被造物を媒介して伝えられるというのは、どのような場合であろうか。当該の被造物は、物体よりもいっそう高貴とされるのだから、精神をもった被造物である。「第二省察」における「蜜蠟」を例に採った分析から明らかなように、精神は「広がり」を「優越的に eminenter」含む。つまりは、知るという仕方で含む。それゆえ物体についての知識がふえるということは、それ以上に精神についての知識がふえることであった。物体について何かがわかれば、それを知っている精神のありさまが、物体についての知とともにわかるからである。精神をもった被造物ということで天使を考えてもよいであろう。[7]しかし、いま明らかにした、物体と精神との関係に基づくならば、当該の被造物は「私」以外の精神でもよい。そのように考えれば、神に発して、他なる精神を介して、「私」に伝わる、そのことを認知する能力はないということになる。他なる精神が、たとえ、天使であれ、精神である以上は、精神のかぎりでは「私」と同じ能力をもつはずである。というのも、精神であるかぎり能力として同じということが神の誠実によって保証されていることであったのだから。そうするとこの精神も物体的事物について啓示を得る能力をもっていないはずである。ということは、受け取る能力をもっていないのだから、受け渡すこともできない、媒介することもできないということになる。しかし、もしそうならば、第二の選択肢を構成することはない。神が精神に直接送り込むことだけを否定すればよかったはずである。このように考えると、もう一つの経路を想定することができることに気づく。つまり、他なる精神が物体的事物の観念を仲立ちして「私」に伝える、同じことであるが、他なる精神が物体の観念を「私」に伝えるということである。それは他なる精神には「広がり」が「優越的に含まれている」とされているからである。ところが、他なる精神から物体の観念内容を受け取る能力は「私」に与えられていない。他なる精神は、精神であるのだから、物体の観念内容を産出するわけにはいかない。それゆえ発出先は神でなければならない。それが神からどのように伝えられるかは別にして、精神として「優越的に」もっている物体の観念内容を「私」に伝える。しかしながら、そのように受け取る能力は与えられていない。精確に言えば、物体の観念が表象する対象的実象性が他の精神から「私」に伝わってくるのを認知する能力がない。物体的事象として何が取り上げられていたのか、もう一度記してみよう。それは外的感覚によって知覚されるものであった。挙げられていたのは、「広がり、形、運動」、「固さ、熱さなどの触覚的性質」、「光、色、香り、味、音」であった（E. 76. 22–27/AT. 74. 27–75. 03）。こうしたことが、言語表現などさまざまな媒体を使わずに、他なる精神を介して伝わるとは、たとえば、D・P・シュレーバーの言う「神経接続 Nervenanhang」（D. P. Schreber, *Denkwürdigkeiten eines Nervenkranken*, Kulturverlag Kadmos, (1900–1902) 2003, *e. g.*, S. 188）のようなもの以外にはないであろう（脳に電極を植えて、その電気的情報を他人に伝達して、例えば視覚像、触覚感を再現する場合もやはり媒体を使っている、つまり、何らかの擬《なぞら》え、模写に他ならない）。神か、他の物体を超えた被造物か、という選択がともに否定されることの意味はこのように開かれる。簡単に言えば、物体的事物についての知を受け取る啓示能力も遠隔共感（テレパシー）能力もないということである。しかし、そういう能力がないからといって、物体的事物の観念内容が物体に根づいているということにはならない。原因として求められなければならないのは、当の物体的性質を「形相的に」もっている何かだからである。その原因は、神でも他なる精神でもない。ここまででは〈他ではない〉ということが示された。それでは肯定的表現はどのようにして得られるのか。それが次の課題である。

先のことが「およそ明白である」第二の理由は次のように述べられる。神や他の精神から受け取るということがないどころか、それらの観念内容が「物体的事物から発せられると信じるための大いなる傾向性 magna propensio」を神は「私」に与えた（E. 82. 28-29/AT. 79. 28-80. 02）。もう一度繰り返すが、第一の理由は、物体的事物の観念が表象する内容は物体以外の何ものにも由来しないということを、由来していることを捉える能力が与えられていないことに基づいて示されていた。このことを簡明にのみ記せば、外的感覚によって知覚される内容を物体以外のものに基づいて認識する能力がない、ということになる。それのちょうど反対側（sed contra）に設定されるのが、いま引用した第二の理由である。そういう能力がない、それどころか「物体的事物から発せられると信じるための大いなる傾向性」がある。この「大いなる傾向性」は「第四省察」における「大いなる傾向性」（E. 57. 16-17/AT. 59. 02）と精確に同じ傾向性である。この「傾向性」は「自然によって教えられる doctum esse a natura」ということの分岐である「自然の光 lumen naturale」に対立する「傾動性 impetus」（E. 32. 22-26/AT. 38. 23-27）ないし「自然的傾動性 impetus naturalis」（E. 33. 03/AT. 39. 01-02）ではない。「第四省察」は次のように書く。「知性における大いなる光から意志における大いなる傾向性が帰結する」、と（E. 57. 15-17/AT. 59. 01-03）。このことは、明晰判明な知解に対して意志を発動するかぎり誤ることは決してない、ということを示していた。「第四省察」における明証性の規則が示しているとおり（E. 61. 27-62. 03/AT. 62. 15-18）、神の誠実はこの「大いなる傾向性」を正当化する。この「傾向性」は知性が意志に与える傾向性であり、それはこの「第六省察」においても同じである。つまり、神が与えた「当の諸観念が物体的事物から発せられると信じるための傾向性」とは、知性が意志に与える傾向性である。しかし、「第四省察」と異なり、ここでは判断するための傾向性ではなく、「信じるための」傾向性である。もちろん、だからといって「疑わしい douteuse」（G. Rodis-Lewis, *L'œuvre de Descartes*, Vrin, 1971, t. I, p. 348）ものではない。なぜならば、「第四省察」の「傾向性」を疑わしいものと看做すことはできないからである。同じく神の誠実に裏付けられている「第六省察」の「傾向性」も疑わしいことはありえない。

しかしながら、同じく「因果の原理」（形而上学の立論）を用いた「第三省察」の神の実在証明において、この「大いなる傾向性」は要求されなかった。このことを考量しなければならない。神の場合には、原因としての神が結果としての神についての観念内容を凌駕するということは、神が無限である以上は必然であった。しかし、物体については、原因である物体が結果としての物体についての観念内容をもつ精神によって凌駕されるという場合がある。精神は「思うもの」であるかぎり、「広がり」をそれとして「形相的に」含むことはないが、「広がり」の観念として「優越的に」含むことは許される。つまり、因果系列において或る「広がり」の観念が別の「広がり」の観念の原因であるという場合を排除できない。神の実在証明においてこの場合が生じなかったのは、精神が神を「優越的に」含むことがなかったからである。有限である「私」が無限という観念をもつということが証明の鍵であった。この上なく「私」でないものが「私」のうちに見出されたのであった。ところが、物体の場合にはそうは言えない。だから、物体の実在証明の場合には、物質的性質の観念が表象する内容を形相的に含んでいる実体が求められる。神の観念の場合にはそれの「少なくとも最始的諸原因には、この原因の本性上、形相的なあり方 modus essendi formalis」が適合した（E. 36. 24-26/AT. 42. 04-06）。ところが物体を原因と想定する場合には、このようには言えない。神は無限実体であり、「私」は有限実体である。その「私」は「広がり」の観念をもっている。しかし、「私」は「広がる」実体ではない。「広がる」実体である物体は「思い」を一切含んでいない。それゆえに、物体の実在証明の場合には、観念の表す内容を「優越的にか形相的にか」もっている原因ではなく、「形相的にだけ」もっている原因に届かなければならない。しかし、知性が示すことができるのは、物体的事物の性質を表す観念の内容が物体的事物に由来するということを「信じるための傾向性」を神の誠実によって裏付けることである。知性は、実象的区別の確立によって、物体的諸性質は物体に属するということを明晰判明に示した。しかし、その諸性質が現に実在する物体に属するということを示すことはできない。なぜならば、そのことは感覚の役割だからである。知性が明晰判明に知解しうることに従って、しかしながら、明晰判明な知解を超えて感覚の能力を信頼する。そう意志が肯定する、そのような「大いなる傾向性」を知性が与える。(8)「第四省察」においても、「第六省察」においても、この「傾向性」は知性が意志に与える傾向性と解するべきである。つまり、知性の示すところに従えば、物体的事物の性質が物体に帰着することは明晰判明である。にもかかわらず、「思うもの」の様態が「広がり」を表現しているという事態が現にある。この「広がり」は「思うもの」によって表現されているが、「思うもの」ではない。「思うもの」は「広がり」を観念としてもつ。そのことが「思うもの」が「広がり」を凌駕する仕方で含む、つまり、「優越的に含む」ということである。このことは精神が「広がり」を観念としてもっていても、その原因として「広がり」を、それとして、つまり「形相的に」もっているものを要求するわけではないということを示している。

物体の実在証明の肝要な点を纏めてみると以下の三点になる。第一に、感覚によって知覚される物理学的な真理に関しては神の啓示に依存してはならない。第二に、他なるものが感覚する内容を、「私」が感覚するものへと移し替えることができない。第三に、したがって、感覚するものである「私」と感覚される物質的なものの間に何らかの結びつきがある限り、その結びつきは、他の介在を許さないのだから、直接的という性質をもっていなければならない。しかし、この「形相的に含む」という直接性は知性の明証性の枠を外れた、感覚の固有性に基づいている。「赤い」という感覚知覚を得る場合に、知性によって明晰判明に捉えることができるのは、その感覚知覚が実在可能な物体的本性に帰属するものだということである。それに対して、感覚が教えるのは何らかの物体が現に実在するということである。このことの信憑性は人間知性そのものがもっている意志へと働きかける「大いなる傾向性」によって支えられる。この「傾向性」は「私」だけのものではなく、人間的経験の根底の一部をなすことが神の誠実によって示される。つまり、感覚することと物体の実在との直接性は人間の〈事実 factum〉であることがこの証明によって明らかにされる。もちろん、何かが感覚された場合には、その何かが実在するかどうか、その何かがどのようであるのか、知性、想像力（記憶）、あるいは、多くの感覚によって確かめられなければならないのは当然のことである（E. 95. 06-13/AT. 90. 07-10）。「したがって、もろもろの物体的事物は実在する」（E. 83. 02-03/AT. 80. 04）。

第四節　物理学の成立

かくして純粋数学という基礎の上に、物理学が成立することになる。『哲学の原理』「第二部」の「第一項」において物体の実在証明がなされていることからもわかるように、物体の実在証明は物理学の土台になる。そこにおける感覚の役割とはどのようなものなのか。デカルトは次のように述べている。「感覚によってそれらを私が包括（的に把握）する」ものについては「もしかして forte」そのとおりに物体的事物が実在するわけではないかもしれない。というのも「諸感覚による当の包括（的把握）は多くの場合 in multis きわめて曖昧で不分明 obscura & confusa だからである」。しかし、「私が明晰判明に知解するすべて、つまり、純粋数学の対象のうちに包括（的に把握）されている類的に見られたすべては、物体的事物のなかにある」（E. 83. 03-10/AT. 80. 04-10）。以上の記述の意味するところを解きほぐす前に、「包括（的に把握）する」と訳した《comprehendo》について若干のことだけを述べておく。この言葉は神についての認識様式として特有の意味をもっていた。(9) その要点だけを述べれば、「神についての包括的把握の不可能性 incomprehensibilias」とは、有限なるわれわれは神を無限であると知解することはできるが、無限であるがゆえにそのすべてを、たとえばその意志内容を摑むことはない、つまり、神をすっかりわかることはない、ということを示す。或る書簡によれば、「包括的に把握する comprendre」とは「思いによって抱くこと embrasser de la pensée」である（à Mersenne, 27-05-1630, AT. I, 152/BG. 152）。いま分析しようとしている箇所においても、知解との差異において、「すっかり包み込む」というように、この語を解することができる。そう解して、もう一度説明的に言い換えてみよう。いろいろな感覚によってすっかり包み込んでいる、その把握は、多くの場合に、分節化されることがなく曖昧で不分明である。だから、もしかして「私」が感覚によってすっかり包み込むように捉えている物体的事物は、「私」が包み込んでいるように実在しているわけではないかもしれない。しかし、純粋数学の対象のうちにすっかり含まれている物体的事物における類的に看られたすべて、それが物体について明晰判明に知解されるものであるが、そのすべては少なくとも物体的事物のうちにある。このことで何が言われているのか。感覚による把握と知性による知解の対比は明らかである。知性は物体についての類的で明晰判明な知解を与える。それに対して感覚による把握は多くの場合に曖昧で不分明である。知性によって知解されたものは先に実在が証明された物体のうちにある。少なくともこのことは確かである。繰り返して注意を喚起しなければならないが、知解された物体は「あの物体」、「この物体」という個物ではない。物体について明晰判明に知解されるすべてが物体的世界のなかにあると考えればよい。感覚の直接性によって捉えられる物体は個別的な物体、個物である。この個別的な物体が実在する。それに対して、知解されるのは「この」物体についての類的な特性である。こうして純粋数学上の探究が物理学に足場を与える、つまり、純粋数学が物理学の対象である物体に届くことが明らかになる。それに対して、感覚によって摑まれる個別的なことは、感覚に摑まれたとおり実在するわけではないかもしれない。この「感覚」は内的感覚も外的感覚も合わせて表現している感覚である。議論は、純粋数学から物理学へと受け渡され、明らかにしなければならないことが物体的事物についての感覚へと絞られる。

自然現象を対象にする学問、これを物理学と呼んでいるが、純粋数学から区別されるに応じてこの学問に固有の対象は物質的事物についての「さまざまな個別的なもの particularia」である[10]。その個別的なものには、「太陽はこういう大きさをもつ、こういう形をもつ」などの事態、あるいは、「光、音、痛みなど」が含まれる。前者の方が純粋数学の成果を適用できるので、つまり、知性と想像力によって捉えられたことを感覚が物体との関係において現実化するので、後者よりもいっそう明晰に知解される。後者の個別的なものは感覚による包括的把握を知性が制御しつつ知解するので、前者よりも「いっそう明晰ではなく知解される minus clare intellecta」（E. 83. 11-15/AT. 80. 11-15）。しかし、前者にしても「私自身」と「神」についての認識に較べるならば（*cf*. Synopsis, E. 05. 27-06. 02/AT. 16. 03-07）、「きわめて疑わしく、不確実である」（E. 83. 15-16 AT. 80. 14-15）。にもかかわらず、われわれの感覚能力が先のように神の誠実によって保証されるのだから、「私自身と私の創作者をいっそうよく識りはじめているいま」、これら感覚から得られることがらを思慮なく受け容れるべきではないが、「またそのすべてを疑いに呼び戻すべきでもない」（E. 80. 12/AT. 77. 28-78. 01）と言える。第一に、神は欺くものではない。第二に、「私のさまざまな意見のなかに何らかの虚偽が見出されるならば」、「神によってその誤りを矯正する何らかの能力」も与えられている。このことは「第一省察」における疑いの道の成果である。感覚的意見は物理学的意見によって矯正される。物理学的意見は数学的意見によって矯正される。感覚は想像力と知性によって、想像力は知性によって矯正される。(11) 能力については、「私」が「私」の能力を保証しても保証にならない。「私」の能力は神の善性によって保証される。かくて、上の二つの点の核心だけを繰り返すならば次のようになる。人間に与えられたものとしてのかぎりでの認識能力がわれわれを欺くことはない。もし欺くようなことがあるとするならば、そのときにはそこから生じる虚偽を糺す能力もわれわれには与えられている。こうして、物理学的探究が自然現象を対象とする学として自然の真相に到達する「確実な希望 certa spes」が開かれる (E. 83. 16-22/AT. 80. 15-19)。物理学の基礎と対象は確立された。しかし、その探究において、誤りを避けるためにはどのようにしなければならないのか、つまりは感覚の評価ということが残っている。探究の主体は感覚を用いて物体的現象に向かうのであるから、身心合一体としての人間である。この人間が自然現象の探査においてどのように誤りを避けることができるのか、それはまた一個の人間が生きる上での誤りの避け方と同じことである。

第五節　自然の教える三つのこと

一方では、「私が自然によって教えられるもののすべてが何らかの真理をもっているということに疑いはない」(E. 83. 22-24/AT. 80. 20-21)。しかし、他方では感覚の使用を評価しなければ、誤りに陥ることも明らかである。このことを同時に見定めて行くために対象となる「自然」を限定する。「自然 natura」は総じて「類的に看られる generaliter spectata」場合と、「個別的に in particulari」看られる場合とに分けられる。前者は、いまの段階において表現するならば、形而上学の対象である「神そのもの」か、純粋数学の対象である「神によって設定された被造的諸事物の相互的秩序 coordinatio」つまり自然法則である。後者は、「私の自然」であり、それは「神によって私に帰せられたすべてのものの複合 complexio」である（E. 83. 24-30/AT. 80. 21-26）[12]。これからの探究は後者、つまり、複合された合一体としての「私」における感覚の問題を基軸に据えることになる。

その「自然」の教えること、つまり、個別的な一個の「複合」である「私」の自然が教えることは大きく言って次の三つである。第一に、「私が身体をもつこと quod habeam corpus」である（E. 84. 02-03/AT. 80. 28）。第二に、「私が身体と共に一つの何かを構成している unum quid cum illo (*scil.* corpore) componam」ことである（E. 84. 12-13/AT. 81. 04-05）。第三に、「私の身体＝物体のまわりに他の多様な物体が実在すること varia circa meum corpus alia corpora existere」である（E. 84. 27/AT. 81. 15-16）。この三つの点について順々に見ていこう。疑いの道に入る以前に、当然のことであるが、身体や手や脚を持っていると感覚されていた。この場合の「感覚する」という事態についても既に明らかにしておいた。感覚の直接性として物体の実在が確保されたいま、「私が痛みを感じる」という事実が身体の具合のわるさという事実と一つになり、飢えや渇きの感覚が身体にとっての食物と飲料の欠乏という事実と一つになる。これらのことが明晰判明に知解されるのではない。しかし、感覚と物体＝身体の実在との関係が確立されているのであるから、これらのうちに「何らかの真理」があることを「私は疑ってはならない」。これを疑うことは、神の誠実を疑うこと、自分の感覚能力を用いて真理に到達できることを疑うことである。内的感覚の事実は「私」が身体をもっていることの事実と同じ事実である（E. 84. 01-07/AT. 80. 27-31）。

第二に、「私が身体と共に一つの何かを構成している」ことを「私」という「複合」の自然がどのように教えるのか。このこともやはり「痛み、飢え、渇きなどの」内的感覚をとおして教えられる。内的感覚が教えるのは、「私」と「私の身体」の関係が「あたかも水夫が船に乗り合わせている」ようではないということである。もし

「私」が身体という船に乗り合わせている水夫であるとしたならば、「私」は「私の身体」の傷を痛みとしてではなく、身体の損害として視覚に基づきながら知性によって捉えるであろう。「私」が身体の損傷を痛みとして感覚するということは、身体の損傷と痛みとが同じ事実であることを示している。そのように「私は身体とこの上なく緊密に合一して、いわば混じり合っていて、身体と一つの何かを構成している」(E. 84. 08-20/AT. 81. 01-11)。言うまでもなく、デカルトはここで、アリストテレス『魂について』に記されている「船と船人の比喩」を使っている。(13)ただし、この比喩は明らかに否定するために使われている。精神と身体＝物体との知性の水準における実象的区別と、身心が合一している一個の人間における身心の「いわば混じり合い」とは矛盾する事柄ではない。繰り返しになるが、身心の実象的区別の示すところは、身体＝物体の本質が広がりであり、精神の本質が思いであり、両者が相互に独立に存立し、混ざり合うことがないということである。思うということと広がりが混ざり合わないことと、内的感覚がどちらか一方に還元できないということとは両立する。たとえば、痛みを身体の問題として解明しても、心の問題として解明しても、そのどちらをも、そして、痛みはその両者の総和をも超過する内容をもつ。もちろん、この二つの側面からの接近は「痛み」という現象の解明に寄与する。しかし、それだけでは一個の人間の「痛み」に対処したことにならない。それだからこそ痛みや飢えや渇きのような内的感覚は「不分明な感覚 confusus sensus」つまり分節化されても、構造化されてもいない感覚と言われる。これらは「精神が身体と合一していていわば混合している ab unione & quasi permixione mentis cum corpore ということから起成した或る不分明な思いの様態にほかならない、ということは確かである」(E. 84. 21-25/AT. 81. 11-14)。「複合」としての「私」の自然は、第二に、心にも身体にも還元できない内的感覚の「不分明さ」を事実として、心と身体が一つをなすという事実を教えた。

「私」の自然の教える上の二つのことは内的感覚という自然が教えることであった。それに対して、第三のことは外的感覚という自然の教えることである。それはまた三つに分節化できる。第一に、「私」の身体のまわりにさまざまな物体が実在することである。その多様な物体の「幾つかは私が追求するべきもの prosequenda であり、他は避けるべきもの fugienda である」（E. 84. 26-29/AT. 81. 15-17）。この「追求する prosequi」と「避ける fugere」は「第四省察」における意志の自由を規定する際に使われる動詞である（E. 55. 29 & 56. 02-03/AT. 57. 23 & 57. 25. *Cf.* au P. Mesland, 9-2-1645, AT. IV, 173.)。このことからも明らかなように「私」の側の働きを示している。その点で、先に身体とそれを取り巻く物体との「痛み」と「心地よさ」で測られる関係にあった「具合がよい commodum」と「具合がわるい incommodum」ということとは同じではない（E. 76. 14-16/AT. 74. 21-23）。「具合がよい」・「具合がわるい」は身体が変状を受けることに基づいている。「追求する」・「避ける」とは「私」からの諸物体への働きかけである。ここで指摘しておかなければならないことが一つある。どちらの場合にも「無差別（非決定）indifferentia」の余地がないということである。デカルト哲学において「無差別」は「意志」のありさまに関して使われる概念であり、合一体としての人間の振舞いに関して使われる概念ではない。しかし、ストアの倫理を視野に入れるとき「アディアポラ adiaphora」つまり「無差別 indifferentia」という概念はわれわれの行為にかかわる。「追求する」・「避ける」、「具合がよい」・「具合がわるい」が人間的行為に係わり、どちらでもないという領域を認めないことは、デカルトの「意志」についての考えを反映している[14]。というよりも、ここで言われていることは外的感覚に係わりながら意志の働く姿を示していると考えるべきである。

第二に、追求したり避けたりしながら「私」はさまざまな外的感覚をもつ。「そうした多様な感覚知覚 varia istæ sensuum perceptiones がそこからやってくる物体のうちには、それら感覚知覚に応答する何らかの多様性

aliquas esse in corporibus ... varietates iis (*scil.* sensuum perceptionibus) respondentes」があると、「私は正しく結論を下す recte concludo」(E. 84. 29-85. 05/AT. 81. 17-22)。この「応答」について気をつけなければならないことがある。応答しているのは「きわめて別個の valde diversæ」、あるいは、「多様な variæ」感覚知覚と「物体のなかにある何らかの多様性 aliquæ varietates」である。繰り返しになるが、感覚知覚の多様性と物体について見出される多様性が対応する。知性の助けのもとに外的感覚を介して「知覚」をもつ。この場合に感覚内容の別個さ、ないし、多様さから物体の多様性について正しく結論できる。この「正しさ」は物体の実在証明によって確立された外的感覚と物体の実在との間の直接性に支えられている。言い換えるならば、正しく結論をするということは感覚を正しく用いるということに支えられている。どのようにしたら感覚を正しく用いたことになるのか、それがこれから明らかにされることである。物理学の真理はこの「正しさ」を裏付けにもつ。

第三に、これら感覚知覚のうち「私にとって或るものは好ましく、他のものは好ましくない quædam ... mihi gratæ sint, aliæ ingratæ」。意志は追求するべきものを追求し、避けるべきものを避けながら外的感覚を働かせ、そのようにして感覚知覚が得られる。その感覚知覚は「私」にとって好ましいか好ましくないかである。その好ましさと好ましくなさが以下の意味で「私全体」である「私の身体」と、それを取り巻いている物体との関係を規定する。つまり、「私の身体、言うならむしろ、身体と精神から合一されているかぎりの私全体がまわりを取り囲む物体によってさまざまに具合よく、具合わるく触発されうるということはまったく確かである」(E. 85. 01-11/AT. 81. 24-27)。もう一度この三点を纏めて述べ直してみよう。「私」は意志の下に外的感覚を働かせ、そこから得られる感覚知覚によって自然現象を認識するとともに、その感覚知覚に基づいて諸物体と「私」との関係を捉える。この「私」は外的感覚を有するものとして身体である。しかし、外的感覚を行使するとは、意志と知性の関与を要することである。そういう「私の身体」とは身心合一体のこと、つまり、「私全体」としての「私」のことである。取り巻いているさまざまな物体との関係が明らかになって「私全体」という括りが、つまり、身体の物体からの区別が帰結する。内的感覚からでは「私の身体」ではない物体の変様を結論することができない。物理学、自然現象についての学問は外的感覚と物体との直接性に基づいて観察の妥当性を獲得する。その物理学についてのデカルトの考えを『哲学の原理』「第四部」に視線を移して補足することにしよう。

第六節　デカルト物理学の特徴

デカルトによれば、実体は「偶性 accidens」によって知られる。(15) 偶性とは、たとえば「運動 motus」である（*cf*. AT. VIII, 28）。属性も様態化した限りでは偶性に他ならない。そのように考えれば、運動が偶性であって、「形 figura」と「大きさ magnitudo」を偶性の範疇から排除する理由は何もない。『哲学の原理』「第四部」によれば、これら以外であたかもわれわれの外部にあると感じられるものは、光、色、香り、味、音、および触覚的諸性質の他にない。しかし、これら諸感覚は、物体においては「われわれの神経を多様に動かすことができるように拵えうる当の対象の多様な状態 istorum objectorum varias dispositiones, quæ efficiunt ut nervos nostros variis modis movere possint」以外ではない（*PP*. p. IV, a. 198, AT. VIII, 322-323）。同じことであるが、感覚は「対象においては、大きさ、形、運動からなる何らかの状態以外の何ものでもない」。したがって、感覚を介して捉えられるもので物理学が解明すべきは物体の形と大きさと運動だけである。感覚の側からすれば、感覚されるもの以外に「自然現象 naturæ phænomena」として数えられるものはない（*PP*. p. IV, a. 199, AT. VIII, 323）。これら運動、形、大きさは物体的実体の様態である。しかしながら、「一つ一つの物体に、どんな感覚によっても知覚されない多くの微少部分 multas particulas を、私は考察する」（*PP*. p. IV, a. 201, AT. VIII, 324）。この感覚的に摑まえることができない「微少部分」についても「私は特定の形と大きさと運動を割り当てる」（*PP*. p. IV, a. 203, AT. VIII, 325）。このときの出発点を与えるのが「もっとも単純でもっともよく識られる原理 simplicissima & maxime nota principia」である。これを用いて微少部分間の「大きさと形と位置相互の最始的差異 præcipuae differentiæ」を、そして、ここからどのようにしてさまざまな「感覚的な結果 sensibiles effectus」が生じるのかを、「一般的に generaliter」考察する（*PP*. p. IV, a. 203, AT. VIII, 326）。上の「原理」は「それらについての認識が自然によってわれわれの精神に植え込まれた」ものである。つまり、それの認識が物理学的探究において本有的という位置に来る「原理」である。ひとまずは「第一部」に上げられている「自然法則 lex naturæ」（*PP*. p. II, a. 37, a. 39 & a. 40, AT. VIII, p. 62, p. 63 & p. 65）を念頭においてよいが、固定的に考える必要もないであろう。純粋数学が提供する基礎的な知見と考えてもよいであろう。こうして「自然現象」を扱うためには、物体についての一般的考察とその個々の様態についての個別的考察がなされねばならないことがわかる。このことは「感覚可能な諸結果と自然的物体の諸部分から、それらの原因と感覚できない微少部分がどのようであるかを、私が探究しようと努めた」（*PP*. p. IV, a. 203, AT. VIII, 326）と表現される。

デカルトの物理学はこれらの様態を、感覚された内容に応じて分析しながら解明する学である。このことを、先の節で得られた成果を用いていっそう精確に表現すれば次のようになる。物理学は、感覚知覚内容の多様性と物体的事象の差異性との対応の「正しさ」を基礎に、物体的事象について素材を獲得しながら、「もっとも単純でもっともよく識られる原理」に基づいて展開される。これが学としての物理学、デカルトをして「私の全物理学は幾何学に他ならない」（à Mersenne, 27-7-1638, AT. II, p. 268/GB. 790）と言わしめているものである。この物理学において、個別的なものについての考察と感覚の誤りとの関係はどのようであるのか。個別的なものについての考察は「第六省察」において「自然によって教えられる」こととして述べられていた。その教えの要点だけを繰り返せば、物理学的研究は外的感覚をとおして素材を獲得するということであった。それに対して感覚の誤りと思われていたことはいったいどのように解明されるのか。それが「第六省察」に戻って次に問われるべきことである。

（1）物体の実在証明の後でなければ、物体と精神の実象的区別を証明できないというジルソンの批判は、彼のスコラ的思考の上に立った考えをデカルト哲学に当てはめたものである。つまり、〈あるものについてその何であるかを問う〉という基本的立場である。デカルト哲学の革新性の一つはこの方向性を逆転したことにある。その点を捉えない場合だけ、ジルソンのような批判（É. Gilson, *Études*, p. 245）が頭をもたげることになる。この点については本書「第II部第一章第三節」参照。彼の批判の誤りについては、坂井昭宏、一九九六年、一四六頁から一五〇頁参照。

（2）『形而上学の成立』一六七頁以下参照、また、《præcise》については、所雄章「『省察』的用語の一考察——「præcise」について」（デカルト研究会編『現代デカルト論集III　日本篇』勁草書房、一九九六年、一四頁から三七頁）参照。

（3）この段落の初めのところ（《Et primo quoniam scio ...》「そして第一に、私が明晰判明に知解するすべては、私がそれを知解するように神から生じうる、と私は知っているのだから」（E. 80. 12/AT. 78. 02）についてビュルマンが質問したことになっている。このことについては所『訳解』四三五頁から四三六頁に既に検討されているので、付け加えることはないが、『訳解』には引用文に訳文が付けられていないこともあり、われわれの考え方を記しても無駄にはならないであろう。ビュルマンがどのように質問したのか、記されていないが、「精神が実体であるか、そうではなく様態であるのか、を問うたり、精神はどちらでもありうると言ったりすること」はできるのか、という問いであったようである。これに対して、デカルトはそれはできないと答え、「思うこと」は属性なのだから、物体的実体に属するのか、精神的実体に属するのかと問うことはできるが、「答えは明晰である」とデカルトが応じたように書いてある（AT. V, 163/J.-M. Beyssade, Texte 32, p. 87）。なぜこのようなことが問題になるのか。ベイサッドはここへの参照箇所として『掲貼文書への覚え書』「第二項」を挙げている（J.-M. Beyssade, Texte 32, pp. 86-87, n. 3）。レッヒウス（レギウス）の考えとして、そこには「事物の自然に関するかぎり、精神は、実体であるか、あるいは、物体的実体の何らかの様態であるという可能性を受け容れると思われる」と記されている（AT. VIII-2, 342）。デカルトは「この主張は矛盾を含んでいる」と批判している（AT. VIII-2, 347）。そして、「実体」、「属性」、「様態」と「精神的実体」、「物体的実体」の組み合わせについて、レッヒウスのテーゼを批判しながら細かく述べている（AT. VIII-2, 347-352）。ビュルマンは『掲貼文書への覚え書』についても質問をしており（AT. V, 165/Beyssade, Texte 37, p. 95）、ベイサッドによる参照の示すとおり、ビュルマンは『掲貼文書への覚え書』「第二項」における「実体」と「様態」のレッヒウスによる混同を引き合いに出しながら、「第六省察」における明証性の規則から実象的区別への移行について、言い換えれば、本質の区別から実体の区別へと明証性の規則を適用したことについて、デカルトに問うたように思われる。もちろん、或る解釈者のようにビュルマンに対するデカルトの答えに、「精神」についての「日常的な語り方」と「スコラ的な用語」という区別を見るのは的外れである（J. Cottingham, *Descartes' Conversation with Burman*, Oxford, 1976, p. 97）。

（4）「私が実在する」ことの意味、「可能的実在」と「(現実的）実在」の区別、については、『形而上学の成立』「第III部第三章」および同「第五章」、『存在の重み』「第IV部」、『新省察』「第三省察第七章、第八章」などを参照。

（5）この点については、『観念と存在』「第I部第一章」参照。『存在の重み』一三三頁以下参照。

（6）「第三省察」における観念の第二の途、そこに適用される「因果の原理」、そして対象的実象性、これらについては細かい点もおろそかにできない考察が要求される。デカルト特有の考え方、表現が使われているからであるとともに、デカルト形而上学の核心に位置する部分だからである。『形而上学の成立』「第III部第三章第三節」および『観念と存在』「第II部第三章」など参照。

（7）スピノザは『デカルトの『哲学原理』』において、デカルトの『哲学の原理』「第二部第一項」における物体の実在証明を説明する上で「天使」について言及している。「もし、神にせよ、天使にせよ、われわれの諸感覚の、広がる実体以外の原因を虚想するならば、ただちに、われわれのもつ明晰判明な概念を、われわれが破壊することになる at, si praeter substantiam extensam, aliam nostrarum sensationum causam, puta Deum, aut Angelum fingere volumus, statim nos clarum, ac distinctum, quem habemus, conceptum destruimus」（Geb. I, pp. 179-180）。デカルトの『哲学の原理』における物体の実在証明については以下に詳述する。

（8）「〈明晰判明〉性の支配すべき〈認識〉の領野に自然的〈傾向性〉をこのように持ち込む」（所『訳解』四四四頁）ことが物体の実在証明の欠陥として指摘されているとするならば、それは物体の実在証明ということ自体を見損なっていると考える。たとえば、そこに挙げられているマルブランシュによる批判については、以下に論究するが、少なくとも、彼による解決が「自然的啓示 révélation naturelle」（Malebranche, *Entretiens sur la métaphysique et sur la religion*, Entr. VI, § 5, t. XII, p. 140）というものであったことを忘れてはならない。また、やはりそこに挙げられているゲルーの批判の核心が「自然的傾向性」の理由のなさを突くという点にあるとは考えられない。なぜならば、ゲルーは神の善性によるこの傾向性の保証について論じているからである（M. Gueroult, *Descartes selon l'ordre des raisons*, Aubier, t. II, p. 81）。彼は次のように述べている。「精神と神との認識に」に比べて、物体の実在証明を支える「理由がそれほど堅固でも、それほど明証的でもないのは、もし証明を構成する理由の連鎖が明晰判明な認識の対象であるとしても、証明が到達するのは、観念を直に捉えることではなく、感得の妥当化 validation d'un sentiment だからである」（M. Gueroult, *op. cit.*, p. 118）。しかし、結果が「観念」ではなく「感得」に至るがゆえに論証の理由がそれほど堅固ではない、と看做すことは奇妙である。「自然的傾向性」という概念によって、明証性からの脱落を見るとしたならば、本文中に示したように、「第四省察」でも同じ事が起こっていることになる。また、「自然的傾向性」と「自然的衝動」を同一視してこの証明を批判するのは、本文中に示したように単なる誤りである（山田弘明『デカルト『省察』の研究』三六一頁）。リュインヌ侯は「第三省察」の《impetus naturalis》を《inclination naturelle》と訳し、「第六省察」の《magna propensio》を《très grande inclination》と訳す（AT. IX, p. 63）。この訳では《impetus》と《propensio》が訳し分けられていないのである。もちろん、M. Beyssade の訳では前者が《implusion》と訳され、両者は訳し分けられている（p. 97）。また、「第六省察」には「自然的傾向性 propensio naturalis」という表現は見出されないことも付け加えたい。最後にもう一度、所は『訳解』四四二頁から四四九頁にかけて物体の実在証明について並行記事、解釈などを詳細に検討した後に、「手懸かりが〈感覚〉に求められている」ことに「この証明の危うさのすべてが胚胎しているように思われる」（四四八頁）と記し、結論的にデカルトのこの証明が「〈corpus〉によって〈corpus〉を、という（すなわち、いわゆる"idem per idem"という）、そういう証明でしかないということに、結局のところ、なりはしないか、ならざるをえないのではないか、と危惧されるのである」（四四九頁）とする。「思われる」とか、「危惧される」という曖昧さを拭い去ってみれば、感覚を手懸かりにした物体の実在証明は成り立たないと主張されていることになる。この批判は、一方で、スピノザが『デカルトの『哲学の原理』』「第一部」で行った証明を、物体の実在証明のモデルとし、他方で、マルブランシュ、ライプニッツによって不成立が宣言されていることを利用するという両面をもっている。それは、ジルソン、ロディス・レヴィスの提起した批判をそのまま受け容れることである。以下に論じるように、ロディス・レヴィスの批判は「自然的傾向性」に正当性を認めず、『省察』の証明よりも『哲学の原理』の証明をいっそうよいものと看做すという二点を骨子にもつ（G. Rodis-Lewis, *L'œuvre de Descartes*, 2 vols, J. Vrin, 1971, t. I, pp. 347-348）。本書「第II部第一章」において詳述するように、この二点ともわれわれは否定することができる。この「大いなる傾向性」を疑わしいとする解釈の流れは、J.-L. マリオン（J.-L. Marion, "L'existence des choses extérieures ou le《Scandale de la philosophie》", in *Descartes en Kant* sous la direction de M. Fichant et J.-L. Marion, PUF, 2006, pp. 321-347）まで引き継がれている（*op. cit.*, pp. 325-326）。しかし、彼は「私の肉体 ma chair」と物体を区別し、ハイデガーの「用具性 Zuhandenheit」と「現存 Vorhandenheit」の区別を肉体と物体の区別に適用する。そのことによってデカルトの証明に「もう一つの他の可能性」を見ようとする（*op. cit.*, p. 345）。物理学の確立については論じられていない。あまり有意義な解釈とは思えない。ロビネは「大いなる傾向性」を証明の最終段階で役割を果たさせる。しかし、「実象性」に触れない（A. Robinet, *Descartes, La lumère naturelle, Intuition Disposition, Complexion*, Vrin, 1999, p. 359）。彼の解釈は「第六省察」を「人間について」（「第六巻」表題）と括ることに規定されているのかもしれない。小林道夫の纏めによる「物体的事物の存在を結論する」ことに至る論理的過程には「大いなる傾向性」も「実象性」も含まれていない（小林道夫『デカルト哲学とその射程』弘文堂、二〇〇〇年、一四六頁から一四九頁）。『省察』を「観念論」から「物理的実在論」への「超出」と捉えることに拘束されているのかもしれない（同上一四五頁）。D. Gaber は「心のうちに対象的に実在する物体は幾何学的対象であり、それだけである」と結論を下す（Daniel Garber, *Descartes' Metaphysical Physics*, The University of Chicago Press, 1992, p. 77）。この解釈は、この証明が証明しようとしているのが、「精神のうちに対象的に実在すると」想定された「物体の形式的相関者」であるということに拘束されている（*ibid.*）。感覚への評価が議論に取り込まれていないと言わざるをえない。要するに、物体の実在証明をこのようにして否定することは、デカルト哲学のよって立つ立場を崩すことになる。マルブランシュ、スピノザ、ライプニッツには否定する理由があった。それが彼らの体系的立場であった。この物体の実在証明についてだけ、「われわれは物体的実体を実在するとしてでなければ、概念することはできない Substantiam corpoream, quam non nisi existentem concipere possumus」（Geb. IV, p. 60）というスピノザ主義を受け容れる理由はジルソンによっても、ロディス・レヴィスによっても説明されていない。一つの筋道として、「永遠真理創造説」によって被造物と「本有観念 idée innée」の相関性が確立されるという解釈の上に立つならば、「本有観念」の内容を繰り広げて行けば自然現象の構造が明らかになる。その場合には、想像力も感覚も物理学的探究に役割を果たさないことになる。そのような道筋の上で物体の実在証明が考えられるならば、スピノザのように物体の明晰判明な観念から物体の実在を引き出すことしか残らない。この道筋がデカルト的でないことは明らかではないか。そしていっそう重要なことはこの三人の哲学者にとって物体の実在証明は物理学の基礎づけとは関わらないということである。これらについても以下に論じる。本文中に指摘したように物体の実在証明は、これが証明であるかぎり「知解」というレヴェルにおいて進行している。物体＝身体が実在するか否か、この点についての明晰判明な認識が得られていない場合でも、物体についての観念から、感覚の受容性とこの観念の表象している実象性が当の事物の実象性であることの保証によって、物体の実在が証明できる。「第一省察」における「感覚」への疑いにおいて権利を失った「感覚」が「復権される」と考えるのは、長い省察の道程を伴に歩まず、そのあげくに「赤い」という感覚与件から物体の実在を証明することはできない、などと批判するように思いが働くのは、解釈の伝統を無批判に受け容れるからであろう。最後に、「諸根拠」の「系」について、付け加えておこう。なぜならば、ここに不在の「外界的物体の存在証明」が探される場合もあるからである（所『訳解』、四四六頁）。この「系」は所訳によれば次の通りである。「神は天と地、ならびにそこにある万物を創造したのであって、加うるに神は、明晰にわれわれが知得するもののすべてを、まさにそれをわれわれが知得するとおりに、創り出すことができるのである」（AT. VII, 169）。われわれが答えるべきは、これは物体の実在証明ではない、それだけである。なぜこの「系」を物体の実在証明と看做すのか。それは純粋数学の対象が可能的に実在することと、物体的世界が現に実在することを区別しないからであろう。そのことはデカルトのテクスト（E. 81. 10/AT. 78. 20）における《posse existere》についての解釈（所、前掲書四三八頁）からも窺われる。とはいえ、「必然的実在 existentia necessaria」、「可能的実在 existentia possibilis」、「実在」のデカルト的区別が顧みられなかったのもこれまでの解釈の通例である。

（9） この点については、既にさまざまに指摘されている。たとえば、J.-M. Beyssade, "Création des vérités éternelles et doute métaphysique," dans *Studia Cartesiana* 2, Quadratures, 1981, pp. 86-105、所『訳解』たとえば二五七頁、『形而上学

の成立』二五〇頁から二五一頁、『存在の重み』六二から六三頁、八五頁、など。

（10）《Particularia》の『省察』における役割については『存在の重み』四九頁註（7）を参照。肝要な点は次の二点である。第一に、この語は種別化の系列のなかでいっそう上位のものが「類的なもの」（一般的なもの）とされるのに対して、いっそう下位のものが「個別的なもの」とされることである。第二に、本文中でも述べたが、不定法句あるいは名詞節で表現されるような事態、たとえば、「われわれが目を開くこと」をも「個別的なもの」と呼ばれることである。

（11）本書「第II部第二章」参照。

（12）《Coordinatio》については所『訳解』四五二頁から四五五頁参照。彼はまた、É. Gilson, *Index Scolastico-cartésien*, Burt Franklin, 1912, p. 198 に引用されている一文に含まれている「普遍における自然」は神のことであり、その神はすべての自然を自らのうちに含み、それに対して「個別における自然」は神以外の事物であり、「何人かの人々はそれを所産的自然と呼ぶ」（Conimb., Physic., 2, 1, 1, 1.）ということを参照しつつ、J. Clauberg と C. Wittich の註解を紹介している。この二人とも「所産的自然」という呼び方に否定的評価を与えているとされる。この否定的評価がどこまでデカルトに及ぶのか定かではない。本文中で引用した「類として」と「個別として」の区別が、「普遍として」と「個別として」という区別へと流れて行き、この区別が何かしらかの機縁になって二人の解釈者を「能産的自然」と「所産的自然」という区別へと誘ったのかもしれない。しかし、そのこと自体はあまり理由のあることではない。また、そのような連想を別にしても、デカルトの表現が「汎神論的にも響く」（所、前掲書、四五三頁）と考える必要はないと思われる。たとえば、R. Goclenius, *Lexicon philosophicum*, 1613/1980, Olms., pp. 740-741 には「自然」についてのさまざまな用例を認めることができる。そのなかには「無限な普遍的自然」を神に配し、「有限な普遍的自然」を論理学と物理学に配する場合、「普遍的自然」を論理学、物理学、天文学、生理学に配し、「個別的な自然」を個々の事物についての物理学に配する場合、「個別的な自然」を「個々の事物」に、「普遍的自然」を自然法則に配する場合などさまざまな用例が見られる。要するに、「神」を「自然」と呼ぶことが汎神論的傾向を示すということでもなさそうである。デカルトがここで「今 nunc」という言葉を使いながら述べていることがこれまでの論述と無縁であるとは考えられない。むしろ、枠を「自然」と呼んで、つまり、自然現象を場として設定して、これから考察すべき対象を限定すると考えるのならば、「自然」は神と自然法則と人間に分けられる。そして合一体としての人間がこれからの議論の核心になる。このようにわれわれは解する。《Coordinatio》について所は以前の訳語「相互的秩序」をやめ、「配位」という訳語を採用しているが、われわれは自然法則との関連からして「相互的秩序」という訳語の方を選んだ。

(13) 神崎繁『魂（アニマ）への態度―古代から現代まで』岩波書店、二〇〇八年、一七三頁以下参照。この該博な知識と明晰な思考に支えられた哲学史的展開の記述について敬意を表する。デカルトに関する論述について一点だけ批判したい。神崎は、デカルトが身心二元論を成立させるためには、「感覚を、純粋に精神の働きとして身体から引き離すことが不可欠だった」と書いている（一七九頁）。この本文中に論じた「船と船人の比喩」が内的感覚によって否定されることを神崎は認めないことになる。彼は「内的感覚」といった「心身の密接な関係」をデカルトは「説明できなくなってしまう」と書く。要するに、彼によれば、「デカルトは、こうした困難を自覚して」（一八〇頁）いたが、解決できなかったということになる。彼はまた『情念論』で「心臓の血流に感情が深くかかわっていることに注目が当てられ」、「こうして、感情が最終的には、もっぱら精神の事柄として、身体とは切り離される」（二〇二頁）と書く。残念ながら、あまり筋の通っていない説明である。デカルトが身心を引き離そうとして、身心を結びつけているということになるからである。痛みは、たとえば「C線維」の興奮として身体的に説明され、その一方で身体の変状に還元できないことも明らかである。身体的・精神的の両面から接近しつつも、一個の人間に起きる出来事としてはじめて対処可能になる。これがデカルトの考えである。もっとも、「これまでは一貫して志してきたMML〔『省察』ラテン語版〕の〈身心の分離〉の主張にもかかわらず、〈身心の結合〉の承認を表明して今や憚らない」と、デカルト研究者によって解釈される場合もあり（所『訳解』四五六頁）、神崎の言も無理からぬことかもしれない。また、アリストテレス（中畑正志訳）『魂について』京都大学出版会、二〇〇一年（Aristoteles, *De Anima*, pars I, ch. 3, 406a07 sq. & pars II, ch. 1, 413a03 sq.）の訳に従って纏めれば、その「第一部」には、すべてのものは、自らによって動くか、他によって動く、他によって動くとは、たとえば、動くものの内にあって動く限りのもの、たとえば、船乗り、なぜなら彼らは船と同様な仕方で動きはしないから、魂がそれ自身で動くかどうか考察してみよう、というようなことが記されている（前掲書、二六頁から二七頁）。「第二部」の方では、「魂がその身体から離存するものではないこと」、「魂が、船員が船に対する関係のような意味において、身体の現実態なのであるかどうかも、いまだ明らかでない」と記されている（同上、六五頁）。また、この著作に付け加えられた優れた「解説」の二三〇頁以下、二五七頁以下参照。

(14) 「無差別」については『形而上学の成立』二五六頁以下参照。デカルトは「追求する」・「避ける」、「具合がよい」・「具合がわるい」のどちらでもない状況について論究しない。デカルトのストア的倫理への着目を考慮に入れるとき（*e.g.*, *à* El-

izabeth, 21-7-1645, AT. IV, 252-253: à Elizabeth, 4-8-1645, AT. IV, 263 sqq.）、行為に関するストア的「アディアポラ adiaphora」つまり「無差別 indifferentia」が彼の考察に入ってこないことに留意する必要がある。一五四七年にルーヴァンの近くで生まれ、一六〇六年に亡くなったストアの哲学者 Juste Lipse（リプシウス）によれば、健康と病気は彼の「無差別なもの」のリストに入る（J. Lagrée, *Juste Lipse*, Vrin 1994, pp. 104-105）。しかし、これから見て行けばわかるようにデカルトにとって健康は求められるべきものである。また、セネカは或る箇所で「具合のよいということ commodum は動物にも不完全な人間にも愚かな人間にも当てはまる」と書いている（Seneca, *Ad Lucilium Epistulae Morales*, LXXXVII, 35-37, in Loeb Classical Library, *Seneca* V, 1920/1970）。そのようにこの概念は「よいもの」とは区別される。また、「具合がよい」・「具合がわるい」は「混合され」、相対的なものとされる（*ibid.*）。デカルトは善悪無差別なものという範疇を受け容れず、また、「具合がよい」・「具合がわるい」という概念を身体と物体との関係として捉えている点で、セネカとは遥かに異なっている。ということは、彼のストア的倫理への傾注にもかかわらず、デカルトの個人倫理の核心はストア的倫理とはまったく別のところにあると予想される。カンブシュネルは概略次のように記している。すなわち、デカルトは学院において、セネカやエピクテトスに親しんでいたし、彼らの著作がデカルトの素養や感受性の涵養に深い役割を果たしたことは確かだが、その思考の展開については彼らの著作の影響下にはない（D. Kambouchner, *L'homme des passions*, Albin Michel, 1995, 2vols, t. II, p. 112-113 & t. I, p. 22-23）。

（15）　*cf*. AT. VII, 176, 222, 225, 359 & 360: AT. VIII, 8, 22 & 25: AT. III, 460, 508: AT. V, 403.

第一〇章　人間としての「私」

序

物理学の基礎づけが終わり、「第六省察」の第四部分に入る。身心合一体の自然を明らかにすることを通して、感覚の正しい使用と誤りの避け方を論ずることになる。第一二段落では「しきたり」を検討することを通して、自然の教えを限定しながら、心と身体と身心合一体という三つの次元が開かれる（E. 85. 12-87. 18/AT. 82. 01-83. 23）。第一三段落と第一四段落において合一体の感覚である内的感覚の誤りについて論じられる（E. 87. 19-89. 24/AT. 83. 24-85. 17）。第一五段落から第二〇段落までは心＝精神と身体との関係が明らかにされる（E. 89. 25-94. 05/AT. 85. 18-89. 07）。第二一段落は感覚を用いて間違えないようにする手立てが示される（E. 94. 06-95. 20/AT. 89. 08-90. 16）。ここで内的感覚の誤りの原因を知ることをとおして外的感覚が物理学における観察の確かさを支えることが明らかになる。そういう点でこの第四部分は物理学的探究における感覚が担うべき確かさの基盤を明らかにする。

第一節　しきたりから受け取ったもの

合一体としての「私」の自然が教える三つのことを明らかにした上で、自然の教えをさらに明確に限定するために、それと混同されやすい「しきたりconsuetudo」のありさまを明らかにする。ここで自然と対比されている「しきたり」とは「考察を加えることなく判断するという或るしきたり」のことである。この言葉は「第一省察」における疑いの道の最後の段階に現れる（E. 13. 13/AT. 22. 17）。つまり、神についての意見をも足場にできないことがわかり、それでも「しきたりになったいろいろな意見consuetæ opiniones」が舞い戻るのを避けるために、「しきたり」が「私の判断を事物の正しい知覚をねじ曲げないように」「自分自身さえ欺く」ようにする（E. 13. 08-15/AT. 22. 12-18）。その「しきたり」は「生活のしきたりconsuetudo vitæ」でもある（E. 14. 10-11/AT. 23. 10）。「第二省察」の末尾において、この「古くからの意見というしきたり」からの脱却に時間がかかることが確認される（E. 27. 08-09/AT. 34. 07）。それがさらに「第三省察」に受け渡され、そこから脱却しなければならない観念と外的事物を類似で結びつけてしまうことが「しきたり」と呼ばれる（E. 29. 02-03/AT. 35. 24）。「第六省察」では物体的な事物について思う度に、想像する、つまりは、形を思い描くという「しきたり」について語られる（E. 73. 26-27/AT. 72. 15）。そして現在考察している箇所にいたる。「しきたり」とは自分で考え、判断して身につけたのではない慣わし、習慣である。何故そう考えるのか、と問われたときに、そう教えられたから、それが常識だから、それが規則だからというような答え方をするときに、答える者は「しきたり」の上に立っている。この「しきたり」から自然を分けるということは、理由を自分に取り戻すということである。合一体としての「私」の自然が教えることは、これまでに培われてきた知識の上に立って身心合一体としての「私」の感覚を、物体の実在との同事性の下に捉え返すということである。「しきたり」に従うとき「判断の偽であることが容易に生じる」(E. 85. 15-16/AT. 82. 04)。なぜならば、「しきたり」は明晰判明な知覚とは土俵の違うところに成立するからである。この「しきたり」から生じる判断として、デカルトは四つの例を挙げている。第一は、「私の感覚を動かす何もすっかり生じない」空間が真空だとする判断である。第二は、「私のうちにある熱いという観念と相似する」熱さが物体のなかにあるとする判断である。第三は、白い物体や緑の物体、あるいは苦い物体や甘い物体のうちには「私が感覚する」のと同じ色あるいは味があるとする判断である。第四は、遠くの物体について、「私の感覚に表示されている」のと同じ大きさや形をもつと判断することである。第一のものは、感覚していないという事実を不当に拡張して真空を仮想している。何も感覚していないとは、感覚している何もないということであり、何もないということではない。感覚の不在に基づく真空という判断は知性と想像力の助けを受けていない感覚の不正使用による仮想である。第二は、観念と物体とを似ているということで結びつける「しきたり」である。先に見たように「第三省察」で取り除かれた「しきたり」である。第三は、この「第六省察」で先に獲得されたこと、つまり、外的感覚知覚に基づいて外的物体について結論を下すときの制限事項を逸脱する「しきたり」である。感覚知覚に応答する何らかの多様なものが物体のうちにあると結論できるだけなのである(E. 84. 29-85. 05/AT. 81. 17-22)。第四については、未だその理由は明らかではない(E. 85. 12-26/AT. 82. 01-12)。

第一の例は、感覚知覚の内容に係わるのではなく、知性・想像力による物体の捉え方による。また、第二の例も観念と外的物体との関係の問題であり、感覚の評価に係わる問題ではない。第三の例は感覚と物体の同事性がどのようにして確保されるかという身心合一体の問題である。第四の例も身心合一体における「私」の感覚に固有の問題である。したがって、解明されるべく残っているのは、精神だけに着目してその紲し方が捉えられる問題でも、物体のありさまだけを解明することによって解決される問題でもない。そもそも、合一体としての「私」は精神＝心という面と身体という面と合一体という三つの面をもつ。「私」という「複合 complexio」には、「精神だけに属する多くのもの」、「物体にかかわると看られる多くのもの」、「精神＝心と身体＝物体の合一体 compositum として神によって私に帰せられている多くのもの」が認められる（E. 86. 01-21/82. 16-25）。これから明確にされなければならないのはこの合一体としての「私」の自然が教えるということである。繰り返せば、「一つ」をなしている「私全体」の三つの側面のなかで、身心合一体としての「私」の自然のありさまが問われる。

第二節　三つの次元

この三つへの区分は、『規則論』「第一二規則」における「単純本性 natura simplex」の分類である「純粋に知性的なもの pure intellectuales」、「純粋に物質的なもの pure materiales」、「共通なもの communes」の響きを伝える。しかし、響きを伝えるだけである。というのも、この「第一二規則」で「共通のもの」と言われているのは、たとえば、「実在、一、持続などの共通基礎概念 notio communis」だからである（AT. X, 418-419）。それに対して、エリザベト宛書簡に示されている「始元的基礎概念 notions primitives」はこの「第六省察」と対応している。一六四三年五月二一日の書簡においては「存在、数、持続」などの「最高類のもの les plus générales」、「広がり extension」、「思い pensée」、「それらの合一 leur union」という区分が提示されている（à Elisabeth, 21-5-1643, AT. III, 665/GB. 1748）。さらに同年六月二八日付の書簡において「三つの類という始元的観念ないし基礎概念」についてさらに敷衍されている（à Elisabeth, 28-6-1643, AT. III, 691/GB. 1780）。これらの箇所に述べられていることは、われわれが検討している「第六省察」の箇所を補足、説明するものとして読むことができるが、違った思索が記されていると考えることはできない。また、『哲学の原理』「第一部第四八項」の記述も当該の分類に対応する。先の書簡によれば、これら始元的基礎概念は「われわれがそれ以外のすべての認識を形成するモデル patron」である（AT. III, 665/GB. 1748）。この三つの基礎概念は、心と物体＝身体と合一とを「おのおの個別的な仕方で認識し、相互の比較（ないし類推）によって認識するのではない」（AT. III, 691/GB. 1780）。そして周知のことであり、本書では繰り返しになるが、心は「純粋知性」によって概念把握され、物体は「知性だけによっても認識されるが、想像力に助けられた知性によって遥かによく認識され」、「心と身体の合一に属することは知性だけによると曖昧にしか認識されず、また、想像力に助けられた知性によっても同じであるが、諸感覚によってきわめて明晰に認識される」（AT. III, 691-962/GB. 1780）。また、同じ箇所で、「形而上学的思い」は純粋知性によって進められ、数学はもともとのところで想像力の行使によるともされている（AT. III, 962/1780）。『哲学の原理』「第一部第四八項」によれば、認識されるものの分類は次のとおりになる。「この上なき類 maxime generalia」をなすもの、たとえば、「実体、持続、秩序、数など」、その下に二つの「最高類 summa genera」が来る。一つは「精神、言うなら思う実体に属する知性的なもの、言うなら思うものという類」、もう一つは、「広がる実体、言い換えれば物体に属する大きさ、言うなら長さと幅と深さにおける広がり、形、運動、位置、それらの諸部分への可分性のようなもの」である。「しかし、われわれにおいて経験する他の或る類」がある。精神だけにも物体だけにも関係づけられてはならないものである。「われわれの精神と身体との緊密にして内々の合一に由来する」ものである。たとえば、内的感覚、「情動、言うなら心の受動 commotiones, sive animi pathemata」などであり、それらについては『哲学の原理』「第四部」において論じられる（AT. VIII, 22-23）。

これらの分類および説明と「第六省察」当該部分の思索の間にいささかの隙間も見出されない。繰り返しになるが、「第六省察」のここで問題になっているのは、合一体としての「私」の合一体固有なありさまを解明して行く際の基礎となる「自然」を「定義する definire」ことである（E. 85. 18/AT. 82. 14）。残されているのは感覚の問題、つまりは内的感覚と外的感覚であった。これらについて自然が教えるのは何か。第一に、痛いという感覚をもたらすものを避け、心地よいという感覚をもたらすものを追求するということである。第二に、「予めの知性による吟味」を経ることなしに、感覚知覚から「われわれの外に措定された事物について」結論することについてである。自然がわれわれにそのように教えているということは明らかではない（E. 86. 15-21/AT. 82. 27-28）。第一の場合、すなわち、内的感覚の場合には、痛いという感覚と避けるという意志の動きは同事性をもっている。このことは合一体としてのわれわれ人間についての認識の基盤をなすことである[1]。この場合には、知性の助けも、想像力の助けも要しない。つまり、痛いと感じることが避けようとすることであり、美味そうだと感じることが食べようとすることであり、喉の渇きを感じることが飲みたいということであり、飢えを感じることが食べようとすることである。内的感覚の場合には、感じと意志の傾向性が生じることとの間に隙間がない。このように自然が教える。それに対して、第二の点、「感覚の知覚 sensuum perceptiones」から物体の何であるかを結論することを、自然は教えない。というのも、「物体について真なるものを知ることは精神にのみ帰すこと」だからである。それゆえ、感覚知覚に基づいて「われわれの外に措定された」物体について何ごとかを結論するためには、「予め知性によって吟味」しておかなければならない（E. 86. 12-21/AT. 82. 25-83. 02）。「予め」ということが示しているのは、物体について明らかにしようとしていることが何であるかによって、どのような感覚をどのように用いるのか、知性によって吟味されなければならないからである。たとえば、或る程度の大きさをもった物体について、その形と色を調べようとするならば、おのずと必要な明るさ、距離などは決まってくる。肉眼では見えない微細な対象であるのならば、どのような条件の下でどのような器具を用いるのか、知性が予め吟味することになる。そういう条件の下で、感覚知覚に基づいて物体の性質について結論を下すことができる。複合としての「私」が合一体として看られる場合のわれわれについての知識の基盤はこの二つのこと、つまり、第一に、内的感覚の場合には感じが意志の傾向性と同事性をもつこと、第二に、外的感覚の場合には感覚知覚と物体の性質との同事性は知性の制御の下に獲得されること、この二つである。自然現象を解明するためには内的感覚を使ってはならず、知性の制御の下で感覚を使わなければならない。

第三節　合一体の自然

こうして限定された合一体における自然の教えを用いて「しきたり」がどのように説明されるのか。「しきたり」には四つの例が挙げられていた。第一に、真空の例、第二に「熱いという観念」の例、第三に、白い物体や緑の物体という例、第四に、遠くの物体の例である。第四の場合は「星」と「松明の火」の例を用いて検討される。この例についてテクストの意を汲んで言い直すならば、次のようになる。すなわち、星の光と小さな松明の火の光は同じぐらいに小さく見えるにもかかわらず、星の方が小さいと信じる。しかし、そのための「実象的、いうなら、措定的・肯定的傾向性 realis, sive positiva propensio」(2) はない。言い換えれば、星の方が小さいという子供の頃からの判断には理由がない (E. 86. 21-26/AT. 83. 02-06)。この傾向性とは先に述べた、物体の実在証明における最後の段階で使用されていた「大いなる傾向性」と同じように、そしてそれが「第四省察」における「大いなる傾向性」と同じと解されたように、知性が意志にもたらす傾向性と考えてよい。「第三省察」の表現を使えば、「天文学的な諸理由から ex rationibus Astronomiae」(E. 33. 27/AT. 39. 22-23) 汲み取られるならば、星の方が大きい。同じことであるが、明晰判明な知解に従うならば、星の方が「小さな松明の火」よりも大きいと判断される。そのことは「小さな松明の火」の方が大きいという、知性が意志に及ぼす傾向性のなさを示している。「しきたり」とはそういうものである。明晰判明な知解に裏付けられていない。感覚を知性の制御なしに使用するということは、そのような「しきたり」を生み出すことである。次に、「熱い」という例が検討されるが、先に「しきたり」の例とされていたのは、「熱いという観念」であった。しかし、それはその際に述べておいたように、観念と外的物体との関係を問うものであり、感覚の評価に係わる問題ではない。ここでは「熱い」という外的感覚が「痛い」という内的感覚と「私」の側で連続していることに基づいて、「熱い」ないしは「痛い」という感覚を「私」にもたらすのが、「熱い」という感覚に似ているもの、「痛い」という感覚に似ているものではないことを示す。対象となる同じ物体のなかに、「私」のそれへの接近につれて、〈熱さ〉から〈痛さ〉に変化する何かがあると考えるのは理に叶わない。そうではなく、「当の熱さ、ないし、痛さの感覚をわれわれのうちに引き起こす或る何かがあると促す理由がある」(E. 86. 26-87. 04/AT. 83. 05-12)。最後に「真空」の問題が検討される。「何らかの或る空間のうちに、感覚を動かす何もないにもかかわらず、だからといってその空間のうちに何の物体もないということは帰結せず、そうではなく、これらのこと、そして他の数多くのことにおいて、私が自然の秩序を乱すのに慣れていることが ordinem naturae pervertere esse assuetum、私にはわかっている」。その理由は次のように述べられる。「さまざまな感覚知覚 sensuum perceptiones」は元来合一体にとって「何が具合よく、あるいは、何が具合わるいのか」ということを精神に意味表示するために「それだけのために自然によって与えられた」。その限りで感覚知覚は「十分に明晰判明である」。しかし、それらを「いったい何がわれわれの外に存する諸物体の本質であるのか、ということを直接的に識別するための確実な諸規則として、私が利用する」ならば、その場合には感覚知覚は「きわめて曖昧かつ不分明にしか何も意味表示しはしない」(E. 87. 04-18/AT. 83. 12-23)。われわれにとって以上でデカルトの言わんとするところを理解する上で曖昧な点は何もない。しかし、デカルトの「感覚」理論に対する誤解は根強く受け継がれているので、少し丁寧に考えてみよう。(3) 知性の制御の下に感覚を用いないで、物体について、世界について、感覚の言うままに判断するならば、「自然の秩序を乱す」ことになる。そのようにして、われわれは目と読んでいる書物の間に挟まる空間には何もないと判断してきた。コンロの上にある冷たいやかんに触れてしまって「熱い」と叫ぶ。所謂「錯覚」もそうである。どうみてもこちらの方が長く見えるが、測ってみると同じ長さである。例に事欠くことはない。自然法則に従うならば、そんなことになりはしないということがわかりながら、錯覚を楽しむこともある。錯覚を楽しみながら「自然の秩序を乱す」、乱すことに慣れている。しかし、そのような知性の制御を外れた感覚を当てにして、物体の性質について探ろうなどとはしない。物体の何であるかを感覚に基づいて探る場合には、先に見たように「予め」感覚が使用される条件を設定しなければならない。そういう条件設定をしないで物体の何であるかを調べるために感覚を使うならば、感覚知覚ははっきりしない内容を提供するだけである。先に見たように、真なるものは知性によって捉えられる。しかし、内的感覚についてみれば、感覚は合一体の動向と同事性をもつ。痛いと感じることと避けようとすることは別のことではない。それをそのまま知性の働きとして表現しても、ずれが生じない。つまり、「私」が「痛いと感じている」時に、そのことは「痛いと知っている」ことと違いがない。そのように、身心合一体の「私」にとって「それよりも内々のものは何もない」(*cf*. E. 79. 07/AT.

77. 01）内的感覚は「具合のよい・わるい」を精神に「明晰判明」な仕方で意味表示する。逆に言えば、だからこそ、内的感覚を物理学的研究に使用してはならない。しかし、外的感覚を予めの知性の条件設定に従って用いれば、感覚を正しく用いたことになり、その感覚知覚は「それなりの判明さ」（*cf.* E. 77. 12-13/AT. 75. 15-16）をもって知解される。もう一度纏め直してみよう。感覚は内的感覚と外的感覚に別れる。内的感覚とは、痛み、飢え、渇きのようなものである。外的感覚としては通常の五感を考えてよい。身心合一体としての「私」にとって内的感覚こそが「私」の身体と「私の」精神との混じり合いから生じるものとして、もっとも「私」的なものである。そのように内的感覚は身心合一体としての「私」のありさまを身心の隙間がないという仕方で表している。それゆえ、内的感覚の知覚はそういう「私」のありさまを示すものとして「明晰判明」である。この意味で感覚はもともと「具合のよい・わるい」という生命維持に関する情報を提供する。それに対して外的感覚の対象は「私の外に存する」物体である。感覚がもともとのところ合一体としての「私」の生命にかかわっている、その感覚が外的物体と関係する。だからどうしても感覚は自分の「具合のよさ・わるさ」に応じて働いてしまう。それゆえに外的物体との関係においては、知性の制御の下に使用されなければ、物体の性質を捉えることができない。しかし、そのように知性の状況設定の下に正しく感覚が用いられるならば、物体的現象を捉えることができる。感覚知覚は物理学研究の素材を提供する。

第四節　内的感覚の誤り

知性と意志の協働によって判断がなされる。その判断における誤りがどのように生じ、それをどのように避けることができるのか。この点については既に「第四省察」において検討された。しかし、感覚の誤りについては未だ明らかにされてはいない。感覚の誤りと言っても、感覚知覚に基づいて判断を下す際に生じうる誤りではない。というのも、それは判断の誤りに他ならないからである。残っていて明らかにされなければならないのは、内的感覚の誤りである。内的感覚を正しく用いて、しかも誤りに陥るとするならば、それは感覚という与えられた能力に欠陥があるからである。別の言い方をすれば、自然の教えが誤っていることになる。内的感覚は意志が「追求すべき」か「避けるべきか」を知らせる。そこにおいても「私」は間違えたことがある（E. 87. 22-27/AT. 83. 26-29）。たとえば、美味しいと感じながら食べていて、「毒 venenum」を摂取してしまう場合である（E. 87. 25-27/AT. 83. 29-30）。しかしその場合には、当のものが毒であるとはおよそ知らずに、美味しいものに向けて、自然のままに、駆り立てられているのである。つまり、「毒」であるとは知らずに、美味しさに目が眩んで食べている。ここから結論されうるのは、自然のままに振舞う「その自然が全知ではない naturam istam non esse omnisciam」ということである。それは「人間が限界のある事物であり［cum］homo sit res limitata」、その完全性に限界があるということを示しているに他ならない。だから「驚くことではない」（E. 87. 27-88. 05/AT. 84. 01-07）。つまり、この場合には合一体の自然が誤りを含んでいて、その結果、間違いが生じているとは言えない。人間にとって有限的であるということは誤りの源ではない。もちろん、有限であると知らないことからは多くの誤りが生じる。

しかし、合一体としての人間の自然が限られているかぎりで、その役割を果たしているのに、それでも誤ることは稀ではない。たとえば、「病気にかかっている者が、少し後で自分に害を与えることになるであろう食物や飲料をほしがる」という場合である（E. 88. 06-09/AT. 84. 08-10）。それが害になることを知りながら、水を飲みたがる。しかし、ここで問われているのは所謂「無抑制（アクラシア）」の問題ではないということに留意しておきたい。

医師にアルコールの摂取を止められているのに、我慢ができずに飲んでしまう。そのような〈意志の弱さ〉に係わる問題がここで論じられているのではない。自分の病気を進行させる食物や飲料を美味しいと思って求めるということ、もっと精確に言えば、病気を進行させる食物を美味しく感じることが問われている組み合わせである。焦点を絞り込めば、問題は身体を損なう物質を心地よいと感じることである。このことが神の善性を参照軸として論じられる。

水を飲んではいけないのに水をほしがる。次の二つの原因が仮設される。第一に、その人の自然が頽廃しているということである。第二に、人間の身体的機能不全である。順番に調べて行こう。こんなことが生じるのはその人が病気をしているからだ。これは答えにならない。なぜならば、病気の人も健康な人も神の被造物という点で変わりがない。「病気の人間も健康な人間に劣らず真に神の被造物」である。つまり、同じく人間である。こう考えるならば、病気だから「彼らの自然が頽廃している［quod］natura eorum sit corrupta」と考えるのは神の善性に反することがわかる。人間は与えられたものというかぎりでは同じく人間である。こう考えるならば、病人にだけ自然の頽廃を帰すことはできない（E. 88. 09-15/AT. 84. 10-15）。つまり、身体を損なう物質を心地よいと感じるという組み合わせは、人間がそもそも具えている機制ではないということである。それでは人間身体の機序が不全に陥っているのか。たとえば、調整の上手く行っていない時計が正確な時間を刻まないのと同じようなことなのか。その場合に時計は「自然法則のすべて leges omnes naturæ」に従いながら、間違えることになる（E. 88. 15-20/AT. 84. 15-19）。人間にこの時計の比喩を当てはめるということは、人間を次のように看做すことである。意志の働きかけも、精神から生じる何もない、そうでありながらすべての運動をなす「或る種の機械 machinamentum」であると看做すことである。「骨や神経や筋肉や血管や血液や皮膚からそういうふうに装置され組みあげられている機械」である。この限りで先の問題を考えれば、水を摂取すると病が重篤になる「水腫病 hydrops」の患者が病気を重くする水を求めるのと、健康人が自分に有用な飲料をとるように動かされることとは、等しく自然であることがわかる。ともに喉の渇きが水分摂取への、機械の限りでの身体的な用意を調えている点に変わりはない。このかぎりでは身体は身体の機構に即して働いている（E. 88. 20-89. 05/AT. 84. 19-85. 02）。

このかぎりでは間違えて調整された時計も水腫病患者の身体も、それらが自然の逸脱と言われるその一方で、両者とも自然法則に則っているとも考えられなければならない。このことが示しているのは次のことである。機械としてみられた場合の人間の身体が自分の維持に背く運動をした場合に、その機械が自分の自然を逸脱していると言われるならば、その自然は、「健康な人間の観念 idea hominis sani」そして正しく作られた時計の観念」との比較のもとに言われている。正しく時を刻む時計と較べて、故障していると言われる場合、健康な状態を基準にして病気だと言われる場合、それは故障している時計、病気している人にとって「外的名称 denominatio extrinseca」である。「外的名称」とは「事物の形相に由来するのではなく non sit a forma reali」知性によって知解された事物によって帰せられただけの名称である」（Ruvio, *Commentarii in universam Aristotelis dialecticam, una cum dubiis et quaestionibus hac tempestate agitari solitis, in duas parte distributi*, 1603, Compluti, in-4, De ent. rat., art. 2, in É. Gilson, *Index scolastico-cartésien*, p. 68, par BN de France, Rubio (ou Ruvio) Antonio, 1548-1615）。さてここで、次への備えとして「精神」と「心」という表現について一言だけ述べておくことにする。われわれの言語には、物体に対する身体という言葉と同じように、精神に対する心という表現がある。「精神」と「物体」の方が非人称的な意味合いをいっそうもち、「心」と「身体」の方が人称的な意味合いをいっそうもつという点に、さほどの違和感は生じないと考える。そういうわけで、われわれは「想像力」の考察における身心合一体において、「身体」と「心」と記し、「物体」と「精神」という言い方をしなかった。「感覚」についての考察においても、合一体の精神を「心」と表現した方が、理解に容易であるとともに、「身心問題」という日本語での括り方にも対応している。そういうわけで、以下において、合一体の精神を適宜「心」と表記するが、「第六省察」においてデカルトは一貫して「精神 mens」という語を用いていることにも留意しておくことにしよう。

第五節　心＝精神と身体の関係

心と身体の関係について四つのことが核心になる。第一に、身体が可分的であるのに対して、心が不可分的であること（E. 90. 06–21/AT. 85. 28–86. 1）、第二に、心は身体のあらゆるところから間接的に刺激を受けるが、とりわけても脳において受け取ること（E. 90. 28–91. 07/AT. 86. 16–23）、第三に、神経系が一本の紐のように連なっていること（E. 91. 08–13/AT. 86. 24–28）、第四に、心を直接的に変様する脳の部分に生じる運動の一つ一つは、ただ一つだけの何らかの感覚を心にもたらすこと（E. 92. 07–18/AT. 87. 19–28）である。この順にテクストの展開を追って行くことにする。合一体は心と身体からなっているので、合一体の自然について明らかにするためには、それぞれの、つまり、合一体をなすかぎりでの精神＝心と身体の役割を明らかにしなければならない。そのように考えて、まず第一に気づくことは、身体が物体（つまり、広がるもの）であるかぎり、「常に可分的でありsemper divisibile」、その一方で「私がただ思うものに他ならないかぎり」、（広がりという意味での）部分への分割は不可能だということである。合一体をなしていようとも、精神＝心であるかぎり「私はすっかり一つで一体のものである rem plane unam & integram me esse と私は知解する」。つまり精神＝心は「不可分 indivisibilis」であり、「意志する能力、感覚する能力、知解する能力」などは先の意味で部分とは言われえない。「一つの同じ精神 una & eadem mens」が意志し、感覚し、知解するからである。それに対して、「精神全体が身体全体と一つになっていると思われる」にもかかわらず、身体のどこかが切り離されても、「精神から取り除かれる何もない」(E. 90. 06-21/AT. 85. 28-86. 1)。

以上は、テクストを纏めたに他ならない。不透明な箇所が二点見出されるかもしれない。第一点は、心と身体との関係が全体と全体との関係であることについて「思われる videatur」という断定を避ける語法が用いられている点である。心と身体との関係の要点は、以下に見るように、全体と全体の関係および全体と部分の関係という二重の関係にある。既に、われわれは「想像力」と脳との関係において明らかにしたように、心と身体との関係は、全体と全体の関係でありながら脳を最始的な座とするという点を核心にもつ。このことは「第六省察」のこれから先の部分において確定されることである。それゆえにここでは「思われる」と記されている。不透明に見えるかもしれない第二の点は、われわれが「(つまり、広がるもの)」と、また、「(広がりという意味での)」と補って纏めたので、不透明には見えなくなってしまったかもしれない。このことは、テクストの次の一文の分析を介して正体が見えてくる。次の一文を直訳すると次のようになる。心とは「実に反対に、私が思い cogitatio によって部分へと容易に分割して、そのこと自体によって、可分的であると私が知解する、そうではないどんな物体的事物、つまり広がる事物も私によって思われえない。この一つのことで、心が身体とおよそ別個であると、もし、他のところからそのことをまだよくには知らないとしても、私に教えるためには十分である」(E. 90. 21-28/AT. 86. 10-15)。この一文を解きほぐしてみよう。先に述べられていた身体の特徴としての可分性は、たとえ腕を失ったとしても、身心合一体としては欠けるところがないということである。心にはこのような可分性は認められない。心のこのようなありさまに対して、身体の場合には思いによる容易な分割を受け容れる。「容易な」とは、たとえば、腕を失う、脚を失うという事態のありそうなことを意味している。そのことだけで身体の可分性が知解される。身体について思うときに、これ以外の仕方で広がる事物、つまり、物体的な事物について思うことはできない。合一体における身体の自然として、身体の可分性が合一体の可分性を帰結しないことが示される。そしてこの可分性は広がる事物の可分性以外ではないことも示される。繰り返せば、合一体の身体も物体として広がり、つまり、空間性を本質とする。その意味で可分的である。しかし、その可分性は精神＝心の不可分性との合一の下での可分性である。身体の可分性は物体と同じ可分性でありながら、合一体においては精神の不可分性と一つになっている可分性である。「他のところからそのことをまだよく知らないとしても」とは、実象的区別と物体の実在証明がなされていないとしても、ということを意味する。その場合でも、上記の身体の可分性と心の不可分性についての知解によって、つまり、合一体におけるそれぞれの自然によって、心と身体との別個性が「私」に十分な仕方で教えられる。このような理解の上に立つのならば、上記の箇所で括弧に括って物体との連絡を補う必要はなかった。しかし、この補いを欠くならば、身体の不可分性の意味と物体の広がりという本質との関係を見失う恐れがある。可分的・不可分的と言われていても、同じく広がるものについてのことではないからである。心についての不可分性は一つであることを示す以外ではない。デカルトの叙述に従えば、読者は一見した不透明さを引きづりながら、次の一文を読んで、その不透明さを拭い去ることになる。注意深い読者に対しては、われわれの補いは無駄であり、余計であったろう。しかし、身体の可分性と精神＝心の不可分性に関して、このように解読されたことがなかったならば、われわれの付け加えは発見的であったと言えよう。

第二に気づかれることの第一は、心は「身体のあらゆる部分から直接的に immediate 刺激を受けるわけではなく」ただ脳から、「あるいは、もしかしたら脳の微小な部分だけから」刺激を受けるということ、第二は、「その微小な部分に共通感覚sensus communisがあると言われている」ということ、第三は、「その微小な部分は、それが同じ様態に配置される度毎に、精神に同じものを表示する」こと。第三のことには次の条件がつく。すなわち、「たとえ、身体の残りの諸部分がそうしている間に違った様態でありうるとしても」という条件である。このことは「無数の経験・実験が証明しているprobant innumera experimenta」とされる（E. 90. 28-91. 07/AT. 86. 16-23）。脳の或る特定の場所の或る特定の変様はいつもそれに対応する感覚知覚を引き起こす。そのときに、たとえば、血液が循環していたり、脳の微小な部分以外の部分が当該の感覚知覚が生じている間に変化しても、脳の微小な部分の特定の場所の或る特定の変様はそれに対応する感覚知覚を引き起こすことに変わりはない。この脳の微小部分とは「松果腺grans pinealis」のことである。脳の微小な部分の変化と感覚知覚との対応関係については、第二に気づかれることの第三の問題の要点がここにあることだけを指摘しておいて、後でもう一度戻ることにしよう。

第二に気づかれることの第二点は、この脳の微小部分が、「共通感覚」がそこにあると言われている部分とされていることである。「共通感覚」はアリストテレスの『魂について』「第三巻第一章」によれば、共通なもの、たとえば、「動、静止、形、大きさ、数、一」（中畑訳一二六頁、425a14-15）を感覚し、また「苦く黄色いと感覚する」場合に働く（中畑訳一二八頁、425b1-4）とされる。五感の対象以外の共通なものを感覚する。この「共通感覚」にはそれ特有の「感覚器官」はないと言われる（中畑訳、一二六頁、425a14-15）。(4) この「共通感覚」はトマス・アクィナスによれば、「内的な感覚的力vires interiores sensitivæ」とされ、「共通感覚sensus communis」、「想像力imaginatio」、「評定力vis æstimativa」、「記憶力vis memorativa」の四つが挙げられている。(5) 中世の終わり頃、一五九八年に出版された書物はこの「共通感覚は脳のより先なる部分にあるsensus communis dicitur esse in priori parte cerebri」と場所を脳の特定の部分に指定する。(6) 最後にエウスタキウスの一六〇九年に出版された書物によれば、「脳にある四つの房 quatuor celleuræ in cerebro」のうちの前の方の二つが共通感覚に、後ろの二つが記憶力に割り当てられている。(7) 彼は脳に所在する一つの「内的感覚」の役割として共通感覚と記憶力について論じている。(8) このように見てくれば、デカルトが脳の一部分を指すのに、一般に共通感覚があるとされている場所を引き合いに出していることは頷けることである。心はその「座」であるこの腺において刺激を受け取ることで感覚知覚を得る。「直接的」にはこの腺における諸部分の様態の変化の仕方に応じて感覚知覚が心に生じる。他の身体部分は神経系をとおしてこの腺に変化をもたらし、そのことによって感覚知覚を生じる。それゆえに「直接的には刺激しない」と言われている。デカルトは共通感覚を感覚器官として認めているわけではない。脳の微小な部分は身体の他の部分から動物精気の変化を受け取って状態を変えるだけである。その意味で、つまり、諸感覚器官に与えられた刺激がそこへと集まるという間接的な意味では、脳に感覚器官があるとも言われうる（『情念論』「第七一項」「そこに諸感覚器官がある脳 le cerveau, où sont les organes des sens」AT. XI, 381）。

第三に気づくことは、周縁と中枢の関係についてである。身体のどのような部分に運動が生じても、そこから中枢に至る中間のどの部分も、「同じように動かされうる」（E. 91. 08-13/AT. 86. 24-28）。たとえば、AからBとCをとおってDに至る「綱」のDを引けば、中間のBを引いた場合、あるいは、Cを引いた場合と同じようにAは動く（E. 91. 13-18/AT. 86. 28-87. 04）。神経系における運動伝達の仕組みである。この考え方の上に立って「痛み」の場合について説明される。「私が足に痛みを感じる」とする。足の神経が刺激されると、「そこから脳まで綱のように伸びている神経 nervus」が脳に或る種の運動を引き起こす。「その運動が、あたかも痛みの感覚が足に実在するかのように精神＝心を刺激するというように自然によって設定されている institutus est a natura」。このことは「物理学が私に教えたことである docuit me Physica」(E. 91. 18-27/AT. 87. 04-11)。同じことは外的感覚の一つである視覚について『方法序説』「屈折光学」「第六講」においても述べられている。[9] 何が自然法則であるのかということは別にして、自然法則が神によって設定されていたように (E. 87. 09/AT. 80. 24)、神経を介して伝わる刺激と対応する感覚知覚との受け渡しは自然による設定とされる。自然による設定は、身体上の変化内容と精神における変化内容の間には類似性が一切ないことを示す。その対応は、物体の実在証明によって確立された、物体の実在と感覚との同事性に基づいた「無数の経験・実験」(E. 91. 06/AT. 86. 22-23) によって証明される以外にはない。先の綱の例で言われていたように、足から脳に至る神経系のどこかで同じ刺激が与えられるならば、同じ感覚知覚が生じることになる。「他の任意の感覚についても同じことが考えられるべきである idem de quolibet alio sensu est putandum」とデカルトは書いている (E. 91. 27-92. 06/AT. 87. 04-18)。しかし、この箇所では合一体の自然について論じられているのだから、神経系のような身体内部で生じることが問題になっている。痛み以外の内的感覚の典型は飢えと渇きであった。飢えと渇きの場合には胃と喉とは異なる身体部分の異常を知らせる場合もあるということになる。外的感覚にしても、外部器官から松果腺に至るどこかで異常が生じるという可能性も認められる。「他の任意の感覚についても同じことが考えられる」ということはこれらの可能性を示唆しているであろう。要するに、爪先が痛いと感じても、足の指の根本に損害を受けている可能性も考慮されなければならないということである。そこに自然の設定の危うさがある。

ここでやや迂回になるがこの表現における「他の」のなかに視覚、嗅覚などの外的感覚も入るという点について少しく論じてみる。というのも、この点は夢の問題と関連し、自然の誤謬を明らかにする点で要点の一つを提供するからである。問題は次のように提示できる。視覚についても痛みと同じ様な自然の誤謬が生じうると考えられているのであろうか。着目している自然の誤謬は身体内部にしか生じえない。なぜならば、神経系の錯乱によって生じる誤謬だからである。したがって、外的感覚について自然の誤謬という概念が適用をもつとしても、そのときのメカニズムとして問われていることは身体内部の機構であり、外的感覚の外的ということは説明の役割を果たさない。こうして視覚の異常のうちの代表的なものとして夢を見るということを挙げうることになる。この場合に夢は〈外的感覚器官を用いずに見ること〉と規定できる。このことは「人間論」や『哲学の原理』「第四部」における夢の説明に相応する（「脳のうちにのみある睡眠は、日々感覚能力の大部分をわれわれから奪い去り、覚醒後に回復する」『哲学の原理』「第四部一九六項」AT. VII, 319)。これに対して、たとえば、エウスタキウスによれば「夢は、眠っている者のうちでの内的感覚によって表示された現れ、と最もよく定義されうる」とされる。彼によれば、夢を見るためには、外的感覚の活動が遮断され、内的感覚が働くということが必要になる（Eustachius a Sancto Paulo, *Summa Philosophiae quadripartita, de rebus Dialecticis, Moralibus, Physicis et Metaphsicis*, Paris 1609, pars III, tract. III, diput. III, quaest. 4, pp. 397-399)。デカルトは『省察』においてエウスタキウスのように内的感覚を捉えてはいない（この点については本書「第二部第四章」において詳述する)。それゆえデカルトは、内的感覚の働きによって夢を見るという説明をすることはできない。デカルト的に言えば、内部の神経系が錯乱することによって夢を見ることになる。神経系と言っても、もちろん、動物精気と脳の関係によって説明される。「人間論」によれば、夢は目覚めて夢想しているときに見られる像よりも「いっそう判明でいっそう生き生きしている」(AT. XI, 198)。その理由は覚醒時における神経系の一種の張りに求められる。換言すれば、睡眠中には「外部の物体の作用の大部分が脳に伝達されない」ということである（AT. XI, 197)。目覚めているときには外的感覚に係わる神経系の働きが（白日夢の）鮮明な像の形成を邪魔するのである。しかし、エウスタキウスのように夢を見させる積極的な働きが脳の役割の一つとして認められているわけではない。確かにデカルトの場合にも、夢は「一部は腺Hから出てくる精気の間にある力の差異に依存し、一部は記憶Mémoireのところにある刻印に依存する」(AT. XI, 197-198)とされ、記憶との関わりが認められている。しかし、この記憶は像を保管する部分であり、像を構成する働きではない。エウスタキウス的な内的感覚(とりわけ「構像力phantasia」)が積極的に働いて夢が構成されるのではない。このデカルトとエウスタキウスとの夢の成立についての若干の差異は一つの重要なことを示している。デカルトにとって夢で見られる像と起きてみられる対象の像と白日夢としての像の間には判明かどうか、生き生きとしているかどうかという差異しかない。神経生理学上の説明としてそうなるのである。エウスタキウスの場合には、像を保管しておきそれを再生するという役割が内的感覚に認められている。デカルトの場合にはそうではない。そうではなく、差異は動物精気の働きによってのみ生じる。身体状況という点から見るならば、夢の像も覚醒時の像も構成のされ方は同じである。一方、エウスタキウスにとって睡眠は覚醒の欠如であり、外的感覚が遮断されて内的感覚が働かなければならない。デカルトにとって視覚像は夢の像と変わるところがない、見られる像のかぎりではその生成について差異の徴表は見出されない。夢は自然的誤謬である。他のどのような感覚であれ同じである。自然の誤謬は身体内部において生じる神経系の錯乱であり、その意味で内的感覚の問題と同じ問題なのである。

元に戻って合一体の自然についての最後、第四に気づくことは身心対応の意義である。第一に、「直接に精神に刺激を与える脳のあの部分に生じる諸運動のなかの一つ一つはunus quisque ex motibus、ただ一つだけの何らかの或る感覚を精神にもたらすnon nisi unum aliquem sensum illi (*scil.* mente) infert」ということがある。第二に、それゆえに、それら運動と、それがもたらす感覚との関係として、それぞれの運動がもたらしうる「すべての感覚のなかex omnibus [sensibus]」でも、「もっともよく、もっともしばしばquam maxime, & quam frequentissime」「健康な人間の保全hominis sani conservatio」をもたらす感覚を運動がもたらすならば、「それ以上によく考え出されうるものは何もない」。言い換えれば、脳の微小な部分に生じる運動が、幾つかの感覚を生じるとするならば、その幾つかの感覚のうちで人間の健康を保全する感覚と結びついているならば、それが運動と感覚の対応関係としては望みうる最善のものである。第三に、「自然によって植え込まれたわれわれの感覚すべてがそのようである」ということを、経験が証示している。第四に、そう考えれば、感覚のすべてが、「神の力能と善性を証示する」ということがわかる(E. 92. 07-18/AT. 87. 19-28)。ここで問われるべきことは、まず、上記の「第一」のことと「第二」のこととはどのように両立するのか、という点にある。筋道だけを言い直すならば、㈠一つの運動が一つの感覚を精神にもたらすということと、㈡運動がもたらすすべての感覚のなかで健康の維持に役立つ感覚をもたらすということとの両立である。この点は第三に気づかれることの第二番目をも巻き込む。すなわち、㈢「その微小な部分は、それが同じ様態に配置される度毎に、精神に同じものを表示する」ことである。この三つのことを整合的に考えるならば、自ずと一つの結論に至り着く。運動と感覚の対応は一つの変化に対する一つの変化の対応だということである。付け加えれば、この変化の内容を問うことはできないということでもある。一個の刺激は、一個の感覚をもたらす。M1という刺激に対して、S1、S2、S3などのどの感覚が対応するか、それを決定する法則はない。そのなかでどれか一つの感覚がもたらされる。その場合に、もし、その感覚が健康の維持に向かわせるような感覚であるならば、それがわれわれ人間にとって望みうる最善の身心の対応である。広がりである運動の或る特定の仕方と、思いである或る特定の感覚内容を結びつける法則はない。運動が感覚に機会を与える。どの運動がどの感覚に対応するかということは「経験」によって知られるにとどまる。「自然によって設定されている」その具体相は経験を通して探される以外にはない。実際に経験は身体に損傷があれば、痛むようになっていることを教える。しかし、その場合に身体のどこにも「痛み」はないこともある。それどころか或る損傷が必ず痛みを起こすという法則性もない。「自然によって植え込まれたわれわれの感覚すべてがそのようである」ということは、習慣づけによってこの対応関係も変わりうることを告げている。以上の四つのことが次に足の痛みを例に採って説明される。そこへと移る前に、『情念論』の記述によって以上を補うことにしよう。

『情念論』「第三〇項」は「真実のところ、心は身体の全体に結びついている l'âme est véritablement jointe à tout le corps」(AT. XI, 353) とする。このことは心が「他の身体部分を排除して」或る部分にあるということの否定を伴う。その理由として次の三点を挙げることができる。第一に、身体は全体として相互に関係し合う「諸器官の配置という理拠の下に一つであり、或る仕方において不可分であり il est un et en quelque façon indivisible, à raison de la disposition de ses organes」、身体器官の一部が取り除かれると身体全体に影響が及ぶ、そのように身体と心は一つになっている。第二に、心は広がりと何の関係ももたないという自然本性に属している。第三に、身体の一部分を切り取ると、心が半分になったり、三分の一になるという考え方は成立しない。そうではなく「身体諸器官の総体が分解されるときに、心は身体からすっかり離れる elle s'en sépare entièrement, lors qu'on dissout l'assemblage de ses organes」(AT. XI, 351)。しかし、「第三一項」によれば、「心がそのさまざまな働きかけを他の部分よりもずっと個別的に plus particulièrement 行使するのは」身体の或る部分である。その部分とは脳である。心臓ではない。脳のなかでも、「その実質の中央に据えられている諸部分のなかでも最も内側の部分だけである」。その「きわめて小さい或る特定の腺 une certaine glande fort petite」が動物精気の運動に従って変化し、またその腺のほんのちょっとの変化も動物精気の運動を変える (AT. XI, 351-352)。「第三二項」によれば、この腺で「心は直接的にその働きを行使する」と「私」は得心している。その理由は、われわれの脳の他の部分が「すべて二重になっている」のに対してこの腺が一つであること、外的感覚器官がすべて二重であり、それに対して「われわれは同時に同じ事物についてただ一つの単純な思いだけをもつ」ことである。こう考えるならば、「像 image」あるいは「印象 impression」が「この腺において再統合される」ことが容易に理解される。これが「この腺が心の最始的座である principal siège de l'âme」ということの内実である（AT. XI, 352-353）。「第三三項」において情念の座を心臓だとする考えが否定される（AT. XI, 353-354）。その上で「第三四項」において心と身体の相互作用について述べられる。その肝要な点だけを纏めてみる。心は、「小さな腺」から精気、神経、血液を経て身体の残りの全体に（光が届くように rayonner）働きかける。このことを第一に身体の仕組みとして見れば次のようになる。神経繊維は身体中に広がっていて、感覚の対象によって引き起こされるさまざまな運動を機会に、脳の穴をさまざまに開く。脳の穴が開くことによって、脳室の中の精気がさまざまな仕方で筋肉に入る。精気の差異的運動が筋肉の差異的な運動を導く。第二に心の側から見れば、腺は、精気を含んでいる諸脳室の間にぶら下がっていて、対象における「さまざまな感覚の差異性 diversité sensibles」と同じだけの仕方で、精気によって動かされうる。それとともに、腺は心によって差異的に動かされうる。「心は、この腺に差異的な運動が生じるだけ、それだけ差異的な知覚をもつ elle a autant de diverses perceptions qu'il arrive de divers mouvements en cette glande」。第三に、「身体という機械」の側から見れば、心がこの腺を差異的に動かすということだけから、松果腺は周りの精気を押して、脳の穴の方向におしやり、筋肉の神経へと導き、四肢に運動を与える（AT. XI, 354-355）[10]。細部を切り落とした以上の纏めからでも、次のことがわかる。身体から見ると「小さな腺」はほとんど不要である。というのも、自動機械として身体を看做すことができるからである。心から見るとこの腺を介さなければ何も起こらない。つまり、意志の発動はこの腺を動かすことによってなされなければならない。それでは心がこの腺を介してどのように「印象」を受け取るのか。その点は、「第三五項」から補うことができる。この腺上の一つの像が「心に直接的に作用することによって agissant immédiatement contre l'âme 心に対象の形を見させる」(AT. XI, 356)。心がこの腺を動かすとされるが、この腺が心を動かすとは書かれていない。「第三六項」には、この腺の「個別的な一つの運動 un mouvement particulier」と、心に情念を感じさせることとの関係は「自然によって設定されている est institué de la nature」と述べられている(AT. XI, 357)。

『省察』の記述と『情念論』の記述を較べてみるならば、身心関係の思索において両者の間に基本的な差異のないことを確認できる。また、『省察』における運動と感覚の変化についての一対一関係は、『情念論』では差異性と差異性の対応になっていることもわかる。運動と感覚の対応が一つの変化に対する一つの変化の対応であるということは、差異性と差異性の対応に含まれている。このことはまた、『情念論』においてこの差異性の対応から人間の健康維持に向かっていないこととも係わる。『省察』においては健康の維持に寄与する結びつきを、任意の対応関係のなかから掬い出す必要があった。さらに、『情念論』が外的感覚と情念における身心の相互作用についても論じているのに対して(「第三六項」)、「第六省察」のわれわれの検討している箇所は内的感覚について論じており、外的感覚については例を挙げていない。このことは「第六省察」が身心合一体の自然を解明することに眼差しを据えながら、『省察』全体の終わりに向かっているということを示している。それはまた合一体のありさまが「神の力能と善性」に支えられていることの表明である。『情念論』はもはやこの支えを必要としていない。「第六省察」の終局部分は、『情念論』とは異なり、身心合一体としての人間の健全さの土台を確立する。

もう一度、「第六省察」の流れに戻ることにしよう。合一体の自然について四つのことに気づき、それらに基づいて「痛み」を例にとりながら「健全さの保全」について明らかにする。足の神経が「激しく、しきたりとは違った仕方で vehementer, & præter consuetudinem」動かされる。そのときに、神経の運動が脳に伝わり、「精神に合図 signum を与える」。何らかの痛みが足に実在すると感覚するための合図である。この合図によって精神は、足を傷つけている原因を取り除くように喚起される (E. 92. 19-27/AT. 87. 28-88. 07)。しかし、先に見たように、この運動と精神に足の痛みを「表示すること exhibere」との間には、〈必ず〉という関係はない[11]。神経系が綱のようであったように、どこに刺激が与えられても、同じ刺激ならば同じ運動が脳に伝えられるからである。足の損傷を足の痛みとして表示するのが「身体の保全 corporis conservatio」へと導くことであり、他の部分が痛んでいることの合図であったならば、身体の維持に役立たないことになる (E. 92. 27-93. 04/AT. 88. 07-13)。喉の渇きの場合はどうであるのか。これについても同じである。喉の神経が動かされ、それが脳に伝えられ、その運動が精神を刺激して、精神が渇きを感覚する。こうして飲料がわれわれに不足していると知る。「健全さの保全 conservatio valetudinis」のためには、「これを知るよりもいっそうわれわれに有用なことは何もない」(E. 93. 04-93. 11/AT. 88. 13-18)。喉の渇きの場合に、痛みのように身体的位置関係における任意性を通常は想定することはできないが、神経系のどこかの異常が喉の渇きを引き起こすという可能性はいつも残る。そして先に見たように、脳の運動と感覚との対応は変化と変化の対応であり、身体の損傷が渇きの感覚を表示するという可能性もなくなることはない。こうして脳の運動が、もっと精確に言えば、脳の「微小な部分」である「腺」に対する動物精気の運動が、精神に「合図＝記号 signum」を与え、「刺激し afficere」、或る一つの感覚を「表示する exhibere」。脳の運動と精神の感覚との関係は記号と表示の関係ということになる。文字が思いを表す記号であるように、文字は思いに何かを表す記号である。それと同じように脳の活動と感覚の関係は記号関係である。この記号関係による対応に法則はない。経験からそれを探るだけである。そしてそのときの条件は健康である。健康の維持に役立つ対応関係を経験と実験に基づいて調べる。その組み合わせを基準に逸脱を見つける。ここでは必然性という基準は無力である。それではどのような基準を探すことができるのか。頻度である。ということは、合一体としての人間の自然が時として欺く場合もあるということを示す。そのことが次に問われる。

以上のことから次のことは明瞭である。「神の広大無辺な善性を妨げることなしに、精神と身体から合成されている人間の自然が時として欺くものであるということはないことではありえない non posse non aliquando esse falacem」(E. 93. 12-15/AT. 88. 19-22)。「ないことではありえない」とは「ある」ことの必然性を示す表現である。言い換えれば、必ず、人間の自然は時として間違えるということである。人間の自然、限定して言えば、人間の与えられたかぎりでの内的感覚は時として間違えるという本性をもつ。「自然」を〈与えられた限りでの〉と言い換えたが、それは「しきたり consuetudo」に対立する。各々がこれまで為してきたことに由来する傾向性、また、自らに習いを課すことをとおしてこれから身につける傾向性、それらとは別の〈与えられた〉という、「植え込まれた」という、人であるならば誰でも同じという想定の成り立つ次元、それが「自然」ということである。そういう自然という次元において、内的感覚は間違えた合図を精神に与えざるをえないようになっている。第一に、脳における同じ運動は、「常に同じ感覚を精神にもたらすことしかできない」。第二に、足が傷つけられることによって引き起こされるのと同じ運動が、脳に至るまでの神経系の足ではない部分で生じるということがありうる。その場合には、「感覚は自然的に間違う sensus naturaliter falletur」。しかし、第三に、当の運動は、他のところに他の原因が実在する場合よりも、「足を傷つける原因によって遥かにいっそうしばしば生じることになっている multo frequentius oriri soleat」。そのように考えれば、「当の同じ運動が他の場所の痛みよりも、むしろ足の痛みを、常に表示するというのが理に叶ったことである rationi consentaneum est ut pedis potius, quam alterius partis dolorem menti semper exhibeat」(E. 93. 16–28/AT. 88. 19–89. 02)。ここで「しばしば」から「常に」への移行がなされている。足が痛いと感覚した場合に、実際に足が損傷を受けていることの方が、他の部分が損傷を受けている場合よりも遥かに頻度が多い。その場合に、足が痛いと感覚した場合に、「常に」足が損傷を受けていると知覚することが理に叶っている。どうしてその方が理に叶っているのか。身心合一体としての一個の人間の健全さを維持するという観点から見て、理に叶っている。足が痛いときに、もしかして膝が痛いのかもしれないと疑って時を無駄にするのではなく、足が痛いときには「常に」足に損傷があると考えて振舞うのが正しい。そう考えて、稀に間違えるかもしれないが、人間身体の保全を考えれば、そのようにしてもしや間違えても、遥かに多くの場合に間違えない方がよい。たとえば、「水腫病患者 hydropicus」の場合には〈喉の渇き〉と〈飲み物が健康によい〉という結びつきは彼の健康をさらに害する。彼の場合には、〈喉の渇き〉と〈飲み物が健康にわるい〉という結びつきになっている。だからといって、水腫病患者の場合の結びつきを通常のこととすれば、われわれは失敗ばかりをすることになる。そうではなく、身体の良好な状態での結びつきを通常とする方が遥かによい(E. 93. 28–94. 05/AT. 89. 02–07)。健康が維持される方向を基準に欺かれない、間違えないということを考えるべきである。飢えを感じて食物を摂取して、肥満を来たし健康を害することもある。しかし、だからといって、飢えを感じるのと同じ脳状態が満腹感をもたらすというようになっていたならば、遥かにいっそう健康を害することになるであろう。

第六節 「心身問題」について

デカルトの二元論はさまざまに非難されてきた、また、現在も非難されている。何のために非難するのかと考えたときに、デカルト哲学を犠牲の羊にしているだけの場合が多いことに気がつく。何のためにそうするのかと不思議に思う。それによって多くの人々が救われるならば、それでよい。おそらく、この現象は哲学の問題ではなく、本人の人間性の問題なのであろう。それらには拘わらないようにする。もう一つ確認しておきたいことがある。心身問題の出発点と帰還点である。中井久夫は次のように書いている。「脳とこころは紙の裏表のようなものであり、二つに分けることもできないが、同時に両方を眺めることもできないようなものだと考えてもよい」（中井久夫・山口直彦『看護のための精神医学』第二版、医学書院、二〇〇五年、一三頁）。これがわれわれにとって身心問題を考える上での出発点であり、帰ってくるところである。行って帰るところをここから外している立論は、どれほど魅力的であろうとも、実際に生活をする上であまり信用できない理論だと思われる。

第一に因果関係という点について、もう一度確認しておこう。まず、身心合一体としての人間において脳と心がどのような関係をもつかということが出発点である。脳の変化に心の変化が対応する。しかし、脳と心について同じ類として語る言葉はない。本質が違うとはそのようなことである。たとえば、通常の物理的変化ならば、エネルギーという共通尺度を使ったり、分子結合の強度を共通尺度に使ったりできる。脳と心の間にそのような共通の尺度はない。脳に一つの変化が起こったら心に一つの変化が起こる。一つのということで、予め何らかの単位が決まっているということが示されるのではない。大きく採ろうが小さく採ろうが一つである。一つの入力に対して一つの出力と考えるだけである。それらがさらに分解されようが、合成されようが、一つと一つということに変わりはない。その入力側の刺激と出力側の様態との間には、経験に基づかない対応関係はない。また、或る特定の出力に或る特定の入力が必ず対応するということもない。同じ刺激を受けても、痛いと感じることも、感じないこともあるという例を考えればよい。入力である原因の側だけをいくら調べ上げても、それまでの入出力関係から得られた成果以外には、対応についてはは何もわからない。身心の連関についての研究の場合には、両方の与件が観察可能な状態におかれるのでなければならない。もちろん、観察から逃れるところもあるということを、経験に応じて酌量しなければならない。痛み、飢え、渇きなどのような内的感覚について、観察可能であるのはこれら事象のいわば残滓の一部にすぎないであろう。被験者の報告そのものについてさえ、その信頼性が問われることがあるであろう。被験者の置かれている環境、これまでの経験内容、生育歴、精神における傾向性などが斟酌されなければならない。纏めて言えば、身心の作用関係とは、原因の説明が結果の理由にならない、結果の説明も原因の理由にならないという関係である。それを因果関係と呼ぶならばそれでよい。その「因果」とは或る二つのもののうち、一つが起こると引き続き、あるいは同時にもう一方が起こっているという意味でヒューム的な因果、それをデカルトに当てはめるのは時代錯誤と言われるならば、「機会 occasio」を与えるというだけの因果関係である。しかも、同じ入力が同じ出力を生じるとは限らない。さらに、同じ入力が同じ出力を生じるとも限らない。それがデカルト「身心論」の肝要な点の一つである。それだからこそ、しばしば生じることを身体維持に役立つ結果と看做すのである。デカルトの身心論のわれわれなりの理解に基づいて、もう少し述べてみよう。脳とそれ以外の身体部分の、心に関する関係は、脳が「最始的座」をなすということである。つまり、身体全体が心と係わるが、脳の働きを組み込むのでなければその他の身体部分と心との関係は明らかにならない。心の意志が身体を動かすのも同じ関係である。方向が異なるだけである。感情をもつということは心も身体も動いているということである。内的感覚と外的感覚の場合も同様である。想像力が働いている場合にも、脳状態は変化している。知性の働きにも脳の支えが必要である。しかし、脳状態の変化は知解内容の変化を説明しない。逆も然りである。想像力に助けられて知性が働く場合には、想像力は何らかの仕方で脳状態の変化と関連している。たとえば、三角形を思い描くとき、脳状態には四角形ではない三角形という特徴が見出されうるであろう。しかし、「四角形」という知解内容はそれなりの脳状態をもつわけではない。感覚の場合に、たとえば、「赤い花」と見ている場合には、感覚は、想像力と知性の協力の下に働いている。この場合にも、〈赤い〉という感覚と花の〈形〉は脳状態の変化と対応するが、「赤い花」という知解内容は脳の変化と対応をもたない。したがって、「デカルト的二元論は、如何にして心的なものが物的なものに因果的作用を及ぼしうるか」（金杉武司「心から脳へ――心的因果は本当に成り立つのか？」『岩波講座　哲学〇五　心／脳の哲学』岩波書店、二〇〇八年、六五頁）、このように問題が設定されるならば、その「因果的作用」ということによって、先に述べたことが考えられていなければならない。しかし、デカルトの理論が「心の状態と脳状態がともに身体運動の原因とみなされるとしたら、身体運動は二つの原因を持つ」（同上、六六頁）ことを帰結するというのはおかしいと考える。たとえば、意志が働いて脳状態が変化をする。脳状態は神経系を介して身体の或る部分に変化を伝える。これを「二つの原因」と言うならば、腕は指の運動の別の原因ということになる。一つの身体状態の変化が無数の原因をもつことになり、原因ということの意味をなさなくなる。心の変化と脳の変化との関係と、脳の変化と身体の変化の関係は異なる。後者は物質相互の関係である。つまり、前者と同じ意味で原因とは言えない。

第二に、脳と意識の対応について考える。「意識に対応する脳活動を見出す方法」と言われている「意識と相関しているニューロン」（村田純一「心身問題の現在」『岩波講座　哲学〇五　心／脳の哲学』岩波書店、二〇〇八年、一四頁）を見つける方法は意識現象を解明するのに貢献することは言うまでもないことである。そしてこの「相関」、あるいは、対応の肌理が細かくなればなるほど、意識現象の解明は進み、脳科学も進む。脳科学の展開、あるいは、技術的な進歩によってこのような解明の進むことを期待できる。しかし、村田が指摘するように「環境」

の問題がいつも介入することも確かである（同上一五頁）。それだけではなく、先の対応づけは網の目を細かくするだけであり、意識現象がすっかりわかるようになるのではない。さらに言えば、或る特定の人間の「今」の意識現象がすっかりわかることには原理的に至らない。なぜならば、特定の個人には生まれてからの経験の累積があり、それが身体としての脳にも、精神としての意識現象にも影響を与えているからである。時系列における変化と、個体差による違いが同時に生じる。「科学」が或る程度の時間的に、地域的に安定した知見を提供するのであるとしたならば、「今」の或る特定の人間の意識現象がすっかりわかるというのは、「科学」の成果として得られることでも、「科学」の対象でもない。心は絶えず変化している。そしてその変化の仕方は人によって異なる。脳という物質のような変化における或る程度の安定性をもっていない。また、経験の総体が精確に同一である二人の人間は現実には実在しないことは、身心合一体としての一個の人間が時空的存在者であることと同じことである。或る人が今何を考えているのかということは、脳科学の問題ではない。人生経験と文化的素養の上に立って類推される事柄である。また、デカルトが示しているように感情とは人間関係の反映であり、われわれの生活の大部分がこれへの対応に占められているということも、ごくごく普通のことであろう。

第三に、身心の関係が「身心分離」あるいは「物心分離」（桂壽一『デカルト哲学とその発展』東京大学出版会、一九六六年、たとえば、九〇頁表題、また、所『訳解』、たとえば、四五九頁、四八四頁、さらに、廣松渉『身心問題』第三版、青土社、二〇〇八年、たとえば、三〇頁）と「身心（心身）結合」あるいは「物心結合」（桂壽一前掲書、たとえば、九五頁、所『訳解』、たとえば、四五八頁、谷川多佳子『デカルト研究——理性の境界と周縁』岩波書店、一九九五年、たとえば、一四九頁表題）という表現で示されることがある。この表現は誤解に導きやすい表現である。D・カンブシュネルは「デカルトにおける情動と理性——ダマジオの誤り」（D. Kambouchner, Émotion et raison chez Descartes: l'erreur de Damasio, in *Les émotions*, sous la dir. de J.-C. Goddard et S. Roux, Vrin-Corpus、未公刊）という論文のなかで「分離（分解）dissociation」と「区別 distinction」の区別について記している。デカルトが主張しているのは身心の「区別」であり「分離」ではない。日本と英米の研究者たちは、多くの場合、この二つを混同してきたと思われる。「心身結合」と「心身分離」という日本語の表現は、「実象的区別 distinctio realis」と「実体的合一 unitas substantialis」を矛盾の位置におくように促すと思われる。デカルトは日本語の「心身分離」で思い浮かべるような事態を説いているわけではない。たしかに「分離して実在しうるものは何であれ separatim potest existere」実体である（Resp. 6, AT. VII, 434）と、記される場合もある。この場合には可能的実在について述べられているということと、総じて実体について言われていることを見逃すことはできない。現実に実在する心と身体が分離しているということが主張されているのではない。デカルトは「心身の区別」を主張している。「心身結合」という日本語表現も、やはり、誤解に導くように思われる。この言い方は、おそらく「身心合一 l'union de l'âme et du corps」あるいは「実体的合一 unitas substantialis」の訳、あるいは「第六省察」での「合成（合一）compositum」という事態を言い表す表現として選ばれたのであろう。しかし、「合一」ないし「合成」に対して、日本語の「結合」は〈ばらばらなもの〉を合わせるという思いを強める方向に働くであろう。もちろん、語義の問題を論っても実質は得られない。それらの表現を用いて何が言われているのかということが肝心な点である。上で指摘したのは、それゆえ、「分離」、「結合」という表現を心と身体の関係として用いる場合に、読者の、あるいは、研究者の思いの中に入り込む傾向性の問題に他ならない。解釈についての批判は別になされなければならないが、空間的「分離」という意味合いをもちこんでしまう「身心分離」、「身心結合」という言い方を避ける方が、デカルト哲学を考える上で賢明だと思われる。

われわれの出発点と帰還点を先のように決めると、大森哲学における二元論批判を枠外におくことになる。あるいは「重ね書き」ということによって、同じ地点に戻ってくることができるのだろうか（大森荘蔵『物と心』東京大学出版会、一九七六年）。大森は次のようにデカルトを批判する。「どうして松果腺のある揺れが例えばライオンの姿を「見る」ことになるのか、デカルトは一言も語らなかったし、また語りえなかったのである」（同上六六頁）。デカルトは、遥か先に脳科学がこの対応づけを可能にするかもしれないということを否定せずに、その可能性に展望を拓いたのである。また、大森は「人間」を「肉体」という「物質」と「心」または「意識」という「二つに引き裂いて」とも言う。合一体としての一個の人間を「思い」つまり心と、「広がり」つまり身体として見るということを理解しようとはしなかったのだろう。外科医が心臓の手術をするときに、執刀しながら心を切っていると思うのであろうか。大森の哲学にとって、自分以外の人間の独立存在を認める、言い換えれば、自由意志に基づいて行為する他人を自分と同じ存在者として認めることは可能であったのだろうか。もちろん、身心問題について一元論が原理的に不可能だということではない。ベルクソンの「イマージュ」一元論は身心問題に対して哲学史に残る提案をしている（H. Bergson, *Matière et mémoire*, PUF, 1968, 92e édition）。しかし、大森の理論は身心問題を解決せずに、解消しているように思われる。繰り返すことになるが、どれほど魅力的であろうとも、実際に生活をする上であまり信頼できない理論だと思われる。最後に、廣松渉の『身心問題』（第三版、青土社、二〇〇八年）に触れることにしよう。これは廣松のいつまでも読み継がれる書物の一冊に選ばれるであろう。身心問題についてさまざまな角度から、丁寧に論じていて、他の追随を許さないであろう。彼はそのなかで次のように書いている。「世界観的規模でのパラダイム・チェンジ」に対して「いわゆる「心-身」問題それ自身は不毛な議論」である、と（たとえば、同上二八五頁）。このことはどのような哲学的立場を構築するかということによって心身問題についての解答の仕方も決まってくるであろうことをも示唆している。[12] その考えに賛同したい。身心二元論と言ってはいけないならば、心についての語り方と、身体についての語り方には異なりがある。そのことはわれわれの日常的行動様式の基盤の一つになっていると思われるからである。「世界観規模でのパラダイム」を構築するなかで、そのことをどのようにして述べるのか。それは哲学の問題の一つであろう。[13]

第七節　世界との繫がりとしての感覚

「第六省察」へ戻り、締め括りの部分を検討しよう。以上の内的感覚に関する誤りについての考察は、「私の自然が余儀なくされている誤りのすべてに気づくためだけではなく、それらの誤りを矯正したり、回避したりが容易にできるために、多大な助けになる」(E. 94. 06-94. 10/AT. 89. 08-11)。こうして見出された、感覚の使用において誤らない方策を次の四点に纏めることができる。第一に、「身体の具合のよさに関すること ad corporis commodum spectant について、すべての感覚が偽なることよりも、遥かにいっそうしばしば multo frequentius 真なることを告げるということを、私は知っている」。第二に、「ほとんど常に、同じことを吟味するために、感覚のうちのより多くのものを、私は使うことができる」。第三に、「記憶」を用いて、過去の経験を活かすこともできる。第四に、「誤りのすべての原因を明らかにした」知性を用いることもできる。第一は健康の保全についてのことであり、頻度において圧倒的に多い場合を真なる場合とすることである。これ以降は、外的な感覚も含めてすべての感覚について述べられている。つまり、第二は、多くの感覚を動員することであり、第三は、過去の経験に学ぶことであり、第四は、どうして誤るのかを捉える知性の働きを用いることである。ここまでわかれば、「第一省察」以来の「誇張的な疑い」は「笑うべきものとして追い払われるべきである」(E. 94. 10-21/AT. 89. 11-20)。合一体における自然としての感覚、つまりは内的感覚の誤りの可能性について、このような対処の仕方を身につけておけば、複数形で言われる「誇張的な疑い」は笑止に他ならなくなる。それは次の理由による。内的感覚は「私」にとってもっとも内々の精神と身体の混ざり合いを示すものであった。その内的感覚の誤りの原因がわかり、それに対処できるのであるから、外的感覚の誤りを避けるのはいっそう容易なのである。

「誇張的な疑い」のうちの「最大のもの summa」は覚醒と睡眠との区別であるとされる(E. 94. 21-24/AT. 89. 20-21)。また、「第一省察」を振り返って、先には「二つの疑うことの最高類の原因 duæ maxime generales dubitandi causæ」として、覚醒と睡眠という疑い、「私の起源の作者」が挙げられていた(E. 79. 14-30/AT. 77. 08-18)。この「第六省察」の終盤で「誇張的な疑い」が払拭されるにあたり、合一体における感覚の使用についても神の善性が示されたことを考慮すれば、「私の起源の作者」についての疑いが、この「誇張的な疑い」に含まれているると考えるのが当然であろう。残っている最大の疑いの理由である覚醒と睡眠との区別とは、外的感覚を介して「私」が世界と係わる際の問題である。眠っていることと目覚めていることは外的感覚によって捉えられた内容だけでは区別がつかない。感覚内容には目覚めの印も、眠りの印も含まれていない。だからこそ、夢だと想定することによって、感覚と現実世界との繋がりを断つことができた。しかし、「夢が生活のそれ以外の活動のすべてと記憶によって結合させられるということはけっしてない」、つまり、感覚だけではなく記憶によって経験の連続性を捉えるならば、夢のなかの出来事と目覚めているときに生じる出来事との差異は明らかである。「もし、夢のなかで生じるように、誰かが突然に現れ、その後すぐに消え失せ、つまるところ彼がどこから来たのかもどこへ去りゆくのかも私にはわからないというふうであるとしたならば、その者を真なる人間というよりはむしろ妖怪、もしくは私の脳のなかに描き出された幻像であると私が判断するとしたとしても不当ではないであろう」（E. 94. 21-95. 03/AT. 89. 20-90. 02）。それに対して、覚醒時の現れがもつ特徴は次の二つに纏められる。第一に、「それらの事物がどこから、どこに、いつやってくるのか、私が判明に気づいているeæ res... quas distincte unde, ubi, & quando mihi adveniant adverto」ことであり、第二に、それらの事物についての「知覚を、私が残りの全生活と中断なく結びつけている」ことである（E. 95. 03-08/AT. 90. 02-06）。先の外的感覚を正しく使用する際の三つの条件を満たすということである。「どこから、どこに、いつ」ということを厳格に解する必要は何もない。どこからともなく突然現れ、どこへともなく突然消えるということがなければよい。もし、目の前の樹木であるのならば、「私」は自宅からここまで歩いてきて、それに触れ、それを見ることができ、それは「以前から、ここに、今も」あると答えることができればよい。言い換えれば、時空的位置指定が可能であり、個別的知覚がその上に成り立っている世界についての知と繋がっていることが覚醒時の現れの条件ということになる。世界との感覚を通しての出会い、そこに物理学における観察の確かさは依存する。第一に、それの時空的位置指定に「判明にdistincte」気づかれている「事物を吟味するために、すべての感覚、記憶と知性を」用いる。そして第二に、そうして得られた事柄のなかに「他のものと背反するような何ものも」見つからない。その場合には、「それらが真であることについて私は少しも疑ってはならない」（E. 95. 08-13/AT. 90. 07-10）。それが感覚の正しい用い方であり、神の善性に支えられている、もっと言い換えれば、それが感覚について考える出発点として与えられた能力だからである（E. 95. 13-15/AT. 90. 10-12）。しかし、「認識されるべきことごとres cognoscenda」（E. 13. 19-20/AT. 22. 21）から「為されるべきことごとres agenda」（E. 95. 15-16＝13. 19/AT. 22. 21＝90. 12）に踏み込んで行く以上、危険を覚悟しなければならない。「人間の生活は、個別的な事物に関してしばしば誤りに晒されているということを認めなければならない」。為されるべきことは必ずしも、仔細に吟味する猶予を与えてくれないからである。「われわれの自然の弱さが認知されるべきである」(E. 95. 15-20/AT. 90. 12-16)。

(1) 〈われわれ人間について〉と本文中で記したのは、この段階から《illam [*scil.* naturam] præterea nos docere》(E. 86. 15-16/AT. 82. 27-28)、あるいは《nos positis concludamus》(E. 86. 18-19/AT. 82. 30) のように「われわれ」という語法が用いられるからである。

(2) この読み方は、所『訳解』四六四頁から四六五頁に従っている。この読み方以外にはないと考える。

(3) たとえば、所『訳解』四六六頁、山田弘明『デカルト『省察』の研究』、たとえば、三六六頁から三六七頁。山田による「認識論的に緻密な議論」と「身体論的に緩やかな議論との間」の「不整合」(前掲書三六四頁) という誤解の根は深い。

(4) アリストテレス (中畑正志訳)『魂について』京都大学出版会、二〇〇一年、アリストテレス (山本光雄訳)『霊魂論』アリストテレス全集6、岩波書店、一九六八年、Aristote, *De l'âme*, texte établie par A. Jannone, traduction et notes de E. Barbotin, Les Belles Lettres, 1966, Aristote, *De l'âme*, traduction nouvelle et notes par J. Tricot, J. Vrin, 1965, Aristote's, *De Anima, Books II, III*, Translated with Introduction and Notes by D. W. Hamlyn, Oxford, 1958/1968 などを参照した。

(5) Thomas Aquinas, *Sum. theol., p.* 1, qu. 78, art. 4.

(6) Commentarii collegii Conimbricensis, *Commentarii in tres libros de Anima Aristotelis*, Conimbricae, 1598, 3, 3, 1, 1 in É Gilson, *Index Scolastico-cartésien*, Burt Franklin, 1912, pp. 267-268.

(7) Eustachius a Sancto Paulo, *Summa Philosophiæ quadripartita, de rebus Dialecticis, Moralibus, Physicis et Metaphsicis*, Paris 1609, pars III, tract. III, diput. III, quaest. I, p. 392.

(8) *op. cit.*, pp. 391-394.

(9) 絵を構成している (物質の) もろもろの運動は「われわれの身体と一つである限りの心に対して直接的に働きかけ、しかるべき感覚を心がもつようにと、自然によって設定されている institués de la Nature」(*DM*, Disc. VI, AT. VI, 130)。

(10) 『情念論』「三四項」については、D. Kambouchner, *L'homme des passions*, Albin Michel, 1995, 2vols, t. I, 137; 164; t.

II, 19を参照。

(11)　植村恒一郎（「魂から心へ――自然＝記号としての「我思う、ゆえに我あり」――」『岩波講座　哲学05　心／脳の哲学』岩波書店、二〇〇八年、四三頁から六二頁）は「感覚の本質は、脳にある原因によって表現されたものと考えられるべきである」と記している（五八頁）。感覚と脳との関係は「因果関係」としてではなく、「表現関係」として捉えられるべきだという主張であろう。しかし、身心合一体に特有な頻度の問題を見逃すならば、合一体における感覚の本質を見逃すことになるであろう。ここに小林道夫『科学の世界と心の哲学　心は科学で解明できるか』中公新書、二〇〇九年について、若干だけを付け加えておくことにする。この書全体は「近代科学」の成立から、現代の「心の科学」まで広範な領域を平易に説明しており、そういう点でこの書物について敬意を表したい。しかし、「デカルトにおいては、「心の因果性」とは、心が意志を働かせて能動的に自分の身体を直接動かしうることであり、それは実践的に直知される」（一〇六頁）。この直前には同じ「因果作用（因果的効力）」を心は「直接に意識している」と記されている。このことは前頁における「これについて」（「これ」は「心と身体との合一」を指していると解される）「「心はたしかに意識している」」（一〇五頁）（おそらく、mentis cum corpore unionem, cuius sane mens consicia est, AT. V, 222. 11-12 の翻訳だと思われる）ことから帰結するかのように文章が流れているが、テクスト上の議論の流れとは随分と異なるように思われる。また、著者は「心的因果性」と「物理的因果性」を「根本的に異質なもの」であるとし、前者は「行為者」「が行為において内的に実感するものである」とする（一七四頁から一七五頁）。また、「「他者」に「自我」を認めるには」「他者の活動のうちに」「「自由な行為者」を感知することが決定的」だとされる（一八〇頁）。私が自分の腕を上げるときに、意志を行使して腕が上がったという「心的因果性」を「実感」するのだろうか。この「実感」は意識しているということなのか。ことさら因果性を実感しようとして、腕を上げるのだろうか。一般的な「他者」ではなく、個々の他人のうちに「自由な行為者」を「感知する」とはどうすることなのだろうか。「超越」なしに解釈されたデカルト哲学の支払うべき負債は大きいと思われる。

(12)　この書物に付けられた「第3版へのあとがきに代えて」において村田純一は次のように述べている。「廣松が身心問題をめぐる議論を「不毛」な議論と見なしたのは、それがあくまで二元論の枠組みを前提してなされているから」である（三五〇頁）、と。そう解釈するならば、私の見解は廣松の意に沿わないということになろう。しかし、この書物は、身心問題が哲学的立場を巻き込まざるをえないことを十分明らかにしていると思われる。

(13) ダマジオに関しては、本文中に示したカンブシュネルの論考に付け加えるべきことを知らないが、一つだけ指摘しておく。それは哲学の問題である。ダマジオは自分の眼からすれば、「実在するという事実が思うという事実に先立つ」と述べている（A. R. Damasio, *L'erreur de Descartes, La raison des émotion*, Traduit par M. Blanc, Odile Jacob, 1995, p. 311）。この中世的立場を乗り越えるところにデカルト以降の哲学の境地があることは言うまでもない。この〈ある〉を〈思う〉に先立てる立場は既に述べたように、また以下にも述べるように（本書「第II部第一章」註32）、ジルソンによるデカルト批判の底流にも見られるキリスト教文化の伝統のなかでは根強い思考の一つである。繰り返しになるが、〈あるもの〉についてだけその〈何であるか〉を問うことができるという立場である。ダマジオの場合にはこの〈ある〉についてさまざまな観方があるという着眼なしに、〈ある〉が現実的な世界内の実在に局限されているように思われる。この立場によれば、「意識」は必ず脳から生じなければならないということは既に前提されていることになる。そのときにわれわれの知ることの仕組みは批判されずに手つかずに残る。また、R・エイドルフ・土谷尚嗣「感情と脳の相互作用　認知神経科学から見たデカルトの間違い」（『科学』Vol. 76, No. 3, 岩波書店、二〇〇六年三月二五四頁から二六一頁）について少し触れる。この論考の著者たちは、ダマジオの論点を三点に纏めている。第一に「感情と理性が分け隔てられてきたという歴史的な経緯、第二に、感情的な体の反応も主観的な気持ちや気分も、合理的な判断をするときの基礎的情報の一部であるというソマティック・マーカー仮説」、第三に「感情を支える脳のメカニズムは、意識が生じるために必要なものだという説である」（前掲書、二五五頁）。彼らが主張したいことを主張するのに、なぜデカルトを引き合いに出す必要があるのだろうか。ダマジオ本人の論述においてもこの点はよくわからない。彼がスピノザについて長々と語ることが彼の「大脳生理学」上の功績にどのように結びつくのだろうか（桜井直文「身体がなければ精神もない――ダマシオとスピノザ」『現代思想』二〇〇五年二月号、二二七頁から二三七頁の丁寧な記述を参照していただきたい。さらに、アントニオ・R・ダマシオ（田中三彦訳）『感じる脳』ダイヤモンド社、二〇〇五年、A. R. Damasio, *Spinoza avait raison, Joie et tristesse, le cerveau des émotions*, Traduit par J.-L. Fidel, Odile Jacob, 2003参照。（フランス語で読んだのに他意はない。間違えて買ってしまっただけである））。繰り返す必要もなく、上の三つの点に矛盾するようなことをデカルトは主張してはいない。人間生活のほとんどの局面は人間関係、つまり、感情に係わっている。先の二人の著者たちが「ダマジオは、意識世界（精神）と物質世界（脳、身体）はまったく別々のモノだ、というデカルトの二元論的な見方に対しても異を唱えている」（『科学』Vol. 76. No. 3、二五五頁）と書くときに、「モノ」というカタカナ表示で何を言いたいのかよくわからないが、彼らは「自分が結婚相手を選ぶとき」（同上、二五七頁）に思ったり迷ったりすることと何らかの脳状態を対応させている。それは特別の理論的立場ではなく、通常人々が自分たちの行為において下敷きにしている考え方である。彼らは身心合一体としての一人の人間の行為における変化と一人の人間の身体において特権的な位置を占める脳の変化との関係を明らかにしようとしている。それを意識と脳との関係と捉えるならば、それは彼らの言う「意識世界（精神）と物質世界（脳、身体）はまったく別々のモノだ」という捉え方になるであろう。ダマジオの述べている「核意識conscience-noyau」に対する「拡張意識 conscience-étendue」は「過去と未来に広がる」（A. R. Damasio, *Le sentiment même de soi*, traduit par C. Larsonneur et C. Tiercelin, Odile Jacob, 1999/2002, p. 253）。空間的に広がるわけではない。デカルトの二元論とは、要するに「思い」と「広がり」という二つの根源的に独立した二つの見方を立てるということを示している。その二つは他に還元できない、それ自身によって成り立つものである。このことが「実体」という表現で示される。その意味で実体の二元論である。認識の確実性の順序に従えば、その二元論の上に「合一」という場も生じる。しかし、身心合一体である一個の人間が疑い始めて、哲学に入って行く以外ではない。そういう意味で三元論ではない（*cf.* J. Cottingham, Cartesian Trialism, in *Mind*, Vol. XCIV, No. 473, 1985, pp. 218-230）。彼らの「認知神経科学」的な功績を批判したいわけでも、その価値を尊重しないわけでもない。哲学史研究者としては、そのようなことをする知識も能力もないことを自ら知っている。そして、彼らの研究の正当性を認めて、その研究を尊重し、信頼する。それは彼らがデカルト哲学に対する関係と同様でなければならないであろう。

第II部　「感覚」論の諸相と物体の実在証明

第一章　物体の実在証明における「感覚」と「想像力」の役割について

序

「第六省察」における物体の実在証明は『省察』全体を締め括るという役割を果たしていた。そのことは知性に助けられた想像力によって開かれる数学から、知性と想像力に助けられた感覚によって素材が提供される物理学への展開として成し遂げられた。それはまた、物理学を構築する主体である感覚する人の、つまり、身心合一体としての「私」のよき生の意味を開披することでもあった。以上の「第六省察」の分析を足場にして、以下、第一に、物体の実在証明の意義をとりわけてもスピノザ哲学との対比において深化させ、第二に、感覚が身心合一という視点をどのように巻き込むのかという点を明らかにし、第三に、感覚と近代的「意識」概念成立との関係について論究し、第四に、身心合一の証でもある「内的感覚」のデカルト的意義を解明し、個人倫理の基盤へと迫ることにする。こうしてデカルト哲学の哲学史的特有性も明らかになるであろう。

デカルトの思索とスピノザの思索はさまざまな点でまつわる。そのまつわる点の一つとして物体の実在証明における「想像力」と「感覚」の役割を選び、そこに眼差しを集める。そうすることによって、両哲学の特徴が浮き出るとともに、物体の実在証明ということがどのような哲学的問題であるのかということも明らかになる。『哲学の原理』と『デカルトの『哲学の原理』』、この二つの書物には或る類似点がある。ともに教育的配慮をもって書かれているという点である。デカルトはメルセンヌ宛書簡の一つにおいて次のように書いている。「私は自分の哲学を書くことに従事しようと決心したが、それも私の哲学が容易に学ばれうるような配列で」(à Mersenne, 31-12-1641, A.T. III, 276/1640, GB. p. 1358)、と。スピノザの『デカルトの『哲学の原理』』が教育に配慮して書かれていることは、マイエルの序文から知ることができる。(1) その点では共通していても、スピノザの場合には、『デカルトの『哲学の原理』』の記述が彼の他の作品の縮約であるという問題は生じない。それに対して、『哲学の原理』における物体の実在証明は「第六省察」に比べて縮約されている。(2) この事情を纏めて言うならば、『哲学の原理』の場合には、教育的配慮の問題、同じ著者によって与えられた原型とその変形の問題があり、『デカルトの『哲学の原理』』の場合には、教育的配慮の問題と、デカルト哲学を解説するという問題がある。しかし、われわれはこの四つの問題の内の〈原型とその変形の問題〉と〈デカルト哲学の解説〉という問題について主に論じ、両者の教育的配慮がその作品に及ぼす影響という点についてはほとんど言及しないことにする。

デカルトの『哲学の原理』における物体の実在証明を解釈しようとする場合に、〈原型と変形〉という点で参照しなければならないのは「第六省察」だけではない。「第五省察」を軽視することはできない。なぜならば「第六省察」における物体の実在証明は、「第五省察」から引き渡された「想像力 imagnatio」の働きに着目することを発端にもつからである。想像力の働きに導かれながら、「第六省察」はまず蓋然性という水準において物体の実在を証明する。(3) そういうわけで「第六省察」における物体の実在証明を全体的に捉えようとする場合に、「第五省察」における想像力の役割を欠かすことができない。(4) それだけではなく、想像力の役割に着目しないならば、形而上学と数学と物理学との関係が不明になる。(5) われわれは、第一に、「第五省察」と「第六省察」をいつでも呼び出せるようにしながら、『哲学の原理』における物体の実在証明の構造と意義を明らかにする。第二に、この証明の意義に迫るために、マルブランシュとライプニッツによるデカルトの証明に対する批判を検討する。そして第三に、スピノザによるこの証明を、デカルトのそれとの関係を踏まえながら検討する。第四に、二人の証明における「感覚」と「想像力」の役割へと進み、最後に物体の実在証明の意義を明らかにし、スピノザ哲学のデカルト哲学から見られた特有性についても言及する。

第一節　『哲学の原理』における物体の実在証明

デカルトは『哲学の原理』「第二部第一項」で物体の実在を証明する。まず、証明をしなければならない理由が述べられる。すなわち、「誰もが物質的なものが実在することを十分に納得しているとしても Etsi nemo non sibi satis persuadeat res materiales existere」（AT. VIII, 40. 5-6）、疑いの道のなかで明らかになったように、その納得は「先入見 præjudicium」に基づいている。それゆえ、物質的なものが実在するということをどうしたら確実に認識することができるのか、それを明らかにしなければならない。その先入見とは何であったのか。「第一部第四項」には次のように記されている。「感覚的な、あるいは、想像されうる何らかのものが実在するかどうか an ullæ res sensibiles aut imaginabiles existant」（AT. VIII, 5. 23-6. 01）疑わなければならないのは、当の感覚したこと、想像したことを理由もなく信じ込んでしまうからである。この先入見のために、われわれは自分たちの身体が感じるとおりに実在していると思ったり、見ているものが見られているとおりにわれわれの外に実在すると思ったりする。そういう先入見を拭い去って、物体が実在するということを確実に認識しなければならない。この目標をわれわれは次の二つに分岐することができる。第一に、感覚から得られた物体についての認識が知性の助けの下では確実でありうること、第二に、物体的なものの実在の意味を、感覚することの直接性として明らかにすること、この二つである。かくして、物体が実在することの意味と感覚的認識の有用性が確立されることによって、物理学が基礎をもつことになる。

この標的に向けた証明の第一歩目で、『哲学の原理』は既に精神と物体=身体との「実象的区別 distinctio realis」の水準に立つ。「われわれの感覚するものは何であれ quidquid sentimus」、精神とは異なる何かに由来をもつ。この「われわれが感覚するもの」の起源について、ここでは縮約されていながら複雑な表現が与えられている。その表現とは次のものである。「というのも、或ることではなく他のことを感覚するという力能はわれわれにはない。そうではなくこのことはわれわれの感覚を刺激するものにすっかり依存している Neque enim est in nostra potestate efficere, ut unum potius quam aliud sentiamus; sed hoc a re illa quæ sensus nostros afficit, plane pendet」(AT. VIII, 40. 11-14)。ここで、〈ない〉とされている「或ることではなく他のことを感覚する力能」とは、一体どのようなものか。「感覚を刺激するもの」とは、何であろうか。「第六省察」の場合には実象的区別がすでに確立している(AT. VIII, 78. 02-79. 11)。それを足場に据えるのならば、このような複雑さを避けることができる。『哲学の原理』では「実象的区別」に至るまでの過程の全体が省略されているために、かえって複雑になっている(6)。この省略という事態は『省察』から『哲学の原理』への変形の道筋のなかで理解されることである。この変形を次のように表現することができるであろう。『省察』において「理由の順序に従って(7)」探究されたことを、『哲学の原理』は教育的配慮の下に「組織的に(8)」再構成している、と。

証明の第二歩目において、われわれの感覚器官に変状を与える「当のものは神か、神とは異なる何かか an res

illa sit Deus, an quid a Deo diversum」という問いが提起される（AT. VIII, 40. 14-15）。われわれの感覚する内容は、われわれに当の感覚を与えるものを表すということは、「第六省察」によれば「神は欺くものではない（cum）Deus non sit fallax」ことに依拠しながら、物体の観念の表象する「対象的実象性 realitas objectiva」がその原因として「形相的」に含まれているものを要求すると信ずる「大いなる傾向性 magna propensio」によって保証される（E. 82. 20-83. 03/AT. 79. 12-80. 04）。しかし、ここでは「対象的実象性」という装置も「大いなる傾向性」という概念も用いられることなく、そのために論述は「第六省察」よりもかえって襞の多いものになっている。その複雑さの中心に「しかし、われわれは何らかの或る広がる物質を感覚するのだから、あるいはむしろ、感覚が衝撃を受けることによってわれわれが明晰判明にそれを知覚するのだから Sed quia sentimus, sive potius a sensu impulsi clare ac distincte percipimus, materiam quandam extensam」という1節における「あるいはむしろ」が見出される（AT. VIII, 40. 15-16）。「感覚する」ことと「明晰判明に知覚する」こととの関係は何か。この問いは解釈をとおしてはじめて答えられうる問いである。というのも、この「あるいはむしろ」が成り立つためには感覚と知性との連携が前提されなければならないからである。「第五省察」と「第六省察」によれば、「広がり extensio」の観念は知性によって知覚され、物質的なものの「形 figura」は知性に助けられた想像力によって知覚され、「色 color」は知性に助けられた感覚によって知覚されることになる[9]。このことが示しているのは、感覚の働きと想像力の働きがその「形相的概念 conceptus formalis」に「知性作用 intellectio」を含んでいるということである[10]。『哲学の原理』「第二部第一項」において「感覚する」ことと「明晰判明に知覚する」こととが、感覚と知性との連携に言及されることなしに、「あるいはむしろ」で結ばれているのは何故か。それは、ここでの主要な目的が認識に関わる精神についての探究よりも、むしろ物理学の基礎を確立することに据えられているからである。この目的は『哲学の原理』における物体の実在証明を記述の上で制約している。

この点については、いずれまた戻ることにして、まずこの第二歩目の終盤に「広がるものの観念が、およそそれと類似しているわれわれの外に措定されたものからやってくる、と明晰に見ているとわれわれには思われる ac etiam clare videre nobis videmur, ejus ideam a rebus extra nos positis, quibus omnino similis est, advenire」(AT. VIII, 41. 5-7) と記されていることの「われわれに思われる videmur」という表現に注意を向けよう。なぜならば、「思われる」というのは証明のなかでの表現としては、いかにも不安定ではないのか、と言われかねないからである。そう考えたブュルマンはデカルトに次のように問うたとされる。「しかし、なぜ思われるなのか。疑わしさの印なのに Sed cur videmur, dubitationis signum」(AT. V, 167: Beyssade Texte 41, pp. 104-105)。デカルトの答えは次のように控えられている。それで十分なのは、当の見ることが「精神と意識の働き opus mentis et conscientiæ」(*ibid.*) を示しているからである、と。「見ると思われる」ことは「第二省察」の次の一節に戻る。つまり、「見ると思われる、聞くと思われる、熱いと思われる videre videor, audire, calescere」ということは、肝心のところを「抽き出して解するのならば、思うこと以外ではない hoc præcise sic sumptum nihil aliud est quam cogitare」という箇所である (E. 21. 16-20/AT. 29. 14-19)。「見ると思われる」は「思い」の一種であり、「第六省察」まで辿って、その認識の仕方がどのようであるのかということを明らかにしようとするならば、先に見た箇所に明らかなように、知性に助けられた感覚の遂行に他ならないことが判明する。[(11)] こうして「第一項」の「知覚」と結びつけられる「見ると思われる」は知性に助けられた感覚の働きを示していることもわかる。その意味で、「明晰に見ていると思われる」は、先の「われわれは感覚する」に結びつけられた「感覚が衝撃を受けることによってわれわれが明晰判明に知覚する」という表現と等価なのである。したがって、ブュルマンが不審を提起した件の「われわれに思われる」は「疑わしさの印」ではなく、むしろ知性の介在を示しており、それゆえにこそ、このことによって感覚と感覚によって捉えられた物体の実在との直接的関係が十分な確実性をもって認識されることになる。[12]

このような過程を辿って『哲学の原理』「第二部第一項」は物体の実在について次のように結論する。「かくして次のことがおよそ結論されるべきである。すなわち、長さと幅と深さにおいて広がる、そして、これに適合するとわれわれが明晰に知覚するすべての特性をもっている広がるものが res extensa 実在する、と」(AT. VIII, 41. 09-12)。これに対して、「第六省察」では、感覚することと物体の実在との直接性の確定の直後に、ただ「したがって物体的なものが実在する」とのみ結論されている (E. 83. 02-03/AT. 80. 04)。「第六省察」がこのようにきわめて簡潔に結論を提示できたのは、「物体的なもの」についてそれ以前にすでに十分規定されていて、また、この「物体」概念が、「第五省察」から「第六省察」へという流れのなかで、知性と感覚との中間に介在する能力としての想像力の役割とも結びつけられていたからである。それに対して『哲学の原理』では「これがわれわれの物体ないしは物質と呼ぶ広がるものである」と結論はさらに補足される (AT. VIII, 41. 12-13)。この補足が示しているのは、それまでの過程のなかで「広がるもの」という表現が十分に説明されていなかったからである。このことの十分な説明のためには、感覚の知性との連携ばかりでなく、想像力との連携も明らかにされる必要があった。しかし、これを表立ってなすことは、『哲学の原理』の意図には含まれていなかったのである。[13]

第二節　マルブランシュとライプニッツの批判

(一)　マルブランシュの批判

次に、マルブランシュとライプニッツによるデカルトの証明に向けられた批判を検討する。彼らの批判はデカルトとは異なる哲学的立場に由来するものである。それゆえにそれらの検討をとおしてデカルト的証明の特有性をいっそうよく浮き出すことができるであろう。マルブランシュの批判に関してまず次の二点を明らかにしておく必要がある。第一の点は、物質的なものの実在を証明するということがそもそも可能かどうかという問題である。彼は次のように書いている。「デカルト氏はそれらのもっとも強力な証明を提示した」、と。[14] にもかかわらず、マルブランシュからすれば、この種の証明は最初から暗礁に乗り上げているようなものである。「物体があるということを全面的に納得するためには、或る神があるということ、神が欺瞞者ではないこと、これらだけではなく、神が実際に物体を創造したと、神がわれわれに保証したということを論証しなければならない。この最後についての証明を、デカルト氏の作品のなかに、私は決して見出しはしない」[15]。第二に指摘すべきことは、上の批判にもかかわらず、その矛先が証明の仕方そのものに向けられているわけではないということである。というのも、マルブランシュによれば、物体の実在は神の意志に依存するからである。「物体を創造するという意志は無限に完全であるという存在の概念に必然的に含まれているわけではない」。したがって、「物体のあることを厳密な仕方で論証することはできない」[16]。つまり、マルブランシュからすれば、物体の実在を証明することがそもそもできないのである。さらに、彼によれば、「われわれの見る物体は知性的（に捉えられる）物体である」とされる[17]。この「見る voir」はよく知られているように感覚器官の使用とは別の地点に根ざしている。要するに、彼においては、物体の実在で問われているのは、感覚器官に支えられた知覚との関係の下に見通される実在ではない。それゆえ、物体の実在証明は認識の機序という知識論的秩序においてではなく、神の意志の結果という存在論的秩序にもっぱら設定されることになる。

このマルブランシュによる批判はデカルトの証明を否定することになるのであろうか。この問いは稔りをもたない。それは単純な理由による。物体の実在証明によってデカルトの為そうとするところを、マルブランシュが狙っているわけではないからである。マルブランシュにとっては物理学を基礎づけるために物体の実在証明をする必要はない[18]。デカルト哲学において、この証明は数学の確実性の上に物理学を確立するという意図から切り離されえない。数学が「第五省察」において想像力の働きを基盤に確立され、その上に立って物理学が「第六省察」で感覚の有用性とともに立ち上げられる。デカルトによる物体の実在証明はこの道の峠に位置する。それだけではない。この二つの学問が可能的実在と（現実的）実在という実在様相に支えられているということも見逃すことができない[19]。このように見晴らしてみるならば、デカルトによる物体の実在証明において存在論的側面と知識論的側面とを切り離すことができないということも見えてくる。このような論脈の輻輳性は、マルブランシュにとっては疎遠なことであろう。というのも、彼によれば、物体の実在の問題は「自然的啓示 révélation naturelle」の問題へと引き戻されるからである[20]。まさしくこの解決こそ、デカルトが「第六省察」の証明で退けているところである。こうして、マルブランシュの批判から照らし出されたのは、デカルトの証明が数学、物理学という学の布置に係わる存在・知識論的証明だということである。

（二）　ライプニッツの批判

(1)　神の誠実

次にライプニッツの批判に移ることにする。マルブランシュが「デカルト氏」の全作品を対象にしていたのに対して、ライプニッツはその批判を『哲学の原理』「第二部第一項」に集中する。ライプニッツによれば、デカルトの証明はすべての点を論証しているわけではなく、そのために「脆弱な infirma」論証になっている。(21) この判断は、少なくともライプニッツに固有の二つの考え方に基づいている。第一に、神が「欺く者という印なしに、われわれの欺瞞を許容することがありうる」(22)。それゆえ、われわれが物質的なものを感覚するときに物質以外のものが原因になっているということを否定することができない。換言すれば、物体的なものの観念を、物体から得てきていないとしても、神の誠実が弱められるということにはならない。第二に、このように下される感覚の原因についての判断が誤っているということもありうる。「なるほど諸感覚は神からあるか、他からあるかであるが、しかし、判断〔感覚の原因がわれわれの外なる実象的対象からあるかどうかについての判断〕が、したがって欺きがわれわれから生じているということが起こりうる」。というのも、その判断が「先立つさまざまな罪 peccata anteriora」に由来するという可能性を排除できないからである。(23) この二点を纏めて言えば、現にわれわれが行使しているような感覚の使用法が神の誠実に保証されていないとしても、神の誠実は低められたことにはならないし、逆に、神の誠実に保証されていたとしても、感覚の使用と神の誠実について、われわれが「原罪」などのゆえに間違えた判断をしている可能性が残るということになる。

この二点は、デカルト哲学のなかでは「神の誠実 veracitas Dei」の問題と「第三省察」に提起されている所謂「因果の原理」の問題（E. 35. 01-04/AT. 40. 21-23）に戻る。(24)「第六省察」の議論において、この二つのことは「大いなる傾向性」の問題に帰着する。ライプニッツに対する（デカルト的）答弁を再構成するために、もう一度「第一省察」の「欺く者」の問題から筋道の一つを辿ってみよう。それは次の四つの段階からなる。第一に、「第一省察」の、数学的意見を疑うことの理由となる神についての意見という段階が問題になる。その段階において「私」の起源の作者が「欺く者」であるという設定がなされる。その「欺く者」という設定は、疑いの道の階層性のゆえに、感覚的意見をも巻き込む。この最後の疑いの理由とちょうど対蹠点をなすのが神の誠実である。神の誠実はわれわれの認識能力を保証する。この保証に基づいて、真理についての明晰判明な知覚が可能になる。[25] 第二の段階は次の通りである。「第六省察」において、この神の誠実と物体の実在証明とが接点を結ぶ。それが知性という水準の下に導入される「大いなる傾向性」である。これを条件として、感覚する能力によって物質的なものの現に実在することに到達することが可能になる（E. 82. 26-29/AT. 79. 28-80. 02）。もう少し精確に言い直すならば、或る観念の「対象的実象性 realitas objectiva」、つまり、その観念の表すものとしての内容が、物体の観念のうちに「優越的に eminenter」ではなく、「形相的に formaliter」見出される（E. 82. 10-18/AT. 79. 14-27）。[26] この事物の観念の表象内容と当のものの実象性との間の形相的関係こそが、「大いなる傾向性」として神の誠実によって確立される。こうして神の誠実を拠り所の一つにして物質的事物の実在証明が完遂する。第三に、「第六省察」の物体の実在証明においても、「第三省察」第一の証明と同じく所謂「因果の原理」が用いられている。しかし、上述したように、前者には「大いなる傾向性」が導入されている。このことは二つの証明の違いを示している。この違いはいったい何を表しているのか。この問いに答えるために、「第六省察」における証明の最終局面（E. 82. 10-83. 03/AT. 79. 14-80. 04）を簡潔に振り返ってみる必要がある。この証明の最終局面は三つの階梯を踏む。㈠物理学的な真理に関しては神の啓示に依存してはならない、㈡他なるものが感覚する内容を、「私」が感覚するものへと移し替えることができない、㈢したがって、感覚するものと感覚される物質的なものの間に何らかの結びつきがあるかぎり、その結びつきは、他の介在を許さないのだから、直接的という性質をもっていなければならない。注意しておかなければならないことは、この直接的に結びついているという事実性は論理的に証明されるものではなく、かくかくの物体的なものとの現実的出会いにおいてのみ、つまりはこの出会いの直接性においてのみ、確認されることである。この直接性とは人間の経験に与えられた〈事実 factum〉に他ならない。この直接性を、人間の経験に起こることとして正当化するために、マルブランシュは「自然的啓示」を召喚したと言えよう。デカルトは人間知性そのものがもっている「大いなる傾向性」が「私」だけのものではなく、人間的経験の根底の一部をなすということを神の誠実によって示した。この神の誠実とは、人間の側からすれば、人間存在の始まりに〈悪い〉ではなく〈よい〉を設定する限り、その存在に刻み込まれている人間的能力のありさまを示す。第四に、以上に見たように、神の誠実は物体の実在証明における必須の条件として要求されている。その条件の下でのみ、感覚することと感覚される対象との直接的関係が肯定される。この直接性が正当化されることによって、人間精神が物質的なものの実在を確実に認識するということの保証が与えられる。神の誠実は物体の実在と、この実在を捉える人間の認識能力とに同時に同じ事として課せられている。物体の実在を証明するとは、物体的なものの実在とこのものの感覚との間の〈同事性〉を開くことである。知性の助けの下に直接的に感覚される物体は現実的な仕方で実在する。

(2) 脆弱

以上のように各々の主張を辿ってみたのであるが、この二人の哲学者の間で物体の実在証明について生じた不一致は何に由来するのか。デカルトにとって、物体の実在証明は神の誠実に依拠しながら解決される問題であった。これに対して、ライプニッツは物体の実在証明をそのように捉えなかった。このことは既述のところから確かである。デカルトが物体の実在証明を為そうとする意図は、物理学の基礎づけと感覚の一般的有用性の肯定にあったが、ライプニッツの場合にはそうではない。ライプニッツの批判は感覚の役割への何らの言及も含んでいず、神の誠実についてのデカルト的理解についてだけ批判が向かっている。このことは、感覚の有用性とともに物理学を確立するというデカルトの意図がライプニッツには見られないことを示している。物理学との関係で感覚経験の直接性に何であれ何らかの確実性を求めるということは、ライプニッツにとって問題にはならなかったであろう。ライプニッツの批判からも、マルブランシュの批判からも明らかなように、物体の実在証明は論理的水準においてだけでは成し遂げられえない。このために、ライプニッツはこの証明の企図そのものが基礎づけられないと判断した。[27]それゆえデカルトの証明は脆弱な、無力なものでしかない。しかし、ライプニッツ自身も、物体の実在と感覚の直接的関係を主張している。というのも、彼は或る箇所で「感覚されるものは何であれ、実在する」、そして「実在は或る種の判明な感覚可能性である」と記しているからである。[28]つまり、感覚と実在との直接的関係について限るならば、ライプニッツは、デカルトと異なる考え方をしているわけではない。しかしながら、ここにおいても物理学と感覚の有用性とは結びつけられてはいない。

実は、デカルト自身も、この証明が論理的水準に収まりきれないことを認めていた。[29]そしてライプニッツも「感覚されるものは何であれ、実在する」と主張する。デカルトによる物体の実在証明が純粋に論理的に遂行されたものではないということを酌量するならば、ライプニッツの批判は、物体の実在証明ではなく、別の方面へ、つまり、神の誠実そのものを証明の拠り所にすることへ、結局のところは、形而上学のなかに神の誠実を持ち込むこと自体へと向かっていると言える。物体の実在証明をこのように批判に晒してみるならば、デカルトも、マルブランシュも、ライプニッツも、そしてヒュームも、物体の実在証明が論理的水準を越えていることを認めていたのがわかる。[30]それゆえにまた、デカルト哲学におけるこの証明の役割を精確に捉えることが肝要になる。デカルトはなぜ物体の実在証明をしなければならなかったのか。第一に、彼自身の言うところによれば、物質的なものがそこから結論される論拠は「それらを通してわれわれが精神と神との認識に至り着く論拠に比べて同じほど堅固で同じほど透明であるということはないということが認識される agnoscitur non esse tam firmas nec tam perspicuas quam sunt eae, per quas in mentis nostræ & Dei cognitionem devenimus」ためである（E. 5. 27-30/AT. 16. 04-06）。精神の何であるかを摑むのに神の保証は必要ではない。神の実在証明の場合とは異なり、物体の実在を確実に認識するためには知性における「大いなる傾向性」が裏付けとして求められる。第二に、『省察』の流れが示しているように、この証明が確立された後でなければ、物理学の基礎づけは可能にならないからである。(31) 物体の実在証明は、数学と物理学との間におかれた、論理学の水準を超えた〈存在・知識論的証明 preuve onto-épistémologique〉である。「論理学の水準を超えた」とわれわれが言うのは、経験の事実が人間精神の事実として形而上学的に保証されなければならないからである。「存在・知識論的」と表現するのは、存在様相と認識能力とが探究の視点としては、したがって論述仕法としては区別されるにもかかわらず、この二つが〈同事性〉として捉えられるところに証明が完結するからである。得られたこの観点を携えて、スピノザの『デカルトの『哲学の原理』』における物体の実在証明を考察した場合にどのようなことが見えてくるであろうか。予測を述べてみよう。スピノザは「存在・知識論的」というように、分かち書きのできる地平において思索を構築してはいなかったのではないか。認識能力の区別がそのまま存在の区別であったのではないのだろうか。

第三節　スピノザにおける物体的なものの実在証明

次にスピノザによる証明の検討へと進むことにしよう。これから見て行けばわかるように、この証明はデカルトによる証明に忠実であるわけでも、それの単なる説明でもない。重要な変更がもたらされている。ジルソンの主張するところによれば、スピノザはデカルトの証明を「改善しているaméliorer」[32]。第一に、ジルソンによれば、デカルトではなくスピノザこそ、「神の保証galantie divine」というデカルトの思索にとって重要な概念を判断における意志の働きにまで適用し徹底させている[33]。第二に、身心の合一を「痛み」などの「第二種の感覚」と関係づけ、物体の実在証明を「見る」のような「第一種の感覚」に関係づけることにより、スピノザは物体の実在証明の上に身心合一の証明を堅固なものにした[34]。また、レクリヴァンは、スピノザの証明の方がデカルトのそれよりもいっそう首尾一貫しているとする。彼によれば、スピノザにとって、デカルトの証明は「根源性に欠けているところがあり、経験主義的先入見を温存している」とされる[35]。こうして、二人の解釈家はスピノザの論証形式の方がデカルトのそれよりもいっそう「上手く行っているheureuse」と判定を下す[36]。しかし、この判断は、デカルトの証明がもっている射程を、無視しているとまでは言えないかもしれないが、過小評価していると思われる。スピノザによってもたらされた変様が改善であるのかどうかについて決を下す前に、二つの証明が厳密に言ってどのような差異をもっているのか、この点を評価する必要がある。そのために『デカルトの『哲学の原理』』「第一部定理二一」を、それの原型であるデカルトの証明に絶えず立ち戻りつつ、分析することにしよう。

スピノザによってもたらされた改変のなかでも、もっとも目につくのはスピノザが物体の実在証明と身心の合一に関するデカルトの議論を一つの定理に纏めたという点である。デカルトの『哲学の原理』「第二部第一項」は「どのような理由によって物質的なものの実在が確実に認識されるのか」という表題をもち（AT. VIII, 40）、「第二項」は「またどのようにして人間の身体が精神と緊密に結びつけられていることが認識されるのか」（AT. VIII, 41）という表題をもつ。この二つの項を、スピノザは一つの「定理二一」つまり「長さと幅と深さにおいて広がる実体は実際に実在する。そしてわれわれはその一部と合一しているSubstantia extensa in longum, latum, & profundum revera existit: Nosque uni ejus parti uniti sumus」（Geb. I, p. 179.）に統合した。この統合のもたらす意味については後に述べることにして、「定理二一」「証明」の前半部分から取りかかることにしよう。その部分には八つの段階がある。(37)

スピノザは、デカルトの証明を再現するに際して、その原型となる『哲学の原理』には見出すことができず、『省察』に見出される二つの要素を自分の証明に組み込んでいる。その一つは「くすぐったさtitilatio」という内的な感覚経験を示す表現であり、もう一つは「自由」という要素、もっと精確に言えば「無差別indifferentia」である。前者は『省察』のなかでは「第六省察」にだけ見出される表現である（E. 78. 06 & 78. 10/AT. 76. 04 & 76. 08）。ここで例として「痛い」の前段階としての「内的感覚」だけが取り上げられ、「外的感覚」が取り上げられないことに注意しておかなければならない。なぜ外的感覚が例に挙げられなかったのか。レクリヴァンの示唆に従って、外的事物との関係という点では、内的感覚の方が経験主義者には扱いにくい、つまり、外的感覚を遠ざけることによって経験主義を遠ざける効果が期待されているのかもしれない。しかし、以下に見るように、このことはデカルトの証明に関しては無用な配慮であるばかりでなく、外的感覚を遠ざけることは物理学の基礎づけという点では欠落になる。次に後者、つまり、スピノザの導入した「無差別」についてみれば、それは判断に関わる「無差別」であり、「第四省察」が「自由の一番下の段階」と呼ぶものである（E. 56. 13-16/AT. 58. 05-08）。この「無差別」は『哲学の原理』「第一部第四一項」で「自由と無差別」として述べられる最高段階の「無差別」とは異なる。このように見てくるならば、スピノザはデカルトの証明を強化し、論証を再構成するために、『省察』から二つの概念を抜き出してきたことになる。このことは、デカルトの証明が、そもそも『省察』を出発点にしなければ、十分に理解されえないということを示しているのだろうか。『哲学の原理』の証明は『省察』によって強化されることになるのか。この問いに答える前に、次に「定理二一」の後半部分を検討することにしよう。

「定理二一」「証明」の後半部分は、『哲学の原理』が「第二部第二項」で論じている精神と身体との合一を扱う。スピノザの論証はここでは三つの段階を踏む[38]。この証明の力は、内的感覚（「渇き」と「痛み」）と外的感覚（「見る」）の「大きな差異 magna differentia」と、「定理一四」およびその「備考」に再現されている「明証性の規則」にある。第一に、「われわれの諸感覚」の間に内的感覚と外的感覚との差異を見つける。第二に、「私が物質の或る部分と緊密に合一していて、物質の他の部分とはそのようには合一してはいないということをあらかじめ知解する intelligam のでなければ、この差異の原因を知覚できない non posse percipere」。緊密にせよ、そうではないにせよ、合一という事実のなかで、内的感覚と外的感覚の差異が知解されて、その差異の原因が知覚される。内的感覚と外的感覚の差異の原因が明晰判明に知解されることに基づいて、精神が物質の一部と合一していることが証明される。

デカルトの『哲学の原理』「第二部第二項」に目を転じれば、そこでは内的感覚と外的感覚の区別は用いられていない。この「第二項」は意に拘わらず「突然生じること」と「外的なものへの依存性」に依拠して論じられている[39]。この「第二項」の意図は、精神と身体との合一を〈論証する〉という点にはない。それは「第六省察」においても同様である。この合一が、疑うことも他の何かに還元することもできない事実であること、これを確証することにデカルトは限定している。スピノザによって言及された感覚間の「大きな差異」、それにわれわれは「内的感覚」と「外的感覚」という表現を与えたが、この対が『哲学の原理』において現れるのはずっと後、「第四部第一九〇項」においてである。「第六省察」において、この区別にわれわれが出会うのは、感覚的意見がかつて疑われた理由を問い直すという局面においてである[40]。それゆえ、物体的なものの実在証明よりもずっと前のことである。要するに、この区別は物体の実在証明に直接的には用いられてはいない。

身心の合一について、スピノザはデカルトと二点において異なる提起の仕方をしていた。これに基づいて四つの点を指摘できる。第一に、スピノザはデカルトの証明を再構成する上で、『哲学の原理』とともに『省察』をも用いていた。だが、第二に、「第六省察」を参照しているにもかかわらず、スピノザは感覚の有用性については取り上げなかった。デカルトは感覚の有用性を物理学にも、「人間の保全 hominis conservatio」(E. 92. 13/AT. 87. 24)にも関係づける。たとえば、デカルトは「私が自然から教えられるすべては何か真なるところをもっている」と記している(E. 83. 22-24/AT. 80. 20-21)。つまり、自然が人間に教えることは、感覚が人間に教えることと合致しうるということである。まさしくこの意味で、感覚は身体と精神とが一つになっている人間において固有の有用性をもつ。『省察』に比べて、確かに『哲学の原理』は感覚の有用性を積極的に表明しているとは言い難い。だが「第二部第三項」において消極的な仕方でそれが示されている。つまり、感覚知覚が「時として、たまさかに」でなければ、物体の自然を教えないと記されている[41]。このことは逆に、感覚知覚が少なくとも「時としては」物体の自然を教えるということを意味する。外的感覚の働きは純粋知性の働きと両立可能である。このことを過小評価してはならない。感覚は、知性の介在を拒むことなく、物体的なものの実在を示すことができる[42]。

第三に、スピノザは身心合一の証明を明証性の規則に直接基づけているが、それに対して、デカルトは「第六省察」においても、『哲学の原理』においても、合一を証明してもいないし、明証性の規則を合一の議論に直接的に用いてもいない(43)。第四に、物質の一部と精神が合一していることを、スピノザは身心合一と看做している。デカルトの「第二項」の記述によれば、「われわれの精神には、或る物体が、他の残っている諸物体よりも、いっそう緊密に結合されており menti nostræ corpus quoddam magis arcte, quam reliqua alia corpora, conjunctum esse」(AT. VIII, 41. 14-15)、それが「人間身体 humanum corpus と呼ばれる」(AT. VIII, 41. 21)。また『省察』における発見の順序において、自分の身体が物体に先んじて見出される(44)。スピノザの記述には「人間身体」という表現も、〈われわれの身体 nostra corpora〉に類する表現も見出されない。『デカルトの『哲学の原理』』「第二部定義」の補足部分によれば、「物質の一部」とは「同時に移動するすべてのもの(45)」である。ここにわれわれは両者における「人間身体」についての見方の違いに直面せざるをえない。デカルトにおいては自分の身体は他の物体から区切られて見出される。スピノザにとっては自分の身体も物体の一部として見出される。『エティカ』「第二部補助定理一」によれば、物体間の区別は運動と静止、速さと遅さによって区別される(46)。この点は上に見た「物質の一部」についての規定が、たとえそれがスピノザにとってはデカルトの考えを示しているのだとしても、物体間の区別の基準として果たす役割に相違はないであろう。これに対して『エティカ』「第二部定理一三」の提起している精神と身体の関係は、デカルトのそれとは大きな隔たりをもっている(47)。その隔たりの大きさから向かい直すならば、『デカルトの『哲学の原理』』における「人間身体」という表現の不在も、その隔たりに向けての或る段階を示していると考えられる。

さらに補足的に次のことを指摘しておく。「定理二一」の「注記」において、スピノザは「読者」に対して「定理二一」の論証を知解するために次の二つのことを求めている。まず、自らを「身体を欠いた思うものとだけ tantum, ut rem cogitantem, & corpore carentem」看做すように、と。次に「以前に」物体が実在すると信じ込んでいたときのすべての理由を捨てるように、と。この「先入見」の排除は、デカルトがその「第一項」で述べていた先入見の排除と同じように解することができる。つまり、かつて物体が実在すると思っていたその思い込みを捨て、確かな仕方で得られた物体の実在証明を自分のものにしなければならない、と解意することができる。しかし、一つ目の要請は何を意味しているのであろうか。論証が知性の水準でのみ理解されなければならないということが強調されているのか。このことを考える上で、デカルトの『哲学の原理』「第三部」において感覚が用いられていることが示唆を与える。その「第三部」「第五項」において、デカルトは「視覚の欠陥を疑いのない推論によって矯正すること visus defectum indubitantis ratiociniis emendantes」(AT. VIII, p. 82) と述べ、次の「第六項」で「理性に援けられた視覚によって visu ratione adjuto」(*ibid.*) と書く。「可視的な世界 mundus adspectabilis」を扱うデカルトの「第三部」は「見る」ことなしには成立しない。それに対してスピノザの『デカルトの『哲学の原理』』「第三部」には「視覚」の働く余地が見つからない。スピノザのそれが「幾何学的様式で論証された more geometrico demonstrata」(Geb. I, p. 141, Title)『哲学の原理』であるという書物の構成上そうならざるをえないのかもしれない。しかし、上に見た「定理二一」に付け加えられている「注記」における第一の要請を、物理学の叙述における感覚の役割の欠如と合わせて考えるときに、自らを「身体を欠いた思うものとだけ」看做すというこの要請は、『デカルトの『哲学の原理』』全体を覆う要請のように見えてくる。

このように見てくるならば、スピノザが「定理二一」の後半の論証を再構成するときに、『哲学の原理』の先の「第三項」および「第六省察」の当の一節を見逃したなどと考えることは困難であろう。(48) しかしながら、スピノザの論証はいま見たとおり、感覚の有用性については何らの関心をも示していない。スピノザは感覚の間の「大きな差異」を強調しながら、その有用性については何らの言及もしない。感覚の有用性は、デカルトの身心合一を捉える上で、第二義的な位置に格下げできるものではない。にもかかわらず、もし、スピノザが感覚の有用性に何らの重要性をも認めなかったならば、この有用性は「経験主義的先入見の温存」をまさしく証言しているからなのだろうか。デカルトの証明の弱点を示しているように見えるこの先入見を、スピノザははっきりと遠ざけ、それゆえ、スピノザの証明の方がデカルトの証明よりもいっそう「上手く行っている」ということになるのだろうか。

第四節　問いへの答えと想像力の問題

（一）経験主義的先入見と感覚の有用性

スピノザの証明は本当にデカルトのそれよりも「上手く行っている」のか。この問いに答えるためには、あるいはむしろ、この問いが、デカルトの証明とスピノザの証明との二つの証明のそれぞれがもっている固有の内実を明らかにすることに役立つのかどうかを知るために、次の三つの点を踏まえておく必要がある。

第一に、「経験主義的先入見」に関して言えば、それは『哲学の原理』の証明に原型を与えている『省察』の証明とはさらさら無縁である。このためには、『省察』の議論展開において、「第一省察」における感覚的意見への疑いを入り口にする疑いの道が、「第六省察」における物体の実在証明に先行しているという事実を強調すれば事足りる[49]。感覚についての信じやすさは、感覚経験を直ちに、無反省的に信じ込むことを示している。疑いの道が、この「私」の信じやすさを最大限に警戒しつつ歩み遂げられたということは明らかである。「第一省察」における感覚的意見への疑いと「第六省察」における感覚の有用性との混同の上にのみ、「経験主義的先入見」の温存と払拭が見えてくると言えよう。第二に、たとえスピノザがこの証明において、経験主義的と言われる先入見を拒絶していると看做されるとしても、その拒絶は彼の証明の首尾一貫性には何ら係わりをもたない。というのも、その首尾一貫性はもっぱら諸観念の連結における明晰判明さに依存しているからである。その点では、スピノザはデカルトの考えに依拠している。依拠しているところは「第四省察」における次の一文である。「知性における大いなる光から意志における傾向性が生じてくるのであるから、当のそのことに対して無差別であることが少なければ少ないほど、それだけいっそう自発的に、自由にそのことを信じた[50]」。この「明証性の規則」によってこそ、スピノザは「われわれの感覚の原因 nostrarum sensationum causa」について論証しえたのである。同じことは『デカルトの『哲学の原理』』における幾何学的な論述の連鎖からも看て取れる。スピノザの論証は、「定理七」と「定理一四」その「備考」によって十分に支えられている。経験主義的先入見への拒絶は、推論の基礎になっている「明証性の規則」の正当性にも、論述の繋がりにも何らの関係もない。したがって、もし当の先入見の拒絶が求められたとしても、それはせいぜい教育的配慮に係わることであり、スピノザによる物体的なものの実在証明の構成自体には係わりをもたない。第三に、スピノザがこの証明において感覚の積極的役割に触れなかったことは、単に感覚の有用性の無視には止まらない。このことによってさらに、探究の二つの秩序が切断されたことになる。デカルト哲学において、合一という現象の解明と、学問としての物理学の基礎の探究とは根底的に分節化されながら感覚の有用性でいわば縫い合わされている。自然現象を対象にする学問の研究には感覚の役割がなければならない。感覚の助けなしに物理学者は自然現象の探査に携わることができない。というのも、感覚の助けなしには、物理学の領域において産出される現象を何も〈見る〉ことができないからである。スピノザの証明においては合一から物理学の基礎へという回路が見つからないのである。

（二）『省察』と『哲学の原理』における数学から物理学への移行

デカルトとスピノザ、二つの証明の関係を明らかにするためにもう一つの問題が残っている。それは、なぜスピノザは物体の実在証明を『デカルトの『哲学の原理』』の「第一部」に設定し、デカルトの『哲学の原理』のように「第二部」に配置しなかったのか、という問題である。この問いに答えるためには、想像力の役割について検討する必要がある。想像力についての概念的価値が両者においてはなはだ異なっているからである。まず、デカルトの想像力について見て行くが、それは知性とも感覚とも異なる役割を与えられている。想像力をとおして、数学と物理学との関係が立てられる。それゆえ、想像力はデカルト哲学のなかではきわめて重たい役割を果たしている。それに対して、『哲学の原理』は想像力に指定されたこの中間者としての役割に必ずしも関心を示していない[51]。そのことはまた『哲学の原理』においてこの二つの学の繋がりが明確に示されていないということでもある。二つの学の繋がりは数学から物理学への移行として現れ、数学を創始する「第五省察」から物理学を確立する「第六省察」への展開として実現される。この視点に立つならば、想像力はまさしく数学の創設のための第一の足場を与えていることがわかる。想像力は広がりである幾何学的空間を開くことによって、数学に実象の学であるという位置を保証する。さらに、この数学が物理学にその探究の確かさを提供する。

この移行をいっそう精確に考察するために、ここで「第五省察」の議論の流れを再確認しておこう。『省察』の「概要 Synopsis」によれば、「第五省察」は三つの主たる課題をもっている。つまり、第一に、「物体的本性一般」が広がりに存することを基礎的なこととして確立する（E. 5. 04-05/AT. 15. 13-14)。「第五省察」の冒頭で「私は、哲学者たちが通常連続量と呼んでいる、この量を判明に想像する Nempe distincte imaginor quantitatem, vulgo Philosophi appellant continuam」（E. 63. 03-05/AT. 63. 16-17）と述べられる。この判明に想像された量は空間的広がり以外ではない。ここに幾何学的空間が開かれる。このことは想像力の働きに着目するのでなければ、数学的探究が成り立たないということを示す。第二に、神のア・プリオリな実在証明がなされる。このことによって論理的必然性の範型が確定される。その範型は、この証明のなかで神の本質と実在との引き離し不可能性として表明される。「神の本性には常に実在するということが属する ad ejus naturam pertinere ut semper existat」（E. 65. 22/AT. 65. 23-24）。数学が論証学として創始されるためには、言い換えれば、連続する推論の系列として一つの命題から他の命題へと繋がって行くためには、数学における論証の必然性が保証されなければならない。このためには数学それ自身を超えた必然性の範例がなければならない。もし、この範例に基づいて二つの命題が必然的という仕方で結びつけられないならば、そもそも論証が成り立たない。そこに神の観念が介入する。神の観念における本質と実在との引き離し不可能性が必然的結合の範型を提供し、それなしには数学も、数学に依存するその他の個別的な学もその基礎を奪われることになる。第三に、諸学が神についての認識に依存することが示される。神によって与えられているということの依存性が記憶力の人間的使用を正当化する。記憶力の働きなしには、推論の積み重ねの上に立つ学の形成が不可能になる。[52] ここに一つの道が拓かれ、その道をとおして「第六省察」において物体的なものについての学に至り着く。「第六省察」の出発点は「なるほどいまは、物質的なものが、純粋数学の対象であるかぎり、それらを明晰判明に私は知覚しているのだから、実在しうるということを私は知っている」[53] ということに定められる。もし、「想像する働き facultas imaginandi」（E. 73. 04-05/AT. 71. 21）が「明晰判明に知覚する」という性格を帯びているのでなければ、「第六省察」における物体の実在証明のために介入することもなかったはずである。『省察』における諸学の布置のただなかで、想像力は数学と物理学の媒介としての役割を果たす。

『省察』で採用された方途がこのように解されるのならば、『哲学の原理』のなかにそれに対応する方途を見いだすことができるであろうか。『省察』の論述は『哲学の原理』の論述に引き直すことができるのであろうか。上に取り出した第二番目の点（つまり、論理的必然性の範型）は「第一部第一四項」に対応する。その表題は「神についてのわれわれの概念に必然的実在が含まれていることから、正しく神が実在すると結論される Ex eo quod existentia necesaria in nostro de Deo conceptu contieantur, recte concludi Deum existere」となっている。第三の点（つまり、神の認識の要求）は同じく「第一部」の「第一三項」に対応する。その表題は、どのような意味で残りのものの認識は神の認識に依存するのか Quo sensu reliquarum rerum coginitio a Dei cognitione dependat」である。しかし、第一の点（つまり、想像力と幾何学的空間）について、『哲学の原理』のなかにその対応を探すならば、「長さと幅と深さにおける広がりが物体的実体の本性をなす extensito in longum, latum & profndum, substantiæ corporeæ naturam consitituit」（p. I, art. 53, AT. VIII, 25. 15-17）という凝縮された表現以外にはない。しかしながら、この一文は想像力と数学との関係についてはは何も語っていない。『哲学の原理』のなかに想像力についてさらに記述されている箇所を求めるのならば、「第一部第七三項」を見出す。そこでの目的は、想像力についての無反省な使用から生じる誤謬について説明することである。しかし、そこでも、想像力は感覚とともに論じられており、その否定的な側面、つまり、誤謬の源泉の一つとしての限りでの想像力について論じられている。それでも、この「第七三項」には次のように記されている。つまり、「感覚にも想像力にも現前しないものに注意を向けるのはきわめて困難 difficillime ad illa attendit, quæ nec sensibus, nec quidem imaginationi præsentia sunt」なので、大人になっても、人々は「想像可能で、物体的で、感覚可能でもあるのでなければ、どんな実体も知解しない nullam substantiam intelligant, nisi imaginabilem, & coropoream, & etiam sensibilem」。というのも、彼らは「広がり、運動、形において存するものだけが想像可能なもので、それ以外に知解可能なものが数多くあるということを、知らないからである」(AT. VIII, 37. 5-17)。[54] ここで想像力が広がり、運動、形を捉える働きとされていることは確かである。ということは『哲学の原理』においても『省察』と同じく想像力の積極的な使用が確保されているということである。[55] もちろん、「第七三項」の意図はこのことを明らかにする点にはない。「第七二項」とともに、想像力が現前的に提示するものを拙速に信じないように、そして「天文学上の理由が rationes Astronomicæ」想像力の歪みを糺すように要求されている。ここで問題になっているのは、幼少時以来精神に刻み込まれた先入見が誤りの源になっており、そこからどのようにして解き放たれるのかということ以外ではない(AT. VIII, 36. 29-37. 04)。

われわれがこれまで遂行してきた分析から次の三点を再確認しておこう。㈠想像力に割り与えられた数学を基礎づけるという役割は、「第五省察」の第一点目であったが、それは『哲学の原理』でははっきりした肯定的な仕方では示されていなかった。想像力についての記述は、『哲学の原理』では誤謬の四つの原因という文脈のなかに紛れていた。㈡想像力は、『哲学の原理』では物体の実在証明には介入していない。㈢このことは、想像力の働きが、『省察』と『哲学の原理』とでは確かに異なる仕方で提示されていることを示す。にもかかわらず、このことは想像力の基本的性格については両者において異なりがないということを妨げない。『省察』と『哲学の原理』の間に存する本質的ではない記述上の差異に関して言えば、それらは、少なくとも或る程度は、この二つの作品が狙っている一般的意図に係わると思われる。『省察』が神的な、そして人間的な形而上学的真理を探究し、形而上学の確立のために全体として構成されているのに対して、『哲学の原理』はその目的として教育をもっている。言い換えれば、『哲学の原理』は『省察』が確立した事柄を、その「第一部」に形式を変えて提示している。だからといって、『省察』に提示されている想像力の核心的役割が『哲学の原理』ではきわめて縮約されているという点を過小評価することはできない。

第五節　スピノザの証明における想像力の不在

最後に、スピノザによる物体の実在証明における想像力の位置について、あるいはむしろ、この証明における想像力の不在について検討しよう。スピノザは『デカルトの『哲学の原理』』のなかで、物体の実在証明において想像力に何の役割も与えていない。総じて想像力の有用性についても論じていない。確かに、同様の関心はデカルトの『哲学の原理』にも欠けているように思われた。しかし、デカルトにおいては、この不在は、われわれが明らかにしてきたように、『省察』への参照によって補われうる。事情はスピノザにとっては同じではない。スピノザはなぜ『デカルトの『哲学の原理』』において想像力に役割を与えなかったのか。その理由を考えなければならない。デカルトが『省察』で示した想像力についての考えを、スピノザはなぜ、それと知りつつ無視したのであろうか。スピノザの想像力の無視については二つの側面が見出される。つまり、物体の実在証明における不在と、総じて想像力にその積極的な役割を与えないということの二つである。この二つの側面にはどのような関係が見出されるのか。このことを明らかにするためには、『知性改善論』と『エティカ』に言及しながら、スピノザの「想像力」についての理解を見て行かなければならない。しかし、この試みをスピノザ哲学全体に広げてしまうと、多岐にわたり論述はスピノザ哲学の全体像にまで及ぶこと必定であろう。それはわれわれの任ではない。そこで、焦点を定めるために、カンブシュネルがデカルトの「想像力」について導入した「幾何学的想像力 imagination géométrique」と「経験的想像力 imagination empirique」という区別を適用することにする。彼によれば、幾何学的想像力は典型的には「第六省察」において示され、知性によって導かれる想像力であり、『規則論』にまで遡ることができる、とされる。[56] 経験的想像力は「われわれが感覚する世界のなかで既に出会っている、あるいはこれから出会うことになるであろう物事に関して想像するという働き」とされる。[57] もし、この区別をスピノザの「想像力」に当てはめてみることが許されるのならば、経験的想像力の方は、『エティカ』「第二部定理四〇」「第二の備考」における最初の二つの認識、つまり、「第一種の認識」と分類されるものに相応するであろう。[58]『知性改善論』に探してみるのならば、「第一八節」から「第一九節」に述べられている「知覚の様式 modi percipiendi」のうちの、同じく最初の二つのものになるであろう。[59] もちろん、ここでは「想像力」という表現は用いられてはいないのであるが、内容的に考えれば、経験的想像力に相応すると考えられる。『エティカ』の上記の箇所においても、『知性改善論』においても、想像力は知性からはっきりと区別されて捉えられている。そのことはたとえば、『知性改善論』の「第八六、八七、九〇節」に看て取ることができる。[60] また『神学・政治論』の記述を使うならば、「単なる想像力はその自然本性からして確実性を含んでいない cum simplex imaginatio non involvat ex sua natura certitudinem」とされる。[61] まさしくそれゆえにこそ、「知性による秩序づけがない sine ordine ad intellectum」(*Ethica*, pars II, prop. 40, schl. II) 場合には、想像力は誤謬の主たる原因とされる。[62]

幾何学的想像力に関してみれば、対応するものを『エティカ』「第一部定理一五備考」と『デカルトの『哲学の原理』』の同年代(一六六三年)に書かれたとされる「書簡一二」に見出すことができる。前者において次のように述べられている。「量はわれわれによって二つの仕方で(概念として)捉えられる、つまり、量をわれわれが想像するに応じて、抽象的に、いうなら、表層的に、あるいは、実体として、捉えられるが、この〔後者のこと〕は知性だけから生じる」、と。[63] しかし、経験的想像力からこのように区別してみることのできる想像力についての捉え方は、認識についての議論のなかでも、数学の基礎としてのかぎりでも、これ以上展開されることはないであろう。総じて物体の実在と認識能力の差異とが関係づけられることはないと思われる。先の書簡には次のように記されている。すなわち、「われわれは物体的実体を実在するとしてでなければ、概念することはできない Substantiam corpoream, quam non nisi existentem concipere possumus」、と (Geb. IV, p. 60)。「概念すること concipere」が知性の働きの一つであるとするならば、かくして明晰判明に捉えることが物体の実在に届くことになる。先のことと合わせて考えるのならば、幾何学的想像力が物体的実体の証明には行使される必要はないということである。

以上のスピノザによる物体の実在証明について次の二点を確認しておこう。第一に、スピノザによって想像力は物体的事物の実在を証明するためには召喚される必要がなかった。その理由の一つとして想像力が誤謬の主たる原因とされていることを挙げることができる。[64] 違った視点から言うならば、スピノザは諸学を基礎づけるという意図をもっていなかったということになる。というのも、連続量を基礎におく数学は、物理学がそうでなければならないのと同様に、堅固な基礎の上に確立されるためには、何らかの仕方で想像力に訴えかけなければならないからである。第二に、この最後の理由が同時に、なぜスピノザが物体の実在証明を『デカルトの『哲学の原理』』の「第一部」に配置し、デカルトの『哲学の原理』のように「第二部」に置かなかったのかということを説明する。スピノザのその証明が物理学の基礎づけに係わらないのだから、この作品の「第二部」にはその場所がないのである。『デカルトの『哲学の原理』』に付け加えられた『形而上学的思想』には「物質を、それが実在するにせよ、実在しないにせよ、われわれは等しく明晰判明に概念する eamque æque clare, & distincte concipimus, sive existat, sive non existat」(Geb. I, p. 269) とある。スピノザにとって物体の観念を明晰判明にすることが物体の実在に届くことであり、物体の実在という問題が認識能力の差異を引き出すということはないであろう。スピノザにとって、『エティカ』においてのように、物体の実在証明を自分の哲学の土台の一つにする必要はなかったのであろう。それではなぜスピノザは「定理二一」を「第一部」に付け加えなければならなかったのか。そこにはデカルトの『哲学の原理』の中心的な部分を教えるという配慮があると思われる。

最後に、以上に述べてきたことから見えてきた、スピノザ哲学の特有性について四つの指摘をしておこう。第一に、物体の実在とその本性について捉える上で、想像力も感覚も必要であるとされてはいなかった。それは物理学を学問として基礎づけるという意図が見出されなかったことと相関していた。第二に、デカルト哲学との差異を通して、派生的に見えてきたことであるが、自分の身体を物体一般から、空間的な仕方を別にすれば、区別する理由が見出されなかった。第三に、『デカルトの『哲学の原理』』における物体の実在証明は認識能力の区別と相関することがなかった。その「定理二一」における「観念いうなら感覚 idea sive sensatio」という表現は、われわれが「くすぐったさ」や「痛み」を捉える能力がそれとして区別されてはいないことを示している。このことはまた、『エティカ』における三種の認識の違いが能力の違いではないということとも連関しているであろう。しかしその反面で、「書簡一二」における「想像する様態 modus imaginandi」、あるいは『知性改善論』における「脳の内に、あるいは想像力の内に in cerebro, aut in imaginatione」(ともに註63参照) のように能力を示していると解されるような箇所もある。しかし、少なくとも、『エティカ』の体系のなかでは、想像力が属性の位置に来ることはないのであるから、そういう意味では能力という役割を果たすこともないと思われる。この「能力」ということで、われわれはそれが他とは異なる固有の働き方をもっていて、実体を捉える上でそれを欠落させると実体の理解が行き届かないという何かを理解する。第四に、それと連関することであるが、われわれが分析をした事柄のなかで、認識に関わる事態と存在に関わる事態とを別個にする視点を見出すことができなかった。別の言い方をすれば、明証性の規則によって物体の実在を証明できるということは、そのような知性の行使によって実在を捉えうるということを示す(65)。逆に見れば、先に述べたところでもあるが、このために感覚能力を評価することも、想像力を評価する必要もなかった。デカルトも、マルブランシュも、ライプニッツも、純粋に論理的に、つまり、知性の働きという水準に止まるだけでは、物体の実在証明は不可能であると考えていた。想像力が知性的働きを超える点、感覚が知性的働きを超える点、これらを知性的に評価するのでなければ、物体の実在を証明することはできない。逆の方向から言えば、物体の実在を証明するとは、知性に助けられながら直接的に感覚されるということが物体の実在の意味であることを開披することである。スピノザ哲学において明証知が実在に届くのならば、物体の実在の意味を探って感覚に至るということはない。先に引用した『形而上学的思想』に示されていたように、物理学的探究にとって、感覚も想像力も不要であることになるであろう。それはまた『哲学の原理』と『デカルトの『哲学の原理』』の「第三部」を比較してみたところからも見えてきたことであった。このことを、スピノザ哲学において〈知ることと〉と〈あること〉とが一体化していて隙間がないと表現できるであろう。

（1）「われわれの著者が彼の弟子にデカルトの哲学を教えるに際して、… dum eum Cartesii Philosophiam doceret,」(L. Meyer による『デカルトの『哲学の原理』』の「序文」Geb. I, pp. 129-130)。

（2）議論そのもの（AT. VIII, 40. 11-14）が「第六省察」よりも遥かに単純になっている」（Frédéric De Buzon et Vincent Carraud, *Descartes et les《Principia》II*, Corps et mouvement, PUF 1994, p. 38.

（3）「想像することの力 vis imaginandi」（E. 74. 18-19/AT. 73. 05）に着目して「そこから物体の実在することを私は蓋然的に推量する」（E. 75. 11-12/AT. 73. 23）に至る。『省察』の「概要 Synopsis」は「第六省察」のおいて至り着かれる地点を次のように述べている。「最後に、そこから物質的事物の実在が結論されるすべての論拠がもたらされる」（05. 20-22/AT. 15. 26-27）。この「すべての論拠」から「第五省察」における想像力の吟味を通して明らかになったことを排除する理由はない。

（4）ロディス・レヴィスは「第五省察」から「第六省察」への移行について次のように述べている。「私の思いの外に、広がるもののさまざまな形が実在することへの参照なしに、考察された広がるものについての幾何学的研究から、実象的に実在する物質についての物理学的研究へと移って行くことになる」（Geneviève Rodis-Lewis, *L'Œuvre de Descartes*, t. I, J. Vrin, 1971, p. 348）。

（5）一般的にはヴュイユマンの記しているように「デカルトの数学はその原理において純粋に知性的である」（Jules Vuillemin, *Mathématiques et métaphysique chez Descartes*, PUF, 1960/1987, p. 139）と言うことができる。しかし、このことはデカルトの「想像力」理論が彼の哲学全体において必須の役割を果たしているということを妨げるものではない。形而上学と数学と物理学との間の関係がどのようなものであれ、その関係は想像力の役割が正しく評価されるのでなければ、定まることはない。数学における想像力の役割については、ヴュイユマンの次の言明に同意することができる。「幾何学はこの〔図形を代数化して捉える〕方法の描出を提供する。知性はこの描出に自分の威力を発揮し、想像力はその機能を知性から借りながら知性に仕える」（*ibid.*）（〔 〕内は筆者の補足、以下同様である）。また、ゲナンシアは次のように言う。「数学において想像力は知性のきわめて貴重な補助である」（Pierre Guenancia, *L'intelligence du sensible: Essai sur le dualisme cartésien*, Gallimard, 1998, p. 35）。

（6）「実象的区別」は『哲学の原理』においては、その「第一部第六〇項」で解説されているが、「区別 distinctio」の理論のなかに埋め込まれているばかりか、「思う実体 substantia cogitans」と「物体的実体 substantia corporea」の区別も実体間の区別のなかに埋め込まれている（AT. VIII, 28-29）。物体の実在証明との繋がりは示されていない。

（7）「順序とは次の点にのみ存する。つまり、第一に提示されたことごとは次に続くどんなものの助けも借りずに認識されなければならず、そして次に、残りのすべては、先立つことごとからだけ論証されるというように配置されなければならない。私の『省察』では、この上なく入念に、この順序に従おうと努めた」(Resp. 2, AT. VII, 155. 11-16)。

（8）『哲学の原理』の叙述形式に関してベイサッドは次のように述べる。「『哲学の原理』はそれら〔順序と文体〕の関係づけを組織的に追求しながら、実象的物理学を一つの学として展開して行く道筋を拓く」(J.-M. Beyssade, "*Science Perfectissima.* Analyse et Synthese dans les Principia", in *Descartes: Principia Philosophiae*（*1644-1994*）, Vivarium, Napoli, 1996, p. 30)。

（9）このことが纏めて明記されているのが以下の書簡の一部である。「心は純粋知性によってのみ概念され、物体、すなわち、広がり、形と運動は知性だけによっても認識されうるが、想像力に助けられた知性によっていっそうよく認識され、最後に、心と身体との合一に属する事柄は知性だけでは曖昧にしか認識されず、想像力に助けられた知性によってもそうであり、しかし、それらは感覚によってきわめて明晰に認識される」(à Elisabeth, 28-6-1643, AT. III, 691-692/GB. p. 1780)。また、以下のものも参照のこと。「感受性、ないし、感覚への非難は知性そのものへの非難になるであろう」(Pierre Guenancia, *op. cit.*, p. 23)。「想像力が、知性に導かれるならば、それは広がりの構造と働きをわれわれに複写することになる」(Dennis L. Sepper, *Descartes's Imagination, Proportion: Images, and the Activity of Thinking*, University of California Press, 1996, p. 293)。

（10）「というのも、想像する能力と、感覚する能力の二つは、その形相的概念にはいかほどかの知性作用を含んでいる」(E. 81. 12-18/AT. 78. 22-27)。「感覚する」という点についてはカンブシュネルの次の言い方が示唆的である。「感覚するとは、きっと一つ、あるいは、幾つかの観念をもつことであろうが、しかし、それらの観念は或る種の観念であり、純粋知性の基礎概念あるいは幾何学的概念とは幾つかの特徴によって異なる」(D. Kambouchner "Les corps sans milieu: Descartes à la lumière d'Arnauld", dans *La voie des idées? Le statut de la représentation XVIIe-XXe siècles*, sous la direction de Kim Sang Ong-Van-Cung, CNRS, 2006, p. 81)。デカルト哲学という論脈のなかで「感覚的観念」という日本語の表現が用いられる場合に、上記の点を理解しておかなければならない。『省察』は「感覚的なものの観念 rerum sensibilium ideæ」(AT. VII, 51. 09 & 79. 08) とは記しても「感覚的観念」とは書かない。観念のなかに感覚的なものと知性的なものという区別があるかのような誤解に誘う「感覚的観念」という表記は差し控えるべきであろう。

(11) *Cf*. Michel Henry, *Généalogie de la psychanalyse*, PUF, 1985, ch. 1. アンリが「見ていると思われる videre videor」という地点でデカルトが「始元」に到達していながら、すぐにそこから逸脱すると解したのは、不思議と言えば不思議である。デカルトはこの「見ていると思われる」という地平に形而上学を形成して、「第六省察」に至るのであるから。

(12) カンブシュネルは「ブュルマンとの対話」のこの箇所について「三つの指摘 trois remarques」をしている。これらはわれわれの解釈と一見異なるように見えるかもしれないが、次の言明を参照すれば、両者の隔たりは少ないであろう。「デカルトがここで単純な感覚経験という枠組みまで降りて行っているのは、このような事実を可能なかぎりうまく説明するためである」(*op. cit*. p. 86)。また、同じ箇所についての次の指摘も参考になる。「感覚的な「見えると思われる」という疑うことのできない明証は、思われている対象的な相関者を何も想定しないし、含意してもいない」(Philippe Desoche, "Parole divine et nature humaine: La preuve cartésienne de l'existence des corps face à la critique de Malebranche", dans *Union et distinction de l'âme et du corps: Lectures de la VIe Meditation*, sous la direction de Delphine Kolesnik-Antoine, Kime, 1998, p. 73). *Cf*. F. Buzon et V. Carraud, *op. cit*., p. 40.

(13)『省察』における物体の実在証明と『哲学の原理』におけるそれとの関連についてロディス・レヴィスは次のように述べる。「『哲学の原理』は〔「第六省察」の証明に比べて〕補完されていて著しく発展している」(G. Rodis-Lewis, *L'Œuvre de Descartes*, t. I, J. Vrin, 1971, p. 347)。その理由を彼女は、明証性の規則が『哲学の原理』でデカルトによっていっそうよく説明されていて est mieux explicité par Descartes dans les *Principes*」、それが物体の実在証明の前提になっているが、それに対して、「第六省察」では「疑わしい douteuse」「自然的傾向性 inclination naturelle」に訴えているからである(*ibid*., et p. 348)、と記している。それゆえに、『省察』における物体の実在証明は証明として欠陥をもつ。このように広まっている解釈は、二つの理由により不十分である。第一に、明証性の規則と「自然的傾向性」との間に単純な対立関係を設定するかぎり、「第六省察」における物体の実在証明のなかに、神の誠実に支えられている「大いなる傾向性」が導入される理由が理解できなくなるからである。「第三省察」の「自然の光」から区別された「自発的な衝動 spontaneus impetus」(E. 32. 22-26/AT. 38. 23-27)と、「第六省察」の「大いなる傾向性」とは神の誠実によって保証されているかどうかという差異だけをもつわけではない。そもそも「自発的な衝動」はそれに基づいて真理の探究が為されるわけではない、人間にとっての衝動を表す。明証性ということとは水準が異なる。それゆえ、この「衝動 impetus」の神に保証されたものが「大いなる傾向性 magna propensio」だということにはならない。「第六省察」において「大いなる傾向性」は物体の観念の表象内容に適用される（また、「第四省察」における「大いなる傾向性」との連関については、本書「第I部第九章第三節」参照）。本論中に明らかにするように、デカルトがこの概念を導入したのは、物体の実在証明ということ自体が純粋に論理的に遂行される証明ではないということを自覚していたからである。第二に、このように「大いなる傾向性」の役割が精確に捉えられているのならば、「第六省察」の証明よりも『哲学の原理』の証明の方が優れているという短絡を避けることができる。明証性の規則は「第四省察」の探究によって確立され、「第五省察」、「第六省察」においてさらに展開されている。「第六省察」では「純粋数学の対象の実在しうる」ことが明証性の規則によって確立される（E. 72. 19-20/AT. 71. 14-16）。しかし、これでは物体の現実的実在には届かない。その点は『哲学の原理』でも同じである。『哲学の原理』でも物体の実在証明に明証性の規則が直接的に適用されてはいない。その一方で、明証性の規則が根底で議論を支えているという点では、この二つの作品について変わるところがない。これに次の見解を付け加えよう。「物体の実在に関して、デカルトは、『哲学の原理』「第二部」の冒頭で、力学に求められることに自らを限定しているように思われる」（F. Buzon et V. Carraud, *op. cit.*, pp. 36-37）。

（14）《M. Descartes a donné les preuves les plus fortes》(Malebranche, *De la Recherche de la vérité*, Eclaircissement VI, *Œuvres complètes de Malebranche*, J. Vrin, t. III, p. 60).

（15）《Pour être pleinement convaincus qu'il y a des corps, il faut qu'on nous démontre non seulement qu'il y a un Dieu & que Dieu n'est point trompeur; mais encore que Dieu nous a assuré qu'il en a effectivement créé; ce que je ne trouve point prouvé dans les Ouvrages de M. Descartes》(*op. cit.*, p. 61).

（16）それぞれ以下の通りである。《la volonté de créer des corps n'est point nécessairement renfermée dans la notion de l'Être infiniment parfait》,《il n'est pas possible de démontrer en rigueur qu'il y a des corps》(Malebranche, *Entretiens sur la métaphysique et sur la religion*, Entr. VI, § 5, t. XII, p. 137).

（17）《le corps que nous voyons est un corps intelligible》(Malebranche, *De la Recherche de la vérité*, Eclaircissement VI, t. III, p. 61).

（18）次のように指摘されている。「このオラトリアンにとって、物理学のようなものを構築するために物体の実在を知る必要はない」（Ph. Desoche, "L'Écriture et le phénomène Malebranche et la question de l'existence des corps", dans *La voie des idées? Le statut de la représentation VIIe-XXe siècles*, CNRS Éditions, 2006, p. 96)。

(19)「実在様相」については、『存在の重み』、たとえば「第Ⅳ部第二章」参照。

(20) Malebranche, *Entretiens sur la métaphysique et sur la religion*, Entr. VI, § 5, t. XII, p. 140.

(21)「物質的なものが実在するというデカルトの立論は脆弱である Infirmum est argumentum quo Cartesius demonstrare res materiales existere」(Leibniz, *Animadversiones in partem generalem Principiorum Cartesianorum*, Gerhardt, t. IV, p. 366)。

(22)《ita hanc quoque deceptionem nostram permittere potest sine nota deceptoris》(Gerhard, t. IV, p. 367).

(23)《fieri posse, ut sensiones quidem sint a Deo vel alio, judicium tamen (de causa sensionis utrum sit ab objecto reali extra nos) adeoque deceptio, oriatur a nobis》(*ibid.*).

(24)「神の誠実」については、『形而上学の成立』二七一頁、『観念と存在』一二三頁、『存在の重み』二三頁、四二—四三頁、四七—四八頁、一四九頁、二一四頁、二二九—二三〇頁など参照。「因果の原理」については、『形而上学の成立』一九九頁以下、『観念と存在』一三頁、二〇三頁、『存在の重み』一二九頁、一七五—一七六頁、二二八頁以下など参照。

(25) カンブシュネルは、疑われているのが「能力」=「力能」であることについて次のように記している。「それでもやはり、真なる認識を力能として性格づけること、この力能を一つの〈完全性〉に同化すること、そしてこの完全性の真なる作者を要求することに変わりはない」、さらに疑いの頂点に関して、「われわれの能力そのものの確定に課せられるべき恒常的虚偽という仮説において、〈欺瞞者たち〉の議論に巻き込まれた疑いは、その広がりと根底性において最大に達する」(D. Kambouchner, *Les Méditations métaphysiques de Descartes*, PUF, 2005, respectivement, p. 336 et p. 345) と述べている。

(26)『観念と存在』「第Ⅰ部第一章」、「第二部第三章」など参照。

(27)「このようにして、物体が与えられるということは、どんな立論によっても絶対的な仕方では論証されえない Itaque nullo argumento absolute demonstrari potest, dari corpora」(Leibniz, *De modo distinguendi phænomena realia ab imaginariis*, Gerhardt. VII, pp. 320-321)。

(28) それぞれの原文は、《quicquid sentitur existit》、《Existentia est alicuius sensibilitas distincta》(G. W. Leibniz, *Sämtliche Schriften und Briefe*, Deutschen Akademie de Wissenschaften, Darmstadt, 1990, t. VI, ii, p. 282 et p. 487.) である。

また、Y. Belaval, *Leibniz-Initiation à sa philosophie*, J. Vrin, 1975, pp. 43-44 et M. Dascal, *La sémiologie de Leibniz*, Aubier Montagne, 1978, pp. 109-110 を参照。

(29)「というのも、物質的なものの実在を、私は、それらのものの観念がわれわれの内にあるということからではなく、それらの観念がわれわれから生じるのではなく、他のところから到来するとわれわれが意識しているというように、それらの観念がわれわれに到来するということから、証明した non enim rerum materiarum existentiam ex eo probavi, quod earum ideæ sint in nobis, sed ex eo, quod nobis sic adveniant, ut simus conscii, non a nobis fieri, sed aliunde advenire」(à X*** (Hyperaspistes), 1641, AT. III, pp. 428-429/GB. p. 1320)。

(30)「物体の実在を信じるようにわれわれを誘導する原因は何かと問うてもよいが、物体があるかどうかと問うても無駄である We may ask, *What causes induce us to believe in the existence of body?* but 'tis in vain to ask, *Whether there be body or not?*」(D. Hume, *A Treatise of Human Nature* (Oxford, 1888/1973), Bk. I, Part IV, Sect. 2)。

(31) ゲルーは次のように述べている。「精神と神との認識に」に比べて、物体の実在証明を支える「理由がそれほど堅固でも、それほど明証的でもないのは、もし証明を構成する理由の連鎖が明晰判明な認識の対象であるとしても、証明が到達するのは、観念を直に捉えることではなく、感得の妥当化だからである」(M. Gueroult, *Descartes selon l'ordre des raisons*, Aubier, t. II, p. 118)。しかし、結果が「観念」ではなく「感得」に至るがゆえに論証の理由がそれほど堅固ではない、と看做すのは奇妙である。

(32) É. Gilson, "Spinoza interprète de Descartes-La preuve cartésienne de l'existence des corps" in les *Études sur le rôle de la pensée médiévale dans la formation du système cartésien*, J. Vrin, 1967,「今まで見てきたところでは、スピノザはデカルトの証明が記されているテクストを形式の上で改善しているだけである」(p. 309)、「スピノザはデカルトの証明が蒙っている苦境にきわめてはっきりと気づいており、そこからさらに、彼はそれを改善しようとした」(p. 313)。ジルソンがデカルトの証明の決定的な欠点と看做しているのは、身心の合一を前提にしなければ外的世界の実在を証明できないのに、デカルトはその証明を行ったということである(「デカルトが心と身体=物体の合一を、したがって物体の実在を前提することなしに外的世界の証明をすることができるのかどうかという問題は、それゆえ次の問いに引き戻される。つまり、デカルトは、心と身体=物体との実体的合一を下敷きにする感覚を引き合いに出すことができるのか、という問いである」(*op. cit.*, p. 312)。

ジルソンによれば、結局のところ、スピノザのテクストはこの困難を「治癒するというよりは、むしろ覆い隠した」(*op. cit.*, p. 314) とする。このジルソンの考えの背景には、身体をもっていないならば、感覚は与えられず、したがって外的物体との交渉は生じない、それゆえに、物体の実在を証明できないという想定がある。この想定はデカルトには受け容れがたいと考えられる。というのも、この想定は、物体の実在証明が知性の水準でなされていることを理解していないこと、また身心の合一についてのデカルトの議論を「証明」と看做していることに基づくからである。

(33) ジルソンによれば、スピノザは「神の保証を……観念ばかりでなくわれわれの能力にまで及ぼす」。その保証は「われわれの意志の運動そのものにまで適用される」(*op. cit.*, p. 308)。スピノザの「われわれは同意に関するどんな無差別にもならないであろう minime indifferentes erimus ad assentiendum」(G. I, p. 179) という一文はそのことを示しているとされる。

(34) 「彼〔スピノザ〕が改良することが可能であると考えた唯一の仕方は、二つの異なる秩序の感覚を外的世界の実在の証明と身心合一の証明に関係づけることによって、〔証明の〕第二部を〔その〕第一部に緊密に従属させることであった」(É. Gilson, *op. cit.*, pp. 313-314)。

(35) 「スピノザが気づくことになるのは、まさしく、根源性に欠けているところであり、経験主義的先入見を温存していることである」(A. Lécrivain, "Spinoza et la physique cartésienne (1)" in *Cahiers Spinoza* II, 1978, p. 101)。また、彼は次のようにも書いている。「スピノザによって「定理二一」の第一部分に提起されている論証は、厳密に論理的な仕方で展開されており、感覚という認識論的に偶然的な事柄には一切言及されていない。そして、広がりの観念が広がりの観念の限りでのみ性格づけとして求める、明晰さと判明さだけとに論証をもっぱら関連づけている」(*ibid.*)。

(36) 「スピノザによって提起されたテクストは、デカルトのそれよりも確かにいっそう上手く行っている la rédaction de la preuve proposée par Spinoza est certainement plus heureuse que celle de Descartes」(É. Gilson, *op. cit.*, p. 314)。これを受けて畠中尚志もその訳書『デカルトの『哲学の原理』』(岩波書店、一九五九年)「解説」において、「デカルトの主旨に即してデカルトを補った適切な表現が見られる」(二八八頁) としている。スピノザのデカルト哲学に対する位置に関して、『省察』の諸「答弁」に対するスピノザの立場を分析した後で、ルッセは次のように述べている。「スピノザはデカルト主義のごく近くにしばしばいるものの、デカルトが『省察』やその「答弁」で述べていることのかなりのものを前にして深い不満足を抱いている」(Bernard Rousset, *Spinoza, Lecteur des* Objections *faites aux Méditations de Descartes et de ses Réponses*,

Édition Kimé, 1996, p. 111)。

(37) (1)「広がるものは……神の自然本性には属さない Res extensa ... ad Dei naturam non pertinet」。(2)「しかし広がるものは神によって創造されうる Sed a Deo creari potest」。(3)広がる実体は、われわれの内にくすぐったさ、痛み、そして思いもしないにもかかわらず、われわれの内に連続的に産出される、それらに類似する観念いうなら感覚を産出するための十分な原因である substantiam extensam causam sufficientem esse ad producendum in nobis titillationem, dolorem, similesque ideas, sive sensationes, quæ contiuo in nobis, quamvis invitis; producuntur」。(4)「もし、神にせよ、天使にせよ、われわれの諸感覚の、広がる実体以外の原因を虚想するならば、ただちに、われわれのもつ明晰判明な概念を、われわれが破壊することになる at, si præter substantiam extensam, aliam nostrarum sensationum causam, puta Deum, aut Angelum fingere volumus, statim nos clarum, ac distinctum, quem habemus, conceptum destruimus」。(5)「それゆえ、明晰判明に知覚することでなければ何も容認しないように、われわれが自分たちの知覚に正しく注意を向けているかぎり、われわれは、広がる実体だけがわれわれの諸感覚の原因であるということに同意すべく徹底的に傾いて、無差別であるということはいささかもないであろう quapropter, quamdiu ad nostras perceptiones recte attendimus, ut nihil admittamus, nisi quod clare, & distincte percepimus, prorsus propensi, seu minime indifferentes erimus ad assentiendum quod substantia extensa sola sit causa nostrarum sensationum」。(6)「したがって、神によって創造された物体的なものが実在することを肯定すべく傾いて、無差別であるということはいささかもないであろう ac proinde ad affirmandum, quod res extensa a Deo creata, existat」。(7)「(「定理14備考」により) このことについてわれわれが欺かれて間違うということはもとよりありえない Atque in hoc sane falli non possumus (per Prop. 14. cum Scholio)」。(8)「よって、長さと幅と深さにおいて広がる実体が実在すると真に肯定される Quare vere affirmatur, quod substantia extensa in longum, latum, & profundum existat」(G. I, pp. 179-180)。

(38) (1)「さらに、われわれの内に……広がる実体によって産出されねばならないわれわれの感覚の間に、われわれは大きな差異を観察する。つまり、或る場合には、私は私が感覚する、ないし木を見ると言い、或る場合には、私は喉が渇く、痛い、などと言う Porro inter nostras sensationes, quæ in nobis ... a substantia extensa produci debent, magnam differentiam observamus nempe ubi dico me sentire, seu videre arborem, seu ubi dico, me sitire, dolere, &c.」。(2)「あらかじめ私が、物質の或る部分と緊密に合一していて、他の部分とはそのようではない、と知解するのでなければ、私はこの差異の原因を知覚しえない、と私は明晰に見る hjus autem differentiæ causam clare video me non posse percipere, nisi prius intelligam, me uni parti materiae arcte esse unitum, & aliis non item」。(3)「このことを、私は明晰判明に知解し、他のどんな仕方でも私によって知覚されえないのだから、私が物質の或る部分と合一しているということは……真である Quod cum clare, & distincte intelligam, nec ullo alio modo a me percipi possit: verum est ..., me uni materiæ parti unitum esse」(G. I,p. 180)。

(39)「一方で、デカルトは或る感得が突然生じることを強調し、他方で、心が或る感得の起源でも、生じることの源でもありえないという心による意識の把握を、外的な事物に知覚が依存していることに置き換える D'une part, Descartes insiste sur l'arrivée à l'improviste de certains sentiments, d'autre part, il substitue à la perception d'une dépendance d'une chose extérieure la prise de conscience par l'âme qu'elle peut n'être ni à l'origine ni l'arrivée de certains sentiments」(F. Buzon et V. Carraud, *op. cit.*, pp. 40–41)。

(40)「しかし、その後、多くの経験が感覚について私がもっていたすべての信頼をしだいしだいにぐらつかせた Postea vero multa paulatim expermenta fidem omnem quam sensibus habueram labefactarunt」(E. 78. 27–29/AT. 76. 21–22)。

(41) この「第二部第三項」の訳文を原文とともに掲げておく。「第三項」で述べられていたように合一ということについては「もし、感覚の知覚が、当の人間身体の精神との結合にだけ関係し、われわれに通常は ordinarie、何がその結合のために外的物体が有益でありえ、何が害を与えうるのかを表示し、時としてたまさかに interdum & ex accidenti (rarement & par hasard) でなければ、物体がそれ自身においてどのように実在するのかということをわれわれに教えることができない、とわれわれが気づくならば、それで十分であろう。というのも、このようにして感覚の諸先入見を、われわれは容易に捨て去り、自然によって付与された諸観念に慎重な注意を向ける知性だけを用いることになるからである。Satis erit, si advertamus sensuum perceptiones non referri, nisi ad istam corporis humani cum mente conjunctionem, & nobis quidem ordinariè exhibere, quid ad illam externa corpora prodesse possint aut nocere; non autem, nisi interdum & ex accidenti, nos docere, qualia in seipsis existant. Ita enim sensuum præjudicia facilè deponemus, & solo intellectu, ad ideas sibi à naturâ inditas diligenter attendente, hîc utemur.」(AT. VIII, 41. 24–42. 03)。この「第三項」に与えられている表題は、「感覚の知覚は、諸事物において何が実際にあるのか、ではなく、何が合成されている人間にとって役に立ち、何が妨げになるのかを教える Sensuum perceptiones, non quid revera sit in rebus, sed quid humano composito prosit vel obsit, docere」となっている。

この表題だけでこの「項」を理解せず、本文を核心に据えつつ読み解くならば、ここで感覚の知覚が合一体における益と害との識別にだけ役立つと主張されているという理解は生じないであろう。なぜならば、第一に、本文は、「通常」と「時としてたまさか」という対を構成し、それに対して、外的物体について、「益」・「害」と、物体のそれ自身における実在の仕方を対応づけているからである。すなわち、感覚の知覚だけでも、「時としてたまさか」われわれが物体の性質を捉えることはありうる。第二に、感覚の知覚は、通常は外的物体がわれわれの身体にとっての益と害を知らせ、「時としてたまさか」にだけ、それのどのようであるのかを知らせる。このように弁えておけば、感覚の知覚のとおりに世界がなっているという先入見から免れることができ、本有的な観念に注意を向けている知性だけを用いながら、つまり、「物理学の諸原理 Physicæ principia」(p. II, art. 64, AT. VIII, 79. 10) を基礎におきながら、感覚の知覚に基づいて外的物体がどのようであるのかということを知ることができる、とされているからである。第三に、感覚の知覚に基づかなければ、物体的現象についての観察そのものが不可能になる。「第一項」から「第三項」への流れは、物理学の基礎として、物体の実在を証明し、身心合一のありさまを明らかにし、その後で感覚知覚の有用性を説く、という筋道になっている。「第三部」において「可視的世界」について研究するときには、「自然の諸現象 naturæ phanomenwn」が対象になり (p. III, art. 4, AT. VIII, 81. 24)、「さまざまな望遠鏡の助けによって観察される perspicillorum ope observatur」必要がある (p. III, art. 10, AT. VIII, 83. 28-29)。しかし、それも、これら諸現象の観察は、「第二部」で明らかにされた「原理」を本有観念の位置におきつつ、知性の制御の下に感覚の知覚を素材にして行われる。「第二部第三項」における「ここでわれわれは知性だけを用いることになる」という「ここ」は自然現象を解明するための「原理」を確立する局面のことであると考えるべきである。また、モルス宛書簡には次のような件がある。「われわれの諸感覚がいつも外的物体を、すべての部分からのようにはわれわれに表示せず、ただ単に、われわれに関係するかぎりで、そしてそれらが益でありうるのか、あるいは、害でありうるのかというかぎりで、われわれに表示する sensus nostri non semper nobis exhibeant corpora externa, qualia sunt omni ex parte, sed tantum quatenus ad nos referuntur & prodesse possunt aut nocere」(à Morus, 5-2-1649, AT. V, 271/GB. p. 2618)。人間にとっての感覚の有用性は、自然現象を解明する際の感覚の有用性と重なって当然なのである。

(42) 「しかしもしかして、物体的なもののすべてが、それらが感覚によって私が包括的に把握するとおりに、およそそのように実在する、ということは、当の諸感覚の包括的把握がその多くにおいてきわめて不明瞭で不分明なのだから、ないが、しかし、少なくとも、私が明晰判明に知解するもの、つまり、純粋数学の対象のうちに包括的に把握されている類的に観られたものは、すべて、物体的なもののなかにある。Non tamen forte omnes tales omnino existunt, quales illas sensu comprehendo; quoniam ista sensuum comprehensio in multis valde obscura est, & confusa; sed saltem illa omnia in iis sunt quæ clare & distincte intelligo, id est omnia generaliter spectata quæ in puræ Matheseos objecto comprehenduntur」(「第六省察」E. 83. 03-10/AT. 80. 04-10)。この一節には感覚の物理学研究における有用性、言い換えれば、感覚知覚と知性的把握との両立可能性が示されている。ビュゾンとキャロは『哲学の原理』の当該箇所について、次のように解している。「感得は物質的なものの実在に関するわれわれの判断を保証することの役に立つ。このことは本質的なことである。というのも、物理学がこれ以降可能になるのだから。しかし、これがすべてである」(F. Buzon et V. Carraud, *op. cit.*, p. 42)。しかし、このことは、感覚が、物体認識において知性の矯正の下におかれる必要があるということを妨げはしない。「第六答弁」には次のように記されている。「感覚の誤りを正すのは知性だけである solus est intellectus, qui sensus errorem emendat」(Resp. 6, AT. VII, 439. 12-13)。また、同じく「第六答弁」における次の箇所も参照されるべきである。「以上のことから次のことが明らかになる、すなわち、われわれが、知性の確実性は感覚の確実性よりもはるかにいっそう大きいと言う場合に、意味表示されていることはただ、われわれが既に歳をとって新たな何らかの傾注の上でなした判断の方が、幼年時にどんな考察もなしに形成した判断よりもいっそう確実である、ということである ex quibus patet, cum dicimus intellectus certitudinem sensuum certitudine longe esse majorem, significari tantum, ea judicia, quæ jam provecta ætate ob novas aliquas animadversiones facimus, certiora esse iis, quæ a prima infantia & absque ulla consideratione formavimus」(AT. VII, 438. 16-21)。感覚は確かに「私」の身体状況に依存し、その意味では物体をそのままで捉えるということはありえない。しかし、知性の制御の下で感覚されたものを評価するならば、物体がどのようであるのかということを把握することができる。

(43)「にもかかわらず精神は身体と緊密に結びつけられているということが示される Eandem [*scil.* mentem] nihilominus tam arcte illi esse conjuncutam, ut unu, quid cum ipsa componat, ostenditur」(Synopsis, E. 5. 15-17/AT. 15. 22-24)。また次の箇所を参照。「身心の合一に属することごとは知性だけによっては不分明にしか認識されず、想像力に助けられた知性によっても同じであるが、感覚を通してきわめて明晰に認識される」(à Elisabeth, 28-6-1643, AT. III, 691-692/GB. 1780)。

(44)「その一方でしかし、私が痛みを感じるときには具合が悪い、また、飢えあるいは渇きを蒙るときには、身体が食物や飲み物を要求しているなどなど、そういう身体をもっていること以上に、その自然がいっそうありありと教えるものとて、他には何もないのである。それゆえにまた、このことのうちに何らかの真理のあることを、私は疑うべきではない」(E. 84. 01-07/AT. 80. 27-31)。

(45)「1（デカルトは）物質の部分ということで、同時に移動するすべてのものを知解している。たとえ、そのすべてのものがさらに数多くの部分から成り立っていることもありうるとしてもである 1. Quod per partem materiæ intelligit, id omne, quod simul transfertur, etsi rursus id ipsum constare possit ex multis partibus」(G. I, p. 182)。

(46)「補助定理1　諸物体は、運動と静止という点から、速さと遅さという点から、区別され、実体相互という点からは区別されない Lemma I, Corpora ratione motus, & quietis, celerittis, & tarditatis, & non ratione substantiæ ab invicem distinguuntur」(Ethica, Pars II, Lemma I)。

(47)「人間精神を構成する観念の対象は、身体つまりは現実に実在する広がりの様態であり、それ以外の何ものでもない Objectum ideæ, humanam Mentem constituentis, est Corpus, sive certus Extensionis modus actu existens, & nihil aliud」(Pars II, Proportio XIII)。

(48)本文中の「「第六省察」の当の一節」とは「さらにまた次のことも自然によって私は教えられる Praeterea etiam doceor a natura」(E. 84. 26/AT. 81. 15)という一文から始まる一節である。そこでは感覚の吟味を通して、身心の合一に関する基本的なこととして次の三つの点が認識されるに至っている。(1)「私が身体をもつこと quod habeam corpus」、(2)「私は身体とともに一つの何かを構成すること unum quid cum illo (*scil.* corpore) componam」、(3.1)「私の身体のまわりに他の物体が実在すること circa meum corpus alia corpora existere」、(3.2)「私がさまざまに異なる色、音、香り、味、熱さ、固さなどのようなものを感覚することから、当のさまざまな感覚の知覚がそこからやってくる物体の内に何らかの、おそらくはそれら物体には類似していないであろうが、それらに対応する何らかの多様なものがある、ということを正しく私は結論する ex eo quod valde diversos sentiam colores; sonos; odores ; sapores; calore, duritiem; & similia, recte concludo, aliquas esse in corporibus, a quibus variae istae sensuum perceptiones adveniunt, varietates iis respondentes, etiamsi forte iis non similes」(E. 84. 29-85. 05/AT. 80. 28-81. 21)。

(49)「第四省察」の冒頭で、「これらの日々、精神を諸感覚から引き離すことに私は自分を慣らしてきた Ita me his diebus assuefeci in mente a sensibus abducenda」(E. 49. 22-23/AT. 52. 23-24) と言われる。当然のことながら、このことは「第六省察」において物体の実在証明をなす場合にも引き継がれている。

(50)《ex magna luce in intellectu magna consequuta est propensio in voluntate, atque ita tanto magis sponte & libere illud credidi, quanto minus fui ad istud ipsum indifferens》(E. 57. 15-19/AT. 59. 01-04).

(51) ここで『哲学の原理』フランス語序文に記されている哲学の「樹」について述べておく。というのも、ここに諸学のデカルト的布置がはっきりしたかたちで見られるからである。「哲学全体は一本の樹のようである toute la Philosophie est comme un arbre」(Lettre de l'auteur, AT. IX, p. 14)。ところで数学は、根が形而上学であり、幹が物理学であるこの樹木の内に場所をもたない (*ibid.*)。しかし、「学ぶために保持しなければならないと私に思われる順序 l'ordre qu'il me semble qu'on doit tenir pour s'instruire」のなかで論理学は第二段階を占め (AT. IX, p. 13)、「数学の規則のような容易で単純な問題に関する諸規則 les règles touchant des questions faciles & simples, comme sont celles des Mathematiques」をもっている (AT. IX, p. 14)。こうして論理学と同じ資格で、数学が当該の順序における第二段階に設置されていると言うこともできそうである。しかしながら、論理学・数学と物理学についての少しでもはっきりした関係は見出されず、物理学についてそれが形而上学とともに第三段階におかれるということが述べられているにとどまる。この「序文」だけではなく『哲学の原理』のどこでも数学の諸学における位置は示されていない。『哲学の原理』「第一部」の「第七五項」と「第七六項」とが哲学するための順序について述べているが、ここにも、数学と物理学との関係についての記述は見出されない (AT. VIII, pp. 38-39)。

(52)「第五省察」解読と解釈の詳細については、『存在の重み』を参照していただきたい。

(53)《quidem jam ad minimum scio illas, quatenus sunt purae Matheseos objectum, posse existere, quandoquidem ipsas clare & distincte percipio》(E. 72. 18-23/AT. 71. 14-16).

(54) 本文中に記した引用文の内、最後のものの原文は次のとおりである。《Neque enim norunt ea sola esse imaginabilia, quæ in extensione, motu & figura consistunt, etsi alia multa intelligibilia sint》。ここの《ea sola》が「実体のみが」と訳され、《intelligibilia》が「知性的な実体」と訳される場合がある。しかし、この《ea sola》は《quæ》を受けると考えられるべきである。「実体のみが」という訳は井上・水野・小林・平松訳(デカルト『哲学の原理』科学の名著、一九八八年、朝日出版社、六〇頁から六一頁）と井上・水野訳（『世界の名著22　デカルト』中央公論社、一九六七年、三六七頁）に見出される。それに対して、桂訳（岩波文庫、一九六四年、八九頁から九〇頁）、桝田訳（『世界の大思想21　デカルト』河出書房新社、一九七四年、二五五頁）、仏訳《il n'y a que les choses qui consistent en étendue, en mouvement & en figure, qui soient imaginables, & qu'il y en a quantité d'autre que celles-là, qui sont intelligibles》(AT. IX, 60）はわれわれと同様の訳である。ここでデカルトによって述べられていることをわれわれは次のように解する。感覚的な事柄と想像される事柄に注意を奪われている人々は、想像できて、かつ物体的で、かつ感覚のできるものしか実体だと理解しない。どうしてそのようになっているのかと言えば、その人たちが、想像可能なのは「広がり、運動、形」だけであることを知らず、「広がり、運動、形」以外に知性的に捉えることができるものが沢山あることを知らないからである。「広がり、運動、形」は想像可能で物体的で感覚可能でもあるとされている。そして先の人々はそれだけを実体だと解している。この「第七三項」で問われているのは、感覚と想像力に注意を奪われることから生じる誤りであり、実体の種類分けではない。

(55)「実際上、何らかの仕方で広がりでないものは何も想像力の下には入らない revera nihil sub imaginationem cadit, quod non sit aliquo modo extensum」(à Morus, 5 février 1949, AT. V, 270/GB. p. 2616)。

(56)「『規則論』が知性のための主要な補助として創始した幾何学的想像力は……それが要求するわれわれの精神の「特有な緊張」をともなっていつも発動されるであろう」(Denis Kambouchner, "Descartes et le problème de l'imagination empirique", dans *De la phantasia à l'imagination*, sous la direction de Danielle Lories et Laura Rizzerio, 2003, Peeters, pp. 137-138)。

(57)「もし、「経験的想像力」という呼び方を、われわれが感覚する世界のなかで既に出会っている、あるいはこれから出会うことになるであろう物事に関して想像するという働きにとっておくならば、「生活の導き」におけるこの想像力の作動と位置は、それらについてデカルトが口を噤んだままだったであろうが、それは特記に値することではないのか」(*Op. cit.*, p. 139)。

(58)『エティカ』「第二部定理四〇」「第二の備考」の冒頭を以下に引用しておく。「上に述べられてきたすべてのことから次のことが明晰に現れてくる。つまり、次の三つのことから普遍的な基礎概念をわれわれが形成するということである。第一に、感覚を通して、毀損された仕方で、不分明に、そして知性による秩序づけなしに、われわれに表象された一つ一つのことから（この部の定理二九系を見よ）。そういうわけでこれらのような知覚を、私は漠然としている経験からの認識と呼ぶことにしていた。第二に、さまざまな記号から。たとえば、聞くことによって、あるいは読むことによって、ものについての言葉をわれわれは想起し、われわれが当のものに類似するそのものの何らかの観念を形成し、その観念をとおしてものを想像することから。このものの看做し方のどちらをも、これからは第一種の認識、意見、ないし想像力と、私は呼ぶことにしよう Ex omnibus supra dictis clare apparet, nos multa percipere, & notiones universales formare I. Ex singularibus, nobis per sensus mutilate, confuse, & sine ordine ad intellectum repræsentatis (*vide Coroll. Prop. 29. hujus*): & ideo tales perceptiones cognitionem ab experientia vaga vocare consuevi. II. Ex signis, ex. gr. ex eo, quod auditis, aut lectis quibusdam verbis rerum recordemur, & earum quasdam ideas formemus similes iis, per quas res imaginamur (*vide Schol. Prop. 18. hujus*). Utrumque hunc res contemplandi modum cognitionem primi generis, opinonem, vel imaginationem in postrum vocabo」。

(59) 『知性改善論』「第一九節」に述べられている「知覚の様式 modi percipiendi」のうちの、最初の二つのものが記されている部分を引用しておく。知覚の様式の「第一のものは、聞くことから、あるいは決まり事になっている印から、われわれがもつことになる知覚である。第二のものは、漠然としている経験、言い換えれば、知性によって規定されていず、たまたま生じて、その経験と反立する他のどんな経験もわれわれがもつことがなく、その結果、いわばなくならない経験としてわれわれの下にとどまるがゆえに、ただそのように漠然としている経験と言われる、その経験からわれわれがもつ知覚である。I. Est Perceptio, quam ex auditu, aut ex aliquo signo, quod vocant ad placitum, habemus. II. Est Perceptio, quam habemus ab experientia vaga, hoc est, ab experientia, quæ non determinatur ab intellectu; sed tantum ita dicitur, quia casu sic occurrit, et nullum aliud habemus experimentum, quod hoc oppugnat, et ideo tanquam inconcussum apud nos manet.」

(60) たとえば、以下の部分を参照。「第八六節」「また、どんな仕方でも想像力の下に入ってこない或る種のことを、われわれがなぜ知解するのか、われわれは訝ることはないであろうし、そして或ることごとが、知性とまったく齟齬したり、最後に或ることごとが、知性と合致したりしても、訝ることはないであろう。というのも、想像力が産出される当の働きが、知性の規則とはまったく別個な規則に従って生じ、心は想像力に関しては受動的な理由をもつばかりである、ということをわれわれは識っているのだから nec etiam mirabimur, cur quædam intelligamus, quæ nullo modo sub imagnationem cadunt, et alia sint in imaginatione, quæ prorsus oppugnant intellctum; alia denique cum intellectu conveniant, quandoquidem novimus operationes illas a quibus imaginationes producuntur, fieri secundum alias leges, prorsus deversas a legibus intellectus,

et animam circa imaginationem tantum habere rationem patientis」、「第八七節」「上記のことから、想像力と知解作用との間を入念に区別しなかった人たちがどれほど容易に大きな誤謬に陥ることがありうるのかということも定まる Ex quo etiam constat, quam facile ii in magnos errores possunt delabi, qui non accurate distinxerunt inter imaginationem, et intellectionem」、「第九〇節」「われわれが想像力と知解作用とを区別しない場合に、いっそう容易にわれわれの想像するものがわれわれにとっていっそう明晰であると考え、想像するものを知解していると考える cum non distinguimus inter imaginationem, et intellectionem, putamus ea, quæ facilius imaginamur, nobis esse clariora, et id, quod imaginamur, putamus intelligere」。*Cf*. B. Rousset, *Spinoza, Lecteur des* Objections *faites aux* Méditations *de Descartes et de ses* Réponses, Édition Kimé, 1996, p. 60.

(61)　*Tractatus theologico-politicus*, dans *Spinoza, Œuvres* III, texte établi par F. Akkerman, traduction et notes par J. Lagrée et P.-F. Moreau, PUF, 1999, pp. 114-115.

(62)　レクリヴァンは次のように指摘している。「これらの条件の下で、想像力がわれわれに提供する抽象的な手立ての数々は、自然の探索と自然の知解可能性を再把握することにとってわれわれの助けになるどころか、反対に、それを越えないと自然がわれわれにとって接近不可能なままになってしまうであろう遮蔽幕を作ることになるであろう」(A. Lécrivain, *op. cit*., p. 256)。

(63)　《quod quantitas duobus modis a nobis concipitur, abstracte scilicet, sive superficialiter, prout nempe ipsam imaginamur, vel ut subsatntia, quod a solo intellectu fit》(*Ethica*, pars I, prop. 15, schol.). これとほぼ同じ表現が「書簡一二」に見出される (G. IV, p. 56, ll. 24-26)。ただし、そこでは「感覚の助けにより、想像力においてわれわれが量をもつに応じて prout ope sensuum eam in imaginatione habemus」とされ、『エティカ』の記述とは「感覚の助けにより」という点が異なる。そこにはまた次の指摘も見出される。「量（的尺度）、時間、数は思うことの様態、あるいはむしろ、想像することの様態に他ならない Mensuram, Tempus, & Numerum nihil esse præter cogitandi, seu potius imaginandi Modos」(*op. cit*. p. 57)。また、『知性改善論』「第五七節」「註x」には「虚想 fictio」についての次のような表現が見出される。「脳の内にあるもの、または想像力の内にあるものが記憶へと呼び戻される quod tantum ea, quæ sunt in cerebro, aut in imaginatione, revocantur ad memoriam」。前註(60)、(61)で参照したテクストをも合わせて考えるならば、スピノザは、一六六三年の

「書簡一二」と『エティカ』「第一部定理一五備考」（および、次の註で引用する「第二部定理一七備考」）において、身体的感覚器官を通して与えられる受動的働きとして想像力を捉えているであろう。ということは、デカルトの「想像力」理論と比べてみるならば、『規則論』において両義性をもって展開される「想像力」理論は別にして、デカルトの「想像力」理論よりも、むしろ伝統的に「内的感覚 sensus internus」に割り与えられ（*e.g.* Thomas Aquinas, *Sum. thol.*, pars I, qu. 78, art. 4）、エウスタキウスによって脳にその座を指定される「構像力ないし想像力 phantasia seu imaginatio」（*cf*. E. A. St. Paulo, *Sum. phil.*, pars III, tract. III, diput. III, qu. 1）の流れに属するように思われる。

（64）本文に述べられていることは、もちろん、「精神の想像力はそれ自身において観られるのならば、何の誤謬も含んではいない mentis imaginationes in se spectatas, nihil erroris continere」（*Ethica*, pars II, prop. XVII, schol.: *cf*. pars II, prop. 35, shol.）ということに背反するわけではない。この「第二部定理一七備考」で外的物体を「現前するものとしてわれわれに再提示する nobis præsentia repræsentant」かのようにして得られるものが「ものの像 rerum imagines」とされ、このような心の働きが「想像する imaginari」と言われる。工藤喜作『スピノザ哲学研究』東海大学出版会、一九七二年、二一五頁から二一六頁によれば「認識者自身の身体の観念」が含まれるので、誤謬になるとされている。河合徳治『スピノザ哲学論攷』創文社、一九九四年、一〇三頁から一〇四頁もこの解釈の線上にあると思われる。もし「想像する」ことの誤りをそのように解するならば、それに応じて、想像することによってだけでは当の物体の実在に届かない、ということはどのように解されるのであろうか。想像することによって誤謬に陥るのは、何らかの外的物体を想像する、つまり、現前するかのように思い描くときであるとする場合に、それとともに想像するということでは当の物体の実在には届かない、つまり「精神が自分に現前していると想像する当の事物の実在を排除する観念をもっていない carere idea, quæ existentiam illarum rerum, quas sibi præsentes imaginatur, secludat」ということにもなるのではなかろうか。少なくとも、「想像する」という働きだけに基づいて物体の実在を捉えるということはできない、とされているであろう。「第二部定理四〇備考二」で示される「第一種認識」として「漠然としている経験 experientia vaga」と並び立つ「想像力」は、この点からすれば、それだけとして観られた「想像力」ということにはならないであろう。その上、それだけとしてみられた場合に誤謬を含んでいないということと、想像力が誤謬の主たる原因であることとも反立しない。なぜならば、それがなければ誤謬が生じない「それ」が誤謬を免れているということに矛盾はないからである。しかしながら、われわれの考察は、数学との関係でスピノザの「想像力」理論を考察するに留まり、たとえば「再秩序化された想像力 l'imagination réordonnée」、あるいは、言語や言葉との関連で観られる「想像力」などについては及ばない（*cf.* P.-F. Moreau, *Spinoza: L'expérience et l'éternité*, PUF, 1994, p. 315 *sqq.*）。

(65)『方法序説』「第四部」の神証明は、明証性の一般規則を神の観念に適用する証明である。その場合には神の実在に到達する。デカルト哲学において、明証知が実在に届くのは、神の場合だけである（『形而上学の成立』一〇四頁から一〇五頁参照）。

文献と略号

B. Spinoza, *Spinoza Opera*, herausgegeben von C. Gebhardt, 1925（**Geb.**）.
B. Spinoza, *Œuvres complètes*, éd. par R. Caillois, M. Francès et R. Misrahi, Gallimard.
B. Spinoza, *Traité de l'amendement de l'intellect*, Édition Allia par Bernard Pautrat, 1999.
B. Spinoza, *Tractatus theologico-politicus*, dans *Spinoza, Œuvres* III, texte établi par Fokke Akkerman, traduction et notes par Jacqueline Lagrée et Pierre-François Moreau, PUF, 1999.
B. Spinoza, *Éthique*, Éditions du Seuil, éd. par Bernard Pautrat, 1999.
B. Spinoza, *Traité de la réforme de l'entendement*, par J. Bernard Rousset, Vrin, 1992.
G. W. Leibniz, *Die philosophischen Schriften von Gottfried Wilhelm Leibniz*, verausgegeben von C. J. Gerhardt, 1960, Olms（**Gerhardt**）.
G. W. Leibniz, *Sämtliche Schriften und Briefe*, Deutschen Akademie de Wissenschaften, Darmstadt.
N. Malebranche, *Œuvres complètes de Malebranche*, J. Vrin.
D. Hume, *A Treatise of Human Nature*, Oxford, 1888/1973
Thomas Aquinas, *Summa theologiae*, Marietti, 1952.
Eustachius A Sancto Paulo, *Summa Philosophiae quadripartita, de rebus Dialecticis, Moralibus, Physicis et Metaphsicis*, Paris 1609.
三宅徳嘉・小池健男・所雄章訳『デカルト　方法叙説─省察』白水社、一九九一年。
増補版『デカルト著作集』全四巻、白水社、一九九三年。
所雄章『デカルト『省察』訳解』岩波書店、二〇〇四年。

デカルト（井上・水野・小林・平松訳）『哲学の原理』科学の名著、朝日出版社、一九八八年。

デカルト（井上・水野訳）『哲学の原理』『世界の名著22　デカルト』中央公論社、一九六七年。

デカルト（桂訳）『哲学原理』岩波文庫、一九六四年。

デカルト（桝田訳）『哲学原理』『世界の大思想21　デカルト』河出書房新社、一九七四年。

スピノザ（畠中尚志訳）『エチカ』岩波書店、一九五一年。

スピノザ（畠中尚志訳）『知性改善論』岩波書店、一九三一年。

スピノザ（畠中尚志訳）『神学・政治論』岩波書店、一九四四年。

スピノザ（畠中尚志訳）『往復書簡集』岩波書店、一九五八年。

スピノザ（畠中尚志訳）『デカルトの『哲学の原理』』岩波書店、一九五九年。

佐藤一郎編訳『スピノザ『エチカ』抄』みすず書房、二〇〇七年。

Y. Belaval, *Leibniz-Initiation à sa philosophie*, J. Vrin, 1975.

J.-M. Beyssade, *Science Perfectissima.* Analyse et Synthèse dans les *Principia*, in *Descartes: Principia Philosophiae*（*1644-1994*）, Vivarium, Napoli, 1996.

F. De Buzon et V. Carraud, *Descartes et les*《*Principia*》*II*, Corps et mouvement, PUF 1994.

M. Dascal, *La sémiologie de Leibniz*, Aubier Montagne, 1978.

Ph. Desoche, "Parole divine et nature humaine: La preuve cartésienne de l'existence des corps face à la critique de Malebranche", dans *Union et distinction de l'âme et du corps: Lectures de la VIe Méditation*, sous la direction de Delphine Kolesnik-Antoine, Kimé, 1998.

Ph. Desoche, L'Écriture et le phénomène Malebranche et la question de l'existence des corps, dans *La voie des idées? Le statut de la représentation VIIe - XXe siècles*, CNRS Éditions, 2006.

É. Gilson, "Spinoza interprète de Descartes-La preuve cartésienne de l'existence des corps" in les *Études sur le rôle de la pensée médiévale dans la formation du système cartésien*, J. Vrin, 1967.

H. Gouhier, *La pensée métaphysique de Descartes*, Vrin, 1962

P. Guenancia, *L'intelligence du sensible: Essai sur le dualisme cartésien*, Gallimard, 1998.

M. Gueroult, *Descartes selon l'ordre des raisons*, 2vols, Aubier, 1968.

M. Henry, *Généalogie de la psychanalyse*, PUF, 1985, ch. 1.

D. Kambouchner, "Les corps sans milieu: Descartes à la lumière d'Arnauld", dans *La voie des idées? Le statut de la représentation XVIIe-XXe siècles*, sous la direction de Kim Sang Ong-Van-Cung, CNRS Éditions, 2006.

D. Kambouchner, "Descartes et le problème de l'imagination empirique", dans *De la phantasia à l'imagination*, sous la direction de Danielle Lories et Laura Rizzerio, Peeters, 2003.

D. Kambouchner, *Les Méditations métaphysiques de Descartes*, PUF, 2005.

河合徳治『スピノザ哲学論攷』創文社、一九九四年。

國分功一郎「スピノザのデカルト読解をどう読解するべきか―『デカルトの哲学原理』におけるコギト―」（『スピノザーナ』第五号、二〇〇四年、二五頁から四〇頁

工藤喜作『スピノザ哲学研究』東海大学出版会、一九七二年

A. Lécrivain, "Spinoza et la physique cartésienne" in Cahiers Spinoza I, 1977, pp. 235-265.

A. Lécrivain, "Spinoza et la physique cartesienne (1)" in *Cahiers Spinoza* II, 1978. pp. 92-206.

P.-F. Moreau, *Spinoza: L'expérience et l'éternité*, PUF, 1994.

村上勝三『デカルト形而上学の成立』勁草書房、一九九〇年。

村上勝三『観念と存在　デカルト研究１』知泉書館、二〇〇四年。

村上勝三『数学あるいは存在の重み　デカルト研究２』知泉書館、二〇〇五年。

G. Rodis-Lewis, *L'Œuvre de Descartes*, t. I, J. Vrin, 1971

B. Rousset, *Spinoza, Lecteur des* Objections *faites aux* Méditations *de Descartes et de ses* Réponses, Édition Kimé, 1996.

D. L. Sepper, *Descartes's Imagination: Proportion, Images, and the Activity of Thinking*, University of California Press, 1996, p. 293

J. Vuillemin, *Mathématiques et métaphysique chez Descartes*, PUF, 1960/1987, p. 139.

第二章　感覚の三段階

第一節　「第六答弁」「第九項」

われわれは対象を目で見るが、目が対象を見るのではなく、「心 âme」が目で対象を見る（*cf*. AT. VI, 109 & 141）。これが「屈折光学」から引き出される一つの重要な論点である。神経によって運動が脳に伝えられ、この運動が、物体によって引き起こされる運動の多様性と「同じだけ多様な物体の諸性質を心に感覚させる機会 occasion を与える」（AT. VI, 114, *cf*. AT. VII, 81）。視覚によって捉えられるのは、光、色、位置、距離、大きさ、形などである。もし、或る対象についての感覚が、通常そうであるように、これらの要素を幾分とも含んでいるのならば、この感覚は知性の働きなしには成立しない。なぜならば、大きさは距離についての「認識あるいは意見」によって評価されることを、また、形は位置についてのそのことを前提にするからである[1]。それでは〈かくかくの運動〉と〈かくかくの感覚〉との対応についてはどうかと言えば、両者の間には類似ということは全くないのであって（*cf*. AT. VI, 85, 112, 113 & 130）、その対応関係は「自然によって設定されている est institue dē la Nature（ただし、初版では大文字になっていない）」（AT. VI, 130, *cf*. AT. VI, 134-135 & 137.）。

自然による設定以上のことを示そうとして、心の捉える諸観念とこの観念の原因となる諸運動との間に何らかの類似を立てれば明らかな誤りが生じる。運動は「広がり」であり、観念は「思いの様態」だからである。外的刺激に呼応する身体の運動を分析しても、感覚内容には至らない。物理学的探究にとっては「機会」を捉えて、入力と出力を対応させる以外に術はない。「自然によってそのように教えられた」ということはそのことを示している。このことは〈かくかくの形〉の感覚的把握には、既にして知性の働きが前提されていることを示唆している。その点から観れば、感覚と知性はむしろ連続的展開において捉えられるということになる。自然によって定められていてそれ以上ではない感覚から、次第しだいに形而上学的思索のように知性にもっぱら依存する知識にまで至っている。このことについては「第六答弁」「第九項」を参照することによって明確になる。そこでは、感覚の「ほぼ三つの段階 tres quasi gradus」が区別されている (AT. VII, 436-439)。その第一段階は、感覚器官における運動の受容であり、あくまでも身体的・物体的なものである。それゆえにまた、人間と動物に共通であるともされる。第二段階は、先の「第六省察」に見られた、精神と身体がいわば混ざり合っているように合一していることに起因する感覚である。つまり、痛み、色、音、味、香り、熱さなどである。知性から「仔細に accurate」区別される場合に感覚とはこの段階のこととされる。したがって、形、大きさ、運動などの感覚知覚はここには含まれない。

これら第一と第二の段階には「何らの虚偽もありえない」(AT. VII, 348)。第一段階の感覚に虚偽があるとするのは、投げられた小石の運動について虚偽を云々するのと同断だからである。第二段階の感覚は、たとえば視覚を介して得られる感覚の場合ならば、単なる〈見え〉に過ぎないような〈感じ〉と言える。(2) 痛みについて言えば、第二段階としての痛みは〈痛いと思ったけれど、それはくすぐったさの度のやや強いものに過ぎなかった〉のごとく言表されるような痛みではない。〈痛さ〉として言表されるような痛みは「知性のうちにしかない」(AT. VII, p. 85) のである。この段階の痛みとしての痛みは「痛み」という名前で呼ばれるにしろ呼ばれないにしろ、われわれの抱く〈感じ〉と言ってよい。その他、嗅覚、味覚、聴覚についても同じことが言える。このような〈見え〉や〈感じ〉、デカルト自身の言葉を用いるのならば、知性から仔細に区別された「単なる感覚の知覚simplici sensus perceptio」（AT. VII, p. 438）には何らの虚偽もないのである。

感覚の第三段階は「身体的器官の運動を機会occasioとして、われわれの外なるものについて、われわれが幼少の頃からなしてきたすべての判断」（AT. VII, p. 437）を含む。これはまた「われわれが子供の頃から馴れ親しんできて、それゆえに感覚と呼ばれる判断の仕方」（AT. VII, p. 439）とも言われる。既に「屈折光学」において見られたように、大きさや形の把握には知性の働きが介在していた。この段階の感覚は、通常は感覚とされるが、そのように実は知性への依存性を含む。それがなぜ通常は感覚に帰せられるのかと言えば、習慣的に素早く判断されるので、というよりはむしろ、何度となく類似のことについてなされた判断が想起されるので、こうした場合に、われわれが知性の働きと感覚の働きを区別しないからである。かくて、この第三段階の感覚と知性との差異は、子供の頃から馴れ親しんでいた判断の仕方をそのまま繰り返すか、新たな「理由ratio」を以て考察し直すかの違いでしかない。〈自然によって教えられたから〉という理由に留まらない点に、知性の知性たる所以を見出すことができよう。したがってまた、感覚の確実性に対する知性の確実性の意味するところは「既に長じて後、何か新しいことに気づくことによってなす判断は、幼児の頃から何らの考察も加えずに形成してきた判断よりもいっそう確実である」（AT. VII, 438）ということになる。この意味において、感覚の誤謬を糺すのは、新たな理由を見出す知性だけなのである。感覚の確実性は、理由の考察を通して次第に知性の確実性へと移行する。この意味で、感覚は理由を明確にされていない知性であり、知性は理由を明確にされた感覚である。もちろん、第二段階の感覚は、知性から区別された感覚であり、知性ではない。

先に、感覚の第一段階がわれわれと動物とに共通のものとされていたが、われわれの解するごとく、その第二段階が〈見え〉や〈感じ〉に過ぎないならば、なぜそれは動物にも認められないのであろうか。デカルトはある書簡で次のように述べている。動物の内には何らの思いもないと看做されるにもかかわらず、だからといってどんな思いもありえないと確証されるわけではない。つまり、思いがないという証拠はない。「というのも、人間精神は動物の心 cor に達しえないからである」(AT. V, 276–277)。つまり、動物がもしや〈見え〉や〈感じ〉を抱くとしても、われわれはそれを感じることも、直接的に観察することもできないということである。動物に認められる感覚は、身体的器官に依存するかぎりでの感覚、「自然的衝動 impetus naturalis」としての感覚である。感覚の第一段階は直接的に観察可能であり、第二段階は行動の基本的図式として観察可能である。一方、思いの唯一の確実な証は「真なる言説 vera loquela」である。これこそ人間と動物とを分かつものである (AT. V, 278)。こうして人間に固有な感覚としての第三段階の感覚に〈ことば〉との連携が見出されることになる。この段階は感覚と知性との協働によって成立すると言える。(3)

第二節　感覚は時として欺く

以上の考察から「第一省察」における感覚的意見への疑いに、われわれはどのような光を投げ返すことができるであろうか。「感覚は時として欺く」(E. 8. 22–23/AT. 18. 19–20) とデカルトは言う。このことについての具体例は「第一省察」には与えられていない。そこでわれわれは「第六省察」にこれを求めよう。そこでは「外的感覚の判断 sensuum externorum judicia」についての二つの事例、「内的感覚」について一つの事例が挙げられている (E.

78. 27-79. 05/AT. 76. 11-28)。いずれにせよ同じ構造の下に捉えられるのであるから、これらの一つを取り上げて検討してみよう。〈遠くからは丸く見えていた塔が近くからは四角であることが明らかになる〉という古典的な例である。

まず、第二段階における感覚が無謬であるという点から確認して行こう。この段階では知性の働きを捨象して考えなければならないのであるから、「四角」あるいは「円い」という形の把握は未だ成立していないとせねばならない。第二段階の感覚は、遠くから見た塔の〈見え〉(a)と、近くから見たその塔の〈見え〉(b)とに求められることになる。遠くからその塔に近づいて行き、(b)と見えるそのときには、(a)と見えていることはない。つまり、〈見え〉が〈見え〉である限り、(a)と(b)とが同時に存立することはない。このことは確かである。そこには、昨日の歯痛を今痛むことはできないということと、或る共通した構造が認められる。比べようとするときには、比べられる当の事態は既にない。それでは第二段階の感覚としての〈見え〉ないし〈感じ〉は、本来時とともに変化して行くものと考えるべきなのであろうか。しかし、歯痛の例のように、昨日から現在までの経験の連続性を当てにできないのとは異なり、限られた時間推移のなかで、遠くから円く見えていた塔が近くによっても円く見える、ということはいくらでも生じうる。果たして、この〈見え〉とか〈感じ〉は時とともに変化するのであろうか。〈感じ〉が時とともに変化して行くことを調べるために、時刻 t1 における〈感じ〉と時刻 t2 における〈感じ〉を調べることはできるのだろうか。第二段階の感覚という仮定上、時刻 t2 には時刻 t1 の〈感じ〉は感じられていない。両者が感じられていないのであるから、比較することはできない。それでは時間の間隔を次第しだいに狭くしていって、〈感じ〉がどの瞬間に変化するのか、〈感じ〉の持続期間はどれほどなのか、調べることはできるのだろうか。他人による観察が可能でも、計測が可能でもない、そして「私」が今のこの〈感じ〉を他のどのような手立てによっても表現できない、その〈感じ〉は或る点で変化を免れてしまう。言い換えれば、変化ということが、或る何らかの同一性を前提にして、そこからの隔たりを言い表しているのならば、〈見え〉も〈感じ〉も変化しない。なぜならば、そもそも同一性の基準は、もしあるとしたならば、対象の側か、身体の側かのいずれかにしかないからである。そして仮定上どちらにもない。そういう点で、〈見え〉、〈感じ〉は変化を免れている。それゆえ、t1 の(a)という〈見え〉は、t2 の(b)という〈見え〉とは独立の事象なのである。それらを相互に比較することは不可能である。それとともに、それらに時の流れのなかの位置を与えることも、この〈見え〉にとってはまったく外的なことなのである。第二段階の感覚、知性から「仔細」に区別された感覚は、その本性上相互に比較不可能なものであり、それゆえ無謬である。ではどこにこの第二段階を設定する意義があるのか。感覚器官を認識成立の説明に含めるようなタイプの知識、つまりは、感覚的認識が、誤りであるとしたならば一体どこで誤りが生じるのかを明らかにするためである。そしてまたこの段階の感覚が既に何らかの表現と結びついてしまっていることが常態であり、それゆえにいったんこの段階を確保しておくことが必要だからである。

それでは、先の例における誤りの成立はいかにして可能なのか。デカルトは『宇宙論』〈第一章〉で次のように書いている。「語は mots、人々の設定 institution des hommes によってのみ何かを意味する」(AT. XI, 4)、[4]と。この場合に、或る〈見え〉と「円い」という〈ことば〉の結合は、人為的ないしは約定的である。そこで、たとえば数多くの人が、ほぼ同じ位置からほぼ同じ時刻にその塔を見て、口をそろえて「円い」と言えば、そのうちの一人である私が、その塔についての私の〈見え〉に「円い」という〈ことば〉を結びつけることには、何の不適切さもないことになる。要するに、「円い」という〈ことば〉が適切に使用されている、ということである。このことを前提にしないならば、先の例は例として成立しない。〈見え〉(a)と〈見え〉(b)を直接比較することはできないのであるから(a)に結びつけられた〈ことば〉Aと(b)に結びつけられた〈ことば〉Bとを比較することによって、間接的に(a)と(b)を比較することしかわれわれにはできない。仮定上、(a)とA、(b)とBの結びつきは適切なのであるから、誤りの可能性はBによってAが否定されるという点にしかない。〈あの塔は四角である〉という言明によって、〈あの塔は円い〉という言明を誤りとする可能性が生じる。〈ことば〉と結びつくことによって、はじめて「感覚は時として欺く」ことになるのである。こうして、時として欺くような感覚とは第三段階の感覚であり、これが思いの或る様態と看做されうるのは、〈ことば〉の介入によってであると言える。先の第三段階における感覚の規定には「判断」ということが含まれていた。この「判断」によって成立するのは、何らかの言明、実際に言表されないとしても、世界内的行為として言表されるべく準備されている何か、と解してよいであろう。ここで、われわれは、第二段階の感覚と第三段階の感覚との明確な差異に逢着する。第三段階においてはじめて〈ことば〉の問題が生じるからである。第二段階から第三段階へという感覚としての連続的展開の内に、〈ことば〉の介入によって生じる位相的亀裂を看取することができる。「内的感覚」についても以上のかぎりでは同様である。

第三節　感覚と知性

〈かくかくの形〉あるいは〈かくかくの大きさ〉についての感覚的把握は、知性の協働を得て第三段階においてはじめて成立する。ということは、新たな「理由」を見出す知性の参与によってのみ、換言すれば、知性による「矯正emendatio」(AT. VII, 439) の下においてのみ成立するということである。一方、身心合一に起因する痛み、味、色、音、香りなどは、知性から「仔細に」区別された場合の感覚であった。これら第二段階の感覚は、知性による

「矯正」の下という層において捉えられた感覚ではない。したがって、それらは「無思慮に判断するという或る習慣」に染まりやすいことになる。〈かくかくの形〉などの感覚的把握の方が、第二段階の感覚よりも明晰に捉えられることの理由はそこに求められうる。しかし、この第二段階の感覚も、〈ことば〉によって表現されることになれば、知性の「矯正」を容れうるものとなる。というよりもむしろ、〈ことば〉によって表現するということが知性の働きを示しているのである。こうして知性による「矯正」が可能になってはじめて、第二段階の感覚によって捉えられる事柄についても「真理に達しうるという確実な希望」が見出されることになる。この「矯正」を容れうる、つまりは、感覚的把握について〈実践的確実性〉を主張しうるというのも、感覚する能力が「知性の働きを、自らの形相的概念の内に包有している」(E. 81. 17-18/AT. 78. 25-28) からであった。このことが主張されうるには、精神と身体との「実象的区別」が立てられねばならなかった。感覚知覚を用いて物理学的探究を行う。この感覚知覚の誤りがどのようにして生じるのかを明らかにする。そのためには感覚知覚における精神の持ち分が明らかにされねばならない。物理学を確実な学として基礎づけるためには、この「実象的区別」が確立されねばならないのである。

一方、個々の感覚の成立を説明するためには、身心合一を前提とする第三段階を認めなければならない。この段階への着目なしには感覚の身体的基盤が見失われる。痛みに身体的基盤がないとしたならば、たとえば、切断されて今はない腕に感じられる痛み (*cf*. E. 79. 08-11/AT. 77. 01-04) と現にある腕に感じられる痛みとを区別できなくなる。この段階の感覚は、身体的運動とはされえず、さりとて全面的には精神的なものとも言えないのである。かくてわれわれは身心区別の主張と身心合一の主張との出会うところに立ち会っている。そのいずれをも排除するわけにはいかない。前者を排除すれば、感覚的把握の確実性も失われる。後者を排除すれば、〈かくかくの形〉などの感覚的把握が成立しないことになる。どちらを排除しても、デカルトの物理学は成立しないのである。

デカルト哲学における所謂「身心問題」について、上述のところから確かに言えることは次のことである。つまり、デカルトは、感覚する能力について語る場合には身心の区別を主張し、個々の感覚の成り立ちについて語る場合には身心合一を主張していた、ということである。したがって、少なくとも感覚の問題において、この二つの主張は同じ次元で対立してはいないのである。デカルトの感覚論から、「私」が「二重の生活」(5)を営むなどという事態は帰結しない。生活を営むのは身心合一体としての「私」、つまり「全体としての私 totus ego」(E. 85. 08/AT. 81. 24-25) である。この「全体としての私」の営みを、確実なものを確実にし、不確実なものを不確実としつつ、明らかにする。このためには、身心の区別という地点が確保されていなければならない。

(1)　「対象の大きさは、対象が眼底に刻印する像の大きさと比較されつつ、人が対象の距離についてもっている認識あるいは意見 la connaissance ou l'opinion によって評価されるのであって、この像の大きさによって絶対的に評価されるのではない」(AT. VI, 140)。「形」についても同頁でほぼ同様に述べられている。

(2)　J.-M. Beyssade, "L'analyse du morceau de cire", in *Sinnlichkeit und Versatnd*, hrsg. von H. Wagnare, Bouvier, 1976, p. 20 によれば「身体、脳、もっと精確には松果腺において生じるものの、精神における直接的結果」とされる。しかしながら、この段階の感覚は、その規定からして全面的に精神的なものとは言えない。それだからこそ混ざり合っていると表現される。感覚の三段階を発生論的に見る場合には、ベッサッドのように言わざるをえない。その場合には第二段階が混ざり合った場ではなくなる。しかしながら、感覚の誤りを避けるという視点から、感覚の《gradus》(層・段階・度合い)を分けると考えるならば、三つの段階とは身体運動である層と、身心の混ざり合った層と、感覚知覚の層とになる。この三つの段階・層を発生論的に捉えてはならない。われわれが〈見え〉とか〈感じ〉という語で表現するのも、この点を斟酌してのことである。

(3)　J.-M. Beyssade は、この第三段階の感覚をそのまま知性と看做し、これと第二段階の感覚との間に「外的関係」(*op.*

cit., p. 23) を見ているが、われわれはこれに反対する。というのも、この第三段階がもっぱら知性に依存するとしたところで、やはり「身体器官の運動を機会」とすることによる感覚としての特徴を見出しうるからである。この三つの段階は、やはり「感覚」の三段階として捉えられるべきである。また、「感覚の三段階」の解釈については、佐々木周「感覚の三つの段階――デカルト『省察』第六答弁第九項」『北海道教育大学紀要　第一部　A　人文科学編』no. 33 (2)、一九八三年、一頁から一五頁、香川知晶「精神の洞見と「実体」――デカルトの蜜蠟の分析について」デカルト研究会編『現代デカルト論集Ⅲ　日本篇』勁草書房、一九九六年、九一頁から一〇八頁参照。また、持田辰郎は「感覚の三段階」を主軸に据えてデカルト「感覚」論を解釈する。「類似なき対応――デカルトの感覚論(1)」『名古屋学院大学論集、人文・自然科学篇』Vol. 43, No. 2 (2007) pp. 23-34、「自然あるいは本性としての感覚――デカルトの感覚論(2)」『名古屋学院大学論集　人文・自然科学篇』Vol. 44, No. 1 (2007) pp. 1-11、「自然の真の過誤――デカルトの感覚論(3)」『名古屋学院大学論集　人文・自然科学篇』Vol. 44, No. 2 (2008) pp. 7-18. 持田は感覚の三段階を発生論的に捉えていると思われる（第一論文、一七頁など）。

（4）　*Cf.* AT. V, p. 150, J.-M. Beyssade, Texte 5, p. 31. & J. Cottingham, *Descartes' Conversation with Burman*, Oxford, pp. 63-64.

（5）　*Cf.* Gilbert Ryle, *The Concept of Mind*, Hutchinson, 1949/1969, p. 18.

第三章　曖昧にして不分明なる「意識」

序

私たちには、自分の何かへの思いについて思うことがある。自分が何かで悩んでいて、その悩みを解決するためにどのように心がけたらよいのかと思うことがある。このように、自分の思いを対象化するような意識のありさまを「反省的意識」と呼ぶことがある。あるいは、自分のありさまを対象にする意識として「自我意識 conscience de moi」と言われることもある。たとえば、自分の心のありさまに探りを入れて何かがわかるような場合である。さらに、われわれには痛みを感じるというような経験があり、このことを「痛みを意識する」と表現する場合もある。こちらは「反省的意識」に対して「自発的意識」と呼ばれることがある。これらはどれも自分についての意識と言える面をもつ。これらの意識の内容を記述してみると「私」についての何事かということになる。つまり、実際には顕然化されてはいなくとも、主語として（あるいは、主題として）「私」という語をもつ文によって記述される。それに対して、はるかなる山並みについて思っているときのような、対象についての意識というあり方も意識には見出される。この場合には意識内容の記述は権利上は対象の記述に重なる。

上記の最初の三つの意識は、どれも「自己」という規定を欠いては理解不能であるという点で「自己意識 conscience de soi」と呼ぶことができる。[1] この「自己意識」と括ることのできる事態のなかでも、〈痛い〉（自発的意識）と〈痛いという思い〉（自我意識）と〈痛みを感じるということについての一般的解明〉（反省的意識）とはずいぶんと異なるようにみえる。〈痛い〉とはいわば直に感じられていること以外ではない。それに対して〈痛いという思い〉と〈痛みを感じるということについての一般的解明〉とは、直に感じられる痛みそのままではないように思われる。「自我意識」とか「反省的意識」と呼ばれるような何かは、論理的な先後関係においてでもなく、時間的な前後関係においてでもないが、「自発的意識」に対して何かしら二次的事態のように思われる。というのも、痛みを感じてから「痛い」と知るわけではないが、〈痛い〉という直接的感じと「痛み」を感じているという意識とを、同列に並べることはできない、前者の成立が後者の存立の条件になるように思われるからである。さらに「痛み」という事態はどのような「私」であれ「私」に生じる事態であるという、この視点から〈痛み〉という出来事の解明を行う場合に、その解明は〈痛み〉という出来事を「自我 moi」ではなく、「自己 soi」において振り返りつつ、反省的になされることになるであろう。もちろん、ここで問われていることは、他人の痛みについての神経生理学的解明のことではない。「反省的意識」を自分への折れ返り、ないし振り返りによって生じる意識というようにいわば方法的に解するならば、「自己意識」と「反省的意識」とは重なるであろう。その一方で、〈痛いという思い〉は「私」にしか感じとられえないと言われる場合の「自我意識」は、単なる「自己意識」とも「反省的意識」とも異なる。しかし、ここでは「反省的意識」を「自己意識」のなかでも区別して、意識についての〈形相認識〉[2]の得られる場というように捉えておくことにする。

意識を「自己意識」と「対象意識」とに分け、「自己意識」を「自発的意識」と「自我意識」と「反省的意識」に分ける。このように意識を分節化すること自体、疑問の多いことかもしれない。さあれ、この分節化が可能でありそうに思えることは、現代における「意識」概念の曖昧さを示唆しているであろう。というのも以上のすべてのアスペクトが「意識」という概念で括られる場合に、当のその「意識」はさまざまな角度から投射される光像を映し出す場のようになろうからである。場は場として空虚でしかなく、意識のダイナミズムは投影の多様に還元されることになるであろう。そしてこの投影の多様をも意識と呼び、哲学がこのように解された「意識」に素材・質料ばかりでなく、形式・形相をも見出そうとするならば、「意識」概念の曖昧さと複雑さは不可避になろう。しかし、「意識」概念を巡るこの曖昧さ、複雑さはわれわれの時代に生じてきたことではない。そもそも「意識」概念そのものがその発生から、このような曖昧さを背負い込んでいたのである。一七世紀における「意識」概念の諸相を明らかにしつつ、この曖昧さに光を当て「意識」という問題への対処の仕方への一助を求めよう。このことによってまた、デカルト的「意識」問題への接近の道筋も明示されることになるであろう。というのも、近代的「意識」概念の初出は『省察』「第三省察」(E. 45. 25/AT. 49. 18) に見出されるのであるが、その後「意識」概念が身に纏うことになる諸相のすべてがデカルト哲学における「意識」概念とともに見出されるわけではないからである。

第一節　感じていると感じる

一七世紀の、いわゆる「小デカルト主義者」の一人とされるピエール－シルヴァン・レジス (Pierre-Sylvain Régis, 1632-1707)(3) はアウグスティヌスの『自由意志論』における「見ている間、自分が見ていることもまた感覚することは必至である necesse est etiam sentiat se videre dum videt」(*De libero arbitrio*, II, iv, 10, 39) という言に関して、次のように書いている。「したがって、アウグスティヌスによれば、心は、心がそれを見ていると捉えていない何も感覚sensをとおして見ない、つまり、心は自分の感覚作用sensation自身によって感覚作用を認識するということは、いつも当てはまることである。実際、心がその感覚作用を他の感覚作用によって認識するならば、心はまた後者の感覚作用をまた他の感覚作用によって認識することになるであろう。かくて無限に進行することになる。しかしながら、精神がそのすべての作用を直接的に認識するにもかかわらず、このことは精神がそれらを反省によって認識できるということを妨げるわけではない。実際、精神は自分の作用を、精神が注意を感覚作用に向けるために、対象を考察するのをやめる度毎にいつも、認識するのである」(Régis, p. 150)。以上の文言は、アウグスティヌス主義とデカルト主義の合致を示すという意図のもとに提示されている。この点は別にして、レジスによれば、感覚による認識という直接性と、精神による感覚作用についての認識とは、注意を向ける方向の差異に由来することになる。逆に言えば、思考作用(ないし志向作用)の向かう方向の違い以外に感覚による認識と感覚しているという働きについての認識の間には差異がないということになる。対象の措定をやめれば反省的意識が得られるかのようである。この場合に反省的意識によって得られるのは、精神の働く仕組みについての認識のはずである。しかし、その場合に、痛みという感じとそれの心の機制にかかわる問題とが同じレヴェルで論じられるのであろうか。自発的意識と意識についての意識とは同列には論じられないように思われる。ではなぜ同じく「意識」という言葉が用いられるのであろうか。そこには「感覚(作用)sensation」ないし「感得sentiment」と「意識conscience」との概念上の重なりがひそんでいる。

「感得」ないし「感覚」と「意識」との隔てのなさはどのようにして生じるのであろうか。この事態を、ピエール-シルヴァン・レジスよりも少し歴史的に遡って明らかにしようとすれば、当然のことながらデカルトに到達する。このことの淵源と考えられるのは『哲学の原理』「第一部第九項」の表現である。そこには次のように記されている。「思いという名によって私は、われわれのうちにそれらの意識conscientiaがあるかぎりにおいて、われわれのうちに生じるとわれわれの意識するすべてを知解する。しかして知解すること、意志すること、想像することばかりでなく、感覚することも、ここでは思うことと同じである」。この規定の上に立って次のように展開される。「私は見る、あるいは私は歩く、ゆえに私はある」という立言は、身体の働きとしての視覚や歩行についてであると知解されるならば不確実であるが、「もし、私が、見ることの当の感覚、歩くことの当の意識についてであると知解するならば、自分が見ていることを精神だけが感覚し、あるいは歩いていることを精神だけが思う、その精神に係わるのであるから、結論は全面的に確実である」（AT. VIII, 7-8）。私たちが着目すべきは「見ることの、あるいは歩くことの、当の感覚、言うなら意識について de ipso sensu sive conscientia videndi aut ambulandi」という表現である。この「第九項」において形容詞形と名詞形合わせて三回用いられる「意識」という語が、仏訳では「意識 conscience」という語を用いずに訳されているということは、よく知られていることであり、そのことの意義についてもすでに提示されている（Rodis-Lewis 1950, p. 39）。このラテン語の「コンスキエンティア」からフランス語の「コンシァンス」への移行とでも呼べる語の変様に関する問題についてはここで触れぬことにして、「感覚」と「意識」の言い換えに注意を集めよう。この「第九項」で「思い」が「意識」によって規定され、「感覚すること」が「思うこと」と「同じである」とされる。それゆえ「感覚すること」は「意識」のうちに含まれるのは慥かである。しかし、もし「感覚言うなら意識 sensus sive conscientia」のように、いわば並列的に、あたかも交換可能な概念のように看做されるならば、その場合に理解されていることは、感覚することも意識することの一つであるという事態以上のことになる。『哲学の原理』「第一部第九節」の文言がこのような理解を許すとは考えられない。意識することのすべてに感覚することが浸透しているとは考えられないのである。言い換えれば、感覚することは意識することでありえても、意識することは感覚することであるとは言いえない。このことは、思うことの一つが感覚することであり、逆ではないということからも明らかである。「意識」と「感覚」ないし「感得」はデカルト的には、置き換え可能な概念ではない。(4) このことはまた、デカルト的「意識」概念が、その「観念」説の展開過程のなかから自らの思いを対象化する形相認識の場として生じてきたことからも示される。デカルト的「意識」概念の本拠は「自己意識」それも「反省的意識」にあると言える。デカルト的「意識」概念は冒頭の規定における「自発的意識」と混同されることはない(『観念と存在』一六六頁から一六九頁参照)。つまり、生まれたてのデカルト的「意識」概念に意識が感覚を巻き込む様を見て取ることはできない。

それでは「意識」概念と「感覚」概念の重なりはどのようにして生じることになるのか。先に引用したレジスは、そのアウグスティヌスの見解との合致を説く引用箇所では「意識 conscience」に言及してはいなかった。感覚作用が感覚作用を捉えるという認識について述べていた。この事態に自己意識のような構造が見て取られたのであるが、「意識」という概念は使われていなかった。そこでの強調点は「精神は、精神についての判明な認識によってではなく、自分自身によって自分を認識する」(Régis, p. 149) という点にある。そのような認識が感覚と重ねられていたのである。そこからさらに「内的認識」という表現をとおして「意識」へと繋がって行くことになる。「私が何らかのものであると認識する、あるいは、そう思う度毎に、私が実在すると私は確証する」ということは、「真なる或る推論によってではなく、獲得されたすべての認識に先立つ単純にして内的な或る認識によって」納得させられるのであるが、この認識を「私は意識と呼ぶ」(Régis, p. 68)。この記述はデカルトの「第六答弁」を反映している。そこでデカルトは、「思い」とは何であり「実在」とは何であるのかという本有性がまさしく問われることになる問題と、「自分が思っていると気づくこと」から「自分が実在すると帰結する」ことへの移行の問題、この二つの問題において前者から後者へという問題論的推移を遮断している（AT. VII, 422)。デカルトはこの移行のためには「常に反省的認識に先立っている内的認識 coginitio interna」（*ibid.*）で十分であると述べ、先の問いから惹起されかねない無限遡行という論難を排する。レジスは先の箇所で「私が実在すると私は確証する」ということは「内的認識 connaissance intérieure」によって獲得されるとするのであるが、これは「第六答弁」における「内的認識」という表現の用い方と同じである。ただし、当該箇所でデカルトはこの「内的認識」を「意識」と言い換えてはいない。また、『真理の探究』には「意識ないしは内的証言 consicientia, vel internum testimonium」（AT. X, 524）という表現が見出される。だが、ここに感覚と繋がる論脈を見出すことはできない。レジスによると「意識とは、何らかのものに関して、自分自身に内的に為される或る証言である Conscience, c'est un témoignage qu'on se rend intérieurement à soi-même touchant quelque chose」とされる(5)。このように述べられている「意識」概念の特徴として、「内的」という点、および、何かを介することのない直接的把捉とされているという点を取り出すことができる。直接的把捉は「獲得された学知 scientia acquisita（AT. VII, 422）/connaissance acquise（Régis, p. 68）」にはならないのである。一方、ここから「感覚」との交差のさまを取り出すことはできない。しかし、先に見た、感覚を感覚によって認識するという事態が、内的認識を介して「意識」へと連なって行くという道筋を示すことはできた。また、レジスは「推論」と「意識」を対比的に扱っているということ、つまりは「意識」は少なくとも推理する働きとしての知性ないし理性の働きとして生じるとはされていないということを付け加えて指摘しておこう。「意識」は推理する側には配置されてはいない。

第二節　意識の感覚化

これに対して、「意識」を「感覚」ないし「感得」に同化するという点でのマルブランシュ（N. Malebranche）の大きな役割は周知のところである。彼によれば、「事物を見るのに四つの仕方」がある。つまり、われわれは、神をそれ自身によって「無媒介的かつ直接的な一目 une vue immédiate & directe」で知り、物体を観念によって知り、自分の心を「意識つまり内的感得 conscience ou sentiment intérieur」によって知り、他人の心を推量によって知るとされる（*RV*, l. 3, p. 2, ch. 7, t. 1, pp. 448-455/PL1, pp. 347-353）。この「意識」による認識は不完全な認識であり、認識されるのは「われわれにおいて生じていると感覚される（感じられる）ことだけ」である（*op. cit.* p. 451/pp. 349-350）。意識による心についての認識は不完全であるが、真であり、偽ではない。これに対して、身体（物体）についての「感得」による認識、つまり、もし「われわれの身体において生じることについて、われわれのもつ不分明な感得を意識と呼びうるのならば、意識」による認識は、不完全であるだけでなく、偽である（*op. cit.* p. 453/p. 351）。このようなマルブランシュの「意識」概念について、その特徴だけを取り出すことにしよう。

第一に、「意識」が「感得」ないし「感覚」の場におかれているということがある。彼は次のように言う。「精神が精気づける腕の運動を、精神が内的感得つまり意識によって認識しないということは、私には明証的に思われる。精神が意識を通して認識するのはその感得だけである。というのも、心は自分の思いについてだけ意識をもつからである。内的感得ないし意識によってこそ、自分の腕の運動についての感得が認識される。しかし意識によって自分の腕の運動や、蒙る痛みや、対象の上に見る色について、気づかれるのではない。もしこの点について合意しようとしないならば、内的感得はけっして無誤謬ではない、と私は言う。というのも、誤りはほとんどいつもこれらの感得が合成されるときに、これらの感得のうちに見出されるのだから」（*RV*, t. 3, p. 227/PL1, p. 991）[6]。このように、「内的感得」は「自分の腕の運動についての感得」と区別されながらも、しかし、同じく「感得」として誤謬にさらされている。その一方、「あなたの感覚 sens がいつも間違うにもかかわらず、あなたがあなたのうちで生じることについてもつ、あなたの意識ないし内的感得はけっして間違わない」とも言われる（*MCM*, M. VI, § 7, t. 10, p. 61/PL2, p. 245）。「内的感得」は「内的」であるかぎり無誤謬なのであるが、「感得」から汲み上げられた「内的感得」である場合には誤謬にさらされているということになる。この一見対立にみえる表現の問題は別にして、心の変様としての「内的感得」が、同じく心の変様であるかぎりの「感覚（sens/sensation）」から区別され難いという事情に着眼しておこう。このことは「意識」概念が感じとられるという経験を通して内実を得ているということを示している。

第二に、身体についての「不分明な感得」と「内的感得」との対比から読み取れることは、「内的感得」は観念の有する明晰さをもたないが、何かしらの直接性（心の働きの心の内における直接性）を有すると考えられているということがある[7]。「意識ないし内的感得」は自分の心のありさまについての知である。その点では「自己意識」という括り方のなかに入れることができるかもしれないが、しかし、外的な事物についての意識という側面がないわけではない。マルブランシュは「感覚的性質 qualité sensible」は観念によっては判明に認識されず「意識ないし内的感得」によって認識されると言う（*RV*, l. VI, p. II, ch. 5, t. 2, p. 366/PL1, p. 693）。慥かにここで、彼が論及している例は「熱さと冷たさ」であり、心の変様にすっかり収まってしまう事態のことであるかのように考えられるかもしれない。しかし、必ずしもわれわれのうちに「熱さの感得」を引き起こすことのない、或る種の運動と解された「熱さ」についても問題になっているのである（*op. cit.* p. 367/PL1, p. 694）。つまり、「かくかくの運動と解された熱が」熱さの感得を引き起こす、前者の運動が後者である感覚の原因になることもあるとされている。「感覚的性質」がそれによって捉えられる「意識ないし内的感得」は〈自分の自分についての〉という構造を溢れ出ている。「われわれが痛み、熱さ、光などを感覚したことがないとしたならば」、われわれの心がそれらを受け容れうるか否かわからない（*RV*, l. III, p. II, ch. 7, 4, t. 1, p. 451/PL1, p. 349）。

この「感覚すること」も「内的感得」なのである。「内的感得」の「内的」ということを、心が直に感じるという直接性の表現と看做すことができる。もちろん、マルブランシュの体系においては、外なるものとして神と物体と他人が立てられているのであるから、その点から見れば「内的」とは心の内のこと、心の変様である。しかし、この「内的」は、反面では外に浸食されていた。「感覚 sensation」とは、「われわれの心が合一している身体において生じることにかかわる心の変様」である（*RV*, l. I, ch. XIII, § 1, t. 1, p. 143/PL1, pp. 106-107）。「感覚 sens」をとおして心が捉えるものは、想像力による把捉や知性が「表象する représenter」ものよりも、いっそう「心に触れ、心を極度に傾注せしめる」（*RV*, l. 1, ch. XVIII, § 1, t. 1, p. 177/PL1, p. 133）。この〈直に〉という感じ、「意識ないし内的感得」はこのような直接性を帯びている。「意識」は推論的な働きにおいては捉えられず、想像力のように「不在であるように表象する」こともなく、知性のように表象することもしない（*ibid.*）。このように、マルブランシュにおいて「意識」とは心のなかで表象なしに、つまり、何かが表示されているということなしに、感じとられることなのである。

これに対して、ライプニッツ（G. W. Leibniz）の「意識」概念は、このマルブランシュの「意識」概念と対称的とは言えないが、対照的な位置にある。彼は「外的な事物を表すモナドの内的な状態である表象（知覚）perception」と「意識つまりこの内的状態についての反省的認識である自覚的表象（知覚）apperception」とを区別する（*PNG*, pp. 37-38 & p. 77: PS, t. VI, p. 600）。また『形而上学叙説』「第三四節」には次の記述が見出される。精神以外の実体は「自分自身についての反省を欠いているので、道徳的性質 qualité morale も有していない」（*DM*, p. 72）。「意識」と「良心」とが「異なる機能」とみなされていないということにも通じるであろう（*cf*. R. McRae, p. 44）。また、ライプニッツには「意識とは、作用への反省ないしわれわれの作用の記憶である Conscientia est reflexio in actionem, seu memoria actionis nostrae」という規定も見出される（*OFI*, p. 495.）[8]。これらのことからライプニッツの「意識」概念に特徴的なこととして以下の四つの点を指摘することができる。第一に、対象認識と自己認識が区別されていること、第二に「意識」は後者へと関係づけられていること、第三に、マルブランシュのように感覚とのつながりではなく、記憶との連絡のもとに「意識」概念が構想されていること、第四に、それらはまた「意識」の「良心」とのつながりをも示していること、この四点である[9]。ライプニッツにおいても「意識」は知性的な働きのもとには捉えられていないが、マルブランシュと異なって表示的である。しかし、ライプニッツの「意識」概念に「感覚」とのつながりが見られないというわけではない。「精神が思うこと、意志すること」などを疑うならば、「われわれの内的経験ないし意識の証言に反することになるが、これによってそれら〔思うこと、意志することなど〕がまさしく自分のものであるとわれわれは感覚するのである」（G. IV, p. 510）[10]。

第三節　記憶と自我意識

ロック（John Locke）は『人間知性論』「第一巻第四章第二〇節」において「意識」概念を記憶という事態と関連させつつ導入する。「思い出すとは何らかの事物を、それが以前に知られた、ないしは、知覚されたという記憶とともに、ないしは、意識 consciousness とともに知覚する perceive ことである」（Bk. 1, Chap. 4, Sect. 20, pp. 96-97）。ここでロックは、「精神 mind に現れる前に精神にあった」という側面をもつと彼の解する「本有観念」を、「先行する知覚についての意識がなければ」思い出しも成立しないという点に基づきつつ否定しようとする（*op. cit.*, p. 97）。ここには「精神によって知覚されなかったどのような観念であれ、精神のうちにはなかった」（*ibid.*）という前提が見出される。このことを、観念の知覚はその知覚の意識を伴うということの表明であると解することができる。しかし、ここでわれわれが着目しておきたいのは、精神の働きを捉えるということが「記憶」ないし「憶起・思い出し remembrance」ということを機会に顕然化し、それに際してまた「意識」概念の導入もあったということである。[11] 彼によれば、「意識とは人自身の精神のうちに生じることの知覚である」（Bk. 2, Chap. 1, Sect. 19, p. 115）。この意識の「自己意識 self-consciousness」（Bk. 2, Chap. 27, § 16, p. 341）という側面がいわゆる「人格の同一性」問題の論じられるときに、大きな役割を果たすということは周知のところである（*e.g.*, Allison, p. 108）。人格の同一性は、ロックによれば「或る人を彼自身にとって彼自身にする同じ意識」にその根拠をもつとされる（Bk. 2, Chap. 27, Sect. 10, p. 336）。意識の同一性は「実体の同一性」および「人の同一性 identity of Man」（Bk. 2, Chap. 27, Sect. 21, Title, p. 27）との区別とともに主張されている（Bk. 2, Chap. 27, Sect. 19, p. 342）。こうして、身体と心と意識という三つの項の組み合わせに応じて異なる場合が想定できることになる[12]。先の意識の規定をも合わせて勘案するならば、ロックの「意識」概念は、最初に規定しておいた私たちの概念を用いて表現すれば、自己意識という点よりもむしろ、自我意識に核心をもつと言えよう。つまり、誰についても語りうる「自己」についての意識ではなく、「私」にしか近寄ることのできない「私」についての意識という面である。しかし、その反面、「罰は人格（性）に結びつけられ、人格（性）は意識に結びつけられる」（Bk. 2, Chap. 27, Sect. 22, p. 344）というロックのこの問題への倫理的な接近の意義を見失ってはなるまい。彼の言う「意識」とは先に見たように「精神のうちに生じることの知覚」という形式的な規定を受け入れるとともに、「私」が背負ってきた歴史の総体の如き、内実を判明にしようとすると崩れてしまうが、総体としてはなにかしら確固とした相貌を与える何かでもある。さらに、「直観的 Intuitive、論証的 Demonstrative、感覚的 Sensitive」という「知識」の度合いとの関連からみるならば、「直観」と「論証」が論じられる場合と異なり、「有限的存在者の個別的実在」（Bk. 4, Chap. 2, Sect. 14, p. 537）についての「知識」が成立する次第を述べる場合に、「知覚と意識」のように「意識」という表現が付加的に用いられている（Bk. 4, Chap. 2, Sect. 14, p. 538）。ここで述べられている個別的な事物を前にして得られる、その事物が実在するという意識は、観念が「精神のうちに入ってくる」（*ibid.*）ということの意識であり、何の観念であるのかという知覚ではない。感覚的知識は観念間の一致・不一致に存する先の二種の知識とはまったく異なる由来をもつ知識である。「意識」という言葉の付加はこの事態を示していると考えられる。「精神のうちに入ってくる」（*ibid.*）というこの意識は「入ってくる」ままに得られるもの、推論を経たり比較を介したりすることのない、その意味で直接的に得られるものである。その一方で、第一に、「心の作用の直接的対象」（田村、二一二頁）という点がロックの観念説の基本的特徴とされる場合の、この直接性と意識の直接性とは異なるはずである。ロック的観念の特徴づけとして言われる場合の直接性とは、無媒介であることとともに「真実在を表現している」(*ibid.*)という受容におけるいわば歪みのなさと何らかの仕方で関わっているであろう。また、第二に、意識の直接性は、観念間の関係の「或る直接視 an immediate view」によって成立する「直観的知識 intuitive Knowledge」の場合の「直接的」ということとも異なる(Bk. 4, Chap. 1, Sec. 9, p. 528 & Chap. 2, Sect. 1, pp. 530-531)。後者の「直接的」ということは「精神 mind」は観念を直接的な対象にするということを示している(Bk. 4, Chap. 1, Sect. 1, p. 525)。これに対して意識の場合には、先ほど見たように、何の観念であるのかという知覚ではなく、その意味で受容内容には関わらない。このように見てくるならば、ロック的「意識」は、それが対象認識とまったく無縁ではないとしても、係わるのは個別的な事物を前にした感覚的知識における観念の受容という意識においてである。要するに、ロック的「意識」はその核心を自我意識にもち、けっして対象意識にはもっていないと言える。

また、バークリ(George Berkeley)は『アルシフロン *Alciphron, or the munute Philosopher*』で、人格の同一性についてのロックの説を批判して次のような議論を提示している。まず、次のような想定が提出される。或る人格がさまざまな観念をもち、一定の期間それらを意識している。人生を等しい三つの部分に分ける。第一部分Aにおいて、一定数の観念を得る。第二部分Bにおいて、Aに得た観念の半分を残し、残りの半分は失い、その代わりに新しい諸観念をもつ。第三部分Cにおいて、Bにおける観念の半分が残り、新しい観念が残りの半分を占める。この想定が成立するならば、人格の同一性が意識に存しないということが論証できる。なぜなら、「Aにおける人格とBにおける人格は、想定により、共通の観念を意識しているので、同じである。同じ理由で、Bにおける人格はCにおける人格と同一である。したがって、〈第三のものに合致するものは相互に合致するという〉不可疑の公理によれば、Aにおける人格はCにおける人格と同じである。しかし、Cにおける人格はAにおける人格と共通などんな観念ももたない。ゆえに、人格の同一性は意識には存しない」(Berkeley, Vol. 2, Dial. 7, Sec. 8, p. 299)。この議論が、人格の同一性という問題にどのように寄与するのかという点について今は問わない。[13] われわれが明らかにしなければならないのは、ここで「意識」が観念の保持として捉えられ、観念の集積と置き換え可能であるかのように述べられている点である。バークリの「意識」概念には、記憶されている観念の集合を表すような使用が認められているのである。

第四節　実感としての意識

以上の考察をとおして得られたことを纏めてみよう。レジスにおいては、対象意識と自己意識の差異は、注意の向かう方向の差異とされていた。対象への志向性を遮断することによって自らの意識のさまが現れるということである。その点では反省的意識と自我意識の差異は見出されないと言ってよいであろう。それとともに、意識は「内的認識」としてその直接性を特徴とするものであった。この直接性とは、推論とか獲得された認識を間接的とする場合の、直接性である。次に、マルブランシュにおいて捉え出されたのは、「意識」と「感覚」ないし「感得」の同化であった。マルブランシュ的「意識」の特徴をもう一度示すならば、次の三つに纏めることができる。第一に「意識」が「感得」とされている、ないし「感覚」の場におかれているということ、第二に「内的感得」は観念の有する明晰さをもたないが、何かしらの直接性を有するとされていること、第三に「意識ないし内的感得」は自己認識に留まらないということである。マルブランシュにおける「内的」とは心の変様であるとともに、直接性をも示す。この場合に対立的に考えられる間接性とは、観念による認識と考えてよい。マルブランシュにおける「意識」とは心のなかで感じとられることと言える。この「意識」は対象意識をも含んでしまう場合があるものの、自発的意識のことであると言えよう。心についての形相認識の場として反省的意識について論ずる余地はないと考えられる。ライプニッツは反省的（な自己についての）意識と対象についての意識を区別する。対象認識と自己認識が区別され、「意識」は後者へと関係づけられ、マルブランシュのように感覚とのつながりではなく、記憶との連絡のもとに「意識」概念が構想され、それらはまた「意識」の「良心」とのつながりをも示している。ライプニッツにおいても「意識」は知性的な働きのもとには捉えられていないが、マルブランシュと異なって表示的である。このように三者の「意識」についての規定を捉えてみても、「意識」概念成立の初期段階における曖昧さがわかる。自己意識と対象意識は区別されたりされなかったりする。「意識」という現象が感覚に引きつけて捉えられたり、記憶に引きつけて捉えられたりする。これに対して、この三者の誰にとっても、意識は何らかの意味で直接的であり、非推論的である。意識は感覚器官を介することなしに今の状態なり過去の状態なりについて、観念を介することもなく、論証によって獲得されるのでもなく、直に感じとられることなのである。ロックについて振り返ってみれば、「意識」は、記憶という事態と関連しつつ導入されるが、しかし記憶に固有の過去性とは必ずしも係わらず、そのことを通して「私」にしか近寄ることのできない「精神のうちに生じることの知覚」の総体、心的内容の蓄積としての意味あいを獲得する。このことはバークリにおいても確かめられたところである。以上において確認された特徴のすべてを「意識」概念に投入すれば、その概念が曖昧にして不分明になることは理の当然である。この点はヒューム（David Hume）とトマス・リード（Thomas Reid）に関しても見て取ることができる。(14)「意識」概念は一七世紀に「良心」とは異なる哲学的概念として導入されたが、ヒュームまで辿ってみても、この概念が鍛えられ、それとして主題的に吟味されたと看做すことのできるような痕跡は見つからない。

第五節　意識という闇

意識するということが感じるという意味に転じたとき、対象についての意識という問題も、たとえ、対象意識と自己意識との区別をさらに探り出すことができるにしても、どうしても自己意識的な境地で論じられる傾向をもつことになる。対象についての意識も、むしろ内的に直に感じとられるという場所において論じられることになる。われわれの確かめることのできた「意識」概念の特徴、つまり、感じられるのであって、論じられるのではないということ、そこからはロゴス・推論よりも感じることの優位が当然のこととして帰結する。あるいは意識を方法とする、あるいは意識を検証の場とする場合に、感じることの優位性を避けることができない。しかしながら、感じることがロゴスに制約されているという了解なしには、学知は成立しない。というのも、学知は確実性の探究と一体をなし、絶え間なく変転することをその本性とする〈感じること〉に、その形相的支えを求めることはできないからである。その一方で、しかし、そのロゴスも感じて得られることを養分にしている。熱いという「感じ」、推論の帰結の明証という「感じ」、この二つの「感じ」を区別できるのでなければ、感覚の固有性を掬い出すことも、確実性の探究も不可能になる。二つの「感じ」というも、当然のことながら「感じ」は「感じ」に即した区別の徴表をもつわけではない。感覚と知性の区別に依拠するのでなければ、この二つの「感じ」を区別することはできない。「意識」概念をこの「感じ」によって充填し、「意識」に基づいて厳密な学を構築できると構想するとき、感覚的認識の時間・空間的制約に、したがって、個々の人によって異なってしまうという事態に、土台が浸食されているということが弁えられていなければならない。

以上に基づいて、確実性の探究という点から、「意識」のもっている闇について考えてみよう。日常的態度がいわば形相と質料（感覚知覚内容）を構成要因としてもつというように想定するならば、形相を形相として問うという境地における解明が、身体をもつことによって成立する〈感じられること〉の解明に、確実性の探究としては先んじるということは確かである。形而上学はロゴスをも超えてロゴスの成立の場をも明らかにするという役割を果たすのであるから、形而上学的探究は、ロゴスの成立根拠を問うという経験が可能な場所でなされなければならない。意識という連関から言うならば、内的に直に感じるという水準を越え、ロゴスの成立根拠に係わりつつ、経験するという乗り越えを果たさなければならない。直に感じるということをすべて呑み込んでしまう「意識」の闇を払わなければならない。感覚と想像力と知性を区別するのでなければ、このことは可能ではない。自然的態度が捨てられるのではない。自然的態度が可能になる根拠と係わりながら、形相認識の場が開かれるのでなければならない。形而上学は〈自然的態度／感覚〉を乗り越え、〈ロゴス／数学・論理学〉の成立根拠を問う。そこに開かれるのが形相を形相として問うことを可能にする形相認識の場であり、形相認識は「私」の経験として遂行される以外にはない。意識の闇を抜け出すという問題は〈自然的態度／感覚〉の乗り越えの可能性の問題である。〈自然的態度／感覚〉を捨てられた梯子のように想うことは、経験にまで至りつくことを放棄することであろう。〈自然的態度／感覚〉をロゴスによって切り取ることで事足れりとすることは、経験の下落であろう。〈自然的態度／感覚〉と経験をともに意識として括ろうとすることは、経験の感覚化と感覚の経験化という二面から経験を皮相にする。経験の感覚化とは、感覚表象が生き生きとしていることを真理の表徴と見誤り、経験に知覚の生々しさを求め、知覚的勢いのないものを経験と看做さないことである。また、感覚の経験化とは、感覚が身体基盤をもつということを評価し損ない、感覚ないし知覚体験を経験一般のモデルと看做してしまうことである。

最後に以上の所見をデカルト哲学に返してやるならば、デカルト哲学の内部では（感覚も思いであり、意識も思いであるという迂回を除いて）「意識」の感覚化という傾斜は見出されないことは慥かなのである。結局のところ、本論で捉えた拡散する近代的「意識」概念の源泉をデカルト哲学のうちに探るためには、「第六省察」における「身体と精神の合一といわば混ざり合いから生じる不分明な思いの様態」である「内的感覚」（E. 84. 22-25/AT. 81. 12-14）への着目が欠かせないであろう。逆視すれば、「意識」の場が内的な感じに設定されることによって近代的「意識」概念の闇は深まったと言うことができるであろう。また、二つの「感じ」の混同という点での処方箋をデカルト哲学に求めるならば、「第三省察」の冒頭に記されているように「一切の感覚」と「物体的な事物の像」を信頼しないということが療法になる（E. 27. 13-21/AT. 34. 12-18）。そこに知性的〈直感＝直観〉の場が拓かれる。それを想像力、感覚の場における直に感じることから区別しなければならない。

（1）「自我意識」と「自己意識」の区別とその歴史的展開については、R. Ellrodt, *e.g.* Avant-propos を参照。文献の詳細については以下の「文献表およびその略記法」の略記に従っているので、これを参照していただきたい。

（2）「形相認識」については、黒田亘著『経験と言語』「第六章　形相認識と経験」（東京大学出版会、一九七五年）および『観念と存在』一六七頁参照。

（3）*cf.* Fontenelle, 1968, pp. 89-95, P. Mouy, pp. 145-167 et R. A. Watson, pp. 75-85.

（4）たとえば、ゲーリンクスは『哲学の原理』のこの節の注解において、「目で見る」ことが「絶対的に確実ではない」ということの対の下に、「感覚いうなら見ることあるいは歩くことの意識をもつ sensum sive conscientiam videndi aut ambulandi habet」、「感覚、しかして確実なものとしての意識から、またそのように「私がある」という結論が確実に帰結する ex quo sensu atque conscientia ut certa, ita etiam certo sequitur conclusio Ego sum」（Geulincx, p. 366）と述べている。感覚は意識へと受け渡され、それとともに意識の方に確実性が受け渡されている。デカルトによる「意識」という語の使用が「感覚」とは置き換え不可能であるということは全テクスト的にも言えることである。

（5） Régis, Dictionnaire des termes propres à la philosophie. これは巻末の目次の後に付け加えられており、この部分に頁数は記されていない。アカデミー版の辞書（初版）のようにここに「自分の為す善きことと悪しきことについて」と付け加えるならば、「良心」ということになるであろう（*cf. Le dictionnaire de l'académie française*, 1694）。また、この意味はコンディヤック（E. B. Condillac）にも受け継がれる。「われわれは心を意識をとおして認識する」。「良心（意識）の自由とは、内的になされる証言と自分の信仰の諸原理に合致してなすことの自由である」（Condillac, t. III, *Dictionnaire des synonymes*, p. 143）。なお、フランス語の「コンシァンス」の一七世紀の語義とその変遷については、Rodis-Lewis 1950, pp. 111-114 参照。

（6） デカルトは「第二省察」から「第三省察」への展開のなかでコギトから「私自身の観念」への移行、言い換えれば、いわば統体としての「私」の把握への移行を成し遂げた。これに対して、マルブランシュの思索のなかには「私自身の観念」は収まらない。もし、この観念を、観念としてではなく彼の思索に位置を与えようとするならば、さらに言い換えて、マルブランシュの立場においてもこのような移行がなされるためには、その移行の背後で認識様態の差異化を行いつつ「「内的感得」という原理そのもの、つまり、いっさいの身体的感得から原理的に区別されるにもかかわらず、アウグスティヌス的意識を、別言すれば、心の心そのものへの現前を感覚化した「内的感得」という原理がなければならない」（Kamboucher, pp. 163-164）ということになるであろう。

（7） 「〔デカルトと〕同じこの「意識」という名辞を、マルブランシュは心の様態について心がもつ直接的な把捉を指示するために再び取り入れた」（Rodis-Lewis 1963, pp 174-175）。また、同じ事態は次のようにも表現されている。「内的感得 inner feeling は直接的に知る仕方である」。「精神は、自分自身の変様を直接的に知るのであるが、それはこれらの変様が精神に働きかけたり、精神を照らし出したりするからなのではなく、単に精神がそれら変様を有するからなのである」（Radner, p. 69）。

（8） ライプニッツにおけるこの「意識」と「記憶」との関連については、McRea, pp. 44-45 を参照。

（9） マルブランシュも、もちろん「意識」を「良心」の意で用いることはある。たとえば「この情念は良心（意識）に対してきわめて危険である」（*RV*, l. VI, p. II, ch. V, t. 2, p. 255/PL1, p. 598）。ここで「危険」とは「評判の獲得」のようなことである。また、次のように言われることもある。「自分の注意についての内的感得をもたず、神の彼への働きかけについての認識を何ももたないならば、その者は、（…）彼の欲望の結果をこの結果に伴う諸観念の真なる原因と看做すことになる」（*TM*, p. I, ch. V, Sec. II, t. 11, p. 60/PL2, p. 462）。神への「恩義を知らない愚か者」についてこのように言われている。同じく「コンシァンス」である「良心」と「意識」（ないし「内的感得」）とをどのように区別するのかということは、それ自体として一つの問題であるが、われわれの論脈のなかでは、「良心」としての「コンシァンス」を〈道徳に係わるような〉〈行為における「よい・わるい」を、それを秤にして決めるそれ〉と捉えておけばよい。これに対して「意識」としての「コンシァンス」を〈或る種の事柄についてそこで確かさが決まるそこ〉と捉えることができる。この「或る種の事柄」がどのような事柄であるのかということが、「意識」概念の肝心な点になる。このように考えるならば、両概念の根付くところも判明するであろう。

(10)「我々が対象を明晰判明に知覚する場合は必ず反省的意識が伴う。これがライプニッツにおける apperception の意義」である（酒井、五七頁）。「ライプニッツの apperception は自覚（selbstewußt）というよりは、むしろ〈知覚する働きに気付くこと〉或いは〈精神の働きに注意を向けること〉というほどの意味である」（同、五八頁参照）とされる。また、福島清紀「ライプニッツにおける「意識」概念の形成―一六八〇年代を中心に」『富山国際大学紀要』第九集、一九九九年、一頁から一九頁は一七世紀の「意識」概念の帰趨を丁寧に追っている（同氏の関連する論文に、「ライプニッツとロック―仏語版『人間知性論』による思想伝達をめぐって」『言語と文化』法政大学言語・文化センター、第一号、二〇〇四年、一一一頁から一三一頁、「ロック、コスト、ライプニッツ―「意識」概念をめぐる異文化接触」『言語と文化』法政大学言語・文化センター、第二号、二〇〇五年、二二三頁から二四五頁がある）。

(11)「意識する be conscoius to」という表現の初出は、「第一巻第一章第三節」Locke, p. 44 である。また、「第二巻第一章第一〇節」以下において「心は常に思う」ということが否定される場合に、その論拠として、心は自分の働きを意識するということが用いられている。

(12) *Cf.* Mackie, p. 176 は、ロックの例から、ジキルとハイド（同じ身体、同じ心、異なる意識）、ソクラテスとクィーンバラの市長（同じ心、異なる身体、異なる意識）、王子と靴職人（同じ心、同じ意識、異なる身体）という組み合わせを想定しうるとしている。

(13) この箇所で論究されている「人格」概念については一ノ瀬、一一〇頁から一一一頁を参照。

（14） ヒューム（David Hume）とトマス・リード（Thomas Reid）の「意識」概念について付け加えておく。まず、ヒュームについて見れば、「意識 consciousness」は「思い thought」（*THN*, Bk. 1, Pt. 1, Sec. 1, p. 1, p. 636）、「記憶 memory」（*THN*, Bk. 1, Pt. 2, Sec. 6, p. 66 & USI, Vol. 4, p. 400）、「感覚 sensation」（*THN*, Bk. 1, Pt. 3, Sec. 14, p. 158）、「印象 impression」（*THN*, Bk. 2, Pt. 1, Sec. 11, p. 318）、「思いの体系 system of thought」（*USI*, Vol. 4, p. 400）などと“or”で結ばれ、「記憶」（*THN*, Bk. 2, Pt. 1, Sec. 2, p. 277）、「思い」（*THN*, Bk. 2, Pt. 3, Sec. 2, p. 411 & *EHU*, Sec. 8, Pt. 2, p. 98）、「経験 experience」（*THN*, Appendix, p. 625）などと“and”で結ばれている。また、印象と観念は「思い、ないし、意識」に入り込み（*THN*, Bk. 1, Pt. 1, Sec. 1, p. 1）、「精神のすべての作用と感覚は意識によってわれわれに知られる」（*THN*, Bk. 1, Pt. 4, Sec. 2, p. 190）とされる。意識と「知覚 perception」との間には「直接的に現前する immediately present」という関係が認められる（*THN*, Bk. 1, Pt. 4, Sec. 2, p. 212 & Sec. 7, p. 265）。以上の通覧からヒュームの使用にロック、バークリからの流れを見ることができるであろう。また彼の「意識」概念の曖昧さ不分明さも瞥見できるであろう。

　さらに、ヒューム『人性論 *A Treatise of Human Nature*』（1739/40）に触発を受けて執筆されたとされるトマス・リードの一七六四年に出版された *An Inquiry into the Human Mind on the Principles of Common Sense*, A Critical Edition by Derek R. Brookes, The Pennsyllvania State University Press, 1997（朝広謙次郎訳『心の哲学』知泉書館、二〇〇四年）における「意識」という語の使用法を見るならば、まず気づくことは、心の働きを捉えることを「私は意識する I am conscious of」と表現していることである（*e.g.* Chap. 2, Sect. 3, p. 29: Sect. 10, p. 44: Chap. 5, Sect. 2, p. 57: Chap. 6, Sec. 21, p. 175: Chap. 7, p. 208, *etc.*）。この点では基本的に「第三省察」におけるデカルトの用法と一致する。しかし、「彼の意識が彼を欺くことができないと証明できるものは誰もいない」（Introduction, Sect. 3, p. 17: *cf.* Chap. 7, p. 208）とする点で異なる。もちろん、デカルト哲学にこのような表現が役割を果たす局面はないが、その点は別にして、リードには欺く神の想定はないということは言えよう。つまり、自分が欺かれていて、そもそも自分で気づかない、気づくことができないという想定である。リードによれば「意識」は各人に知られているので、定義など求められない（*e.g.* Chap. 2, Sect. 5, p. 30）。彼に従えば、心の働きが「意識され」、意識されたものに対する「反省によって by reflection」、「思念 notion」が得られる（Chap. 7, p. 214）。「意識する」とは心の働きを直接的に捉えることである。そうして成立する「意識」は心の内容であり、それへと反省を向けることによって、心の基本的仕組みが捉えられる。ヒュームに見出されるような多様な使用法は見出されないと思われる。その反面、感覚することと「感覚 sensation」を意識することとの間を隔てる敷居はない。たとえば「「香りがある There is a smell」とは感覚（器官）の直接的証言 the immediate testimony of sense である」とされる（Chap. 2, Sect. 3, p. 29）。その一方で、感覚については「意識の証言から」そのことの「思念」が得られるとされる（Chap. 7, p. 210）。身体を介し感じることは感覚（器官）が証言するところである。感じているという心の働きは意識される。しかし、感覚（器官）が証言するところは感覚として意識せざるをえない。リードは、「〈熱い *heat*〉は或る感覚を意味表示し、〈冷たい *cold*〉は反対の感覚を意味表示する」（Chap. 2, Sect. 9, p. 42）と述べている。このときの「感覚」は内容と作用とを区別できない感覚であろう。彼自身が言うように「感覚の観念 *ideas of sensation*」と「反省の観念 *ideas of reflection*」を区別することが誤りであるとするならば（Chap. 7, p. 213）、つまり、感覚が成立するときにそれについての反省が既に含まれているとするならば、感じられている内容である感覚は感覚作用と切り離すことができない。感覚しているということを意識するとは、感覚内容をもった感覚を意識するということである。逆に、もし「意識の証言」と「感覚（器官）の証言」とがいわばレヴェルにおいて異なるのならば、「意識の証言」は心の働きの形式だけを対象にすることになる。しかし、その場合には、「思念」は空虚になるであろう。このように考えてみるならば、リードの考えにおいて、「感覚（器官）の証言」内容である感覚は「意識の証言」に基づいて感覚であるということになる。もしそうならば、意識と感覚することとの実際上の区別がなくなり「意識の証言」は遊び駒になる。リードによれば、私たちが机を見ていると気づくときに、「見ている」という「思念」が得られることになる。見ているときに見ていると意識していることは、何を意識することなのか。見ていないときに見ていないと意識していることは、何を意識することなのか。意識とか気づきという言葉を使いたくなるのは、この事態を言語表現したいがためだけではないのか。「感覚（器官）のあらゆる働きは、まさしくその本性上、単純把捉 simple apprehension と同じように、判断つまりは信念を含んでいる」（Chap. 7, p. 215）のならば、「思念つまりは単純把捉 the notions or simple apprehensions」（Chap. 7, p. 213）が成立するのに「意識の証言」は不要である。それが必要であるのは、反省によって感覚の働きをそれとして取り分けるため以外ではない。この場合には「意識」が「反省」とは別に要求される次第が不明になる。「自我意識」がそのまま一般的解明としての「反省的意識」に重ねられる。「意識の証言」の余剰さは感じることの個々人性をそのまま一般化するという道筋を示している。「私」の感じることが人の感じることに重ねられる。これは「感じる」ことの濫用であろう。

文献と略号の表

Allison: H. E. Allison, "Locke's Theory of Personal Identity: A Re-Examination", in I. C. Tipton (ed.), *Locke on Human Understanding*, Oxford University Press, 1977.

Berkeley: G. Berkeley, *The Works of George Berkeley*/Bishop of Cloyne, Vol. 2, ed. by A. A. Luce and T. E. Jessop, Nelson 1949.

Condillac: E. B. de Condillac, *Œuvres philosophiques de Condillac*, texte établi et présenté par G. Le Roy, PUF, 1947-1951, t. III.

E: Descartes, *MEDITATIONES de Prima PHILOSOPHIA, In quibus Dei existentia, & animae humanae à corpore distinctio, demonstrantur*, Amsteldam, Apud Ludovicum Elzevirium, 1642.

AT: Descartes, *Œuvres de Descartes*, publiées par Charles Adam et Paul Tannery, Nouvelle présentation, Vrin 1964-1973.

Ellrodt: R. Ellrodt (éd.), *Genese de la conscience moderne*, P. U. F., 1983.

De La Forge: L. De La Forge, *Traité de l'esprit de l'homme*, dans *Œuvres philosophiques avec une etude bio-bibliographique* par P. Clair, PUF, 1974.

Fontenelle: Fontenelle, *Œuvres complètes*, Sratkine Reprints, 1968.

Geulincx: A. Geulincx, *Annotata latiora in Principia philosophiae Renati Descartes, in Arnoldi Geulincx, Opera philosophica* éd. par J. P. N. Land, Nijhoff-1893/Friedrich Frommann Verlag-1968, t. 3.

THN: D. Hume, *A Treatise of Human Nature*, ed by L. A. Selby-Bigge, Oxford 1888-1973.

EHU: D. Hume, *Enquiries concerning Human Understanding and concerning the Principles of Mind*, ed. L. A. Selby-Bigge, revised by P. H. Nidditch, Oxford 1975.

USI: D. Hume, Unpublished Essays, Of the Immortality of the Soul, in *The Philosophical Works*, ed. by T. H.Green and T. H.Grose, Vol. 4, Scientia 1964.

一ノ瀬：一ノ瀬正樹「バークリにおける神と原因」、鎌井・泉谷・寺中編著『イギリス思想の流れ』北樹書院、一九九八年、九〇頁から一一三頁。

Kambouchner: D. Kambouchner, "Des vraies et des fausses ténèbres: la connaissance de l'âme d'après la controverse avec Malebranche, suivi de Remarques sur la définition arnaldienne de l'idée": in *Antoine Arnauld, philosophie du langage et de la connaissance*, éd. par J.-C. Pariente, Vrin, 1995, p. 153-190.

DM: G.W. Leibniz, *Discours de métaphysique*, éd. par G. Le Roi, Vrin, 1966.
PS: G. W. Leibniz, *Die philosophischen Schriften von Gottfried Wilhelm Leibniz*, éd. par C. J. Gerhardt, t. VI, Olms 1961.
OFI: G. W. Leibniz, *Opuscules et fragments inédits*, ed. par L. Couturat, Paris 1903/1966 Olms.
PNG: G. W. Leibniz, *Principes de la nature et de la grâce/Principes de la philosophie ou Monadologie*, éd. par A. Robinet, PUF, 1954.
Locke: J. Locke, *An Essay concerning Human Understanding*, ed. by P. H. Nidditch, Oxford 1975.
Mackie: J. L. Mackie, *Problems from Locke*, Clarendon Press, 1976.
RV: N. Malebranche, *De la recherche de la vérité, dans Œuvres complètes*, t. I, t. II & t. III, éd. par G. Rodis-Lewis, Vrin-C. N. R. S., 1972, 1974, 1976.
MCM: N. Malebranche, *Méditations chrétiennes et métaphysiques*, dans *Œuvres complètes*, t. X, éd. par H. Gouhier et A. Robinet, Vrin-C. N. R. S., 1967.
TM: N. Malebranche, *Traité de morale*, dans *Œuvres complètes*, t. XI, éd. par M. Adam, Vrin-C. N. R. S., 1975.
PL1 & PL2: N. Malebranche, *Œuvres*, t. I & t. II, Édition établie par G. Rodis-Lewis, Pléiade, 1979, 1992.
McRae: R. McRae, *Leibniz: Perception, Appercetion, & Thought*, University of Tronto Press, 1976.
P. Mouy: P. Mouy, *Le développement de la Physique Cartésienne 1646-1712*, Vrin, 1934.
村上：村上勝三『観念と存在』知泉書館，二〇〇四年。
Radner: D. Radner, *Malebranche*, Van Gorcum, 1978.
Reid: Thomas Reid, *An Inquiry into the Human Mind on the Principles of Common Sense*, A Critical Edition by Derek R. Brookes, The Pennsyllvania State University Press, 1997（朝広謙次郎訳『心の哲学』知泉書館，二〇〇四年）.
Régis: Pierre-Sylvain Régis, *Cours entier de philosophie, ou système général*, 1691, Amsterdam.
Rodis-1950: G.（Rodis-）Lewis, *Le problème de l'inconscient et le cartésianisme*, PUF, 1950.
Rodis-1963: G. Rodis-Lewis, *Nicolas Malebranche*, PUF, 1963.
Rodis-1971: G. Rodis-Lewis, *L'Œuvre de Descartes*, Vrin, 1971.
酒井：酒井潔『世界と自我』創文社，一九八七年。
田村：田村均「ジョン・ロックの自然科学の哲学」『哲学』No. 47，法政大学出版会，二〇七頁から二一六頁。
Watson: R. A. Watson: R. A. Watson, *The Downfall of Cartesianism 1673-1712*, Martinus Nijhoff, 1966.

第四章　内的感覚

第一節「内的感覚」への問い

「内的感覚 sensus internus」とは、「第六省察」においてデカルトの挙げている例によれば、痛み、飢え、渇きなどをさす。これら内的感覚は悲しみ、喜びといったデカルト的な「心の情念 passion de l'âme」とは異なる。そのように言を定めるためには少しく丁寧な論述が要求されるのではあるが、その点は後に残しておくことにする。デカルトの言うところによると、内的感覚は精神と身体との緊密な合一の証である。内的感覚だけではなくおよそ感覚という事態そのものが発生基盤として身心合一を要求する。「外的感覚 sensus externus」、たとえば、色、音、香り、味その他も、身体的な器官なしには成立せず、言語的装置なしには完成しない。周りを（身体をも含む）物体に取り囲まれている私が（物体でもある）身体をもつということ、そのことは外的感覚発生の機制が解明されるために求められることである。「堅さと熱さ」などの触覚的性質についても同断である。内的感覚としての「痛さ」の場合には必ずしも周りの物体を想定しなくともよい。手に傷があれば、警棒による傷であるのか、彫刻刀による傷であるのかということとは別に、傷の状態に着眼して痛みについて何事かを明らかになしうる。何を食べたいのかということとは別に、飢えの感覚に襲われる。〈何を見ているのか〉ということなしに、見ていることを他人に説得することはできない。私が「痛い」と言えば、他人は承認せざるをえない。これは今私が〈一二マイナス七ハ五〉と思っているならば、その場合とこの限りではきわめて似ていると言えよう。周りを物体に取り囲まれているということを記述の背景におくことなしに語りうるという点では、内的感覚は心の思いの側に近い。しかし、身体を発生の条件にするという点では外的感覚と同じである。内的感覚は外的感覚よりもいっそう身心の緊密な合一の証に相応しい。

他人の視覚内容を、おおよそのところでよいならば、私も自分の視覚内容として経験することができる。同じ場所に立って、同じ方向に視線を投げかければよいのである。おおよそのところ同じものを見ているということは、大抵の場合、見られている対象についての記述によって保証される。それに対して私は他人の飢えを飢えることはできない。他人の痛みを痛むことができない。このことは、他人と私とが同じような空腹に襲われるという状態を作り出すのが比較的困難であるという、偶然的な事情に由来することなのであろうか。共同生活をして、同じ食事を同じ時間に摂取し、同じような一日の過ごし方をするならば、同じようなときに空腹を感じるであろう。この点では、ほぼ同じ時、ほぼ同じ場所で〈見る〉ことと、ほぼ同じ時、ほぼ同じ場所で〈飢える〉ことは対応しているとも思われる。しかし、同じ事物を〈見る〉ことに対応する事態を、同じ事物に対する〈空腹〉に求めるならば、その非並行性は明らかであろう。米の飯に対する飢えということがもしや想定しうるとしても、それはいわば飽食なる飢えであって、内的感覚としての飢えではあるまい。内的感覚としての飢えの場合には〈他人と同じものに飢える〉という表現が空虚になる。視覚内容、触覚内容は対象の記述によって内容を獲得するが、痛み内容、飢餓内容には充塡すべき何もない。とはいうものの痛みが触覚を起源にもつということを否定することはできない。そのかぎりでは、つまり、触覚であるかぎりでの痛みは対象の記述によってなにがしかの内容を与えられる。たとえば平手で殴られた痛みのように。触覚であるかぎりというのは、皮膚の外側の何かとの接触であるかぎりということである。しかし内的感覚としての痛みは、一個の人間の身体の損傷である。たとえば傷の痛み、歯の痛みのように。一個人の生命状態を測定するものとして、痛みは外的対象から独立である。心の苦痛の場合には、昨日し残した仕事が苦痛になり、飽食なる飢えの場合には、揔《たら》の芽が春の飢えの内容になったりもするであろう。内的感覚としての痛み、飢えに、程度を示す〈同じ〉ではなく、内容についての同じ痛み、同じ飢えはない。同じ物体を用いて同じ強さで打撃を与えたときの痛みは、先の視覚内容の場合と同じように、おおよそ同じと言えるのではないのか。触覚内容としての痛みについてはそのように言える。しかし、胃の痛みと針で刺された痛みとを、共通の相で捉えようとするとき、身体の外側の触覚の対象である物体は痛みの記述から消え、痛みは命の遂行への阻害という値をもつ。この意味で、私は他人の飢えを飢えることも、他人の痛みを痛むこともできない。それは内的感覚が私の身体の出来事だからである。このことを内的感覚には対象が必ずしも要求されないと表現することにする。内的感覚に関するこの事態は偶然的というよりも、内的感覚ということにとってのいわば文法的な事態であると言った方が適切であろう。

デカルトは内的感覚のこうした事態の一端を（感覚のなかでは）「何が痛みよりもいっそう内々でありうるのか quid dolore intimius esse potest?」（E. 79. 07–08/AT. 77. 01）と表現する。内的感覚は身心合一体としての私にとって距離ゼロの感覚なのである。そこはまた他人の眼差しを免れている領域でもある。立っている、歩いている、すわっているなどのいわゆる「身体感覚」とも異なる。私が自分のこれら身体の配置を、観察に頼ることなく知るとしても、そしていつも差延ないし〈ずれ〉が付き纏うにせよ、これら身体の構えに関する感覚は、やはり他人からの観察を受容する領域の事柄である。内的感覚の、「私」の身体を要しながらも、物体、他人の身体を必ずしも要することがないというこの機制が、そして他人の眼差しから遮蔽されているということの機制が、延長連続体としての世界に穿たれた目処であり、個人という括りの凝縮点である。このような内的感覚は、生命の維持、健康の保全にとって言わずもがなの威力であるが、それとともに何らかの知である以上、われわれの知の枠組みのなかでどのような位置を占めるのか探究されなければならない。そのことはまた各々が各々なりに生きている場の測定、個人倫理の成立の問題でもあろう。このことを射程に収めつつ、デカルト的「内的感覚」の意義を探って行くことにする。しかし、その前に「内的感覚」という概念について少し触れることにしよう。なぜならば「内的感覚」についてのデカルト的把握はきわめて独特なものだからである。

第二節　内的感覚――エウスタキウスとデュプレックス

一七世紀初頭に大きな書物を著したスコラの哲学者であるエウスタキウス（Eustachius a Sancto Paulo/Eustache de Saint-Paul, 1573-1640）とデュプレックス（Scipion Dupleix, 1569-1661）の「内的感覚」についての理解を見ることにしよう。[(1)] まず、前者エウスタキウスから見て行く。「論理学 Logica」、「倫理学 Ethica」、「物理学 Physica」、「形而上学 Metaphysica」という四部構成からなる彼の『哲学大全 *Summa Philosophiæ*』において「内的感覚」が主題にされるのはその「物理学」においてである。内的感覚の数が問題とされ、それを四つとする通常の見解、三つとする見解、二つとする見解のあることが紹介される。四つとは「共通感覚 sensus communis」、「構像力 phantasia」、「評定力 æstimativa」、「記憶力 memoria」である。しかし、「評定力」を「構像力」から区別せずに、三つとする見解の方がもっともなものであるが、アリストテレスのように「共通感覚と構像力」の二つだけを認める方がいっそうもっともであるとされる。さらに彼によれば、もっとも妥当な見解はただ一つの内的感覚を認めるというものである。可能的には多数であっても、「唯一の内的で把捉的な能力、ないしは、ものに即して realiter 唯一の内的感覚があり、それは一般的に解された構像力という名辞によって意味表示されうる」。しかし、この把捉能力が四つの仕方で働くということに留意すべきである（*Sum. phil.* p. 3, trac. 3, disp. 3, qu. 1）。

次に、内的感覚の「志向的形質 species intentionalis」について問われる。外的感覚としては視覚、聴覚、触覚、嗅覚、味覚の五つが挙げられるが、その外的感覚と同じように内的感覚にも投げられてやってくる「対象の形質」が必要であるとされる。しかしだからといって、内的感覚の場合には対象が現前していなければならないということはない。この形質には大きく言って二つ、細かく言って三つの区別がある。一つは外的感覚に受け取られ、動物精気によって感覚神経をとおして脳にまで運ばれる「感覚された形質 species sensata」である。これには単純なものと複雑なものという区別がある。単純なものは感覚によって知覚されたものをそのまま「再表象する repræsentare」形質である。複雑なものとは、知覚されたとおりには再表象されずに合成された形質である。たとえば、山と黄金とを見ることから想像力（構像力）が黄金の山を再表象する場合である。これら感覚された形質に対して、「感覚されない形質」、つまり「感覚によって知覚されていない non percipitur 何らかの視点の下に何らかの感覚可能な事物を再表象する形質」が大きく分けた場合の二つ目である。たとえば、敵対という視点の下に「狼と羊」が再表象される場合である（*Sum. phil.* p. 3, trac. 3, disp. 3, qu. 2）。

さらに、「もの res」としては一つであるが、役割としては四つである内的感覚が次のように特徴づけられる。その要をのみ記しておく。「共通感覚」は、自分が感覚することを知覚し、異なった感覚間の対象を識別する。「構像力ないし想像力」は感覚から伝えられた形質を保持し、現にあるのではない事物を認識し、感覚された形質を相互に結びつけたり、分離したりする。「評定力」（人間の場合には「思惟力 cogitativa」と呼ばれる）は感覚されない形質をとおして認識することもあり、また感覚された形質と感覚されない形質とを結びつけ、知覚された事物について判断を下す。「記憶力」は形質ないし「像 imago」を長い間保つという働きをする（*Sum. phil.* p. 3, trac. 3, disp. 3, qu. 3, qu. 5, qu. 7 & qu. 8）。内的感覚ということから惹起されることに睡眠の問題がある。「覚醒は、すべての外的感覚が、あるいは少なくとももどれほどかが、解き放たれていて自由であることとして定義される」。これに応じて睡眠は覚醒の欠如とされる。睡眠は動物精気が感覚神経を介して外的感覚へと運ばれて行く脳の部分が遮断されるときに生じる（*Sum. phil.* p. 3, trac 3, disp. 3, qu. 2）。この遮断ということに共通感覚が係わっているとされる。睡眠における「夢は、眠っている者の内での内的感覚によって表示された現れ、と最もよく定義されうる」。エウスタキウスにとって夢は内的感覚によって与えられるのである。[2]

デュプレックスの方に目を転じれば、彼はその『物理学』において内的感覚を三つであるとする。すなわち「共通感覚、構像力、記憶力」である（liv. VIII, ch. 21, art. 1, p. 615）[3]。外的感覚と内的感覚の差異は前者が対象を外に知覚し、後者が内に知覚することである（*op. cit.*, art. 2, pp. 615-616）。共通感覚は外的感覚の原理であり、脳に座をもつ（*op. cit.*, art. 3, p. 616）。構像力は外的感覚からやってくる事物の像だけではなく、実際にはない、ありえない事物の像も、目覚めているときにも眠っているときにも、再表象する（*op. cit.*, art. 5, p. 617）。記憶力はすべての想念、像、思いの宝庫である（*op. cit.*, art. 6, p. 617）。さて、エウスタキウスもデュプレックスも内的感覚を物理学（自然学）の対象として論じている。両者において共通感覚の役割の一つに自分の感覚作用を捉えるという働きが割り当てられている。いわば自己意識に相当する役割である（本書「第II部第三章」参照）。また、夢が内的感覚との係わりで捉えられているという点でも両者は共通している。彼らはもちろんトマス・アクィナスの所説を踏まえている。しかし、トマス・アクィナスがその『神学大全』「第一部・第七八問題・第四節」で述べているところとは相当の違いがある（Thomas Aquinas, *Summa Theologiae*, p. I, qu. 78, art. 4）。トマス・アクィナスによれば「魂 anima」の「植物的部分」の次に問われる「感覚的部分」のうちで取り上げられる内的感覚は「共通感覚」、「構像力言うなら想像力」、「評定力 vis aestimativa」、「記憶力 vis memorativa」の四つであるとされる。この点では先の二人と数に違いがあっても、捉え方にはさほどの違いはない。先に見たいわば自己意識的な役割を共通感覚に見ている点も同じである。しかし、先の二人は物理学のうちで論じており、解剖学的所見を自説の裏付けに用いている。それとともにこの二者は内的感覚と睡眠ないし夢の問題とを結びつけている。このことは「感覚されない形質」が内的感覚において大きな位置を占めるようになったということとも関連していると考えられる。別の言い方をするならば、外的感覚から取り込まれてくるのではない何かが主題化されるようになってきたということでもある。このことは「理拠的存在 ens rationis」が知性の対象としての位置をもつようになり、想像力の産物とされていた架空のもの、たとえば、「キマエラ」と区別されて、理論的に探究されるようになることと連動している。(4) つまり、哲学の場が「思い」（意識）へて定められることになるという方向を指している。そこにはもちろん情感性の問題も含まれる。たとえば、エウスタキウスは「共感と反感」を「魂をもつものすべてに自然に植え込まれたもの omnibus animantibus naturaliter ingenitas」（*Sum. phil.*, p. 3, trac 3, disp. 3, qu. 2）としている。(5)

第三節　内的感覚――マルブランシュとライプニッツ

デカルトの「内的感覚」についての理解は、マルブランシュともライプニッツとも異なる。彼らの「内的感覚」についてあらかじめ簡潔に見ておくことにする。マルブランシュの『真理の探究』における「共通感覚 sens commum」への言及箇所に当たってみるならば、他の学者による人体の構造についての生理学的知見について述べている箇所（*RV*, l. 2, p. 1, ch. 1, § 2, t. 1, p. 193）(6)、スコラ哲学者に共通な意見として「共通感覚」および「内的感覚 sens intérieur」という表現が用いられている箇所（*RV*, l. 3, p. 2, ch. 2, t. 1, p. 418）、人々に言われていることとして「共通感覚」の座を松果腺にあると述べている箇所（*RV*, Ecl. VI, t. 3, p. 58）が見出される。彼にとってみれば、感覚の報告は全面的に真とは言えず、しばしば偽であり、物体があるということを、われわれの感覚が確証してくれるにもかかわらず、そのことを積極的に証明するのはきわめて困難であり（*RV*, Ecl. VI, t. 3, p. 55）、「私が手をもっているということも確証つきで私は知っているというわけではない」（*RV*, Ecl. VI, t. 3, p. 58）。身体とわれわれを取りまく物体とが、感覚を介してどのように結びついているのかということに確証は与えられないのである（*op. cit.* p. 55）。要するにマルブランシュにおいて「共通感覚」は認識の成立を説く上で不要な概念であると言える。ただ注意を喚起しておかねばならないことに、「内的感覚」と「内的感得 sentiment intérieur」との差違がある。この二つの概念はまったく異なる。言うまでもないが「内的感得」はマルブランシュにおいて「意識」と置き換えられる概念であり、自己知の場を示す概念である（この点については本書「第II部第三章」を参照）。

ライプニッツについてこの点を瞥見してみるならば、以下のようになる。彼は「内的感得 sentiment intérieur/

interne」という概念をマルブランシュの名を引きつつ「われわれが思いを認識するのは内的感得によってのみである」(à Arnauld, 9-10-1687, G. II, p. 121)[7]というように用いている。内的感得は『実体の本性と実体相互の交渉ならびに身心合一についての新説 *Système nouveau pour expliquer la nature des substances et leur communication entre elles, aussi bien que l'union de l'âme avec le corps*』では「心そのもののうちにあり、脳の中にも、身体の微細な部分の中にもない」とされる(G. IV, p. 484)。この内的感得は『神の善性と人間の自由と悪の起源についての弁神論 *Essais de théodicée sur la bonté de Dieu, la liberté de l'homme et l'origine du mal*』「緒論第六九節」と「第一部・第五〇節」では自由の自己確証のデカルト的場を示す概念として用いられる(G. VI, p. 89 & 130)。このようにライプニッツの「内的感得」は心の内で直に感じとられること、マルブランシュ的な「意識」の意味で用いられていると言える。これに対して「内的感覚 sens interne」については以下のように述べられる。心は視覚で摑まれた数と形を触覚によって摑まれた数や形と比較するのであるから、「さまざまな外的感覚の知覚 perception が再統合されている内的感覚というものがなければならず」、それが想像力と呼ばれる(à Sophie Charlotte, 1702, G. VI, p. 501)。『弁神論』「緒論第六五節」によればこの内的感覚は動物たちにも見出されるものであり、「知覚の連結」として示される。この連結は推理を模倣するのであるが、推理ではない(G. VI, p. 87)。『人間知性新論 *Nouveax essais sur l'entendement humain*』「第二部第五章」では「共通感覚」について次のように述べられている。つまり、「空間、形、運動、静止などのように、一つ以上の感覚に由来すると言われている観念は、むしろ、共通感覚、すなわち、精神そのものからやってくる。というのも、これらは純粋知性の観念であるが、外部との関わりをもち、感覚がそれに気づかせるからである」(G. V, p. 116)。このように「内的感覚」が、その内実としては伝統的な意味合いを保ちつつも、身体器官からまったく切り離されて捉えられている。「内的感覚」は知性とは異なるがそれになぞらえられうるような働きをし、知覚行動の基底的な図式を提供していると考えられる。これに対して「内的感得」は、ライプニッツによって自由のデカルト的根拠と看做される自己確証的意識である。「内的感覚」それ自身は身体的器官ではないが、何かしら身体的支えと連関している。「内的感得」はそれが成立するためにはまったく身体を要求しない。「内的感覚」は動物についても共通に捉えられるいわば感覚知覚の基底的場で語られ、「内的感得」は経験がそこにおいて成り立つ意識という場を示す。

第四節　デカルト哲学における「内的感覚」の展開

（一）『規則論』から『方法序説』まで

それではデカルトにおいてどうであったのか。『規則論』から探査を始めよう。『規則論』には「外的感覚 sensus externus」という表現は見出されるが（AT. X, 412; 413; 414; 417(2); 453）、「内的感覚」という表現は見出されない。この外的感覚は身体の外側の部分であり、事物から形を受け取り、共通感覚や、構像力（想像力）にそれを伝える。この二つは身体の一部とされる（AT. X, 414）。認識するための「能力 facultas」としては、知性、想像力、感覚、記憶の四つが挙げられている（AT. X, 398, 411 & 416）。記憶にはそれ独自の身体的器官が割り当てられているわけではない。もし内的感覚という括り方を導入するとしたならば、共通感覚、構像力（想像力）がそれに相当することになるであろうが、しかし、デカルトは内的感覚という概念を用いなかった。用いなかったが、共通感覚、構像力（想像力）が身体の部分とされることがあるという点ではエウスタキウス、デュプレックスと同様である。飢え、渇き、痛みの問題が介入しないという点でも同様である。身体器官との関係という点からすれば、身体の部分としての「想像力」も身体から区別された認識能力としての「想像力」も、同じく「想像力」と呼ばれるという「想像力」の両義性の問題は、中世的認識説からの離脱の一歩を印す徴標になっていると言えよう[8]。「人間論」においても類似の事態を看て取ることができる。つまり、外的感覚器官に光、音、香り、味、熱などの性質が受け取られ、「それらの観念」は「共通感覚と想像力の器官 organe へと」刻印され、記憶に保持される（AT. XI, 202）。共通感覚と想像力は「腺H」に座を占める（AT. XI, 176）。これらは外的感覚に与えられたものを受け取り認知する器官であるという点では、エウスタキウス、デュプレックスと同様である。しかし、ここでは外的感覚（AT. XI, 163; 176; 204）に対応する内的なものとして「内的感得 sentiment intérieur」が考えられている（AT. XI, 163 & 165）。この内的感得とは、「飢え」であり、「渇き」であり、「喜び」であり、「悲しみ」である（AT. XI, 163-165）。これを運動という点から見れば、ちょうど「外的運動 mouvement extérieur」と「内的運動」という対に相応する。外的運動とは、欲する事物を追い、害を与える事物を避けるのに役立つ肢体の運動である（AT. XI, 193; 193-194; 202.）。また、もう一種のものとして笑ったり、泣いたりという情念の証拠として役に立つ外的運動もある（AT. XI, 194）。これに対して内的運動は「衝動 appétit」と「情念 passion」とに分かたれる（AT. XI, 202）。内的運動は次に起こるべき外的運動に向けて、動物精気がうまく流れるように整えるのに役立つ。この情念としては「怒り」と「恐れ」が例として挙げられている（AT. XI, 193-1194）。さらに、「喜び」や「悲しみ」は単に「感得」と呼ばれることもある（AT. XI, 165）。このように追ってみるならば、内的感得・内的運動が、飢えや渇きに代表される衝動と、喜びや悲しみに代表される情念とに分かたれていることがわかる。外的・内的運動は「各々の作用から生じる二種類の運動である」（AT. XI, 193）。つまり、外的運動は「ほとんど常に」内的運動に引き継がれるのである（*ibid.*）。その点ではここでも外的感覚器官の問題と情念とが「運動」という同じ身体生理学的な水準で捉えられていると言える。しかしながら、脳に座をもつともされていた「内的感覚」の不在、「内的感得」の登場は、「第一に身体を別に、次に心も別に」(AT. XI, 119-120) 論じるという「人間論」の構想そのものの破綻と連動しているであろう。(9)

『方法序説』の「第五部」には「内的情念passion intérieure」という表現が見出される (AT. VI, 55)。「以前に出版しようとした論文」(AT. VI, 55)、おそらくは「人間論」についてのいわば想起的展望を述べている箇所である。(10) そこには次のように述べられている。「光、音、香り、味、熱さ、その他の外的対象の性質すべて」は感覚を介して脳に観念が刻まれる。それとともに「飢え、渇き、その他の内的情念」も観念を脳に送ることができる。共通感覚はこれらの観念を受け取り、記憶力はこれらの観念を保ち、構像力は新しい観念を組み立てる。構像力は動物精気をうまく流すことによって身体の諸部分を内的情念に応じて動くようにすることができる (AT. VI, 55)。また「屈折光学」「第四講」には「心が共通感覚と呼ばれるこの能力faculté を動かすのは脳においてである」と言われ (AT. VI, 109)、「外的感覚に対して器官の役割をする身体の各部membres」と表現されている。われわれが先に見た「人間論」の記述とほとんど同じである。しかし、ここでは共通感覚は「能力」とされ「器官」とはされていないだけでなく、外的感覚についてもそれと外的感覚器官との差違が示唆されているとも見える。中世的な意味での、とりわけてもエウスタキウス的理解での「内的感覚」は身体の内側にある感覚器官および能力であった。それに対してデカルトにとって、それに相応する働き、ないしは能力は、『規則論』では身体の部分と看做されることはあっても、けっして内的とされることはなかった。エウスタキウスの内と外という表現から考えられるのは、皮膚の外と内である。その意味で共通感覚の座とされる脳は内なる器官なのである。デカルトにとってはこの意味では脳も内ではない。内的なものは衝動であり、情念である。皮膚を境にした区切りの重要性は以下に指摘するようにまた別の点、つまり、一個の人間という点にある。『規則論』には想像力の両義性という問題があり、「人間論」には内的運動という事態がある。『方法序説』「第五部」には、共通感覚、記憶力、構像力についての中世的理解の名残りが見出される。しかしながら、慥かにここには「感覚するのは心であって身体ではない」(AT. VI, 109) という境地を見出すことができるのである。

(二)『省察』

さて次に、『省察』について見れば、その「第二省察」に一箇所だけ「外的感覚」という表現が見出される。この「外的感覚」にちょうど対応する内的感覚に相当するものとして「人々のいわゆる共通感覚、言い換えれば想像的な力能 potentia imaginatrix」という言い方が見出される (E. 25. 10-12/AT. 32. 17-19)。「想像的な力能」という表現は『省察』の流れの外側に由来をもつ。[11]「共通感覚」という連辞は『省察』においては「第六省察」でもう一度用いられるが、それもエウスタキウス的な意味においてである (E. 91. 02: AT. 86. 19)。反論者の一人であるガサンディが伝統的な意味でこの連辞を用いる (*e.g.* AT. VII, 266(2)) のに対して、デカルトは諸「答弁」においてはもはやこの表現を用いない。すなわち、デカルト哲学におけるポジティブな用語として、「共通感覚」という概念が『省察』および諸「答弁」のなかで用いられることはない。もちろんわれわれが課題とする「内的感覚」は「第六省察」における重要な概念である。しかし、この概念は「共通感覚」ないし「想像力」を種とする類概念としては用いられていない。この点でデカルト的「内的感覚」概念は伝統的理解とまったく異なる。

「内的感覚」へと論及の焦点を絞るにせよ「第六省察」に関して以下の二点を明示しておかねばならない。第一に、「第六省察」の『省察』全体における役割である。「第六省察」の役割は人間学をも展望する物理学の基礎づけである。さらに敷衍するならば、物理学の固有の対象である個別的なものについて、感覚を用いて真理に至りうることの根拠と手立てを解明することである。その根拠は精神と神についての認識の上に立って与えられ、その手立ては知性と想像力に助けられた感覚として与えられる。「内的感覚」もこの射程のなかで問われる。第二に、この「省察」の構成の問題がある。感覚をとおして知覚されるものから物体の実在を証明する立論が得られるのか。これが感覚に導かれる物体の実在証明の始まりであった。第二版第三段落（E. 75. 19–78. 26/AT. 74. 01–76. 20）のことである。ここから出発して物体的な事物が実在することの意味が確定され、感覚と物体との間の直接性が確立されるに至る。かくて「私が感覚によって包括的に把握する comprehendo」もののすべてではないが、少なくとも明晰判明に知解するもの、つまり、数学の対象である「類としてみられた」すべては、物体的な事物のなかにあり（E. 83. 03–10/AT. 80. 04–10）、また、物理学の対象である「個別的なもの」と「光、音、痛み」などについても、感覚を矯正する能力である知性に助けられるならば、「真理に達しうるという確実な希望」が与えられる（E. 83. 11–22/AT. 80. 11–19）。そして第二版第一三段落（E. 87. 19–21: AT. 83. 16–29）以降においてはもはや外的感覚について主題的に論じられることはない。この流れのなかで内的感覚の意義が問われなければならない。以下、本書「第I部」の成果に基づきながら、多少の繰り返しを厭わず「第六省察」における「内的感覚」について纏めることにしよう。

「第六省察」に「内的感覚」という語は二回しか現れない。それは「今はしかし」という先の区切りの前（E. 79. 06–07/AT. 76. 28）と後（E. 87. 24/AT. 83. 28）に分かれている。一回目は感覚による知覚を後になって疑いに呼び戻した理由を述べている箇所に位置する。「外的感覚の判断」だけではなく「内的感覚の判断」においても間違うことがあったという経験が例示されている。「丸い」ないし「四角」とか「大きい」とか「小さい」というのが外的感覚の判断の例であり、「痛い」というのが内的感覚の判断の例である。二回目は身心の「合成体compositum」としての自然の間違えるということと神の善性との関連を問う箇所に現れる。おいしい味にだまされて毒を食べてしまうというのがそこに挙げられている例である。これ以降は合成体＝合一体における感覚の問題が内的感覚として問われる。「内的感覚」が明示的に現れるのはこの二箇所だけであるが、例を辿って行くならば、「今はしかし」の前では外的感覚との対比において、後では合一体における感覚として繰り返し問われていることがわかる。

この前から後へという順にもう少し見て行こう。疑いに入る以前に感覚によって知覚されたものとして真であると考えていたのは何であるのか、と振り返られる。「私」が身体をもっていると感覚すること、その身体が多くの物体に取り巻かれていると感覚すること、さまざまの物体からこうむる身体の変状を感覚することがそれである（E. 76. 08‑16/AT. 74. 17‑23）。こうしてはじめて外的感覚と内的感覚の対比が仄示される。この次に「痛さ・ここちよさdolor/voluptas」という感覚による「具合のよい・具合のわるいcommodus/incommodus」ということの測り分け（E. 76. 08‑16: AT. 74. 17‑23）、さらに「飢え、渇き」などの「衝動appetitus」および「感情affectus」への何らかの「身体的傾向性corporea propensio」に言及される。これに対して「外ではforis」、物体の広がり、形、運動、堅さ、熱さ、光、色、香り、味、音などを感覚していたとされる（E. 76. 17‑29/AT. 74. 23‑75. 05）。これらの性質の観念は「私」にとって受動的であり、生き生きとし、「それなりにいっそう判明suo modo magis distinctæ」である（E. 76. 29‑77. 21/AT. 75. 05‑75. 23）。これに対して内的感覚は「或る特殊な権利を以て私のものと称していた物体（身体）」に係わる。「私」の身体と思いなしていたのは、他の物体と同じようには切り離せないこと、「衝動と感情」とを身体において身体のために感覚し、痛みと「ここちよいくすぐりtitillatio voluptatis」とを身体の部分において気づいていたからである（E. 77. 29–78. 08/AT. 75. 29–76. 06）。痛みの感覚に心の悲しみが、擽りの感覚に或る喜びが続き、胃の収縮感から食欲が、喉の渇きから飲みたいということが発するが、これら内的感覚と〈思い〉、あるいは、意志との間には何の「親しい関係 affinitas」もないので、自然によって教えられたということをその対応の理由にしていた（E. 78. 08–78. 21/AT. 76. 06–16）。理由・理拠を以て証明する以前に自然に教えられたということを理由にしていたのである（E. 7821–7826/AT. 76. 16–20）。ここでの内的感覚・外的感覚の対は対象が身体の外側にあるのか、内側にあるのかということによる区別と考えることはできない。内的感覚が身体にとっての「具合のよさ・具合のわるさ」ということとの関連で語られているからである。

「今」が規定され、明晰判明な知解というレヴェルが設定され（E. 8017–8030/AT. 78. 02–12）、身心の区別が導き出される（E. 8030–8110/AT. 78. 13–20）。続いて物体の実在が証明される（E. 82. 07–83. 203/AT. 79. 11–80. 04）。ここではこの論証過程について触れないが、内的感覚との関連で次のことだけを指摘しておく。身心の区別が確定された後、物体が実在するという結論の提示まで、内的感覚について論じられていないということである。物体の実在証明においては物体に対する外向きの能力としての感覚のありようが基軸になっている。この「感覚」は外的感覚と内的感覚を一括りに捉えた感覚である。その「形相的概念」のうちに「知解作用 intellectio」を含むものとして捉えられた感覚である（E. 81. 17–18/AT. 78. 25–27）。狭い意味での物体の実在証明において痛み、飢え、渇きは役に立たない。これらは身心の緊密な結びつきの露呈以外の何ものでもないからである。内的感覚が次に浮かび上がりそうに見えるのは、先に触れた「個別的なもの」が登場する箇所であるが（E. 83. 14–15/AT. 80. 14）、ここに挙げられているのは触覚に分類される「痛み」である。

自然によって教えられるかぎり「何らかの真理をもっていることに疑いはない」。その自然によって教えられることには、大きく言って三つのことがある。第一は、身体をもつことであり、第二は「私」が身体と一つの何かを構成していることである。内的感覚は「精神と身体との合一およびいわば混合から発する或る不分明な思いの様態に他ならない」。三つ目は「私」の周りには他の物体が実在するということである（E. 83. 22-85. 11/AT. 80. 20-81. 27)。このほかに自然に教えられたかのように思われるが、実は「無思慮に判断するという或るしきたり consuetudo」から受け取ったものもある。たとえば、感覚を動かさぬ何も見つからない空間を空虚であるとするような場合である（E. 85. 12-26/AT. 82. 01-12)。このようなしきたりから区別するために自然から教えられるということを明確に「定義し」なければならない。自然の最も広い意味は「神によって私に賦与されたもののすべての複合complexio」という意味である。この広い意味には三つの狭い意味が含まれる。つまり、自然の光によって識られるもの、物体にのみ係わるもの、身心合一体としての私に神から帰属させられたものという三つの意味である。これ以後の論述を規定しているのは第三の意味での自然である。すなわち「合一体」としての自然である。これは、痛みの感覚をもたらすものを避け、ここちよさという感覚をもたらすものを追いかけることを教える。そしてまた、合一体としての自然のかぎりでの感覚、すなわち、内的感覚の知覚は物体の本質を教えない（E. 85. 26-86. 21/AT. 82. 12-83. 02)。物理学的研究を遂行する上では内的感覚は役に立たない。この自然は「いったい何が具合よいのか、あるいは具合がわるいのかということを意味表示するために」与えられたのである。このように感じ分けることが内的感覚の役割である（E. 86. 21-87. 18/AT. 83. 02-24)。

次に合一体における感覚について述べられるが、ここで論じられるのはもっぱら内的感覚についてである。これまでの省察のなかで内的感覚の誤りは解明されずに残っていた。これが「神の善性」(E. 87. 20/AT. 83. 25）に背反しないことが明らかにならないならば、神の誠実はいまだ未決の問題ということになる。水腫病の患者の喉の渇きは病を重くする方向への欲望を生じるにもかかわらず、神の善性に反するわけではない。このことが神経生理学的知見に基づいて明らかにされる。たとえば、足から脳までの中間の神経の部分は、足が傷を受けたときと同じ運動を脳のうちに引き起こしうる。そのとき精神は足が傷を受けたときと同じ痛みを感じる。これは痛みだけではなく他の感覚でも同じである。しかし、ここで問われているのは内的感覚に固有の欺きである。合一体としての人間の自然は、神の善性にもかかわらず時として欺く（E. 89. 25-93. 15/AT. 85. 18-88. 22）。〈喉の渇き〉・〈飲むことが健康によい〉という組み合わせが、水腫病患者の場合には〈喉の渇き〉・〈飲むことが健康にわるい〉というように結びついている。後者の結びつきを欺きとし、身体の良好な状態での組み合わせを正しいとする方がはるかによい（E. 93. 28-94. 05/AT. 89. 02-07）。ここに「身体にとっての具合のよさ（健全さ）corporis commodum」という次元が開かれる。この合一体の次元での誤りの避け方は、多くの感覚を用いること、知性を用いること、記憶力を用いることである。そうなればもはや「感覚によって私に常日頃提示されるものが偽ではないのかと恐れなければならないということはない」（E. 94. 06-94. 10/AT. 89. 08-11）。

（三）『哲学の原理』から『情念論』まで

『哲学の原理』「第四部第一九〇項」の表題は「諸感覚の区別について。第一に、内的感覚について、つまり心の感情 animi affectus についてと自然的衝動 appetitus naturalis について」となっている（AT. VIII, 316）。そこでは感覚の最始的差異は七つとされる。その内の五つが外的感覚であり、二つが内的感覚である。外的感覚は触覚、味覚、嗅覚、聴覚、視覚であり、内的感覚は自然的衝動と心の感情である。これらの区別は身体器官と神経系の組み合わせに基づいている。外的な五つの感覚は対応する器官を神経システムの発動の発端としてもつ。内的なもののうち前者は「自然的欲望 desiderium」の充足、すなわち、飢え、渇きなどの充足に係わる器官、たとえば胃、食道、喉などから神経を介して脳に運動が生じることによる感覚である。後者、すなわち、「心の情動 commotio」言うなら「心の情念 pathemata」そして「喜び、悲しみ、愛、憎しみなどの心の感情」のすべては、心臓と横隔膜などと神経との連携を通して脳のなかに運動が起こり、その運動が「活性 hilaritas についての或る自然的な感覚によって精神を変状する」というようにして生じる（AT. VIII, 316-317）。脳のなかに生じる運動が精神の変状を惹起する、そのような精神の変状が感覚と呼ばれる（*cf*. AT. VIII, 316）。関連する器官の差異と神経経路の差異に基づいて感覚の差異も説明される。要するに『哲学の原理』における内的感覚とは身体の内部に発端をもつ、心の変状なのである。皮膚の内側ということが機械の内側とは異なる効果、すなわち、身体にとっての具合のよさに係わることになる次第については述べられていない。しかしながら、そのことは「第六省察」では内的感覚の例とされている「痛み」が、ここでは触覚に分類されることによって、以下に見るように示唆されてはいる（art. 191, AT. VIII, 318）。

次に書簡に目を転じてみるならば、「内的感覚」ないし「内的感得 sentiment intérieur」という表現に出会うのは、一六四五年一〇月六日のエリザベト宛の書簡だけのように思われる。そこでは内的感得と外的感得が「外的対象」に由来するか、「身体の内的結構 deispositions intérieures」に由来するかに応じて区別されている。外的感得の例としては、「色、音、香りの知覚」が挙げられ、内的感得の例としては飢え、渇き、痛みが挙げられている（AT. IV, 310-311）。「痛み」はここでも内的感得の方に分類されている。『哲学の原理』において痛みが触覚に分類されていたこととの関連については次のように考えられる。『哲学の原理』「第四部第一九一項」に示されていたように、「痛み」は身体の「損傷 læsio」（AT. VIII, 318）を伴う触覚である。つまり、損傷を与える痛みは、身体の維持に係わり、この点では内的感覚に分類される。身体の維持保全ということを離れて捉えられる場合には、痛みは「擽り」(AT. VIII, 318) から〈ざらざら〉を経てさらに先なる延長線上におかれる。生命維持という観点からは痛みは擽りとまったく異なる値、内的感覚という値をもつことになる。痛みはこのように物体としての身体の物理学と合一体としての身体の物理学とを結びつける。

最後に『情念論』に目を向けてみよう。「内的感覚」という連辞は「第八五項」にしか見出されないように思われる。そこには「われわれが、われわれの内的感覚ないしわれわれの理性 notre raison によって自分の自然に適っている、ないし敵対していると判断するものを、われわれは共通に善いとか悪いとか呼ぶ」。それに対して「外的感覚によってわれわれに再表象されるものをわれわれは美しいとか醜いと呼ぶ」(ATXI, 391) という記述が見られる。先ほど指摘した身体への損傷と痛みとの係わりが痛みを内的感覚へと分類させる要因であるという理解の上に立てば、ここでの内的感覚も生命維持との係わりで捉えられる自然の判定に寄与していると考えてよい。その自然とは心身合一体であるかぎりでの人間の自然である[12]。理性との対のもとに、それによって何事かが評定される何らかの能力として内的感覚が語られる。遡って「第一三項」では、対象が神経に或る運動を引き起こし、その運動が脳に達するという身体の機制について述べられている。「われわれの身体という機械 machine de notre corps」の仕組みの一端が説かれている。その対象の区別として「外的感覚の対象」と「内的衝動 appêtits intérieurs の対象」という区別がなされる。前者の例として挙げられているのは「視覚の対象」、「音、香り、味、熱さ」であり、後者の例は「痛み、飢え、渇き」である (AT. XI, 338-339)。「第八五項」で述べられている「内的感覚」とこの節での「内的衝動」とを区別すべき謂れはなさそうに思われる。しかし、それにしても善い・悪いの評定に係わるということと、対象の側からの区別という差異は残る。とするならば、内的衝動は身体内部に発端をもち、たとえば胃とか食道とか喉を場所にもち（痛みの場合には身体のあらゆる部分が発端となりうるのであるが）、それに対して内的感覚は身体的場所の限定をもたずに、そのような内的衝動を引き受けて、善い・悪い、「第六省察」の用語で言えば「具合のよさ」を評定することになる。別の言い方をすれば、この表現がもたらす差異は、人間身体という機械の説明と、心身合一体としての機械ではない人間にとっての生命維持あるいは〈よく生きる〉という問題との交差を示している。

「痛み」はその典型である。すなわち、「痛み」は神経系から脳に伝わる運動の所産として解明されるとともに、一個の全体としての人間にとっての〈よく生きる〉という係わりからも解明されなければならない。「第一三七項」に着目しつつこの問題について若干のことを述べておく。「愛、憎しみ、欲望、喜び、悲しみ」という五つの情念は「自然の設定 institution de la Nature」に従って身体と関係づけられており、これらの情念が心に与えられるのは心が身体と結びついているかぎりにおいてである。それゆえ、これら情念の効用は身体の維持ないし身体を何らかの仕方でいっそう完全にすることへと向けられる。たとえば、「悲しみ」の効用は「痛みの感得 sentiment de la douleur」に係わる。心は痛みの感得を通して直接的に身体を損なう事物に気づく。その痛みの感得が第一に「悲しみの情念」を、第二に痛みの原因に対する「憎しみ」を、第三にその原因から免れようとする「欲望」を生む（AT. XI, 429-430）。この「痛み」から「欲望」までは心身合一体としての人間を対象にする物理学的探究によって明らかにされることである。「痛み」は情念の定義からすれば、「とりわけても心に関係づけられる」（art. 27, AT. XI, 349）のではないという点で、香り、音、色と同様であるが、それらが外的対象に関係づけられるのに対して、飢え、渇き、痛みは「われわれの身体」に関係づけられるという点で外的「感得」とは異なる（art. 29, AT. XI, 350）。「痛みの感得」は感得であるという点では心の情念（受動）であるが、身体に関係づけられるという点では情念ではない。しかし、痛みの感得が痛みの原因から免れようとする欲望へと自然的に連接しているという点からすれば、痛みは人間の「追求したり、避けたりする」(*cf*. M6, AT. VII, 81.17 & 81.26) 行動に密接していることになる。欲望の制御はまた痛みの選択的受容にも通じることになるであろう。

デカルトの「内的感覚」は痛み、飢え、渇きであり、外的感覚から伝えられるものを認知する能力ないし器官ではない。このことはきわめてデカルトに独自のことであった。[13] 身心の区別への洞察が決定的になったとき、「人間論」のなかで初めて飢え、渇きが身心連動の証である「内的感得」として捉えられた。身心合一体に特有な内的感覚は、その区別を通して初めて明確になる。区別の確定によって痛みが身心のどちらにも振り分けられないという痛みの特質が判明する。われわれの探査が示しているように、痛みへの洞察はデカルトの思索史のなかでは遅れてなされた。「第六省察」までは痛みが内的感覚のうちに含まれていないということは重要である。「私」が合一体として捉えられて以来、痛みは外的感覚と内的感覚を結ぶ環となる。

合一体における感覚として問題になっているのはもっぱら内的感覚である。生命維持に直接的に係わるのは内的感覚であって、外的感覚ではない。目前のライオンへの怯えは痛みに根ざし、食欲をそそる香りは飢えに発する。目前の机を見ることがどのようにして健康維持になるのか。薔薇の香りを愛でることがどのようにして生命維持になるのか。外的感覚は、知性と想像力と記憶力に助けられるならば、物体的事象に関する真理認識に十分寄与しうる。内的感覚についてもこれらに助けられるならば、われわれは欺かれずにすむ。しかし、内的感覚を頼りに物体的事象の真理を探り出すことはできない。内的感覚は物理学の対象であるが、物理学の研究を進める上では避けるべきものなのである。

内的感覚は「私」の身体の外側に実在する何かを必ずしも要求しない。飢えは、何に飢えているのかということなしにでも飢えである。身体の外に物体がなくとも痛みは痛みである。生命維持にとって最も原初的なこと、痛み、飢え、渇きは当のその身体をもっているということに制約されている。つまり、内的感覚の他人による代替は不可能であり、内的感覚は他人の眼差しを擦潜る。こうして内的感覚が合一体としての「私」の限界を教える。そこに個人倫理が成立する。身体がうまくいっていること、健康であること、身体の健全さが個人倫理の核心を為す。

第五節　内的感覚と外的感覚

身体なしに感覚は成立しない。デカルト哲学においては、よく知られているように、感覚成立の解明は物理学の主題の一つであり、解剖学的知見に裏付けられるべき問題であった。デカルト的「内的感覚」に焦点を絞って、「感覚」のみが到達でき、知性が到達した途端に変質してしまう、生きることの余儀のなさ、個人倫理の共通基盤のありどころを明確にしよう。「内的感覚」とはいわゆる五感以外の感覚と考えてよい。といっても決して神秘的なものではない。トマス・アクィナスによれば、先に見たように内的感覚には四つが数えられていた。きわめて単純化して言ってしまえば、外的感覚に与えられた情報をとっておき、再表象したり、判定したり、それらを組み合わせたり、自分の感覚作用を捉えたりする働きと言ってよいであろう。この「内的感覚」はいわば中世最後の哲学者たちとでも呼びうる、たとえば、エウスタキウス、デュプレックスにおいては解剖学的知見に裏付けられるべき物理学上の主題として捉えられていた。この点はデカルトにも継承されている。しかし、彼らにとっては、この内的感覚は何らかの仕方で事物を「再表象する repræsentare」ことと係わっているが、デカルトの場合には、再表象ということが内的感覚の特徴にはならない。

デカルトの内的感覚と外的感覚の区別を、カンブシュネルの『情念論』についての記念碑的大著につけられた「註」に即しながら明らかにしてみよう（D. Kambouchner, *L'homme des passions*, Albin Michel 1995, t. II, p. 441, n. 58. 以下、本書を *HP* と略記する）。彼によれば、まず第一に「われわれの外なる対象」にわれわれを関係づける「知覚 perception」と「われわれの身体ないしはその諸部分のどれかに」関係づける知覚という区別が見出される（『情念論』「第二三項から二四項」）。第二に、内的感覚がもっとも広い意味をもつ場合には、外的感覚の他に衝動や情念の知覚、快や苦の「感得 sentiment」も含むことになる（「人間論」AT. XI, p. 143 sqq. et p. 163 sqq.;『哲学の原理』「第四部・第一九〇項から一九五項」）。第三に、もっとも狭い意味では内的感覚から情念が排除されているように見える（「第六省察」E. 76/AT. 74-75;『情念論』「第二三項から二五項」）。第四に、『情念論』「第二部第八五項」には以上とは別の意味が見出される。これがカンブシュネルの区分である。第一番目の点についてわれわれが指摘しておくべきことは、「外なる対象」に対して内なるものとして「われわれの身体ないしその諸部分のどれか」とされていることである。ここで「外」に対立して考えられる「内」は決して心のうちではない。挙げられている例は、「飢え、渇きとその他のわれわれの自然的衝動 apptits naturels」（「第二四項」）の知覚である。第二番目の分類には次の二つの問題が考えられる。「人間論」においては「外的感得」との対として「内的感得 sentiment intérieur」が考えられている。「内的感得」・「内的運動 mouvement intérieur」が、飢えや渇きに代表される衝動と、喜びや悲しみに代表される情念に分かたれている。この「内的感得」、「内的運動」は器官ではない。器官ではないが「動物精気」と器官の配置に基づく大脳生理学的説明のもとに解明されている。この「人間論」において内的感得として示されているのは、飢え、渇き、喜び、悲しみであり（AT. XI, 163-165）、内的運動として示されているのは、「衝動」と「情念passion」である（AT. XI, 165)。デカルトの言う「内的感得」と「内的運動」は、再表象ということを不可欠の成立条件としてもっているわけではない。このことは飢えや渇きという衝動と喜びや悲しみという情念とがともに「内的」として括られているということと連動している。しかしながら、精確に捉えようとするならば、或る情念には「或る対象の再表象」が結びついてくることになる（*cf*. HP, t. 2, p. 49)。それは情念が、「情念passion＝受動」であるという規定上、その発生において能動であるような対象を要求し、それゆえ当の対象の再表象の可能性をも要請するからである。[14] これに対して、飢えや渇きはむしろ対象の欠如を要求する。さらに付け加えれば「人間論」には「内的感覚」という用語は登場していない。これが一つの問題である。

もう一つは典拠とされている『哲学の原理』「第四部・第一九〇項」についての読み方に係わる。問題はデカルトが挙げている二つの「内的感覚」の間の関係にある。デカルトは次のように記している。つまり、「胃、食道、喉、自然的欲望desideriumを満足させるために当てられている他のいっそう内的な部分へと延びている神経は、内的感覚の一つで自然的衝動と呼ばれているものを生みだす」（AT. VIII, 316. 18)、と。これが第一の内的感覚である。もう一つのものは「心臓と横隔膜へと延びる小神経」が生み出すものであり、「喜び、悲しみ、愛、憎しみなどのような、すべての心の情動言うなら情念と感情animi commotiones, sive pathemata, & affectus」がこれに含まれる（AT. VIII, 316)。カンブシュネルは第一のものを「衝動の感覚」、第二のものを「情念の感覚」とし、「この二つの思いの区別は、それ自身一種の冗長を含んでいるのではないか」（*HP*, t. 1, pp. 74-75）とする。「第一九〇項」のこれ以降の大部分は小神経の方に、つまり、情念の成立の次第へと割かれている。そして、感情の場合と「飢え、渇きなどの、自然的衝動appetitus naturalisの理由ratioは別ではない、これらは胃や喉などの神経に依存しており、食べることの意志、飲むことの意志、などとはまったく別個である。しかし、たいていの場合、このような意志言うなら衝動作用 appetitio がこれらに伴うので、そのために衝動と呼ばれる」(AT. VIII, 317-318)。逆から見れば、感情・情念から意志を差し引くならば、ともに身体から蒙るものとして、それらと自然的衝動とは、そのかぎりでは異なるところがないということにもなろうか。身体が蒙られて生じる思いであるという限りでは、区別を要しないにせよ、だからといって、飢えや渇きと、悲しみや喜びが区別されていないということにはならない。この飢えや、渇きの「たいていの場合に plurimum」意志と連動してしまう、このありさまこそ「自然的な」ものとして括らねばならない所以であろう。「理由が別ではない」のは飢えや渇きにせよ、諸情念にせよ、それらの発生の仕方が同じく生理学的に説明されるということである。説明のために別個の「理由」を要しない、同じく神経系の問題として説明されうるということである。

カンブシュネルの指摘する第三の点についてはわれわれの見方と同じである。『情念論』「第一部第二三項から二五項」において神経を介して心にやってくる知覚が三つに分類されている(AT. XI, 345-348)。すなわち、「われわれの外にある対象に関係づけられる」もの、「われわれの身体に関係づけられる」もの、「われわれの心に関係づけられる」ものという区別である。これらは「われわれの心という点からみて情念=受動」であると言えるが、『情念論』で主題とされる情念とは第三のものであるとされる。整理してわれわれなりに言い直すならば、第一のものは外的感覚であり、第二のものは内的感覚であり、第三のものは心の情念に相当する。デカルトはここで「内的感覚」という言葉を用いてはいないが、「飢え、渇き、その他の自然的衝動」の知覚と述べている。ここではさらにわれわれの身体の内に感じるという点が重視され、痛み、熱さなども挙げられている(AT. XI, 346-347)。次に「第六省察」における内的感覚の問題であるが、既にわれわれが明らかにしたように、そこでの内的感覚とは飢え、渇き、痛みであり、心の情念に分類されることになるものは含まれていない。第四番目は『情念論』「第二部第八五項」で述べられている「外的感覚」と「内的感覚」の区別の問題である。外的感覚は〈うつくしい・みにくい〉ということに関連し、「内的感覚とわれわれ自身の理性」は〈よい・わるい〉ということに関連する。『情念論』のなかでここにだけ「内的感覚」という連辞が現れる。ここでの「内的感覚」は、慥かに、よい・わるいの判定に係わるとされているという点で、中世的な伝統における「内的感覚」に近い意味において捉えることができるかもしれない。しかし、デカルトの内的感覚と外的感覚の先に見た区別からするならば、この内的感覚を中世的な「評定力」に対応させることはできない。そうではなく、ここでの肝要な点は、内的感覚が合一体における身体の「具合がよい、わるい」ということに根付いているという点にある。その点では「理性」と同等の役割を果たすと言えよう。

以上の検討からもわかるように、デカルト哲学における内的感覚と外的感覚の区別は、思索の展開において一貫した表現を与えられているとは言い難いが、変わらぬ筋を辿ることはできる。すなわち、内的感覚とは、飢え、渇き、痛みという感覚であり、身体維持に欠くべからざる感覚なのである。要するに、デカルトにおいて「外的感覚」と「内的感覚」の区別は明確であり、「内的感覚」と「情念」も混同されてはいないということである。(15)

ところで痛みは『哲学の原理』によれば触覚に分類される（*PP*. p. IV, art. 191, AT. VIII, 318)。つまり、そこでは内的感覚としてではなく、外的感覚の一種に分類されている。しかし、先に見た『情念論』「第二部第八五項」における「内的感覚、あるいは、理性」と「外的感覚」の区分と、その「第一部第二三項から第二五項」に展開されている神経を介して心に至る知覚の分類とに従う場合には、痛みは内的感覚に分類されることになる。ここに〈痛み〉ということの難しさが潜んでいるが、しかし、それは（内的・外的）感覚と情念との区別とは別種の問題である。痛みは対象を要求するが、しかし当の対象の再表象の可能性を要請するわけではない。この〈痛み〉の特有性を外的感覚としても特殊な感覚であり、内的感覚としても特殊であると言い換えることができる。痛みを外的感覚とみなした場合には、常に皮膚の表面かその内部を起点とするという奇妙さが生じ、飢えや渇きをモデルとして内的感覚を捉えた場合には、痛みを起こす原因の多くが体外の物体であるという奇妙さが生じる。その一方で、生命維持という観点から捉えた場合には、飢えや渇きと同じ値、同じ種類の重要性をもつことが明らかになる。身体を一個の物体として看做した場合に痛みは物体である身体とは別の何かとの接触、あるいは、身体自身の何らかの変状によって生じる。身体自身の何らかの変状によって痛みが生じる場合にも、身体を物体として捉えるかぎり、痛みは広がる世界の様態の変化として観察される。しかし、身体と合一した精神、つまり、身心合一体という観点からするならば、痛みを接触に還元することはできず、痛みを観察することもできない。観察へともたらそうとして、痛みを視覚的に表現すれば、〈みだれ〉ということになるであろう。身体運動が乱れていると見えるときに、そこに痛みを想定する。静かな湖面に波紋が生じれば、何かが水面に触れたと考えるように。痛みをとおして、物体としての身体についての物理学と精神と合一したかぎりでの身体の物理学（病理学 pathologie）とが結びつく。[16] 自分の身体を精神との合一体としか看做すことのできない患者と、合一体としての身体を物体と看做すことができるという立脚点に立つ医者とが経験の原初として共有できるのは痛みである。痛みのこの特徴を踏まえるならば、痛みを内的感覚に分類することの正当性は十分に認められるであろう。

第六節　内的感覚の倫理的意味

内的感覚は心が心を介してのみ感じとる内的情動（情念）とは異なる。内的感覚は心に感じとられたときには、既にかたちに括られてしまっているような、直接的な身体の衝動の感覚である。内的感覚と内的情動（情念）の区別を明確にしない場合には、どのようなことが生じるであろうか。この点から内的感覚の倫理的意味について探りを入れることにしよう。デカルト哲学において、飢え、渇き、痛みは情念の制御の問題とは異質の出来事として論じられなければならない。内的感覚の問題系は、情念の問題系とは異なる。カンブシュネルは、情念とその身体論的成立とを「意識」、「現象性 phénoménalité」（*e.g. HP*, t. 2, p. 318）という問題系を繰り込むことによって見事に解き明かして見せた。しかし、内的感覚は、これとは異なる問題系において解明されなければならないというのがわれわれの主張である。彼によれば、「高邁」ということは既に他人を組み込んだ上で成立している（*e.g.* HP, t. 2, pp. 273-274; t. 2, p. 271; pp. 422-423, n. 349. *Cf.* t. 2, p. 261, p. 271 et p. 420 n. 337）。そのことはまた「情念」主体としての「私」の上に立った、あるいはこう言ってよければ、他人との関係が成立している「間主観的共同体 communauté intersubjective」（*e.g. HP*, t. 2, p. 267）という状況での「他なる人間たちとの志向的関係」（*HP*, t. 2, p. 258）を組み込んだ上でのことである。しかしながら、痛み、飢え、渇きのもたらす身心関係は、他人との関係の成立している状況とは異なる説明を求める。他人との志向的関係の上に成立している情念の制御と、社会関係のなかで初めて制御の対象になりうる内的感覚とでは、制御の意義が異なる。情念を習慣によって逸らしてしまう、別の情念に変えることも可能になるであろうが、内的感覚の場合には、もともとのところは、逸らしてはならないものである。公平な措置が自分に不利益をもたらすときの怒りは、その公平さの意義をわがものにし、そのことが喜びをもたらすことをとおして、解消される、あるいは減少される可能性をもっている。しかし、歯の痛みを数学の問題を解くことによって解消したとしても、歯は傷んでいるから痛かったのであり、その痛みをなかったことにするのは、生命体の維持にとってよくないことである。

身体との係わりのなかでの内的感覚と情念との明確な区別なしに個人倫理の基盤を探ろうとするならば、身心合一体としての「私」の倫理は既にすっかり他人を組み込んだ上で成立していることになる。このことはまた、私の身体の個としての枠付けを見失わせることになる。この視点からは、身体の区切りに淵源をもつ人間の個体としてのありさまが見逃されざるをえない。デカルト哲学に特有な点の一つは、一つの枠に納まりきれない人間的現実の分裂的事態に、精神と物体（身体）の「実象的区別 distinctio realis」という理拠を与えるという点にある。「実象的区別」それと連結する「物体の実在証明」は、精神（知性・意志・想像力・感覚）として見られた「私＝われわれ」が（知るという道の上で）物体（身体）的世界と出会うことが感覚することである、ということを示していた。精神と物体とは感覚の直接性によって結びつけられる以外には、観念を介するという関係しかもちえない。この「実象的区別」（ないしは、デカルト的「二元論」）は近代自然科学に対する楽観を背景にしていた間は、或る種の肯定性をもって暗黙のうちに受容され、自然科学の技術的適用が自然の疎外態としての人間のありさまを顕然化するに至り、否定性に覆われることになる。「実象的区別」は感覚の直接性と一対をなす事態であり、「実象的区別」が形而上学の帰結の一つであるのに対して、感覚の直接性はわれわれが自ら外界との間に絶えず構築し続けなければならない紐帯である。にもかかわらず、この紐帯を見失うとともに上に述べた人間的現実の分裂的事態が解消されたかのように思い込まれてきたのではなかろうか。感覚が感覚である以上、つまり、身体器官の実在前提を含む以上、「私」の身体の成立と他なる物体（身体）の成立は論理的に同時なのである。感覚の直接性は、外的感覚と内的感覚という区別を超えている。外的感覚は精神と物体との関係の、内的感覚は精神と身体との関係の直接性を保証する。心としてみられた「私」に対する、一個の人間（合一体）としてみられた「私」の二重の超過分（すなわち、身体と物体）を、遮断されつつも、応答する外部性として捉える視点を見逃し、「志向的」であること、「反省的」であること、「知性的」であることをいわば内面性の徴表と捉え（*e.g. HP*, t. 2, p. 283）、情念をいわば外部への開けのもとに捉え、そのようにして外部性の遮断的実相を事柄の本質的要因から外してしまうならば、人間身体相互のぶつかりあいとして具現せざるをえない「個人倫理 éthique d'un individu」（*HP*, t. 2, p. 238）の現実を取り逃がすことになるであろう。私の身体が他人の身体と別個であるという偶然的事態が個人倫理の基盤をなす。私が他人の頭痛を私の頭痛として感じることができないことは、論理的にそうなのでは決してなく、たまたま私がその他人と身体を別個にしているという偶然的事実の必然的結果なのである。倫理的問題が発生したときにいつも戻って行くことのできるこの経験の岩盤を忘却したまま、社会的問題として、あるいは限定なしに一般的に倫理の問題として何かしら〈よい・わるい〉について論じることは、いくつもの妄想の間を渡り歩くことなのではなかろうか。むしろ、われわれが倫理の問題を一般的に論じようとする際には、意図的ではないとしても多くの場合に自分への振り返りをしているであろう。しかし、この振り返りが個人倫理の根付く経験の岩盤にまで至るためには、痛み・飢え・渇きにまで戻らなければならない。そうでなければ社会倫理（一般倫理）と個人倫理とのせめぎ合いをどこで摑むのかという点も不明になるであろう。

（1） Eustachius A Sancto Paulo, *Summa Philosophiae quadripartita, de rebus Dialecticis, Moralibus, Physicis et Metaphsicis*, Paris 1609, pars III (Physica), trac. 3, disp. 3, pp. 391-407. エウスタキウスとデカルトとの関係についてはたとえば、J.-L. Marion, *Sur le prisme métaphysique de Descartes*, PUF, 1986, pp. 13-14, あるいは、L. Spruit, *Species intelligibilis: From Perception to Knowledge*, E. J. Brill, 1995, t. II, p. 316, n. 207, また、Descartes, *Correspondance* publiée par Ch. Adam et G. Milhaud, P. U. F., 1947 (Kraus Reprint, 1970), t. IV, p. 394, さらに R. Ariew, "Descartes and scholasticism: the intellectual background to Descartes' thought", in *The Cambridge Companion to Descartes*, Cambridge University Press,

1992, pp. 58-90（ロジャー・アリュー著／宮崎隆訳「デカルトとスコラ哲学——デカルト思想の知的背景」『現代デカルト論集II』勁草書房、一九九六年、二八三頁から三三一頁）などを参照。

（2）このことはデカルトの夢の議論と内的感覚との連関を読み解く上で重要になるであろう。『哲学の原理』「第四部第一九六項」には、「脳においてのみある睡眠は、日々感覚能力の大部分をわれわれから奪い去り、覚醒後に回復する」（A.T. VIII, 319）と記されている。

（3）Scipion Dupleix, *La physique ou science des choses naturelles*, 1603 (1640). Texte revu par Roger Ariew. Corpus des œuvres de philosophie en langue française, Fayard 1990.

（4）このことは中世スコラ哲学における〈ものから知性〉へという方向づけの逆転としてデカルト哲学的境地を捉える際の、いわば中間形態として、ドゥンス・スコトゥス以来の「対象的存在 esse objectivum」という概念やスアレスの「理拠的存在 ens rationis」という概念とともに重要になる。『観念と存在』「第I部第一章第一節」」、「第II部第三章」、「第III部第一章」、参照。

（5）「内的感覚」という考え方の源泉とされるアリストテレスにまで遡って、「共通感覚」という表現が出現するとD. W. Hamlyn によって指摘されている（Aristotle's *De Anima*, Books II, III, Translated with introduction and Notes by D. W. Hamlyn, Oxford, 1968, p. 119）三箇所（*De Anima*, 425a13; *De Memoria*, 450a10; *De Partibus Animalium*, 686a27）を参照してみても（山本光雄訳『霊魂論』「第三巻・第一章」八五頁、副島民雄訳『記憶と想起について』二二六頁（ともに『アリストテレス全集6』岩波書店、一九六八年）、島崎三郎訳『動物部分論』三八八頁（同『全集8』岩波書店、一九六九年）どこにも「内的感覚」として共通感覚と構像力とを括り上げるという叙述には出会わない。

（6）N. Malebranche, *De la recherche de la véité, dans Œuvres complètes*, t. I, t. II & t. III, éd. par G. Rodis-Lewis, Vrin-C.N.R.S., 1972, 1974, 1976. 以下 *RV* と略記する。

（7）ライプニッツのテクストから引用する場合にはすべて以下のものの巻数とページ数を明記する。G. W. Leibniz, *Die philosophischen Schriften von Gottfried Wilhelm Leibniz*, éd. par C. J. Gerhardt, Olms 1961. また工作舎版『ライプニッツ著作集』の諸巻および米山優訳『人間知性新論』（みすず書房、一九八七年）をも参照した。

（8）「想像力」の両義性というこの事態については、『観念と存在』「第II部第二章」参照。また、『規則論』における共通感覚と構像力（想像力）の働きについては、エウスタキウスやデュプレックスと異なる点として物理学の対象として論じられていないという点を付け加えて指摘しておく。さらに、「カルテシウス Cartesius」と呼ばれる断片のなかに「共通感覚ないしは想像力」への言及が見られる（AT. XI, 652. 02 & 04;《Cartesius》texte établi par V. Carraud, l. 106 & l. 108, *Bulletin cartésien XIV*, dans *Archives de Philosophie 48*, 1985, Cahier 3, p. 4）。この部分は『規則論』以前の思索を伝えているのかもしれないが（*cf.* G. Rodis-Lewis, *Œuvres de Descartes*, J. Vrin, 1971, p. 79 & pp. 105-108. ジュヌヴィエーヴ・ロディス－レヴィス／小林・川添訳『デカルトの著作と体系』紀伊國屋書店、一九九〇年、八一頁、一一二頁から一二〇頁）、ここでは深入りする必要はない。

（9）「人間論」の構想とその破綻については、『形而上学の成立』六九頁から七六頁参照。

（10）*Cf.* É. Gilson, *René Descartes: Discours de la méthode, Texte et commentaire*, J. Vrin, 1925 (1967), p. 417.

（11）『形而上学の成立』一八二頁註(57)参照。

（12）「第八五項」における「内的感覚」と「理性」との対における「理性」をどのように捉えるべきか。ここで理性で問われる局面を身心合一体として捉えられるかぎりの人間精神の自然であると考えてよいであろう。D. Kambouchner, *L'homme des passions*, Albin Michel 1995, pp. 270-273 はこの点について論及しているが、明快な答えが与えられているとは思えない。彼が内的感覚に「味」と「香り」が含まれると想定している点（p. 270）、内的感覚によってよいと表象されるものは、理性によってよいと表象されるものに対して、たとえば健康を損なう可能性をもっていると彼が看做している点（p. 272）はわれわれの見解と異なる。さらに、この項での内的感覚と外的感覚の区別が、「第一九項」から「第二五項」までの「知覚」の分類と合致しないという彼の考え（p. 271）も腑に落ちない。というのも、身体ないしその部分に関係づけられるもの（「第二二項」）が、飢えや渇きなどの「内的衝動」とされており、これに痛みや熱さなどの感情を付け加えることができるともされている（「第二四項」）。外的感覚については「第二三項」で説明されている。「第八五項」で述べられている「内的感覚」・「外的感覚」という区別との間に齟齬はないからである。また、「人間論」の内に「内的感覚」という表現があるかのような記述にも疑念が生じる（p. 56 & p. 426, n. 241）。しかし、そこで（p. 426, n. 241）「内的感覚」が、共通感覚などを指すというトマス・アクィナス的理解と、デカルト的把握の差異は既に指摘されている。

（13）D. L. Sepper, *Descartes's Imagination: Proportion, Images, and the Activity of Thinking*, University of California

Press, 1996 の中で伝統的な「内的感覚」としての「想像力」理論と、デカルトの「想像力」とが対比されているが、デカルト的「内的感覚」のスコラ的理解に対する独自性への指摘は見られない。

（14）「感覚 sensation」と「知覚 perception」は対象をもつが、情念は対象をもたないというのが、おそらく、或る程度続いていた共通な解釈であった（*e.g.* F. Azouvi, Le rôle du corps chez Descartes, *Revue de Métaphysique et de Morale*, 1978, No. 1, p. 12）。そしてこの考えが「情念」論を人間関係論として捉える途を狭めてきたであろう。

（15） 以下に引用するような仕方ではデカルトの「内的感覚」という用語を用いることはできない、ということである。「高邁な心が自分自身の状態によって変状を受けるのは、まさしく、或る反省的意識において、つまりは或る直接的自己触発においてだけではなく、或る種の内的感覚においてなのである」(D. Kambouchner, *L'homme des passions*, Albin Michel 1995, t. II, p. 284)。ここで言われているのは、高邁な人は自分の心、自分の意志を「感じる」ということである。このような、自分の心の働きを感じとる、たとえば、「第四省察」では自由を「感じる」とされているが、そのことに間違いはない。しかし、デカルトはそのように心が心を「感じる」こと、ないし、「感じて」得られたことを「内的感覚」とは呼ばない。カンブシュネルが見事に示しているように、それは「知的情動 émotion intellectuelle」とも言われる「心に内的な情動」のことである（*op. cit.*, t. II, Ch. VI, I., pp. 169 sqq.）。

（16） Pathologie という語を、何かを蒙ることによって一個の人間の身体、したがって、合一体の身体に生じる変状・病状を研究する学という意味で用いる。

文献表

（一）デカルト関係のテクスト

RENATI DES-CARTES, MEDITAIONES DE PRIMA PHILOSOPHIA, IN QVA DEI EXISTENTIA & animae immortalitas demonstratur, Paris, Apud Michallem Soly, 1641.

RENATI DES-CARTES, MEDITATIONES de Prima PHILOSOPHIA, In quibus Dei existentia, & animae humanae à corpore distinctio, demonstrantur, Amsteldam, Apud Ludovicum Elzevirium, 1642.

LES MEDITATIONS METAPHYSIQVES DE RENE' DES-CARTES, TOVCHANT LA PREMIERE PHILOSOPHIE, etc. par R. Fédé, 3e éition Paris, Chez THéodore Girard, 1673.

RENATI DES CARTES MEDITATIONES DE Prima PHILOSOPHIA, In quibus Dei esistentia, & Animae humanae à corpore Distinctio, demonstrantur, Amsteldama, Ex Typographia Blaviana, 1685.

Œuvres de Descartes, publiées par Charles Adam & Paul Tannery, Nouvelle présentation, Vrin 1964-1973/1996.

Descartes, Œuvres philosophiques (1638-1642), Tome II, édition de F. Alquié, Garnier, 1967.

The Philosophical Writings of Descartes, translated by J. Cottingham, R. Stoothoff, D. Murdoch, Cambridge University Press, 1984, 3vols.

René Descartes, *Tutte le lettere 1619-1650*, a cura di Giulia Belgioiosom Bompiani, 2005.

Descartes, *Correspondance* publiée par Ch. Adam et G. Milhaud, P. U. F., 1947 (Kraus Reprint, 1970).

Descartes, Méditations métaphysiques/Meditationes de prima philosophia Texte latin et traduction du duc de Luynes/ *Méditations de philosophie première*, Présentation et traduction de Michelle Beyssade, Librairie Générale Francaise, 1990.

René Descartes, Meditationes de prima Philosophia, Meditations on First Philosophy, A bilingual edition, Introduced, edited, translated and indexed by G. Heffernan, University of Notre Dame Press, 1990.

Les textes des《Meditationes》, Édition et annotation par Tokoro, Takefumi, Chuo University Press, 1994.

René Descartes, Meditationen über dei Grundlagen der Philosophie, Auf Grund der Ausgaben von Artur Buchenau neu herausgegeben von Lüder Gäbe, Felix Meiner, 1992.

Descartes, L'entretien avec Burman, Édition, et annotation, par J.-M. Betyssade, PUF, 1981.

Descartes' Conversation with Burman, Translated with introduction and commentary by J. Cottingham, Oxford.

《Cartesius》, texte établi par V. Carraud, l. 106 & l. 108, *Bulletin cartésien XIV*, dans *Archives de Philosophie 48*, 1985, Cahier 3.

René Descartes, *Règles utiles et claires pour la direction de l'esprit en la recherche de la vérité*, Traduction selon le lexique cartésien, et annotation conceptuell par Jena-Luc Marion, Martinus Nijhoff, 1977.

Concordance to Descartes' Meditationes de Prima Philosophia, prepared by K. Murakami, M. Sasaki and T. Nishimura, 1995, Olms-Weidmann.

三宅徳嘉・小池健男・所雄章訳『デカルト　方法叙説――省察』白水社、一九九一年。

増補版『デカルト著作集』全四巻、白水社、一九九三年。

デカルト（井上・水野・小林・平松訳）『哲学の原理』科学の名著、朝日出版社、一九八八年。

デカルト（井上・水野訳）『哲学の原理』『世界の名著22　デカルト』中央公論社、一九六七年。

デカルト（桂訳）『哲学原理』岩波文庫、一九六四年。

デカルト（桝田訳）『哲学原理』『世界の大思想21　デカルト』河出書房新社、一九七四年。

辞　典

A. Blaise, *Dictionnaire latin-français des auteurs du moyen-age*, Brepols, 1975.

A. Blaise, *Dictionnaire latin-français des auteurs chrétiens*, Brepols, 1954.

Du Cange, *Glossarium mediae et infimae latinitatis*, 1678.

E. Chauvin, *Lexicon rationale, sive thesaurus philosophicus* ..., Rotterdam, Petrum vander Slaart, 1692.

R. Deferrari, *Lexicon of St. Thomas Aquinas based on the Summa Theologica adn selected passages of his other works*, Catholic University of America Press, 1948.

A. Forcelini, *Lexicon Totius Latinitatis*, 1864-1926.

H. Goelzer, *Dictionnaire latin français*, Garnier, 1928.

P. G. W. Glaire, *Oxford Latin Dictionary*, Oxford, 1982.

F. Gaffiot, *Dictionnaire illustré latin français*, Hachette, 1934.

R. E. Latham, *Revised Medieval Latin Word-List*, Oxford, 1965.
P. Richelet, *Dictionnaire françois*, Genève, 1680 (Olsm, 1973).
Dictionarivm latino lvsitanicvm ac iaponicvm, 1595, 勉誠社、一九七九年。
A. Furetière, *Le dictionnaire universel,* Le Robert, 1690.
Le dictionnaire de l'acadêmie françoise, Paris, 1694 (France Tosho Reprints, 1967).
Dictionnaire de L'Acadêmie française, 1st édition,1694 (http://www.lexilogos.com/francais_langue_dictionnaires.htm).
Dictionnaire de L'Acadêmie française, 6th édition, 1832-5 (http://www.lexilogos.com/francais_langue_dictionnaires.htm).
Dictionnaire de L'Acadêmie française, 8th édition, 1932-5 (http://www.lexilogos.com/francais_langue_dictionnaires.htm).
Encyclopédie universelle Larousse (http://www.lexilogos.com/francais_langue_dictionnaires.htm).

(二) その他のテクスト

Thomas Aquinas, *Summa Theologiae*, cum textu ex recensione Leonina, Marietti, 1952.
Aristote, *De l'âme*, texte établie par A. Jannone, traduction et notes de E. Barbotin, Les Belles Lettres, 1966,
Aristote, *De l'âme*, traduction nouvelle et notes par J. Tricot, J. Vrin, 1965,
Aristote's, *De Anima, Books II, III*, Translated with Introduction and Notes by D. W. Hamlyn, Oxford, 1958/1968
アリストテレス（中畑正志訳）『魂について』京都大学出版会、二〇〇一年。
アリストテレス（山本光雄訳）『霊魂論』アリストテレス全集6、岩波書店、一九六八年。
アリストテレス（副島民雄訳）『記憶と想起について』アリストテレス全集6、岩波書店、一九六八年。
アリストテレス（島崎三郎訳）『動物部分論』アリストテレス全集全集8、岩波書店、一九六九年。
G. Berkeley, *The Works of George Berkeley*/Bishop of Cloyne, Vol. 2, ed. by A. A. Luce and T. E. Jessop, Nelson 1949.
E. B. de Condillac, *Œuvres philosophiques de Condillac*, texte établi et présenté par G. Le Roy, PUF, 1947-1951.
S. Dupleix, *La métaphysique* ou science surnaturelle, Paris 1610/Rouen 1640/Fayard 1992, texte revu par Roger Ariew.
Eustachius a Sancto Paulo, *Summa Philosophiae quadripartita, de rebus Dialecticis, Moralibus, Physicis et Metaphsicis*, Paris 1609.
Fontenelle, *Œuvres complètes*, Sratkine Reprints, 1968.
L. De La Forge, *Traité de l'esprit de l'homme, dans Œuvres philosophiques avec une étude bio-bibliographique* par P. Clair,

PUF, 1974.
P. Gassendi, *Disquisitio metaphysicæ*, texte éabli, traduit et annoté par Bernard Rochot, 1962, J. Vrin.
R. Goclenius, *Lexicon philosophicum*, Frankfurt 1613/Marburg 1615/Olsm 1980.
A. Geulincx, *Annotata latiora in Principia philosophiae Renati Descartes*, in Arnoldi Geulincx, *Opera philosophica* éd. par J. P. N. Land, Nijhoff-1893/Friedrich Frommann Verlag, 1968, t. 3.
D. Hume, *A Treatise of Human Nature*, ed by L. A. Selby-Bigge, Oxford 1888-1973.
D. Hume, *Enquiries concerning Human Understanding and concerning the Principles of Mind*, ed. L. A. Selby-Bigge, revised by P. H. Nidditch, Oxford 1975.
D. Hume, Unpublished Essays, Of the Immortality of the Soul, in *The Philosophical Works*, ed. by T. H. Green and T. H. Grose, Vol. 4, Scientia 1964.
D. Hume, *A Treatise of Human Nature*, Edited by David Fate Norton and Mary J. Norton, Oxford, 2000.
G. W. Leibniz, *Opuscules et fragments inédits*, Extraits des manuscrits de la Bibliothèque royale de Hanovre par Louis Couturat, Olms, 1903/1966.
G. W. Leibniz, *Textes inédits d'après les manuscrits de la Bibliothèque provinciale de Hanovre*, publiés et annotés par Gaston Grua, PUF, 1948/1998.
G. W. Leibniz, *Die philosophischen Schriften von Gottfried Wilhelm Leibniz*, éd. par C. J. Gerhardt, Olms 1961.
G. W. Leibniz, *Principes de la nature et de la grâce fondés en raison/Principes de la philosophie ou Monadologie*, publiés par Andr Robinet, PUF, 1954/1986.
Leibniz Lexicon: A Dual Concordance to Leibniz's Philosophische Schriften, Compiled by R. Finster, G. Hunter, R. F. McRae, M. Miles and W. E. Seager, Olms-Weidmann, 1988.
G. W. Leibniz, *Discours de métaphysique*, éd. par G. Le Roi, Vrin, 1966.
G. W. Leibniz, *Confessio philosophi*, Texte, traduction et notes par Yvon Belabal, J. Vrin, 1993.
下村・山本・中村＋原監修『ライプニッツ著作集』全一〇巻、工作舎、一九八八年。
ライプニッツ（米山優訳）『人間知性新論』みすず書房、一九八七年。
N. Malebranche, *Œuvres complètes de Malebranche*, Vrin-C.N.R.S.
N. Malebranche, *Œuvres*, t. I & t. II, Édition établie par G. Rodis-Lewis, Pléiade, 1979, 1992.

J. Locke, *An Essay concerning Human Understanding*, ed. by P. H. Nidditch, Oxford 1975.
P.-S. Régis, *Cours entier de philosophie, ou système général*, 1691, Amsterdam.
J. Duns Scotus, *Opera Omnia*, praeside P. C. Balic., St. Bonaventure.
Seneca, *Ad Lucilium Epistulae Morales*, in Loeb Classical Library, *Seneca IV, V & VI*, 1920/1970.
B. Spinoza, *Spinoza Opera*, herausgegeben von C. Gebhardt, 1925.
B. Spinoza, *Œuvres complètes*, Texte tradit, présenté et annoté par R. Caillois, M. Francès et R. Misrahi, Gallimard, 1954.
B. Spinoza, *Traité de l'amendement de l'intellect*, Traduit par B. Pautrat, Édition Allia 1999.
B. Spinoza, *Tractatus theologico-politicus, dans Spinoza, Œuvres* III, texte établi par F. Akkerman, traduction et notes par Jacqueline Lagrée et Pierre-François Moreau, PUF, 1999.
B. Spinoza, *Éthique*, Traduit par B. Pautrat, Éditions du Seuil, 1999.
B. Spinoza, *Traité de la réforme de l'entendement*, Introductionm, texte, traduction et commentaire par B. Rousset, J. Vrin, 1992.
スピノザ（畠中尚志訳）『エチカ』岩波書店、一九五一年。
スピノザ（畠中尚志訳）『知性改善論』岩波書店、一九三一年。
スピノザ（畠中尚志訳）『神学・政治論』岩波書店、一九四四年。
スピノザ（畠中尚志訳）『往復書簡集』岩波書店、一九五八年。
スピノザ（畠中尚志訳）『デカルトの『哲学の原理』』岩波書店、一九五九年。
佐藤一郎編訳『スピノザ『エチカ』抄』みすず書房、二〇〇七年。
F. Suarez, *Disputationes metaphysicæ*, Salamanca 1597/Paris 1866/Olms 1965.

（三） 研究文献

H. E. Allison, "Locke's Theory of Personal Identity: A Re-Examination", in I. C. Tipton(ed.), *Locke on Human Understanding*, Oxford University Press, 1977.
G. E. M. Anscombe, *Intention*, Oxford, 1976.
G・E・M・アンスコム（菅豊彦訳）『インテンション―実践知の考察―』産業図書、一九八四年。
R. Ariew, "Descartes and scholaticism: the intellectual background to Descartes' thought", in *The Cambridge Companion*

to Descartes, Cambridge University Press, 1992, pp. 58-90.

ロジャー・アリュー（宮崎隆訳）「デカルトとスコラ哲学――デカルト思想の知的背景」『現代デカルト論集II』勁草書房、一九九六年、二八三―三三一頁。

F. Azouvi, "Le rôle du corps chez Descartes", in *Revue de Métaphysique et de Morale*, 1978, No. 1, pp. 1-23.

B. Baertschi, *Les rapports de l'âme et du corps: Descartes, Diderot et Maine de Biran*, J. Vrin, 1992.

L. J. Beck, *The metaphysics of Descartes: A Study of the Meditations*, Oxford University Press, 1965.

Y. Belaval, *Leibniz-Initiation à sa philosophie*, J. Vrin, 1975.

H. Bergson, *Matière et mémoire*, PUF, 1968, 92e édition.

J.-M. Beyssade, "L'analyse du morceau de cire", in *Sinnlichkeit und Versatnd*, hrsg. von H. Wagnare, Bouvier, 1976, pp. 9-25. (in J.-M. Beyssade, *Descartes au fil de l'ordre*, PUF, 2001, pp. 51-68.)

J.-M. Beyssade, *La philosophie première de Descartes*, Flammarion, 1979.

J.-M. Beyssade, "Création des vérités éternelles et doute métaphysique", in *Studia Cartesiana* 2, Quadratures, 1981, pp. 86-105.

J.-M. Beyssade, *"Science Perfectissima*. Analyse et Synthèse dans les *Principia"*, in *Descartes: Principia Philosophiae (1644-1994)*, Vivarium, Napoli, 1996, pp. 5-36.

J.-M. Beyssade, *Études sur Descartes*, Éditions du Seuil, 2001.

J. Biard, *Guillaume d'Ockham*, PUF, 1997.

A. Bitbol-Hespériès, "Réponse à Vere Chappell: L'union substantielle", in *Descartes: Objecter et rêpndre*, publié sous la direction de J.-M. Beyssade et J. L. Marion, PUF, 1994, pp. 427-447.

Erik-Jan Bos, *The Correspondence between Descartes and Henricus Regius*, Zeno, The Leiden-Utrecht Reseach Institute of Philosophy, 2002.

F. de Buzon et V. Carraud, *Descartes et les《Principia》II*, Corps et mouvement, PUF 1994.

F. de Buzon, "La *mathesis* des *Principia*: Remarque sur II, 64", in *Descartes: Principia Philosophiae* (*1644-1994*), Vivarium, Napoli, 1996, pp. 304-320.

V. Chappell, "L'homme cartésien", in *Descartes: Objecter et rêpndre*, publié sous la direction de J.-M. Beyssade et J. L. Marion, PUF, 1994, p. 404-426.

J. Cottingham, *Descartes' Conversation with Burman*, Oxford, 1976.
J. Cottingham, "Cartesian Trialism", in *Mind*, Vol.XCIV, No.473, 1985, pp. 218-230.
J. F. Courtine, *Suarez et le système de la metaphysique*, PUF, 1990.
A. R. Damasio, *L'erreur de Descartes, La raison des émotion*, Traduit par M. Blanc, Odile Jacob, 1995.
A. R. Damasio, *Le sentiment même de soi*, traduit par C. Larsonneur et C. Tiercelin, Odile Jacob, 1999/2002.
A. R. Damasio, *Spinoza avait raison, Joie et tristesse, le cerveau des émotions*, Traduit par J.-L. Fidel, Odile Jacob, 2003.
アントニオ・R・ダマシオ（田中三彦訳）『感じる脳』ダイヤモンド社、二〇〇五年。
M. Dascal, *La sémiologie de Leibniz*, Aubier Montagne, 1978.
Ph. Desoche, "Parole divine et nature humaine: La preuve cartésienne de l'existence des corps face à la critique de Malebranche", dans *Union et distinction de l'âme et du corps: Lectures de la Vie Méditation*, sous la direction de Delphine Kolesnik-Antoine, Kimé, 1998.
Ph. Desoche, "L'Écriture et le phénomène Malebranche et la question de l'existence des corps", dans *La voie des idées? Le statut de la représentation VIIe-XXe siècles*, CNRS Éditions, 2006.
G. Dicker, *Descartes: An Analytical and Historical Introduction*, Oxford University Press, 1993.
R・エイドルフ・土谷尚嗣「感情と脳の相互作用　認知神経科学から見たデカルトの間違い」『科学』Vol. 76, No. 3, 岩波書店、二〇〇六年三月、二五四頁から二六一頁。
R. Ellrodt (éd.), *Genèse de la conscience moderne*, PUF, 1983.
福居純『デカルトの「観念」論』知泉書館、二〇〇五年。
福居純「デカルトにおける物・心の「実在的区別」と「実体的合一」――「第六省察」の分析試論――」『思想』岩波書店、一九九六年一一月号、二二四頁から二四一頁。
福島清紀「ライプニッツにおける「意識」概念の形成――一六八〇年代を中心に」『富山国際大学紀要』第九集、一九九九年、一頁から一九頁。
Daniel Garber, *Descartes' Metaphysical Physics*, The University of Chicago Press, 1992.
É. Gilson, *Index Scolastico-cartésien*, Burt Franklin, 1912.
É. Gilson, *Études sur le rôle de la pensée médiévale dans la formation du système cartésien*, J. Vrin, 1930/1967.
H. Gouhier, *La pensée métaphysique de Descartes*, J. Vrin, 1969.

P. Guenancia, *L'intelligence du sensible: Essai sur le dualisme cartésien*, Gallimard, 1998.
M. Gueroult, *Descartes selon l'ordre des raisons*, Aubier, 2vols, 1953/1968.
M. Henry, *Généalogie de la psychanalyse*, PUF, 1985.
廣松渉『身心問題』(第三版)、青土社、二〇〇八年。

一ノ瀬正樹「バークリにおける神と原因」、鎌井・泉谷・寺中編著『イギリス思想の流れ』北樹書院、一九九八年、九〇頁—一一三頁。

香川知晶「精神の洞見と「実体」——デカルトの蜜蠟の分析について」デカルト研究会編『現代デカルト論集III　日本篇』勁草書房、一九九六年、九一頁から一〇八頁参照。
D. Kambouchner, "Des vraies et des fausses ténèbres: la connaissance de l'âme d'après la controverse avec Malebranche, suivi de Remarques sur la définition arnaldienne de l'idée" in *Antoine Arnauld, philosophie du langage et de la connaissance*, éd. par J.-C. Pariente, Vrin, 1995, pp. 153-190.
D. Kambouchner, *L'homme des passions*, Albin Michel, 1995.
D. Kambouchner, "Descartes et le problème de l'imagination empirique", dans *De la phantasia à l'imagination*, sous la direction de Danielle Lories et Laura Rizzerio, Peeters, 2003.
D. Kambouchner, *Les Méditations métaphysiques de Descartes*, PUF, 2005.
D. Kambouchner, "Les corps sans milieu: Descartes à la lumière d'Arnauld", dans *La voie des idées? Le statut de la représentation XVIIe-XXe siècles*, sous la direction de Kim Sang Ong-Van-Cung, CNRS Éditions, 2006.
D. Kambouchner, "Émotion et raison chez Descartes: l'erreur de Damasio", in *Les émotions*, sous la dir. de J.-C. Goddard et S. Roux, Vrin-Corpus.
金杉武司「心から脳へ——心的因果は本当に成り立つのか?」『岩波講座　哲学05　心／脳の哲学』岩波書店、二〇〇八年。

神崎繁『魂(アニマ)への態度——古代から現代まで』岩波書店、二〇〇八年。

桂壽一『デカルト哲学とその発展』東京大学出版会、一九六六年。

河合徳治『スピノザ哲学論攷』創文社、一九九四年。

小泉義之『デカルトの哲学』人文書院、二〇〇九年。

國分功一郎「スピノザのデカルト読解をどう読解するべきか——『デカルトの哲学原理』におけるコギト」(『スピノザーナ』第五号、二〇〇四年、二五頁から四〇頁。

工藤喜作『スピノザ哲学研究』東海大学出版会、一九七二年。

Michio Kobayashi, *La philosophie naturelle de Descartes*, Vrin, 1993.

小林道夫『デカルトの自然哲学』岩波書店、一九九六年。

小林道夫『デカルト哲学とその射程』弘文堂、二〇〇〇年。

小林道夫『科学の世界と心の哲学　心は科学で解明できるか』中公新書、二〇〇九年。

黒田亘著『経験と言語』「第六章　形相認識と経験」東京大学出版会、一九七五年。
D. R. Lachterman, "Objectum Purae Matheseos: Mathematical Construction and the Passage from Essence to Existens", in A. O. Rorty (ed.), *Essays on Descartes' Meditations*, University of California Press, 1986, pp. 435-458.
J. Lagrée, *Juste Lipse*, Vrin 1994.
J. Laporte, *Le rationalisme de Descartes*, PUF, 1945.
A. Lécrivain, "Spinoza et la physique cartésienne" in Cahiers Spinoza I, 1977, pp. 235-265.
A. Lécrivain, "Spinoza et la physique cartésienne (1)" in *Cahiers Spinoza* II, 1978. pp. 92-206.
J. L. Mackie, *Problems from Locke*, Clarendon Press, 1976.
J.-L. Marion, *Sur le prisme métaphysique de Descartes*, PUF, 1986.
J.-L. Marion, "L'existence des choses extérieures ou le «Scandale de la philosophie»", in *Descartes en Kant* sous la direction de M. Fichant et J.-L. Marion, PUF, 2006, pp. 321-347.
R. McRae, *Leibniz: Perception, Apperception, & Thought*, University of Tronto Press, 1976.
松田克進「デカルト心身関係論の構造論的再検討——「実体的合一」を中心に」前掲『思想』一八八頁から二〇五頁。

村上勝三「保証された記憶と形而上学的探求——デカルト『省察』の再検討に向けて」『哲学』（日本哲学会編）四五号、一九九五年、八七頁から一〇〇頁。

村上勝三『デカルト形而上学の成立』勁草書房、一九九〇年。

村上勝三『観念と存在　デカルト研究1』知泉書館、二〇〇四年。

村上勝三『数学あるいは存在の重み　デカルト研究2』知泉書館、二〇〇五年。

村上勝三『新デカルト的省察』知泉書館、二〇〇六年。

村田純一「心身問題の現在」『岩波講座　哲学05　心／脳の哲学』岩波書店、二〇〇八年。

持田辰郎「類似なき対応——デカルトの感覚論(1)」『名古屋学院大学論集、人文・自然科学篇』Vol. 43, No. 2 (2007) pp. 23-34。

持田辰郎「自然あるいは本性としての感覚──デカルトの感覚論(2)」『名古屋学院大学論集、人文・自然科学篇』Vol. 44, No. 1 (2007) pp. 1-11。

持田辰郎「自然の真の過誤──デカルトの感覚論(3)」『名古屋学院大学論集、人文・自然科学篇』Vol. 44, No. 2 (2008) pp. 7-18。
P.-F. Moreau, *Spinoza: L'expérience et l'éternité*, PUF, 1994.
P. Mouy, *Le développement de la Physique Cartésienne 1646-1712*, Vrin, 1934.
中井久夫・山口直彦『看護のための精神医学』第二版、医学書院、二〇〇五年。

永井均他編『事典　哲学の木』講談社、二〇〇二年。
G. Olivo, *Descartes et l'essence de la vérité*, PUF, 2005.
大森荘蔵『物と心』東京大学出版会、一九七六年。
大西克智「デカルトにおける《indifferentia》と自由の度合い──意志の「力の行使」が求めるもの」『哲学雑誌』第一二二巻、七九三号、
大西克智『レヴィナス』有斐閣、二〇〇六年、一二二から一三八頁。
D. Radner, *Malebranche*, Van Gorcum, 1978.
G. (Rodis-)Lewis, *Le problème de l'inconscient et le cartésianisme*, PUF, 1950.
G. Rodis-Lewis, *Nicolas Malebranche*, PUF, 1963.
G. Rodis-Lewis, *L'Œuvre de Descartes*, J. Vrin, 1971.
ジュヌヴィエーヴ・ロディス－レヴィス（小林・川添訳）『デカルトの著作と体系』紀伊國屋書店、一九九〇年。
D. Rabouin, *Mathesis Universalis: L'idée de «mathématique universelle» d'Aristote à Descartes*, PUF, 2009.
A. Robinet, *Descartes, La lumère naturelle, Intuition Disposition, Complexion*, Vrin, 1999.
B. Rousset, *Spinoza, Lecteur des Objections faites aux* Méditations *de Descartes et de ses* Réponses, Édition Kimé, 1996.
G. Ryle, *The Concept of Mind*, Hutchinson, 1949/1969.
酒井潔『世界と自我』創文社、一九八七年。

坂井昭宏「デカルトの二元論──心身分離と心身結合の同時的存立について」『現代デカルト論集Ⅲ　日本篇』勁草書房、一九九六年、六〇から九〇頁。

桜井直文「身体がなければ精神もない──ダマシオとスピノザ」『現代思想』二〇〇五年二月号、二二七頁から二三七頁。

佐々木力『デカルトの数学思想』東京大学出版会、二〇〇三年。

D. L. Sepper, *Descartes's Imagination: Proportion, Images, and the Activity of Thinking*, University of California Press, 1996.

佐々木周「感覚の三つの段階――デカルト『省察』第六答弁第九項」『北海道教育大学紀要　第一部　A　人文科学編』no. 33 (2)、一九八三年、一頁から一五頁。

清水哲郎『オッカムの言語哲学』勁草書房、一九九〇年。

D. P. Schreber, *Denkwürdigkeiten eines Nervenkranken*, Kulturverlag Kadmos, (1900-1902) 2003.

M. A. Silva, "L'imagination dans la *Géométrie* de Descartes: retour sur une question ouverte", dans M. Serfati & D. Descotes (sous la direction de), *Mathématicians français du XVIIe siècle*, Presses Universitaires Blaise Pascal, 2008, pp. 69-119.

F. Sommers, "Dualism in Descartes: The Logical Ground", in M. Hooker (ed.), *Descartes-Critical and Interpretive Essays*, The Johns Hopkins U. Pr., 1978, pp. 223-233.

L. Spruit, *Species intelligibilis: From Perception to Knowledge*, E. J. Brill, 1995.

田村均「ジョン・ロックの自然科学の哲学」『哲学』四七号、法政大学出版会、二〇七から二一六頁。

谷川多佳子『デカルト研究――理性の境界と周縁』岩波書店、一九九五年。

所雄章『デカルト『省察』註解』岩波書店、二〇〇四年。

所雄章『知られざるデカルト』知泉書館、二〇〇八年。

植村恒一郎（「魂から心へ――自然＝記号としての「我思う、ゆえに我あり」」『岩波講座　哲学05　心／脳の哲学』岩波書店、二〇〇八年、四三頁から六二頁。

J. Vuillemin, *Mathématiques et métaphysique chez Descartes*, PUF, 1960/1987.

R. A. Watson, *The Downfall of Cartesianism* 1673-1712, Martinus Nijhoff, 1966.

M. D. Wilson, *Descartes*, Routledge & Kegan Paul, 1978.

山田弘明『デカルト『省察』の研究』創文社、一九九四年。

山田弘明「「第六省察」をどう読むか」日本哲学会編『哲学』四五号、一九九五年、七三頁から八六頁（この論文は山田弘明『デカルト哲学の根本問題』知泉書館、二〇〇九年、三九一頁から三一五頁までに「四　人間学に向けて」を除いて再録されている）。

あとがき

「私たちの仕事はまだ途中である。しかし、いつまでも途上だと気取るわけではない。『デカルト形而上学の成立』、『デカルト研究』全三巻、『新デカルト的省察』、合わせて五部作でひとまとまりの仕事を終える」。『観念と存在　デカルト研究1』の「あとがき」にこのように書いたのは二〇〇四年六月のことである。そのときには三冊を残していた。二〇〇九年八月、このひとまとまりの仕事を終えることになる。計画はいつも不足を残したり、過剰を生み出したりする。一つの終わりは始まりをもたらす。しかし、著者にとって始まりは終わりに限りなく近い始まりである。そのなかでほんの少しでも自らの為すべきことを為すことができればよい。

「第六省察」は、「第一省察」から「第五省察」までに見出され自らの思索と一体化した多くの内容を、あらたな課題の解明に向けて繰り広げる。確かに複雑だと思われるであろう。著者が「第六省察」の筋道を見出すことができたのは、デカルトの思索の基幹に実在様相を見出したこと、および「内的感覚」という概念がデカルト特有の意味内容をもつことに気づいたことによる。この二つのことがなければ「第六省察」を首尾一貫した流れとして解釈できなかったであろう。

本書の素材になった論文の初出を以下に掲げる。

第一部　書き下ろし

第二部

第一章　『哲学の原理』から『デカルトの『哲学の原理』』へ―物体の実在証明における「感覚」と「想像力」の役割について（『スピノザーナ9』スピノザ協会年報、二〇〇八年九月、九一頁から一三五頁）。以下の発表はこれの一部分である。*Des Principia philosophiæ aux Principia philosophiæ cartesianæ* : Remarques sur le statut de l'imagination dans les deux preuves de l'existence (Journée d'étude franco-japonaise, Spinoza interprète de Descartes : les *Principia Philosophiæ Cartesianæ*, Paris, 9 juin 2007).

第二章　デカルト哲学における「感覚」の問題（『哲学』日本哲学会編、第三〇号、一九八〇年、一一二頁から一二二頁）

第三章　曖昧にして不分明なる「意識」――近代的「意識」概念の生成とデカルト哲学（『デカルト』哲学会編『哲学雑誌』第一一一巻第七八三号、一九九六年一〇月、一八頁から三四頁）

第四章　内的感覚論――デカルト哲学における個人倫理の基礎――（『思想』八六九号、岩波書店、一九九六年、一一月号、二〇六頁から二二三頁）、および、Le《sensus internus》cartésien comme cœur de l'éthique d'un individu（『白山哲学』第三四号、二〇〇〇年三月、一五五頁から一八八頁）

「序」で引用したワーズワースの詩をまったく私なりに訳したものを掲げておく。

我が心の高鳴り
空に架かる虹を胸に抱くと、
我が心は高鳴る。
幼い日もそうだった。
大人になった今もそう。
年老いてもそうだろう。
そうでなければ我に死を！
子供は大人の親。
だから、願わくば、
日々のどの一つ一つも、
自然への思慕から離れないように、
そうできればいいのに。

最後に、知泉書館の小山光夫さんと高野文子さんに深甚の感謝を捧げたい。「デカルト研究」全三巻を公刊できたのは一重にお二人の力によっている。二〇〇八年度に国内特別研究という制度を利用することができた。東洋大学への感謝の意を表す所以である。この研究休暇がなければ本書は完成できなかったであろう。

二〇〇九年八月一五日

村上　勝三（むらかみ・かつぞ）

1944年に生まれる。東京大学大学院博士課程満期退学。東洋大学文学部教授。文学博士。
〔業績〕『デカルト形而上学の成立』（勁草書房，1990年），『観念と存在－デカルト研究１』（2004年），『数学あるいは存在の重み－デカルト研究２』（2005年），『新デカルト的考察』（2006年，以上，知泉書館），デカルト研究会編『現代デカルト論集Ⅰ，Ⅱ，Ⅲ』（編著，勁草書房，1996年），『真理の探究』（編著，知泉書館，2005年），ほか。

〔感覚する人とその物理学〕　ISBN978-4-86285-069-0

2009年11月５日　第１刷印刷
2009年11月10日　第１刷発行

著　者　村　上　勝　三
発行者　小　山　光　夫
印刷者　藤　原　愛　子

発行所　〒113-0033 東京都文京区本郷1-13-2
電話03（3814）6161　振替00120-6-117170
http://www.chisen.co.jp
株式会社　知　泉　書　館

Printed in Japan　印刷・製本／藤原印刷

人名索引

用 語 索 引

あ 行

合図＝記号（signum）　206
欺く者　235
ア・プリオリ　12,61,76,248
アトム（atomus）　65-69
アリストテレス・トミスム　109, 125, 138
意志／意志する（voluntas/velle）　5-6, 46, 60, 69-70, 78, 85, 111, 117-18, 136,141-42,157,161-63,168,186-188, 190-92,194,204,210-11,214,219,232-33,246,262,291,297,328,338,342,346
意識（する）（conscientia/consciusesse/conscience）　211-12, 219-21, 214, 230,261,264,287-309,319-20,341
痛い（み）（dolor）　21, 45, 48, 51, 61, 135,137-39,166-68,178,186,188,190, 198-99, 202-03, 205, 207-10, 239-41, 254,260,263,287-88,296,313-15,322, 326-35,339-45
印象（impression）　22-23, 110, 116, 118,204-05,278,281,283-84,308
因果の原理　154,160,173,234-35
飢え（fames）　21,23,48,135,137,151, 166-67,186,190,199,208,210,313-15, 322-24,327-28,331-38,341,343,345
疑い／疑う（dubitatio/dubitare）　6-7, 20, 45, 60, 65, 127-28, 138-39, 144, 151, 216, 227, 235, 245-46, 260, 267, 280,327-28
疑いの道　135,140,144,164,182
永遠真理　4-5,176
思い／思うこと（cogitatio/cotigare）　7,20,40,45,86,91,94-95,104-06,111-13, 122, 136, 143-44, 152-53, 184-85, 195-96,204,214,220-21,230,256,271, 291-92,297,305,308,319,321,328,338
思いの様態（modus cogitandi）　5, 48, 87,89,134,151,167,278,305
思うもの（res cogitans）　46, 87, 89, 110-11, 118, 120-21, 148-51, 156, 160-61,194,244
重さ（gravitas）　111-13,117

か 行

蓋然的に（probabiliter）　32,44,91-92, 99,116,134,145,256
外的感覚（sensus externus）　26, 45, 55,135,137-40,152,158-59,164,168-70,172,183,186-88,190,199-201,204-05,210,215-17,240-42,280,313,317-19, 321-28, 330, 332, 334-36, 338-40, 343,345-46
外的名称（denominatio extrinseca）　193
外来観念（idea adventitia）　141,144
概念（する）（conceptus/concipere）　5, 21, 66, 68, 97, 100, 102-03, 109-10, 112,114,119-20,126,142,150-51,176, 179, 185, 200, 229, 232, 247, 249, 252-53,257,259,263,284,289,302-03,307, 320-21,328,344
学知／学問的知識／（学的）知識／学問／学（scientia）　9, 63-64, 69, 75, 95, 127-28, 131, 142, 157, 171, 183, 233, 246, 249, 278, 284, 293, 299, 303, 306, 346
確実性／確かさ／確実に，確実な（certitudo/certus/certe）　7, 17, 28, 61, 76,93,127,134,165,221,227-28,231, 233, 236, 238, 240, 252, 266, 279, 284-

85,291,303-05,326
覚醒（目覚め）（vigilia） 24, 104, 140, 201,216-17,318
形（figura） 87, 89, 97, 100-03, 113, 118,120,136,151,158,164,170-71,182-83, 185, 187, 205, 211, 229, 250, 257, 269,277,279,284,321,327
可能性／可能的（possibilitas/possibilis） 26,28-29,42,63-64,66,72-73,77,91, 117, 162, 173, 176, 199, 206, 214, 216, 234,283,304,317,342,345
可能的実在（existentia possibilis） 9, 61, 72, 76, 114, 148-49, 155-56, 173, 213,233
神（的）（Deus/divinus） 5-6, 22-23, 26,35,41,47,52,54,58,60,63-69,71-73, 78, 87, 94, 101-04, 114, 118, 120, 126,129,130-31,140-41,147,151,154-61, 163-65, 172-74, 176-77, 182, 199, 228-29, 232-34, 238-39, 248-50, 258, 261-63,272,307-08,326,329
神の実在証明 7,59,238,248
神の誠実（veracitas Dei） 35, 59, 64, 76,156,159,161-62,164,234-37,258, 260
神の善性（bonitas Dei） 22, 23, 49, 174,192,202,205,207,216-17,329,330
渇き（sitis） 21-22, 51-52, 135, 137, 151, 166-67, 186, 190, 199, 208, 210, 241,263,313,322-24,327-32,334-39, 341,343-45
感覚（する／的）／感じる（sensus/sentire /sensibilis/sentir） 4, 9, 14, 17-20, 22,26,28-32,34-38,44-49,51-56,63, 85,87-89,91,93,100-02,104-06,111, 117-19, 125-31, 133-39, 141-48, 151-55,161-67,169-76,178,183,186,187-91,194-95,199-208,211,215-19,223, 228-31, 233-37, 239-42, 244-47, 249, 254-55, 257-58, 261-66, 277-86, 291-92, 294-97, 299, 301, 303-06, 308-10, 313,315,317-20,324-31,340-43,346
感覚的意見 127-28, 131, 138-40, 171, 242,245-46,280,289-90
感覚知覚 26-27,162,168-69,183,186, 188-91,197-99,242,266,284-85,304, 322
感情（affectus） 136-37,143,178,210, 212,220,330-31,337-38,345
感得（sentiment） 23, 28-29, 95, 174, 261,264,266-67,269,271,290,292,294-96,301,333,336
観念（idea） 5,19-20,35,47,59,64,70, 74, 78, 93, 101, 108-09, 120, 131, 135-36,138,141,143-44,150,152-61,173, 176, 182-83, 187-88, 193, 229-30, 234, 246,254,257,261-63,270,272-73,277-78,292,295,299-302,306-07,309,321-24,327,342
完全性／完全な（perfectio/perfectus） 191,232,260
偽・虚偽・誤り 9,28-29,49,55-56,60, 278
記憶（力）（memoria） 64, 134, 143, 162, 198, 201, 215-16, 248, 271, 298, 306,308,316,318-19,322-25,324,330
機械（machinamentum） 49,104,192, 204
機会（occasio/occasion） 204,210,277-79
幾何学（Geometria） 10, 61-63, 98, 120,171,247-48,256,269
起源（origo） 45-46,139,141,156,216, 264
基礎概念（notio） 69, 102-03, 184-85, 269
共通感覚（sensus communis） 104, 119,197-98,316-25,344
具合がよい／具合がわるい（commodus/ incommodus） 26, 135, 166, 168-69, 178-79,188,190,215,328-31,333,339
空間（spatium） 22, 41, 63, 74-75, 83, 86, 92, 102-03, 112, 125, 151-52, 183, 188-89,196,247-48,254,303,329
空虚 →真空
偶性（accidens） 106,154,170

経験（する）／実験（experimentum）　12,20,36,41,45,93,126-27,136,138,162,185,193,197,199,202,207,209-10,212,215-16,236,238,240,245,252-53,258,264,269-70,272,281,297,304-05,308,314,322,326,340,343
傾向（性）（propensio）　40, 115, 136, 143,159-62,174-75,186,187-88,207,210,213,229,234-36,238,246,258-59,327
傾動性（impetus 自発的／自然的）　138,140,159
形而上学（metaphysica）　4, 8, 11, 30, 36-37,41,73-75,77,90,101,103,109,113-15, 131, 140, 154, 155, 160, 165,185,237,238,250,256,268,278,304
形相（的）（に）（forma/formalis/formaliter）　30, 39, 84, 105, 107, 109, 150, 153-56,158,160-61,193,229,235,257,284,302-05,328
形相を与える（informare）　105-10, 121
形質（species）　105,116,317-19
原因（causa）　99, 117, 139, 144, 149, 154, 156, 158, 160-61, 171, 173, 192, 207, 209-11, 216, 229, 234, 241, 246, 261,263,277,307,333,340
現実的実在（existentia actualis）　155-56,162,173,233,259
健康な sanus／健全 valetudo（維持／保全 conservatio）／生命維持　51, 192-93, 202, 205-06, 208, 210, 215, 242, 316,330,332-35,339-40,342,345
合一体／合一　→身心合一体
構像力（phantasia）　108, 120, 201, 272,316-19,322,324-25,344-45
コギト（cogito）　4,306
心（animus/âme）　28, 35, 83-85, 95, 101,103-04,106-09,111,114,116-19,121,126,136,138,181,184-85,193-95,203-05,209,211-14,218-19,257,270,277,295-96,299,301-02,306-08,313,315,321,324-25,330-31,333,339,341,343,346
個人倫理（éthique d'un individu）　25, 55,179,225,335,342-43
個別的な（もの）（particularis）　26, 32, 34, 63, 76, 134, 146, 164-66, 172, 177,203,205,217,248,299,326,328
個物　111,129,163-64

さ　行

座（siège）　104-06, 112, 116-17, 195, 198,204,210,318,320,324
最始的（praecipuus）　105-06, 112, 116-17,122,171,195,204,210,330
作用的かつ全体的原因（causa efficiens et totalis）　5,7,154
始元的情念（passion primitive）　12
始元的基礎概念（notion primitive）　111,113,184-85
時空（的）　111,155,217
しきたり（consuetudo）　34, 48, 182-83,188,207,329
自然（natura/naturalis）　18, 21-24, 29,33-34,39-40,45-46,48-49,51-52,57,107,111,115,135,138,140-41,144,155-56,159,165-68,170-75,177,181-82,184,186-87,189,191-94,196,198-99,201-03,205,207,215,218,233,242,258,267,271,277-80,286,304,319,327-29,330-34,336-38,345
自然法則（lex naturae）　47, 49, 166, 171,177-78,189,192,193,199
自然の光（lumen naturale）　140, 154, 159,258,329
自然の誤謬（error naturae）　18,22,38-39,50,199-201
実在（する）（existentia/existere）　7, 9, 13, 18-20, 26, 30, 32, 43-44, 47-48, 54, 59, 61, 64, 79, 85, 87, 91-92, 114, 116, 122, 133-34, 145-49, 151-52, 154-55, 161-63, 166, 169, 173, 175-76, 183-84, 199, 206-07, 212-13, 220, 227-28, 231-33, 235-38, 240, 244, 249, 253-56,

259-63, 265-67, 272-73, 292-93, 299, 326, 328-30, 342
実象性（的）（realitas/realis）　26, 74, 99, 103, 106, 109, 112, 153-56, 158, 173, 175-76, 187, 235, 247
実象的区別（distinctio realis）　18, 20, 26-28, 30, 32-33, 38, 40, 53-57, 109, 110-11, 114-15, 118-19, 134, 145, 147, 149, 161, 167, 171-73, 196, 213, 228, 256, 342
実体（substantia）　20-21, 27, 47, 73-74, 102, 106-07, 109-12, 115, 122, 148, 150-51, 153-56, 160, 170, 172-73, 185, 213, 221, 249, 253, 256, 263, 267-69, 297-98, 321
実体形相（forma substantialis）　40, 109
実体的合一（unitas substantialis）　38, 40, 58, 109-111, 114-15, 122, 215, 261
実体変化（transsubstantiatio）　106-07
情念／受動（passion）　12, 31, 35, 117, 123, 125, 136, 143, 185, 204-05, 306, 313, 324, 333-34, 336-39, 341-43, 346
自由（な）（libertas/liber）　5, 77-78, 168, 214, 240-41, 246, 306, 321-22, 346
衝動（appetitus）　46, 49, 135, 137, 174, 258, 323-24, 327, 330, 332, 336-38, 341, 345
真空／空虚（vacuum）　22, 65-66, 68-69, 100, 183, 188
神経（系）（nervus）　50, 106, 123, 170, 194, 198-201, 204-06, 277, 288, 317-18, 330-33, 337-39
身心　26, 33-34, 36, 50, 113-14, 167, 201-02, 205, 210, 327-28, 334, 341
（身心）合一体／合一 unio ／合成体 compositum　18, 21-22, 25-31, 33-35, 37, 48-49, 53-55, 57, 87, 89-90, 103-04, 107, 109-11, 113-15, 117-19, 136, 165-68, 170, 177, 181-91, 193-96, 199-01, 205, 207-09, 212-14, 216, 219, 221, 225, 239-41, 243, 246, 257, 262-67, 278, 283-85, 296, 305, 314, 321, 327, 329-30, 332-35, 339-41, 343-46
身心問題　126, 194, 208-09, 214, 285
身心二元論　215, 219
身心（心身）分離・結合　121, 178, 212-13
身体（物体）（的）（corpus/corporalis）　9, 13, 18-22, 26, 28, 30-32, 34-35, 40, 45, 48-50, 53-54, 61, 63, 68-70, 73, 79, 81, 84-93, 97, 101-08, 110-12, 114-19, 121-23, 125, 133-36, 142, 145-52, 155-64, 166-73, 176, 178-79, 181-87, 190, 192-96, 198, 201, 203-04, 206-08, 210, 212-13, 215-16, 218-19, 221, 227-29, 231-38, 240-44, 246-47, 249, 253-57, 259-67, 269, 272, 278-280, 284-86, 295-96, 299, 304, 306-07, 309, 313-15, 320-30, 332-36, 338-43, 345-46
真理／真な（に）（veritas/verus）　6, 9-10, 20-21, 28-29, 47, 52, 55, 59-61, 70, 73, 97, 99, 112-23, 140, 156, 166, 169, 186, 217, 235, 250, 260, 267, 320, 326-28, 334
水腫病患者（hydropicus）　22, 49-50, 52, 208, 329-30
数学／マテーシス（Mathematica/Mathesis）　9, 47, 55, 59, 61-64, 69, 76-77, 79, 91, 98-101, 113-14, 131, 134, 140, 148, 156, 162-65, 171, 176, 185, 225-26, 233, 238, 247-48, 250, 253, 256, 266, 268, 272, 304, 326
数学的意見　127, 129-30, 139-40, 234
睡眠（somnus）　24, 140, 200-01, 216, 318-19, 344
スコラ（的）　93-94, 109-10, 125, 172, 320, 344, 346
ストア（的）　179
精神（的）（mens）　5-6, 13, 19-20, 22-23, 31-32, 37, 39-40, 50-51, 53-57, 59, 68, 80-81, 86-88, 90, 93-94, 101, 105, 108-09, 111-15, 122-23, 126, 131, 143, 145, 147, 149, 151-52, 157-59, 167, 171-75, 178, 184-86, 189-90, 192-95, 197, 201-02, 206-07, 210, 212, 216, 228, 230, 236, 238, 240-42, 261, 264, 272, 278,

280,284-85,290,298-300,305-06,308,313,321,326,331,340,342,345
精気（動物）（spiritus(animalis)）　117,123,200-04,294,317-18,323,336
生理学（的）　90,201,288,320,324,330,336,338
腺（小さな）glans／松果腺(grans pinaealis)／腺H　87-88, 104, 106, 197, 201,203-06,214,285,320,323
想像力／想像する（imaginatio/imaginari）　4-5,9,14,18-20,25,28,30-31,37-38,44,46-47,53-56,59,63,74,79-91, 94-95, 97-105, 108, 134, 136, 141, 145,147,150-51,157,162,164-65,176,182-83, 185-86, 193, 195, 210-11, 225-27,229,231,233,245,247-57,266,269-72, 291, 296, 305, 317-19, 321-23, 325-26,334,342,345-46
像（imago）　5,87-92,108-09,113,116-20,123,143,200-01,205,285,318
属性（attributum）　170
聖体の秘蹟（Sacramentum Eucharistae）　106-07
存在／存在するもの／存在する（esse/ens）　7-8,70,78,214,232,236,344
存在論（的）　7-9,76,233,238

た　行

対象的　154-56,175,344
対象的実象性（realitas objectiva）　153,229,235
智恵　26,37,55
知解する（intelligere）　6, 30, 44, 46-47, 78, 80-82, 84-89, 95, 105-06, 112, 114-18, 137, 147-51, 159, 161-64, 166, 172,176,188,190,193,195-96,210-11, 241, 244, 250, 263-64, 266, 271, 291, 326,328
知覚／知覚する（perceptio/percipere）　30,34,44-45,48,60,64-68,70-75,93, 100,103,123,134-36,141,143,147-48, 154-55, 158-59, 161-62, 169, 171, 182-83,190,208,217,229-30,235,248,252, 263-65, 270, 279, 297-99, 304-05, 307-08,317-18, 322, 326-27, 329, 336, 338-39,343,346
知性（的）（intellectus/intellectualis）　8-9,19,25,30,36,44-45,55-56,66,68-70, 73, 78-80, 83-84, 89, 94, 98-103, 113, 115, 117, 131, 138, 141, 143, 145, 147, 151, 153, 157, 159, 161, 163-65, 167,169,183-90,193,210-11,215,217, 225,229-31,235-36,238,242,244,246-47, 252-53, 255-57, 262, 266, 268-70, 277-85, 296-97, 302-05, 319, 321, 326, 330,335,342,344
知識　→学的知識／学知
知識論的　233,238
直視（する）／直観（する）（intuitus/intueri）　88,92-94,299,305
追求する／避ける（prosequi/fugere）　49,78,168-69,178,191
哲学の樹　4,37,268
洞観（する）（inspectio/inspicere）　86-89
動物　40,179,278,280,322
特性（proprietas）　63,65,70,72-73,82-84,91,125,164

な　行

内的感覚（sensus internus）　26, 34-35,45,51,55,135-37,139-40,152,162, 166,168-69,178,181,185,186-91,198-201,205,207,210,215-16,221,240-42, 272,280,283,313-22,324-46
内的感得（sentiment intérieur）　294-96,301,306-07,320-24,331,336-37
内的証言（internum testimonium）　293
内々（intimus）　139,185,189,315
内的認識（cognitio interna/connaissance intérieure）　293
二元論　32-34, 122, 178, 208, 211, 214, 221,342

人間　6,12,21,23,25,34,39-40,49,55,57,59,62,66,69,73,82,102,107,110-11,114-15,117,126,162,165,167-68,177,181,191-93,202,207-09,212,214-15,218,221,236,240,242-43,248,250,264-65,278,280,325,330,332-33,341,343,345-46
脳（cerebrum）　23,50-51,95,104-06,108-10,112,115-18,158,195,197-203,206-07,209-12,217,220,262,271-72,277,285,317-18,321,324,331-33,344
能力（facultas）　19-20,30,44,46-47,64,68,70,73,76,78-79,86,150-53,156-59,164-65,194-95,217,235,255,257,260,284-85,322,324,332

は　行

判明な（に）（distinctus/distincte）　64-65,70-73,75-76,82,84,88,101-02,136,150,190,200-01,217,230,248,295,327
判断（する）（judicium/judicare）　8-9,20,22,26,29,45,49,64-67,70,138-39,159,182-83,187,190-91,217,234,266,279-80,283-84,309,326-27,329,332
必然性／必然的（な／に）（necessitas/necessarius/necesse/necessario）　9,63,92,207,232,248,343
必然的実在（existentia necessaria）　176,249
広がり（延長）（extensio）　74-75,92,101-03,112-14,116,118,122-23,136,151-53,157-58,160-61,167,185,214,221,229-30,248,250,256-57,262-63,267,269,278,340
広がる（延長的）実体（substantia extensa）　47,185,195,240
広がるもの／延長的な事物（res extensa）　46,110,149-50,194,231
一つの何か（unum quid）　48,54,56,166-67,267,329
病気の（aegrotus）　49
頻度（frequens）　207-08,219
不可能性／不可能な（impossibilitas/impossibilis）　66-68,70-71
複合（身心の）（complexio）　48,166,187,329
物質的な事物／物質的（resmaterialis/materialis）　13,18-19,25,27-28,32,34,43-44,63,65,72-75,79,101,103-04,107,118,184,192,214,227,229,231-32,235,238,240,243,248,256,260-61,263-64,267
物理学／物理的（自然学 physica）　3,9,11,18,27,29-31,33-34,47,55,58,61-62,64-65,69,74,76-77,98-100,109,129-32,134,145,156,162,164-65,169,171-72,175-77,181,190,198,217-18,225-26,228-29,233-38,240,242,246-47,249,253,256-57,259,265-66,268,278,284-85,316,318-19,325-26,329,332-35,340,342,345
物理学的意見　127-30,140
物体（的）　→身体（的）
物体（物質的なもの）の実在証明　14,25-27,29,31-34,36,38-39,43,46-47,54-57,59,79-80,90,116,131,145,147-49,151-52,160-62,172-76,187,196,199,225-27,230,233,235-39,242,246,248,251,253,255,258-59,261-62,265,268,326,328
引き離し不可能（性）（inseparabilitas/inseparabilis）　248
包括的把握の（不）可能（性）／包括的把握（(in)comprehensibilis/(in)comprehensibilitas/comprehendere）　5-6,8,60,70,162-64,265-66,326
本質（essentia）　5,7,9,20,25,27,34,48,63,68-69,75,85-86,102,109,114,148-49,155,167,173,209,219,248,250,266,329
本質領域　9,65,75,114,148-49
本性・自然・自然本性（natura）　6,12,61,63,92,103,112,134,139,156,

162, 207, 247, 248-49, 252, 263, 303, 309,321
本有観念（idea innata） 69, 76, 176, 265
本有性（的） 171,292

ま 行

蜜蠟（cera） 87-88,157
無限（infinitum） 8, 66, 69, 71, 104, 160,163,177,232
無際限（indefinitum） 8,67,73-75,103-04,246,263
無差別（indifferentia） 69,71,77,168, 178-179,187-188,240-241,262
明晰判明な（に）（clarus et distinctus/clare et distincte） 8-9,20,44,46,59-60,64-65,70,72,75,84,114,147-48, 151, 159, 161-63, 166, 172, 174, 176, 183,188-90,229,235,241,246,248,253-54,261,263-64,266,307,326,328
明晰な（に／さ）（clarus/clare） 76, 113, 164, 172, 185, 230, 264, 269, 284, 301
明証性（的）（evidentia/evidens） 30, 39,57,59-60,64,70,75,79,93,147-50, 155, 159, 161, 173, 243, 246, 255, 258-59,261,273

や 行

有限（的）／有限性（な）（finitas/finitus） 8, 66, 68-69, 149, 156, 160, 162, 177, 191,299
有限実体（substantia finita） 71
有用（性）（utilis, utilitas） 17,22,25, 51,55,57,193,206,228,233,237,242, 245-46,251,265-66
優越的に（eminenter） 8, 153-55, 157-58,160-61,235
有益／有害(profitabilis/nuisibilis) 21-22
夢（somnium） 32,45,52,104,127,129-130,139,199-201,318-19,344
様態（modus） 150-52, 154, 161, 170-73,197,209,254,267,271,340

ら 行

力能（のある）（potentia/potens） 66-68,89,114,202,260,325
理拠的存在（ens rationis） 319,344
理性／理由／理拠／理（ratio） 5-6, 20,22,25,34,41,45-46,53,57,64-65, 68, 70, 74-75, 78, 84, 92, 97-98, 104, 106,111-13,135-42,144,156,159,174, 182-83,203,207,210,220,227-28,233, 235,240,244,253-54,261,270,279,283-84,300,328,332,337-39,345

わ 行

私 6-9,27,29,46-49,52,54-56,59-60, 65-70,85-86,89,91-92,109,115,118-19,121,129,135-41,148,150-53,156-61, 163-71, 173, 181-84, 186-91, 194-96,215-17,219,225,235-36,256,263-64,266-67,285,287,291,293,299,304-06,310,315,327,329,334-35,341-43